近世の村と生活文化

―村落から生まれた知恵と報徳仕法―

大藤 修著

吉川弘文館

目次

序章　問題関心と本書の構成……一
一　近代日本史学と民衆の生活世界への眼差し……一
二　本書の主題と視角……六
三　本書の構成と概要……一〇

I　荒村から生まれた知恵・思想と報徳
——家・村の復興と「興（富）国安民」構想——

第一章　戦後歴史学における尊徳研究の動向……三六
はじめに……三六
第一節　尊徳の思想と人間像をめぐって……三七

第二節　尊徳仕法の性格をめぐって……五〇

第二章　関東農村の荒廃と尊徳仕法
――谷田部藩仕法を事例に――……七一

はじめに……七一
第一節　農村荒廃と藩財政の逼迫……七四
㈠谷田部藩領の概観／㈡農村荒廃の概況／㈢藩財政の逼迫／㈣領主階級の農村荒廃観と農民教化のイデオロギー
第二節　農民の思想形成と心学運動・尊徳仕法……一〇六
㈠荒村下の農民の思想形成と農事改良の特質／㈡心学運動の展開と衰退／㈢二宮尊徳の思想と仕法の原理
第三節　谷田部藩の尊徳仕法の導入と経緯……一三一
㈠尊徳への仕法の依頼／㈡藩財政の「分度」の設定と仕法趣旨の教諭／㈢仕法の経緯
第四節　仕法の内容と結末……一三八
㈠藩財政再建仕法／㈡農村復興仕法／㈢尊徳と谷田部藩との確執
おわりに……一七六

第三章　二宮尊徳の飢民救急仕法と駿州駿東郡藤曲村仕法

駿州駿東郡藤曲村仕法……二〇七
はじめに……二〇七
第一節　天保の飢饉と二宮尊徳の救急仕法……二一三
㈠天保七年の大凶作と駿州駿東郡御厨地方／㈡小田原藩の尊徳召還／㈢尊徳の小田原藩領廻村と飢民救済／㈣御厨領有志による飢民救済
第二節　小田原藩における報徳仕法の推移……二三五
㈠小田原藩と尊徳の確執／㈡仕法の撤廃
第三節　藤曲村の難村復興仕法導入と二宮尊徳の教諭……二四三
㈠難村復興仕法の導入／㈡報徳の道の教諭／㈢難村復興仕法の策定
第四節　藤曲村仕法の内容と結末……二五六
㈠仕法の財政的土台の確立／㈡田地と米金の差し出し／㈢支出の内訳／㈣田畑の請け戻しと買い入れ／㈤出精人表彰／㈥難渋人への助成／㈦報徳米金の貸付／㈧仕法の結末

おわりに――尊徳の墓碑建立と近代における変転――……二八九

第四章　維新・文明開化と岡田良一郎の言論
――日本の近代化と報徳主義・序説――……三〇一
はじめに……三〇一
第一節　幕末期の岡田家と良一郎の動静……三〇四
第二節　王政復古と「富国策」の建議……三一〇
第三節　文明開化と良一郎の言論……三四一
(一)国民教化論／(二)学校資金捻出論／(三)政体論／(四)税制論／(五)生財富国論―「勤倹」論／(六)国防論
おわりに――良一郎の開化論の立場――……三三六

II　近世の村落社会と生活文化

第一章　夫婦喧嘩・離婚と村落社会
――駿河国駿東郡山之尻村の名主家の日記から――……三四四
はじめに……三四四
第一節　山之尻村の概況……三四五

第二節　夫婦喧嘩とその仲裁……三四八
第三節　離　婚……三五四
(一)離婚の成立要件／(二)離婚の協議過程／(三)離婚出入／(四)離婚出入調停の論理と仕方／(五)妻の家出―駆け込み／(六)婿養子の離縁
おわりに……三七〇

第二章　村落の生活文化
――駿河国駿東郡御厨地域を場とした――

……三七八
はじめに……三七八
第一節　天候不順・病と村人の対応……三七九
(一)天候不順への対応／(二)流行病への対応／(三)医療の普及と在村医師
第二節　旅の隆盛……三九五
(一)寺社参詣の旅／(二)旅日記から
第三節　祭礼と芸能・花火……四一六
(一)村の祭礼と子供仲間・若者仲間／(二)芸能・相撲興行と花火大会

第四節　寺子屋教育の隆盛と地域文人社会の形成……………………四三一
㈠文字教育の普及／㈡文化的交遊の進展／㈢心学と報徳主義の受容と実践

あとがき

索　引

序章　問題関心と本書の構成

一　近代日本史学と民衆の生活世界への眼差し

幕末の開国によって日本が国際社会に組み込まれたとき、欧米諸国の間に通用していた国際法＝「万国公法」は、世界の国々を「自主の国（文明国）」―「半主の国（半未開国）」―「未開国」に分類していた。それは、完全なる主権国家＝「自主の国」たる欧米キリスト教諸国に、「半主の国」と「未開国」を植民地化する権利を付与するものであった。日本はトルコ、ペルシャ、中国などと同様、「半未開国」であるがゆえに国家主権を制限される「半主の国」として位置づけられ、それゆえ欧米列国から不平等条約を押しつけられるところとなった。かかる欧米列強の利害に立った、非情な弱肉強食の「法の世界システム」に組み込まれた日本の国家目標は、必然的に、「文明開化」と「富国強兵」を実現し、不平等条約を改正して「自主の国」に仲間入りすることにおかれることとなる[1]。

「文明開化」はいうまでもなく、欧米文明の摂取によって近代国家としての体裁を整え、「人民を文明の域に導[2]」くことを目的とした。そして、「一般の人民未だ貧愚にして品位賤劣の地にあれば、其国未だ富強文明の域に入らざるなり。今や邦人の外貌、漸々都風に化し往々朴野の旧習を変ずと雖ども、其心情豈一朝にして文化に明なる事を得んや。政府能く勉めて生民を教育し、徐るやかに全国の大成を期するに如かず[3]」という現実認識に立って進められた「文明開化」政策は、近世社会において民衆たちが形成してきた生活文化を、「旧弊固陋」なる「未開」の習俗として圧殺の対象とした。それは、近代日本人、とりわけ知識人たちの前近代の民衆観と文化観を根底において長く規定しつづけるところとなる。欧米の科学技術や制度文物を学び、それを日本に移植して日本の近代化＝「文明化」を推進することを自らの任とした大多数の知識人たちにとって、前近代の民衆の生活文化などは関心の対象とはなりえなかった。欧米文明の偏重は一方で、それへの反発から、偏狭で独善的な国粋主義を生み出す。

日本の歴史・文化を対象とする学問分野にあっても、柳田国男をはじめとする民俗学者や各地の郷土史家たちは民衆の生活世界に関心を寄せたものの、一九世紀に西欧で確立した近代歴史学を受容した日本のアカデミズム史学にあっては、一部の研究者を除き、長い間、それに眼を向けることはなかった。そもそも近代歴史学は国民国家の形成とともに発達したもので、自国の来歴を明らかにして、そのアイデンティティを確立することを任としたことから、天下国家の学としての性格を濃厚に帯びざるをえなかった。それは近代日本史学にあっても同様であり、かつて「国史学」と称し、大学の講座名ともなっていたことが、その性格を端的に表している。マルクス主義史学は逆に国家・社会の変革を志向するものであったが、それがゆえに議論が天下国家論に傾きがちであった。

第二次大戦後は、地方文書の発掘によって近世農村史研究が精力的に進められるようになったものの、当初は戦後の民主化の実践課題から封建遺制の克服という問題意識に立ってなされたため、近世農村の中で育まれた習俗・慣行はあくまで打破すべき対象でしかなかった。しかし、日本の社会が復興し、高度経済成長へと向かい始める一九六〇年代になると、そうした問題意識は薄れ、また戦後の歴史学を主導してきたマルクス主義史学の公式的な発展史観へも懐疑・批判が投げかけられ、さまざまな新たな研究潮流が生成・展開し始める。民衆思想史[4]、民衆生活史[5]、民衆文化史[6]などに関する研究も一つの流れを形づくり、ようやく民衆の生活世界が本格的に歴史学の対象とされるようになった。近年は「生活文化」という概念でもって民衆の生活の営みの総体をとらえ、その内実と意味を問おうとする研究成果も現れている。[7] そうした研究の蓄積により、今日では少なくとも日本史学界にあっては、前近代の民衆を無知蒙昧の徒とみる民衆観、彼らが生み出した生活文化を頑迷固陋の習俗とみる文化観はもはや通用しなくなっており、逆に前近代の民衆の生活文化の視座から近代社会のはらむさまざまな問題が照射されるに至っている。

さらに、民衆知や民衆文化を政治史あるいは当時の全体的な政治・文化の構造と連関させた論考、[8] あるいは儒学・思想家研究と民衆史・民衆思想史研究を統合した近世政治思想史の構想なども登場し、[9] 視野と論点のひろがりをみせつつある。また最近では、民衆思想史や民衆生活史の視角と方法論を総括的に再検討し、新たな可能性を探る試みもなされている。[10] そのなかで、民衆史の特徴の一つとして、固有の理論と方法論の欠如という指摘もなされている。[11] 確かに、個々の論者のレベルではそれぞれ独自の方法論を開拓する努力もなされてきたものの、民衆史として共通の理論と方法論が形成されているわけではない。

しかしそれは、かつて歴史学を主導していたマルクス主義史学のグランド・セオリーそのものへの懐疑・批判に発している、近年の日本史学界の研究動向全般についていえることであり、ひとり民衆史のみの特徴ではない。現在はそれぞれが自らの問題意識を鍛え、独自の視角と方法論でもって歴史世界に切り込み、歴史像を多様で豊かなものにしつつある段階にあるといえよう。それを是とみるか否とみるかは意見が分かれようが、筆者自身は、他人の提示した概念と枠組みに安易に依拠して特定の事例を分析し解釈しただけの没主体的な金太郎飴的論文には、何らの魅力も感じないし、知的刺激も受けない（日本近世史の分野では最近、そうした論文が目につく）。新たな統一的な理論的枠組の構築に向けての努力も否定するものではないが、猫もしゃくしもそれに追随したならば、たちまち学問の硬直化を招いてしまう危険性にも心しなくてはなるまい。

さて、民衆の生活の営みのなかから生み出される知恵・思想や文化を問題にするとき、当然のことながら、生活の場を無視するわけにはいかない。実際、生活文化史研究にあってはそれぞれ特定地域をフィールドにして行なわれてきたが、民衆思想史についても、最近その理論的再検討を試みた河西英通氏は、民衆思想を「現実的な生活過程」総体の所産として範疇化し、その「現実的な生活過程」が生成展開する空間構造＝地域を重視する立場から、地域思想史としての民衆思想史研究を提起されている。[12] もちろん人々の生活は特定地域内部で自己完結しているわけではなく、地域を超えた全体的な政治・社会・経済や文化の動向、あるいは国際関係にも影響され、逆に特定地域の動向がそれらに影響を及ぼすこともある。[13] また他地域とも相互に影響しあう関係にある。[14] したがって、生活文化史研究にしろ、民衆思想史研究にしろ、生活の場である地域に密着しながらも、全体的な動向や他地域との関係にも意を払いつつ進めることが求められる。

ところで、河西氏は先の論考で、近代日本においては直接的な人間差別とともに、東北差別や裏日本差別などの地域差別を通した間接的な人間差別が複合的に存在していることを指摘し、後者の差別にも眼を向けるべきことを主張されている。地域差別を問題にするとき、近代日本史学自体がそれを助長する枠組みを有していたことにも、我々は思いを致さなくてはならないだろう。すなわち、日本列島上の諸地域を経済の発展度を尺度に「先進」―「中進」―「後進」と類型区分する地域把握の枠組みである。これは、最初に述べた、世界の国々を経済の発展度＝文明化の程度によって三つの類型に区分する「万国公法」に示された見方を、日本列島上の諸地域に当てはめたものといえよう。かかる枠組みは戦後におけるマルクス主義史学の全盛期に普遍化したものであるが、マルクスが西欧中心の国家観・地域観から自由でなかったのと同様、[15] 日本の歴史家たちも深くそれにとらわれた。

しかし、国家や地域の序列化は、それぞれの国・地域に暮らす人々にいわれなき優越感や劣等感を植えつけるイデオロギー的機能を果たすばかりか、それぞれの国や地域の歴史像、ひいては世界全体および日本全体の歴史像を歪めるものである。西欧的な文明発展史観は経済発展と対応関係にあり、経済的後進＝「未開」視は「野蛮」のイメージと一体化している。だが、経済発展＝文明発展が高度に進展したと位置づけられている二〇世紀は、人類史上に例をみない大量殺戮の世紀でもあったことを想起するとき、従来の文明発展史観に懐疑の念をいだかざるをえない。

近年ようやく、新たな歴史学を模索するなかで、近代日本の歴史学を呪縛してきた如上の枠組み自体も批判的検討の俎上にのせられるようになった(16)。しかしながら一方で、いまだに旧態依然たる枠組みに依拠した論考も今日に至るも少なからず目にする。例えば、近世村落社会における「知」の問題に関する横田冬彦氏の最近の論考(17)にあっても、「先進」―「中進」―「後進」と「文明」―「未開」という枠組みを前提としている（横田氏の論考の問題性について は本書II 第二章「村落の生活文化」の註（24）（73）で指摘し、少しく詳しく批判を加えているので、参照されたい）。横田氏の論文は大阪歴史学会の一九九七年度大会報告を文章化したものだが、当日の質疑・討論要旨を読むかぎり、そうした枠組み自体については何ら問題にされていない。従来の日本近世史研究にあって「先進」地域と位置づけられてきた畿内をフィールドにしている研究者にとっては、かかる枠組みは自明の前提としていまだに共有されているのではないか、と疑いたくもなる。

そもそも多様な要素が混在している前近代の民衆の生活文化や民衆知を、上記のごとき多分にイデオロギー性を帯びた、否、イデオロギーそのものともいうべき枠組みを通して考察しても、それぞれの地域におけるその内実と意味をとらえられまい。畿内の文化はあくまで地域的特性を帯びた一つの文化類型にすぎない。にもかかわらず、畿内文化を「先進」と位置づけ、それを基準に他地域の文化的発展度を測るがごとき畿内中心史観からは、もはや脱却すべきである(18)（近世に生きた人々の間にも、塚本 学氏の指摘する(19)ように中央文化―地方文化という序列意識は存在したが、それと歴史研究者が中央中心史観に立つこととはおのずから別問題である）。

筆者は、固有の歴史と風土を備えた、それぞれの地域での生活の営みのなかから育まれた文化の特質と意味を考究しようとする立場[20]に与するものである。近代国民国家の形成は、人々の生活様式や思考様式、価値観、言語などを均質化してゆき、いわゆる「国民文化」なるものを形成していった。それは中央の生活文化に地方のそれを同質化していく方向をとり、地方もまた中央文化に志向する傾向を強めた。日本史学の如上の枠組み自体もそれを助長した。しかし今日、そうした中央中心あるいは中央志向型の生活文化のあり方が見直され、それぞれの地域の特性を生かしたライフスタイルを創造することが求められている。したがって、地域に視座を定め、かつてそこで生を営んだ人々がどのような生活文化を育んできたのか、そして列島内外の他地域に暮らす人々とどのような交流を行なってきたのか、それは地域の生活文化にどのような意味をもったのか、そうした問題を歴史学的に考えてみることは大いに意義あるものと考えるし、また近代日本史学、もっと根源的には近代日本人の思考様式そのものを呪縛してきた如上のパラダイム自体から我々を解き放つことにもつながろう。[21]

二　本書の主題と視角

筆者は、一九七〇年代初頭に大学院に進み、歴史研究の道に足を踏み入れて以来、日本近世の家と村、そしてそれを場とする生活の営みのなかから生み出された知恵や思想、およびそれらをも含む文化総体を考究することをテーマに、牛歩のごとき歩みをつづけてきた。一九九六年に至り、ようやくにして、日本近世に生きた農民たちにとって家と村はどのような意味をもっていたのかを、生活史・社会史の視座から考えることを主題とした処女論文集、『近世農民と家・村・国家—生活史・社会史の視座から—』（吉川弘文館）を上梓することができた。本書は、それにつづく二冊目の論文集である。

村落から生まれた知恵・思想と文化を、近世後期、家と村の復興を課題に二宮尊徳が編み出し指導した報徳仕法を中心に考察すること、それが本書の主題である。近世農民の家・家族や家と村に生きた男女それぞれのライフサイクルをめぐる生活文化（葬送・服忌・先祖祭祀などの死後の問題も含む）、および共同体の創始した情報収集とその記録化による蓄積・共有という営為の生活文化史上の意義、などに関する論文は前書に収めている。いわば本書は前書の続編であり、両書あわせて上記のテーマを追究している。

本書収録の諸論文は、現在の茨城県・栃木県域の北関東農村と静岡県域の農村を研究対象としたものである。この地域では一八世紀中期以降、いわゆる農村荒廃に見舞われた。近世は民衆も学問・文芸・芸能などを享受し、自らも創造するようになった時代である。こうした面での民衆文化の興隆については、概説書はその理由として、近世には泰平の世が長くつづき、生産力の向上と商品貨幣経済の発展をみ、民衆の生活が豊かになったことをあげるのが常である。しかし、広く生活文化としてとらえた場合、生活危機が新たな質をもったそれを形成させる契機となっていることが多い。この点に着目した先駆的研究としては、安丸良夫氏と樺山紘一氏の論考がある。

近世民衆思想史研究の嚆矢となった、一九六五年発表の安丸良夫氏の記念碑的論文「日本の近代化と民衆思想」(22)では、農村荒廃という生活危機に触発されて形成された思想や生活態度を考究されており、樺山紘一氏も、天保飢饉の衝撃を契機として生まれた新たな意識・観念や知識・思想、そして行動と表現・主張の様式などを、生活文化論的視角から救荒論を例に考察した論文を一九七八年に発表されている(23)。両氏の論考はともに、生活危機から生成した思想や生活文化の特質の追究を通して日本の近代を照射しているところに特徴がある。

本書所収の諸論文も両氏の視角を基本的に継承しており、その視角から具体的事例に即して分析を加え、それを通して、近世後期の関東およびその周辺地域の村落から生まれた生活文化の一端に迫ろうとしたものである。一八世紀半ば以降の当地域における生活文化史的観点から注目される動向を、従来の研究成果に照らして概観すれば、次のようになろう。

農民にとっては、農村の荒廃化は、自らの生産・生活および死後における魂の安穏（供養祭祀）を保障する家と村共同体の崩壊の危機にほかならない。その再建をはかるために彼らは、自らの人間としての主体性を確立し、新たな生活・経営の原理と様式を探求すべき課題に直面する。近世後期には、家と村の復興に奮闘した篤農・老農が各地に輩出し、彼らが自らの生産・生活体験のなかから獲得した知恵・思想と農業技術などを、子孫や地域住民のために書き遺した家訓・遺訓や農書が多く生まれている。農民の手になる農書は、農業技術のみならず、人としての生き方も説いているところに特徴がある。つまり、近代のように技術の効率性が人格・思想から切り離されて追求されたのではなく、両者が分かちがたく結びついていたのである。

また、農民たちの直面している矛盾・困難に即して生活倫理を説き、家と村の再建の指針を示し、それを指導する、さまざまな社会運動も勃興、展開した。心学・国学・不二孝・道教などにもとづく教化運動、大原幽学が下総国香取郡長部（ながべ）村（現、千葉県香取郡干潟町）を拠点に実施した性学による教化と先祖株仕法、二宮尊徳の指導した報徳仕法、等々がそれである。

領主権力と村役人たちは農村復興のために人口増加政策を実施し、その一環として出産を自らの管理・統制下におくようになる。従来はそれぞれの家族が自己の家の再生産条件に合わせて産児数を調節していたのであるが、それが否定される。その代わり領主と村は赤子養育を扶助する仕法を創始する。こうした施策は村落の産育文化を大きく変えるところとなる。

近世後期にはまた、村・地域の振興を担いうる人材の養成を目的に村々に寺子屋が多く開設された。そして、識字層の拡大を基盤に一九世紀初期の文化・文政期には村落においても文芸活動が盛んになり、文芸サークルが各地に形成された。それは、伝統的な共同体的人間関係とは異質な、個人の自由意志で取り結ぶ結社的人間結合の胚胎を意味する。

在村の医師も増大した。人・物・情報の交流も活発化し、それはそれぞれの村落の生活文化を変容させるとともに、村人たちの社会的視野を拡大させるところとなる。都市文化もさまざまなルートを通じて村落に流入した。近世後期に地芝居（じしばい）が隆盛したのも、その影響の現れの一つである。外部世界との交流の活発化と社会変動の波及は、人々の属する家と村・地域のアイデンティティへの自覚を促し、家記・家伝および村・地域の歴史書や地誌の編纂へと向かわせる。そうしたアイデンティティの自覚が、家・村の維持・繁栄と地域振興への意欲を支えていた。

幕藩制解体期の不安な世情にあって、村人たちは天下泰平と家・村の安穏への切実な希求から神仏への帰依を強めてもいた。なかには、より大きな神威の加護を求めて京都の天皇制的神威へと結びついていく動きもみられた。本書II 第二章で対象とする駿河国駿東郡御厨地域では、家と村の立て直しの手段として心学を受容したのと同時期の一九世紀初期に花火術を導入しているが、それは「国家安全・五穀成就」のための「無二之神教」としてであった。

以上のように、近世後期の関東およびその周辺地域の村落では、生活文化史上の新たな動きがさまざまな形で生成していた。それらの相互連関を構造的に把握して、この期の生活文化総体の特質を究明し、そこから日本の近代を照射することが筆者の狙いとするところであるが、ただそれは言うは易くして至難の業である。本書はあくまでそれに向けての一歩であり、いくつかの事例分析を通して、村落を母体に生まれた近世後期の生活文化の一端に迫ることを試みているにすぎない。

また生活文化の考察にあたっては、身分＝職能、階級、階層のみならず、性差や子供・若者・大人・老人という年令性にも着目することが求められる。筆者もその点に留意して研究を進めることを心がけてはきたものの、史料面での制約もあり、その視点を十分に生かした生活文化像を描くまでには至っていない。女性、子供、老人という近世社会にあっては周縁に位置づけられていた存在の生み出した生活文化には、大いに関心のあるところではあるが、その具体的な研究については他日を期したい。

三　本書の構成と概要

以下、本書所収の各論文の初出を示し、課題としたところと論点を述べて、序としたい。

先に述べたように、近世後期の関東およびその周辺地域では、農村の復興を課題としたさまざまな社会運動が展開した。そのうち、展開の範囲と社会的影響力からみて二大運動としてあげられるのは、心学運動と報徳運動である。時期的には両者は継起的に展開している。すなわち、心学運動は寛政期から文政期にかけて関東とその周辺地域にも広く展開したが、天保の凶作・飢饉によって荒廃が深刻化した現実の前に、その精神主義的な限界が明らかとなり、それに代わって、二宮尊徳（「尊徳」は名乗で、正式には「たかのり」と読む。通称は「金次郎」。一七八七〜一八五六年）の唱えた「報徳」思想とそれにもとづいて考案した家・村の復興仕法が、領主行政とも結びついて、幕末にかけて急速にひろまった。そして明治以降には、遠州地方を拠点にして次第に全国各地に報徳社が設立されてゆき、広汎な民衆運動として発展していった。

一方、政府も、急激な資本主義化の踏み台とされて疲弊した農村を農民が自力で更生する精神として、報徳主義に注目し、奨励した。とりわけ日露戦争後、軍事大国化を支える社会基盤の創出のために地方改良運動を推し進めたとき、その精神的支柱として報徳主義を大々的に鼓吹した。それは、軍事費の膨張による国家の福祉機能の減退を補うために、もっぱら国民に勤倹自助努力と相互扶助を説くものであった。そして、少年「二宮金次郎」は、極貧のなかにあって勤倹力行し、自力でもって家を立て直した模範的人物として国定の修身教科書に取り上げられ、国民教化に利用された。その「金次郎」イメージは、近代日本人の生き方に少なからぬ影響力を及ぼすところとなる。

したがって、二宮尊徳（金次郎）という人物自身（生身の本人自身、および作られたイメージの双方を含む）、そして彼の創唱した報徳主義とそれにもとづく運動は、幕藩制社会解体期から近代社会の形成・展開期にかけての民衆の生活文化と政治を考えるうえで、等閑に付すべからざる位置を占めている。

そこで、Ｉ「荒村から生まれた知恵・思想と報徳――家・村の復興と「興（富）国安民」構想――」では、近世後期の農村荒廃が農民の内面にどのようなインパクトを与え、荒廃を克服して家と村を立て直すためにどのような思想と方法論を創造し実践したのかを、二宮尊徳の思想形成と、それにもとづき編み出し指導した報徳仕法を例にとって検討し、さらに日本の近代化と報徳主義の関係を考えるための糸口として、明治期の報徳社運動の指導者であった岡田良一郎の維新・文明開化期における言論活動の分析を通して、報徳主義の論理と国家の論理との関係に迫ってみたい。

二宮尊徳にしろ、報徳主義にしろ、近代にあっては上記のように、国民に勤倹自助努力を強制するイデオロギーとして報徳主義が国家に利用され、それを実践した模範的人物として少年「二宮金次郎」が称揚されたため、いまだにそうしたイメージがつきまとっている。歴史家にしても、そのイメージを通して尊徳や報徳思想・仕法の性格を論じている例が少なくない。そこで筆者は、次のような手順を踏んで研究を進めることにした。

まず第一に、尊徳の唱えた報徳思想と報徳仕法の内在論理を分析して、それが当該の時代状況に対して提起しているところの意味を理解し、さらにそこに萌芽している新たな契機をも把握する。それを踏まえて第二に、①報徳思想・仕法は、どのような立場の者に、いかなる利害関心から受容されたのか、そして政治のあり方や民衆の生活文化にどのような影響を及ぼしたのか、②それが報徳運動として展開したとき、現実の政治的・社会的諸関係のなかで客観的にどのような機能を果たすことになったのか、またいかなる矛盾に直面せざるをえなかったか、等の諸問題を考究する。第三に、日本の近代化に報徳運動の指導者は報徳主義の論理に立ってどのように対応したのか、一方、国家の側は報徳の論理をどのように組み換えて国家主義に編成しようとしたのか、を分析する。

＊

第一章「戦後歴史学における尊徳研究の動向」は、二宮尊徳生誕二百年記念事業報徳実行委員会編『尊徳開顕』（有隣堂、一九八七年）に執筆依頼されて発表したもので、第二次大戦後の歴史学において尊徳の思想や仕法がどのような関心のもとに取り上げられ、どういった評価を与えられてきたか、そしてどのような人物像が描かれてきたのかを概観し、論評を加えている。これ以降も尊徳の人物像や思想・仕法に関する論稿は多く出ているが、そのうち主なものを章末に付記して参考に供した。

＊

第二章「関東農村の荒廃と尊徳仕法――谷田部藩仕法を事例に――」は筆者の尊徳研究の出発点となったもので、『史料館研究紀要』第一四号（一九八二年）に発表した。従前は概して尊徳の思想分析と仕法の実態分析とがそれぞれ別個になされがちであり、後者にあっては、尊徳の思想を内在的に十分に考察して、その意図したところを把握しないまま、尊徳の指導した仕法が主として領主行政を通してなされている面のみをとらえて、きわめて機械的にその性格を封建的・反動的なものと規定してしまう傾向が顕著であった。しかし、単なる性格規定論に終始していったのでは、「報徳」という独自の思想、そしてそれにもとづく仕法を生み出し、それが広く受容され展開していった、農村荒廃期の時代的特質——政治・社会状況および精神状況——に深くアプローチすることはできない。それに、尊徳が指導した仕法はたいていの場合、途中で領主側との間で対立を生じ、両者の関係が断絶しているが、そもそも尊徳の仕法が領主階級の利害に立つものであったならば、そうした事態を招くこともなかったであろう。

尊徳が何よりも理論と実践の一致を重視した人物である以上、彼の思想と指導した仕法を一貫して分析し、彼の立場と論理、および目指したところを理解したうえで、報徳仕法が現実の政治過程に組み込まれて実践に移されたとき、何故、領主側との間で対立を惹き起こさざるをえなかったのか、という点を考究しなくてはなるまい。また、尊徳の思想と仕法の特質を時代性に即してとらえるためには、農村荒廃期における領主階級の農民教化の論理、農民の思想形成と農事改良の特質、および報徳仕法に先行する心学運動の特質などについても検討し、それらと尊徳の思想・仕法を対比することも求められる。かかる研究視角と方法をもって、尊徳の思想と仕法の性格・特質を当時の政治のあり方、および社会状況、精神状況などとの関係において浮かび上がらせ、彼が政治と社会に提起したところの歴史的な意味を読み解くこと、それが本稿の基本課題である。以下、論点としたところに沿って概要を少し詳しく述べて、本論を理解していただくうえでの一助としたい。

一、荒村下にあって家と村の復興に奮闘した篤農・老農たちの思想形成と農業技術の改良、農家経営の改善にしろ、尊徳の思想形成と報徳仕法の創造にしろ、それを支えていたのは、天地の運行とともに営む農民としての生活のなかで、自然界および人間世界の「理」を「自得」する精神であった。篤農・老農も尊徳も多くの書籍を読んではいるが、しかし、書籍知をそのまま自らの知としたわけではない。尊徳の場合は、日常の生活体験に照らし合わせて書籍を解釈し、実践に移してその理の正当性を確信したもののみを摂取するという姿勢をとっているが、それは他の農民にあっても同様であっただろう。

生活者たる民衆の知は自らの生活体験を通しておのずと育まれるのが、おそらくは普遍的なあり方であったに相違ない。近世後期の農村荒廃という切実な生活危機のもとで、それを克服するための知を形成した農民たちは、生活体験からの知の獲得を自覚的に行ない、それを独自の原理として定立し、「自得」と表現したのではなかろうか。この「自得」の精神の主張は民衆思想史の上で大きな意味をもっていると思われる。なぜならそれは、学者のように書物を読めば真理を発見できるというものではなく、日々の生活体験においてこそ真理を体得しうるのだ、ということの自覚と自負の表明であり、勤労生産者に、自分たちこそが真理を会得するのにもっとも適した立場にあるとの自信を植えつけることになったからである。ことに尊徳にあっては、「貧家の者は活計の為に、勤めざるを得ず、且富を願ふが故に、自ら勉強す」(『二宮翁夜話』二四)と、とりわけ貧者に限りない期待を寄せ、自信をもたせようとした。

安丸良夫氏は、近世中期から明治期に至る民衆的諸思想を貫く基本性格を精神主義に見出だされているが[24]、近世後期の老農や尊徳の思想には、そうした「自得」の精神に支えられて、科学的・合理的な思考の成長も顕著にみられるのであり、かかる側面にも意を払って民衆思想の成長を跡づける必要があろう。尊徳にあっては、相当程度に合理的な自然観、人間観、社会観を獲得しており、それに立脚して、観念的な「天道」論に基礎づけられている近世社会の身分制を原理的に批判するに至っている。

また尊徳の指導した仕法も、合理的な計画性に立っているところに特徴がある。彼は仕法を開始するにあたり、対象となる村々の生産条件、農民の生活状態、領主の財政状態などを綿密に調査し、そのうえで計画を立てている。そして、仕法の進捗状況を逐一記録して報告させ、それにもとづいて指導している。それゆえ、仕法の策定・施行の過程で膨大な書類が発生するところとなった。従来の報徳仕法研究では、それらのうちからいくつかを摘み食い的に分析し、あるいは諸施策のうちの特定施策のみを分析して、そこからただちに仕法全体の性格を規定してしまう傾向が目につくが、種々の施策を組み合わせて体系化した一つの仕法の全体像は、その策定・施行の過程で作成された一連の書類群を系統的に分析しなければ明らかにしえないのである。

尊徳自身が作成した仕法書類は数値でもって表現されているところに特徴がある。それは、自らの観察・調査・体験によって「自得」した真理を数学的に定式化して客観的に示すのが、他人を納得させるのに有効だと考えたからである。そこにも彼の科学的な思考と姿勢を見て取れよう。

二、報徳仕法の原理をなすのは「分度」と「推譲」である。「分度」は各々の経済力＝「分」に応じて支出に限度を設け——すなわち予算を立て——、その範囲内で財政を運営する合理的な計画経済を意味する。収入より支出を少なめに見積もって「分度」を設け、倹約によってその「分度」を守れば余剰が生じる。そして勤労して収入を増やせば余剰も増大する。この余剰を、自己の将来のため、子孫のために譲る——すなわち貯蓄——、また親類・朋友のため、郷里のため、さらには国家のために譲るのが、「推譲」である。このうち「自譲」は容易に実践しうるものの、自己の勤労・倹約の成果を他に譲る「他譲」は実践するのが難しい。そこで、教化によって人々の「心田」を開発することが必要となる。報徳仕法にあっては、荒地の開発とともに、この心田を開発することに眼目がおかれる。尊徳は、「分度」の原理の導入によって、それぞれの家・村・領主の財政を計画的・合理的な運営方式に改めさせると同時に、「推譲」を実践させて社会の公共の福利を実現せんとしたのである。

三、尊徳の思想の特徴の一つとして、「天道(理)」=自然の道(法則)に対し、「人道」を人間の作為の道として明確に区別したことが、これまで注目されてきた。近世には朱子学にもとづいて天道と人道は一体視され、現実の封建的な人間社会の秩序と倫理は自然の法則によって形成されたのであり、人間の意志によって変えることの不可能な絶対不変のものとされていた。自然の中で営まれる農業は本来、こうした自然的秩序観ともっともよく結びつく経済営為であり、その社会的基盤となっていた。だが、尊徳が生きた時代には農村は打ち続く天災によって荒廃し、彼の生家の田畑もまた、それによって荒地に帰してしまった。そこから立ち直ったのは、刻苦して荒地を切り開いた彼自身の人間的力であった。こうした農村荒廃のもとでの体験から尊徳は、農民の生活は決して天道=自然の恵みのみによって成り立っているのではなく、農民自身の主体的勤労こそが、自らの生活と社会を成り立たせている根本である、という考えに到達する。そして、「天道」と区別した「人道」論に立って、農民に人間としての自律的な主体性の確立を促し、自発的な勤労意欲を喚起せんとした。

しかしながら、尊徳は決して、天道と人道を対立関係においてのみとらえていたわけではない。天道と人道とが相和することによって、はじめて作物は実を結ぶ。そのことも農民としての体験から当然ながら自得していた。人間が自然に対して主体性を保ちつつ調和して生きるべきだとする点に、彼の主張の主旨がある。すなわち、人間の主体的な勤労の「徳」と万物を育む天地の「徳」とが相和することによって、人間ははじめて生存が可能なのだというのが彼の考えであり、それゆえ、「天地人三才の徳」によって自らが生かされていることに感謝し、自らも勤労して、その「徳」を社会と子孫に及ぼすべきだとする、「報徳」の道を説いたのである。

いまひとつ留意しなくてはならないのは、尊徳は「天道(理)」と「人道」を単に自然界と人間界の関係としてのみとらえていたのではなく、人間自身の内部にも両者の相克がはらまれている、と考えていた点である。すなわち、人間はさまざま欲望をもつのが自然の性情であり、それは「天道（理）」である、その私欲を制するのが「人道」である、と。報徳仕法において、荒地の開発が自然界に対する人間主体の働きかけであるならば、教化は人間の内なる「天道（理）」部分＝私欲への働きかけであった。彼は「心田の開発」の必要性を力説しており、それによって人々に「推譲」を実践させることを報徳仕法の要諦と考えていた。「我が教是を推譲の道と云、則人道の極なり」（『二宮翁夜話』七七）という言に、彼の思想は集約されている。

四、勤労と倹約は当時の農民の家訓や遺訓に守るべき規範として遍く説かれているところであるが、それ自体はあくまで自己の家の存続・繁栄を目的としたものである。勤労・倹約の成果を自家の経営の拡大再生産のみに投下し、自己の富の増大のみを求めていったならば、その対極に多くの貧窮者を生み出していくことになる。尊徳は、それぞれの村の生産力には天地自然の理によっておのずから限界がある、これが「天分」というものであり、したがって自己の富のみを追求するならば他人を貪らざるをえなくなるのは必然の理であって、結局のところ、他人の家を滅ぼし、村は衰退し、自らの家も没落することになる、と警告を発している。

近世後期には農民の間でも、現実に進行するそうした深刻な事態に対する自覚的な反省から、経済活動と道徳を一致させ、地域社会における「公利公益」をはかり、共存共栄を実現すべきことが主張されるようになり、それが地域社会における規範ともなりつつあった。経済的有力者は率先してそうした規範を実践することが求められ、もし「私利私欲」に走って地域住民の生活を危殆におとしいれたならば、打ち壊しなどの制裁を受けた。尊徳にあっては、社会の公共の福利を「分度」の法則と「推譲」の法則によって実現せんとしたのであり、単に家と村の存続の原理にとどめず、それを基礎にした社会・国家の福祉と繁栄――彼の言う「興（富）国安民」――を実現する原理として定立したところに、大きな特徴があり、彼の思想の歴史的な意義もそこに求められよう。

のみならず、日本の富国を実現したならば海外へも「推譲」し、世界の繁栄と平和に寄与することまで説いている。この尊徳の立場は明治期において報徳社運動を主導するところとなる岡田良一郎にも引き継がれており、彼は明治元年（一八六八）に新政府に建議した「富国策」において、対外的緊張のなかにあって、「富国強兵」ではなく、「富国安民」をはかって海外へも「推譲」の「徳」を及ぼしてゆき、もって日本の安全と世界の平和を実現すべきことを主張している（本書Ⅰ 第四章第二節参照）。

尊徳の思想形成の原点も荒村のなかでの一家再建の体験にあったが、のちに「一家を廃して万家を興す」決心のもと、生まれ育った家と村を離れて広範囲にわたる実践活動を展開したことから、その思想も家と村を超えて社会化していくところとなったのである。

五、尊徳は、「興（富）国」の基礎は「安民」にあるとして為政者たる領主に対し、民衆の生産・生活安定のための政策を施すことを強く要求した。それは、まずもって行政によって民衆の生産と生活を成り立たせる条件を体制的に整備しなくては、いくら民衆が勤倹自助努力に努めても効果はない、という考えに立っている。それゆえ彼は、仕法を引き受けるにあたり、領主が自らの財政に「分度」を設けて経常支出をその枠内に抑え、それを超える収入は救民撫育や荒地開発などのために「推譲」することの確約を、条件として迫った。

尊徳の農村復興仕法は、「荒地は荒地の力をもって起こし返す」ことを理念としている。つまり、荒地開発によってもたらされた農業生産力回復の成果を繰り返し荒地開発のために投下していくことによって、その進展をはかるのである。そこで、その成果が領主財政に吸収されてしまうのを防ぐために、「分度」を超える年貢収入は「無尽蔵」と称する特別会計に繰り入れる措置をとっている。そして、領主の財政再建は緊縮生活と低利の借金でもって高利の借金を返済していくことによって達成させようとした。他方、農民に対しては内発的な勤労意欲を促し、富裕な農民・商人には「私欲を抑え公益をはかる」べきことを説き、余剰を仕法資金に「推譲」することを勧めた。農民の生産・生活安定のための領主の施策と、農民自身の主体的な勤労および公共の福利への奉仕とが相和することによって、はじめて「興(富)国安民」を実現しうる――これが報徳仕法の論理であった。

六、尊徳は、政道の担い手である武士の職分は、「国土安全、平安無事の政」を行ない、農民が安心して田畑を耕作し、妻子眷属を養いうるようにすることにある、とみなしていた。これは、尊徳のみならず、幕藩制下における「公儀」権力＝国家公権の担い手であった武士の職分についての、当時の一般的な認識でもあった。だが、近世後期の幕藩領主は、財政逼迫から自らの出費の伴う政策は極力抑え、民政については民間の負担に依拠する方針をとっていた。尊徳は、農村荒廃の根因を、幕藩領主が自らの財政に「分度」を設けず、その不足を補おうとして恣意的な年貢収奪を行なっていることと、勧農の不行き届き、つまり「公儀」権力の担い手としての責務を果たしていないことにみていた。

天子や幕府・諸侯は民生の安定に努めるべき為政者としての責任を果たしていない。だから自分が代わりにその任を担うのだ。小田原藩さらには幕府の役人に登用された尊徳は、そうした気概をもって領主の行財政を指導し、「興(富)国安民」を実現せんとした。一方、農村荒廃によって貢租収納量が激減し、深刻な財政難におちいっていた諸領主も、農村復興と財政再建の妙法として報徳仕法に期待を寄せ、尊徳への依頼が相次いだ。尊徳のもとには武士・百姓・町人といった身分を超えて門弟志願者が集い、独自の理念をもった仕法の指導組織が形成された。そうした身分制を超越した組織が諸藩・旗本・幕府代官所の行財政を指導していたのであり、近世末期の特異な現象として注目すべきものがある。

しかし、尊徳の仕法が現実の政治過程に組み込まれたとき、「安民」こそが「興(富)国」の基礎であり前提であるという考えから、農民の生産・生活の安定、農村復興を第一義とする尊徳の論理と、収入増加による財政再建を第一義とする領主側の論理との矛盾が顕在化するのは必然だった。領主は「分度」を守らず、荒地開発による年貢の自然増収分を自らの財政に繰り込んでその再建を急ぎ、それに抗議する尊徳をしだいに忌避するようになるのが常であった。小田原藩にいたっては藩財政に「分度」を設けることすら拒否した。また、仕法による生産力回復の成果を他領にも「推譲」させて荒地を次々に開発してゆき、もって日本全体の「興(富)国安民」を実現することを志向する尊徳の立場と、自領・自家のみの富裕化を考える領主側の立場との矛盾も、顕在化せざるをえなかった。さらに、百姓出身の尊徳が行財政を指導することへの領主側役人たちの反発も強かった。尊徳の指導した仕法はたいていの場合、途中で領主側との間で対立を生じ、両者の関係が断絶するに至っている(25)。

尊徳の仕法は、領主が自ら財政の緊縮化に努めて「分度」を守り、余剰でもって農民撫育、農村復興の「仁政」を不断に実践することを前提にして、農民に対し禁欲的な自己規律と「報徳」の実践を要求するものであるだけに、領主が不断に「仁政」を実践しないかぎり、農民が領主の「不徳」を指弾する論理に転化することになり、「国民乱れ候」契機となる危険性を内包している、との認識も領主側は示している。領主階級が尊徳の仕法を危惧したのは、まさにこの点にあった。事実、小田原藩では、尊徳の飢饉対策と農村復興仕法が成果をあげたことにより、領民の間に「報徳様」と尊徳を慕う動きが沸き起こったことに、かえって「国民乱れ候」危機感をいだき、尊徳と縁を切り、尊徳と領民との接触を禁止する措置さえとっている。

＊

第三章「二宮尊徳の飢民救急仕法と駿州駿東郡藤曲村仕法」は、『小山町史(おやまちょう)』第七巻・近世通史編(静岡県駿東郡小山町、一九九八年）の筆者執筆になる第一二章「二宮金次郎と報徳仕法」を、補訂あるいは削除して論文の体裁に改めて、『東北大学文学部研究年報』第四七、四八号（一九九八、九九年）に発表したものである。天保の凶作・飢饉に際して二宮尊徳が小田原藩領に施した飢民救急仕法と、同藩領での一村仕法のなかでも名高い駿州駿東郡藤曲村（現、静岡県駿東郡小山町藤曲）の難村復興仕法の実態分析を試みることを課題とする。

ただ小田原藩の仕法は尊徳と藩当局との確執から紆余曲折をたどり、結局、報徳仕法の論理が藩政に反映されることはなかった。したがって、同藩領における個別の一村仕法を分析するに際しては、仕法をめぐる全体的な動向と領主行政の基調を押さえ、それがどのような体制的条件のもとで実施されたのかを、前提として踏まえておくことが求められる。全体への目配りを欠落させて個別仕法の分析に終始し、その成否のみを問題にしたり、あるいはそこからただちに報徳仕法一般の性格を論じたりしても、生産的な議論とはなりえないからである。そこで本稿では、小田原藩における報徳仕法の推移を、尊徳の論理と藩の論理の対立に焦点を合わせて概観し、そのうえで今日に伝来する藤曲村仕法関係の文書群を系統的に分析して、その具体像に迫ることにした。

尊徳は、小田原藩主大久保忠真によってその才を見出だされ、同藩に登用された人物である。忠真は、小田原藩家老服部家の家政改革や同藩の斗桝の改良、同藩士救済策などでみせた尊徳の手腕を見込んで、藩財政の再建策とその基礎となる農村復興策を講じさせようとした。しかし、一介の農民に藩の行財政の指揮権を委ねることには、藩士たちの反発が強かった。そこでとりあえず、まず分家の宇津家の知行所、下野国芳賀郡桜町領（現、栃木県芳賀郡二宮町・真岡市）の復興を命じた。天保七年（一八三六）、小田原藩領も大凶作・飢饉に見舞われ、藩当局は、文政六年（一八二三）に着手した桜町領の復興仕法で成果をあげていた尊徳を小田原に呼び戻し、飢民救済に当たらせることを決定する。翌天保八年春、尊徳は小田原藩領を廻村して飢民救急仕法を施し、大きな成果をあげたことから、領民の間では尊徳は「報徳様」と神仏のごとく称され、人気が沸騰した。しかし同時に、小田原藩士の間には報徳仕法推進派と反対派の対立が早くも生じた。

尊徳廻村の際の報徳の道についての教諭は村落の指導者たちに大きな感化を及ぼし、駿州駿東郡御厨領では村落指導者たちが連携して尊徳の飢民救急仕法を受け継ぎ、有志から募った撫育金でもって、村・組合や支配関係を越えて御厨領という地域ぐるみで飢民救済に当たっている。また、尊徳に指導を依頼して自発的に難村復興仕法を導入する村々も現れた。そして、「報徳連中」と称する全藩的な村役人たちの一団が形成され、会合を催し、小田原藩に対して藩の政策として報徳仕法を村々に施すことを要求するに至る。報徳思想は御厨地域における民衆教育の普及と徹底を支えてもいる。村落指導者による寺子屋教育は、報徳思想の根幹をなす「推譲」の実践として意識された（II第二章第四節㈠の2参照）。

天保九年（一八三八）正月、小田原藩より報徳金取扱を命ぜられた尊徳は根本的な難村復興仕法に乗り出すが、行政を通じて報徳仕法を施すうえで前提となる藩財政の「分度」の確立は、尊徳がいくら要求しても、ついに藩当局には受け入れられなかった。同藩が文政元年（一八一八）より本格的に着手した民政改革は、在地の負担に依拠する方向に明確に転換し、それを政策基調としていたからである。のみならず、地方の行政を自分に一任することを求める尊徳に対し、藩当局は報徳仕法を郡奉行ら地方役人の取り扱いとする方針を打ち出した。また、小田原藩領域に限定しない報徳金の運用や、飢民救急の際の窮民撫育手当米の下げ切りと、藩の村々への貸付金の帳消しなどを尊徳が求めたのに、藩当局は難色を示し、両者の溝は深まった。その結果、天保一二年（一八四一）正月、小田原藩は尊徳から離脱した領内限りでの一村仕法の実現を改革方針として決定し、弘化三年（一八四六）七月一六日には仕法の撤廃を尊徳に通告して、領民と尊徳の往来を禁止する措置さえとった。小田原藩領の仕法においては、村民たちの主体的な取り組みによりある程度の成果をあげた村々もあるものの、尊徳が切望し、また村役人たちも全藩的に連合して要望した、藩財政の「分度」を確立したうえでの行政を通じた全藩領にわたる仕法の施行は、結局、実現をみなかったのである。

藤曲村では、名主・組頭・百姓代と惣百姓が天保一一年（一八四〇）正月に尊徳に村柄取直仕法実施を願い出て受諾され、小田原藩仕法が公式には尊徳の手を離れた翌年正月以降も尊徳と連絡をとりながら、安政二年（一八五五）六月まで仕法を継続している。同村の仕法は、尊徳から拝借した報徳金でもって村外への流出地を仕法方が請け戻して設定した、仕法土台田地よりの作徳米が主要財源をなしており、これに、村民有志が差し出した田地からの作徳米と加入米、および村民一同が申し合わせて休日や夜間に箒（ほうき）・縄・草鞋（わらじ）・筵（むしろ）作りなどの手仕事に励んで得た販売代金と諸事倹約によって生み出した余剰金を推譲した報徳加入金、それに報徳金借用者が納めた報徳冥加金などが加わった。

藤曲村の仕法は、これらを資本として運用しながら、藩の行政との有機的な結びつきを欠いたまま自力でもって種々の復興策を講じたのである。それは一村仕法の模範として当時から評判の高いものであった。たしかに、村の老若男女がこぞって仕法に協力しているし、施策も体系だっており、困窮者への救済措置にもきめ細かな配慮がなされている。しかし、仕法終了三年前の嘉永五年（一八五二）一一月に改められた当村の高帳では、極零細規模の土地所持人もいまだかなりの比重で存在しており、自作地にもとづく安定的な百姓経営の再建という課題は達成されていたとは認められない。そして、以後の幕末維新期の社会経済の変動のなかで、土地を失って無高に転落した農家も少なからず発生している。

尊徳の説く「分度」論は一定期間支出を量的に限定するものだけに、日本も資本主義的世界システムの一環に組み込まれ、物価が激しく変動した幕末期には、その有効性は大幅に低減せざるをえない。また、小生産者がいくら禁欲的に勤労に励んだとしても、市場原理の浸透するなかにあっては、おのずから限界があったであろう。報徳仕法の実施に際しては村民相協力して村の復興に取り組んでいたかにみえた藤曲村も、幕末期の社会変動のなかで階層分化が進み、階層間の対立が激化している。報徳仕法実施当時、村役人や「御趣法世話人」を務めていた藤曲村の指導者たちは、安政四年（一八五七）一〇月、尊徳没後一周忌に当たって、同村の慶林寺境内に尊徳の墓碑を建立した。それは尊徳に報恩の念を表すためであったことは疑いなかろうが、しかし、同村では当時、階層間の対立が激化し、村の指導層がそれに苦慮していたことを考えると、尊徳から教諭された勤労と一村一和の精神を村民に思い起こさせる意図も、そこにはこめられていたように思われる。

尊徳は、「富国」の基礎は「安民」にあると考え、国家の民生安定に対する責任をもっとも重視していた。しかし、日露戦争後、軍事大国化が進められるなかで、報徳主義は国民に勤倹自助努力を促し、それを通じて国家に奉仕させるイデオロギーに変質させられていった。そして昭和一〇年代には、国体明徴運動の一環としての国民教育にあって二宮尊徳は模範的人物に祭り上げられ、藤曲の尊徳墓碑もそのシンボルと化す。

＊

第四章「維新・文明開化と岡田良一郎の言論――日本の近代化と報徳主義・序説――」は、『歴史』第六六、六七輯（一九八六年）に発表したものである。明治期の報徳社運動を主導することになる岡田良一郎（りょういちろう）の明治元年（一八六八）より同八年（一八七五）までの言論活動を分析して、維新・文明開化を遠州の一豪農であった彼がどのように認識し、新たな歴史的条件のもとで地域社会のリーダーとしての立場から、報徳主義の「富国安民」の理念をどのようにして実現しようとしたのかを、国家の「富国強兵」の論理との関係で考究すること、それが本稿の課題である。報徳主義は近世末以来の民衆的諸思想の一つであるので、在来思想に立脚した文明開化への対応のパターンを探る一つの具体例ともなろう。

二宮尊徳が領主の行政を通じて施そうとした報徳仕法は、あるいは領主側との対立により、あるいは廃藩置県により、途中で撤廃を余儀なくされた。だが報徳運動は、幕末期に遠州地方で農民たちが自主的に結成した報徳社が拠点となって、明治以降、報徳社が全国的に普及し、広汎な民衆運動として発展していった。

遠州地方に報徳仕法を伝えたのは安居院（あごいん）義道庄七である。彼は尊徳の正式な門人ではなく、穀物商いに失敗し、尊徳に金を無心する目的で天保一三年（一八四二）に下野国桜町陣屋に尊徳を訪ねたものの面会を許されず、しかたなく風呂番として陣屋の厄介になっているうちに、尊徳が門人や来訪者に話す報徳の教えを耳にして感化され、報徳の教理の会得に努めたと伝えられる人物である。帰郷後、報徳主義を商売に適用して家政再建に成功した彼は、やがて報徳主義の伝道者として各地を流浪し、生涯を民衆の中で過ごした。いわば彼は世間師として報徳主義を民衆の間にひろめたのであり、その際、各地を巡り歩くなかで見聞し会得した農業技術や諸々の知識を、報徳主義に加味して浸透させていった点に特徴がある。関東の荒村から生まれた報徳仕法という民衆知は、世間師的な安居院を媒体として各地の民衆知と結合し、ひろまるところとなったわけである。

尊徳やその高弟たちが関東・東北地方で行なった仕法は、主として領主行政の一環としてのものであったのに対し、安居院は民衆に自主的な結社を促し、これを報徳仕法推進の主体とした。遠州の報徳仕法ものちには領主行政と結びついて展開したとはいえ、結社を基盤としていたがゆえに廃藩置県後も継続、発展していくところとなった。遠州の報徳連中は嘉永五年（一八五二）頃から支配領域を越えて連携するようになり、遠州一円の報徳世話人が参集した大参会を開催するに至る。こうした、報徳主義という一つの信条を媒介とする支配領域を越えた民衆の自律的・自治的な広域的結合が基盤となって、明治八年（一八七五）には遠江国報徳社（のちの大日本報徳社）の結成をみる。この遠江国報徳社の社長として明治期の報徳社運動を強力に指導したのが、岡田良一郎（一八三九年～一九一五年）である。

日本の近代化過程における報徳社運動と国家の政策およびイデオロギーとの関係を考察するにあたっては、報徳主義の理念である「富国安民」と国家の「富国強兵」の論理との関係が焦点となろう。なぜなら、「富国」を目指している点で両者は共通しているものの、報徳主義ではそれはあくまで「安民」を基礎としているのに対し、国家のそれは「強兵」と結びつき、民衆生活の犠牲のうえに遂行された点で、両者の論理は根本において対立する契機をはらんでいるからである。では、報徳社運動の指導者であった岡田良一郎にあっては、両者の論理関係はどのようにとらえられていたのであろうか。また、地主・豪農としての彼の階級的立場は、そこにどのように投影していたであろうか。本稿は、手始めに維新・文明開化期の彼の言論を通してそれを考究し、上記の視点からする近代報徳社運動研究の緒につかんとするものである。

岡田良一郎の政治への働きかけはきわめて活発で、日本の近代化過程にあって多岐にわたる問題について献策を行なうとともに、自らも地方政治の場で多彩な活動を展開し、明治二三年（一八九〇）の第一回総選挙では衆議院議員に立候補して当選、国会の場にも進出して論陣をはることとなる。さらには息子の岡田良平（りょうへい）と一木喜徳郎（いちききとくろう）をも国政の枢要に送り込んでいる。すでに一八世紀半ば頃より地域指導層の政治への働きかけが活発化していたことは、近年の平川　新氏の論考で指摘されているところであるが[26]、岡田良一郎にあっては、その政治への能動性は報徳主義そのものにも由来していたと思われる。先述のように、報徳主義は政治のあり方を報徳の理念にもとづくものに変えることを強く志向しており、それゆえ尊徳も領主の行財政を自ら指導して、それを実現せんとしたのである。

良一郎はまた、尊徳の「自得」の精神も引き継いでおり、その立場から文明開化に対処している。彼は、真の「開化」とは自ら主体的に物事の「理」を窮めうる「智力」を開くことであるとし、この立場から、盲目的に欧米の文化をまねることは「開化」ではなく、「未開」の表れである、と批判する。そして、かかる精神態度から、日本の在来文化であれ、欧米の文化であれ、自ら「理」にかなっていると判断したものは積極的に摂取した。その判断基準は「富国安民」の実現に役立つか否かにおかれていた。彼の「開化」論は、単なる欧米文化の模倣・移植ではなく、「自得」の精神に支えられた、自律的・主体的な開化論であった、といえる。

*

II「近世の村落社会と生活文化」では、駿河国駿東郡御厨地域（現在の静岡県駿東郡小山町から御殿場市、裾野市北部にかけての地域）を場として形成された生活文化の諸相を考究する。

*

第一章「夫婦喧嘩・離婚と村落社会——駿河国駿東郡山之尻村の名主家の日記から——」は、渡辺信夫編『近世日本の生活文化と地域社会』（河出書房新社、一九九五年）に発表したものである。

家の没落は、外的な政治的あるいは社会経済的要因のみならず、家内部の人間関係の不和とトラブルも契機となる。では、家内部の人間関係に生じたトラブルがのっぴきならない事態に立ち至ったとき、近世の村落社会にあってはどのような形で対処がなされたのか、その対処の論理はいかなるものであったのか。この点の考究を通じて、家・家族と村落社会との関係、および家族関係をめぐる、幕藩の法やイデオロギーの上での建前ではなく、現実社会に生きていた規範にアプローチすること、それが筆者の課題とするところである。

この問題については先に、駿河国駿東郡御厨地方の山之尻村（現、静岡県御殿場市山の尻）の名主を代々務めていた滝口家の当主または隠居が書き継いだ、一八世紀後期から幕末にわたる日記を素材に、親子間のトラブルを事例にとって検討し、「近世後期の親子間紛争と村落社会」と題する論文を発表している（渡辺信夫編『近世日本の民衆文化と政治』河出書房新社、一九九二年。前掲拙著『近世農民と家・村・国家』再収）。本稿ではやはり同日記を用いて、夫婦間のトラブルの場合について考究した。そして、その事例分析を踏まえて、近世日本の庶民の離婚に関する高木 侃氏と水林 彪氏の所論に論及し、少しく批判を加えている。前稿とは姉妹論文の関係にあるので、併せて参照いただければ幸いである。

*

第二章「村落の生活文化――駿河国駿東郡御厨地域を場とした――」は、『小山町史』第七巻・近世通史編（一九九八年）の筆者執筆になる第八章「村の生活文化」に大幅な補足を加えて成稿したものである。註欄に参考・関連文献を掲げ、適宜、先行研究で提示されている論点の紹介と整理を行なった。

前章では特定の問題を扱ったが、本章では、第一節「天候不順・病と村人の対応」、第二節「旅の隆盛」、第三節「祭礼と芸能・花火」、第四節「寺子屋教育の隆盛と地域文人社会の形成」という節立てで、現小山町域の村々およびその周辺の村々を場とする近世後期の生活文化の諸相を少しく包括的に描くことを試みた。ただ、家・家族、生業、金融、村の自治、信仰と伝承、災害・紛争への対処等々の問題については、『小山町史』近世通史編の他章の叙述に譲り、本稿ではその成果を一部組み込むにとどめている。併せて参照いただきたい。

ところで、近世村落の生活文化はさまざまな民俗にいろどられているが、近世社会における民俗の位置については、安丸良夫氏の有力な見解がある。氏は、次のように説かれる。近世社会の中枢部は制度も社会関係もイデオロギーも非宗教的此岸的な合理性が顕著で、他方、民俗信仰を中心とする民俗的なものは近世社会の周縁にあって、権力支配の直接には届かない活力に満ちた独自の世界を形成していた[27]、と。この見解はおおむね学界に受け入れられているようであるが、近世領主の呪術・祭祀による領民保護機能と心意統治、および近世の国家権力と宗教者の関係などに関する近年の研究成果に照らすとき、安丸氏の見解も再考の余地があるように思われる。そこで、註（7）で若干、その点に触れておいた。また同註においては、近世村落の生活文化の視座から、明治初期の「文明開化」政策のもつ意味、さらには近代天皇制国家の特質にも論及しているが、これについては何分大きな問題であるので、今後、考究を深めていきたいと考えている。

註

（1）井上勝生「維新変革と後発国型権力の形成」（同『幕末維新政治史の研究』塙書房、一九九四年）。

（2）木戸孝允「憲法制定の建言書」（『日本近代思想大系12　対外観』岩波書店、一九八八年、三四頁）。

（3）同前三六頁。

（4）民衆思想史研究は色川大吉、鹿野政直、安丸良夫氏らによって切り開かれたが、前二者の研究が近代のそれを対象としたのに対し、安丸氏の論考「日本の近代化と民衆思想」（『日本史研究』第七八、七九号、一九六五年。同『日本の近代化と民衆思想』青木書店、一九七四年、再収）は、日本の近代社会形成過程における広汎な民衆の自己形成・自己鍛練の過程と意味を、近世中期から明治期にいたる民衆的諸思想の展開のうちにとらえようとしたものであるため、近世史の分野における民衆思想史研究を触発するところとなった。
　また深谷克己氏も、近世の百姓一揆研究の一環として百姓一揆における正当性の意識構造と一揆指導者の思想も分析され、近世民衆思想史研究にも大きな影響を及ぼした（『増補改訂版　百姓一揆の歴史的構造』校倉書房、一九八六年、所収の諸論文。『八右

衛門・兵助・伴助』朝日新聞社、一九七八年。同『南部百姓命助の生涯』朝日新聞社、一九八三年）。

このほか、倫理思想史の立場から近世の民衆思想に切り込まれた布川清司氏の以下の著作も、研究史上に大きな位置を占める。『近世日本の民衆倫理思想』（弘文堂、一九七三年）、『近世民衆の倫理的エネルギー』（風媒社、一九七六年）、『近世町人の思想史研究』（吉川弘文館、一九八三年）、『近世庶民の意識と生活』（農山漁村文化協会、一九八四年）、『日本民衆倫理思想史研究』（明石書店、二〇〇〇年）等。

（5）木村　礎氏は、近代日本史学が天下国家の学でありすぎたとの批判から、早くよりそれぞれの地域に生きた人々の生活の営みに眼差しを注ぎ、生活史研究と生活の場の景観研究を双軸とした村落史研究を精力的に進められてきた。氏の研究視角と方法論は「なぜ村落生活史を」（木村　礎編著『村落生活の史的研究』八木書店、一九九四年）で整理された形で述べられ、近代日本史学史上にあって傍流ながら生活史的方向性をもった研究潮流についても概観されている。

（6）近世の民衆文化や地域文化に関する主要著書を、管見の範囲内で以下にあげておく。柴田　一『近世豪農の学問と思想』（新生社、一九六六年）、高尾一彦『近世の庶民文化』（岩波書店、一九六八年）、林屋辰三郎編『化政文化の研究』（岩波書店、一九七六年）、同編『幕末文化の研究』（岩波書店、一九七八年）、塚本　学『地方文人』（教育社、一九七七年）、宮本又次『町人社会の学芸と懐徳堂』（文献出版、一九八二年）、秋山高志・水庭久尚『茨城の人形芝居』（崙書房、一九八五年）、青木美智男『文化文政期の民衆と文化』（文化書房博文社、一九八五年）、同『一茶の時代』（校倉書房、一九八八年）、守屋　毅『近世芸能興行史の研究』（弘文堂、一九八五年）、同『村芝居』（平凡社、一九八八年）、高橋　敏『日本民衆教育史研究』（未来社、一九八七年）、鈴木暎一『水戸藩学問・教育史の研究』（吉川弘文館、一九八七年）、中井信彦『色川三中の研究　伝記篇』（塙書房、一九八八年）、同『色川三中の研究　学問と思想篇』（塙書房、一九九三年）、田崎哲郎『在村の蘭学』（名著出版、一九八五年）、同『地方知識人の形成』（名著出版、一九九〇年）、同編『在村蘭学の展開』（思文閣出版、一九九二年）、愛知大学総合郷土研究所編『近世の地方文化』（名著出版、一九九一年）、川名　登『河川水運の文化史―江戸文化と利根川文化圏』（雄山閣、一九九三年）、小堀一正『近世大坂と知識人社会』（清文堂出、一九九六年）、竹下喜久男『近世地方芸能興行の研究』（清文堂、一九九六年）、青木歳幸『在村蘭学の研究』（思文閣出版、一九九八年）、神田由築『近世の芸能興行と地域社会』（東京大学出版会、一九九九年）等。

以上をみても、一九六〇年代後半以降、近世の民衆文化や地域文化に関する研究が隆盛してきたことが知られる。このほか草莽の国学研究は、国民文化形成史の視点からする伊東多三郎氏の先駆的研究『草莽の国学』（一九四五年初版。一九八二年、名著出版より増補版刊）を嚆矢として、独自の研究潮流を形成してきている。また特定地域に即した民衆文化の個別実証論文も相当の蓄積をみている。かかる研究状況は自治体史編纂のあり方にも反映し、近年は史料編に生活や文化に関するものを多く収録するとともに、通史編でもそれについてかなり充実した叙述がなされるようになった。青木美智男「地域文化の生成」（『岩波講座　日本通史』第一五巻、岩波書店、一九九五年）は、地域文化史研究の成果を踏まえて総括的に論を展開しており、現在の水準を示す。

（7）高橋　敏『近世村落生活文化史序説』（未来社、一九七八年）、塚本　学編『日本の近世8　村の生活文化』（中央公論社、一九九二年）、渡辺信夫編『近世日本の生活文化と地域社会』（河出書房新社、一九九五年）、定兼　学『近世の生活文化史』（清文堂、一九九九年）、鯨井千佐登『境界紀行―近世日本の生活文化と権力』（辺境社、二〇〇〇年）。なお、渡辺尚志『江戸時代の村人たち』（山川出版社、一九九七年）と成松佐恵子『庄屋日記にみる江戸の世相と暮らし』（ミネルヴァ書房、二〇〇〇年）は、「生活文化」という概念は用いていないものの、ともに特定地域を対象に、近世の村人たちの生活の営みの諸相を具体的かつ平明に描いた好著である。

（8）塚本　学「民衆知と文字文化」（同『都市と田舎』平凡社、一九九一年）、谷山正道「近世後期の地域社会の変容と民衆運動」（同『近世民衆運動の展開』高科書店、一九九四年）、平川　新「献策と世論―『民衆知』と権力―」（同『紛争と世論―近世民衆の政治参加―』東京大学出版会、一九九六年）、同「転換する近世史のパラダイム―『静かな変革』論へ―」（『九州史学』第一二三号、一九九九年）、横田冬彦「近世村落社会における〈知〉の問題」（『ヒストリア』第一五九号、一九九八年）、羽賀祥二『史蹟論』（名古屋大学出版会、一九九八年）等。

（9）若尾政希『「太平記読み」の時代―近世政治思想史の構想―』（平凡社、一九九九年）。

（10）河西英通「民衆思想史の意識論」（『歴史学研究』第七二一号、一九九九年）、『民衆史研究』第五七号（一九九九年）の特集「民衆史の射程―生活史の可能性を軸にして―」。後者は以下の論稿を収める。塚本　学「列島住民の生きるための知恵の歴史素案」、小林茂文「生活史の可能性」、谷川章雄「江戸の生活史と考古学」、岩田重則「伝承資料論」。

（11）小林茂文・同前論文二三頁。

（12）註（10）前掲論文。

（13）筆者はかつて、出羽国村山郡谷地郷（現、山形県西村山郡河北町）の契約講が、一八世紀中・後期に全国的規模でさまざまな情報を収集、記録する行為を始めていることに着目し、それを、谷地郷も全国市場の一環に深く組み込まれ、住民の生活が全体的な政治・社会・経済の動向に大きく左右されるようになったことから、自らの生活を守り向上させるために創造した、新たな文化的営為と評価するとともに、民衆間の情報流通＝コミュニケーションの展開を基礎に形成される「世論」が、政治にも規定性を及ぼすようになることを指摘したことがある（拙稿「地域とコミュニケーション―地域史研究の一視点―」『地方史研究』第一八五号、一九八三年。拙著『近世農民と家・村・国家』吉川弘文館、一九九六年、再収）。

なお、杉仁「近世日本在村文化と東アジア動向」（『アジア民衆史研究会会報』第七号、早稲田大学文学部深谷研究室、一九九八年）は、近世日本の在村の文化情報は、地域内にとどまることも多かったものの、絶えず在村から江戸へ、江戸から全国へ、時には朝鮮・中国の東アジア全域へと普遍しうる高い力量をもち、逆に東アジアの文化動向からも影響を受けていたことを具体的事例をもって指摘し、近世日本の在村文化を東アジア文化史の一環として考察する必要性を提起している。

(14) 近世の地域間関係史については、青柳周一氏の近業が注目される。氏は、近世日本の地域社会に関する従来の研究にあっては、自己管理能力とそれに伴う閉鎖性・完結性の向上が強調されることが多かったのに対し、近世社会の特徴はむしろ高度に発達を遂げた交通・流通・情報網など、さまざまな媒介項を通じて、それぞれの地域どうしが互いを不可欠な存在として強く結びつくことによって、その総体が構成されていた点に求められるとする視点から、近世に流行した参詣旅行を介した地域間関係史の研究を、社会構造レベルでの影響の諸相に踏み込んで精力的に進めている。「須走御師宿帳の研究―御師宿泊業経営の実態とその文書機能についての考察―」（『小山町の歴史』第九号、一九九六年）、「富士山御師と宿泊業―在地宗教者と村社会―」（『歴史』第八八輯、一九九七年）、「参詣の道・生計の道―小田原藩地域政策と富士山参詣者―」（『地方史研究』第二六八号、一九九七年）、「近世後期富士山麓における地域社会像―女人登山禁制をめぐって―」（『日本歴史』第六〇一号、一九九八年）、「登山道と地域社会―近世後期須山口富士登山道復興過程のスケッチ―」（『文化』第六一巻第三・四号、一九九八年）、「道者・旅籠屋・遊女―近世鶴岡の宿泊業集団と都市行政―」（丸山雍成編『日本近世の地域社会論』文献出版、一九九八年）等。

(15) この点は、井上勝生氏がつとに指摘されているところである（註1前掲論文三一五〜三一六頁）。

(16) 朝尾直弘「時代区分論」（『岩波講座　日本通史』別巻一、岩波書店、一九九五年）で、もっとも理論的に整理された形で批判が加えられている。また、近世における後進地域の典型と位置づけられてきた現岩手県域をフィールドにした研究からも、「先進」―「後進」の枠組みに批判が提示されている。高橋美貴『近世漁業社会史の研究―近代前期漁業政策の展開と成り立ち―』（清文堂、一九九五年）、榎守進「近世前期における北奥の狩猟―盛岡藩領の事例を中心に―」（東北学院大学史学科編『歴史のなかの東北―日本の東北・アジアの東北―』河出書房新社、一九九八年）等。
(17) 註（8）前掲論文。
(18) 近世から近代への移行の問題をめぐる近年の議論にも、畿内中心史観は色濃く投影している。例えば、近世・近代移行期の地域社会論を主導してきた久留島　浩氏の議論の到達点を示す「百姓と村の変質」（『岩波講座　日本通史』第一五巻、一九九五年）は、次のように結語する。「もっとも経済発展が顕著であると同時に村政民主化が浸透していた畿内・近国では、『世直し状況』期にも顕著な動きは見られなかったのである。畿内・近国から日本の近代への筋道を考えることは、かつてブルジョア的発展の検証が盛んに行なわれたときには、当然のごとくなされていたことだった。しかし、一九世紀以降、とくにこの地域で重層的行政組織の展開が顕著であることが明らかになった今、畿内・近国から日本近代を見とおすような研究が強く求められているように思われてならないのである」と。
　久留島氏の論考は、かつて佐々木潤之介氏が提唱された「世直し状況論」（『幕末社会論』塙書房、一九六九年）を克服することを意図したものである。しかし、佐々木氏にあっては、商品貨幣経済の進展によって農民層が豪農と半プロに両極分解することは近世後期の普遍的な現象であったとし、それを基礎に幕末期には全社会的規模で「世直し状況」と称しうる社会変革の状況が生まれたととらえる点で、その是非はともあれ、「先進」―「中進」―「後進」という枠組み自体からは脱却していたのに対し、久留島氏の議論は旧来の枠組みに先祖返りしている。今時、畿内中心的な近代化論を唱えることに、いかほどの意味があるのか、筆者にはまったく理解しがたい。かかる枠組みを前提にした地域社会論がどのようなイデオロギー的機能を果たすことになるか、歴史家としてあまりにも無自覚ではなかろうか。

　先の横田冬彦氏といい、久留島　浩氏といい、いずれも日本近世史研究に新たな視点と論点を提示しつづけ、そのパラダイム転換を進めてきた、優れた中堅研究者である。しかし両氏ともに、我々がもっとも克服すべき近代日本史学の負の遺産たる、「先進」―「中進」―「後進」のパラダイムからは脱却していないのである。その呪縛性の強さの淵源はおそらく、それが単なる学問上のパラダイムにとどまらず、まさに欧米中心の近代世界システムの基軸をなすパラダイムでもあり、そのもとで近代化への道を歩んだ日本の歴史的特質が、近代日本人、とりわけ知識人に刻印した思考様式であるところに求められよう。
(19) 塚本　学『地方文人』（註6）、同『都市と田舎』（註8）。
(20) 地方史研究協議会の主導してきた地域文化論はそうした立場に立つ。

(21) かかる観点からして注目される近年の研究動向は北方地域史研究と東北地域史研究であり、国家と「先進」―「中進」―「後進」の枠組みを打ち破る視座と衝撃力を備えている。

(22) 註(4)前掲。

(23) 樺山紘一「飢饉からうまれる文化」(林屋辰三郎編『幕末文化の研究』岩波書店、一九七八年。樺山紘一『ルネサンス周航』青土社、一九七九年、に「揺らぐ歴史」と改題して再収)。

(24) 註(4)前掲論文。

(25) 平川新氏は、一八世紀半ば以降、幕藩領主は、民衆への献策の求めや民衆側からの自発的な献策の受け入れ、あるいは幕藩役人への登用などを通じて「民意」の吸収と「民衆知」の活用をはかる、新しい政治運営の形態を採用するようになっていたことに注目し、二宮尊徳の献策と小田原藩・幕府の役人への登用もその一事例としてあげられている(註8前掲「献策と世論―『民衆知』と権力―」)。氏の論考は近世後期の政治史に新たな視野を開いた点で高く評価できるが、ただ「民衆知」が現実の政治過程に組み込まれたとき、その提起した政策案がそのまま実現するとはかぎらない。政策決定過程で変容をこうむったり、あるいは尊徳仕法のように領主側の論理との間で矛盾・葛藤を惹き起こすこともある。この点にも留意しなければなるまい。

また横田冬彦氏の「近世村落社会における〈知〉の問題」(註8)でも、幕藩権力の在地からの人材登用や目安箱の設置を、在地社会に留保された知的資本の統合を目指したものと評価している。しかし、今日の民主主義を原則とする社会においてさえ、市民から提起された政策案が国や自治体に受け入れられても、官僚機構での政策決定過程において官僚の論理によって大幅な変容をこうむる例が少なくない。このことを想起しても、幕藩権力による「民意」の吸収や「民衆知」の活用・統合を指摘するのみでは、きわめて不十分であることは明らかであろう。

(26) 註(8)前掲論文。

(27) 安丸良夫「『近代化』の思想と民俗」(『日本民俗文化大系1　風土と文化』小学館、一九八六年)、同『近代天皇像の形成』(岩波書店、一九九二年)第三章。

I

荒村から生まれた知恵・思想と報徳

――家・村の復興と「興（富）国安民」構想――

第一章　戦後歴史学における尊徳研究の動向

はじめに

二宮尊徳に関しては明治以来、多くの人がさまざまな視点から論じており、汗牛充棟ただならぬものがある。その多くは報徳社運動の指導者や哲学・倫理学・教育史の研究者の手になるもので、尊徳の伝記的研究や人間論的研究、あるいは報徳教義の原理の究明に主眼が置かれている。こうした観点からの研究としては、佐々井信太郎氏と下程勇吉氏が多くの業績をあげられていることは周知のところであり、佐々井氏の『二宮尊徳研究』（岩波書店、一九二七年）、『二宮尊徳の体験と思想』（一円融合会、一九六三年）、『二宮尊徳伝』（日本評論社、一九三五年。経済往来社より七七年に復刻）、下程氏の『天道と人道』（岩波書店、一九四二年。龍溪書舎より七八年に改編復刻）、『二宮尊徳の人間学的研究』（広池学園出版部、一九六五年）などは、今日でも尊徳研究をする際には必ず目を通すべき古典的名著である。

ただ、これらは尊徳の精神を現実社会にどう生かすかという観点に立った論考のため、歴史研究者からは、護教論的な超歴史的見解という批判が浴びせられてきた。しかし、こうした類いのレッテルはり的批判は不毛であろう。どういう立場からの研究にせよ、それが学問的手続きを踏まえて立論されているか否かが問題なのであって、尊徳の思想と実践に何を学ぶかという立場からの研究も、一つの立場として容認されてしかるべきである。むしろ、主情的に尊徳を現代に再生させて、時の国家政策とイデオロギーに迎合させないためにも、彼の思想と実践の意味を学問的に学んでいただきたいと思う。

　むろん、歴史学の立場から尊徳の思想と実践について研究する場合には、固有の分析視角を持つことになり、その評価も当該の歴史的諸条件、諸関係の中に位置づけて下される。尊徳の思想は近世後期の関東農村の荒廃を背景にして生まれ、多くの人々の心をとらえ、その仕法は農村の復興に大きな役割を果たしただけに、幕藩制解体――近代化過程の一つの歴史事象として注目すべきものがあるが、しかし歴史学においては長く等閑に付されてきた。それは、一つには、戦前、少年二宮金次郎が帝国小臣民の理想像として国家によって喧伝され、報徳思想が国家主義に編成されていたことに対する心情的反発が存在していたこと、いま一つは、戦後の歴史学が人民闘争史を主軸にすえて歴史像を発展的に描くことに主眼を置いてきたため、尊徳の農村復興仕法のような既存の体制を前提とした運動は、歴史を革新、発展させたものとしては評価されえなかったことに、その理由があるように思われる。

　戦後、歴史家の手になる尊徳についてのまとまった著書としては、僅かに奈良本辰也氏と守田志郎氏が一般向けの評伝として書かれたものがあるくらいで、具体的な実証に裏付けられた体系的な研究書はいまだ出されていない。近年ようやく、各地の仕法に関する個別研究がなされるようになったところである。

　小稿では、戦後の歴史学において、尊徳という人間および彼の思想や仕法がどのような問題関心のもとに取り上げられ、どういった評価を与えられてきたのかを概観し、今後の研究への一助としたい。

第一節　尊徳の思想と人間像をめぐって

　尊徳の思想と仕法に関して、戦後の歴史家の理解の仕方に大きな影響を与えたのは、戦前に出された奥谷松治『二宮尊徳と報徳社運動』（高陽書院、一九三六年）である。本書は、尊徳の報徳思想の経済的基礎と仕法の経済史的意義、および明治以降の報徳社運動の階級的性格と、それが資本主義化の下で果たした役割を究明することを企図したもので、その反動性をマルクス主義の歴史理論をベースにして指摘している。尊徳の思想と仕法については、「尊徳の思想を貫く特徴は、当時刻々と迫りつつあった次の時代の招来を反映せるものではなく、寧ろ反対に、将に崩壊せんとする封建制度の維持確保の保守性、即ち当時の武士階級のイデオロギー乃至はその苦悶に相照応している」、そして「尊徳の事業は封建社会崩壊過程に於ける武士階級の要求が之を生んだものであり、又それが著名になったのも、そうした事業が当時に於ける支配階級一般の要求に照応するものであったことを意味する」と、それが支配階級の利害に立った保守的、反動的なものであったと断ぜられる。

この書が執筆された当時、尊徳卒去八十年祭の挙行を機に主情的に尊徳を賛美した書物が相次いで出されており、しかも時のイデオロギーに結びつけて尊徳を称揚したものが多くみられた。また、報徳主義は近代の農業政策にも大きな影響を及ぼし、ことに昭和初頭の農業恐慌以後、それは農村更生政策の指導的位置に祭り上げられていた。こうした報徳主義をめぐる時代状況が、奥谷氏をして報徳運動の生成・展開を経済的基盤を踏まえて歴史的に考察し、その本質を科学的に明らかにせんと駆りたてた動因をなしていたことは、同書の「自序」から看取されるところである。全体的にマルクス主義の歴史理論を機械的に適用されすぎているきらいがあり、史料の解釈にも疑問な点が目につくが、ともあれ、歴史科学の立場から報徳運動の研究を試みた最初のものであり、しかも系統的、体系的に叙述されている点、研究史上、見落とすことのできない書物である。

戦後、マルクス主義史学が歴史学の主流的位置を占めたため、奥谷氏の分析視角と見解は歴史家に広く受け入れられた。例えば江守五夫「明治期の報徳社運動の史的社会的背景（一）（二）」（明治大学法律研究所編『法律論叢』第四〇巻一号、二・三合併号、一九六六年。同『日本村落社会の構造』弘文堂、一九七六年、再収）は、奥谷氏の著書に依拠して尊徳仕法と報徳社運動の性格を論じているし、これらに関する個別の研究論文も、その多くは奥谷氏の分析視角と性格規定を踏襲している。

これに対し、土着の思想家、農民の立場に立った実践家と尊徳をとらえ直し、彼の思想と実践の意味を追究されてきたのが奈良本辰也氏である。氏の見解は『二宮尊徳』（岩波書店、一九五九年）、「二宮尊徳の人と思想」（『日本思想大系52　二宮尊徳・大原幽学』岩波書店、一九七三年）に集約して示されている。百姓として生まれ、百姓としての生活体験にもとづいて真理を「自得」し、個別的体験を社会化して「興国安民」の学として体系化し、封建的搾取にさらされて荒廃した農村を立て直して、生産者が安定的に生活しうる世の中を創り出すべく苦闘した人物――これが奈良本氏の描いた尊徳像である。氏の『二宮尊徳』は新書版として書き下ろされたものであり、実証的には佐々井信太郎氏の『二宮尊徳伝』を超えるものではないが、基本においては氏の尊徳像は正鵠を得ていよう。ことに、歴史学界においては、尊徳の思想と仕法を一面的に領主階級の立場に立った保守的、反動的なものと規定しさり、その意味を深く追究する姿勢を欠いていただけに、奈良本氏の業績は尊徳研究史上に正当に位置づけられてしかるべきだと考える。

また、氏が、戦前において護教的な尊徳論者が時流に迎合した尊徳論を展開したことに対しても批判の目を向けられている点にも、注目しておかねばなるまい。なぜなら、氏の尊徳研究は、護教的な尊徳論と、その裏返しにすぎない反尊徳論の、両者に対する批判を出発点としているからである。

ただ氏の著書は、『二宮尊徳全集』を広く深く読みこなしたうえで書かれているとは感じられず、やや彫りが浅いとの読後感を否めない。また、才気煥発な歴史家だけに、奇をてらいすぎた見解も目につく。例えば、金次郎が廃田に他家の捨て苗を植えたところ、廃田が免租地であったため収穫が全部自分の手に入った体験から、彼はそこに封建社会の盲点を発見したのであり、彼の致富の道は、いうなれば封建制下における勤労農民の裏街道であった、と説かれる。確かに尊徳は、勤労の成果をいかしたら最大限にあげうるかという合理的な考えをめぐらせた人物ではある。しかし、廃田に作付けした場合、一定期間免租にするのは、その開墾奨励のために領主がとった政策であり、尊徳の行為自体は何ら封建的農政と矛盾するものではない。尊徳の生き方が封建社会の盲点を突いたものだと主張されるならば、それが彼の思想形成と仕法の考案にどう結びついているのかを論理立てて説明しなくてはなるまい。

だが、奈良本氏の尊徳の思想と仕法に対する評価は、封建社会の盲点を突いた生き方という指摘とは何ら関連づけられてはいない。氏は、尊徳が農村荒廃の根因を封建的搾取の苛酷さにみ、「分度」の設定によってそれに制限を加えるところに彼の農村復興仕法の最大の眼目があった、とされる。ならば、氏によれば封建制下の裏街道を歩いたことになっている尊徳が、何故、封建的搾取と真正面から対峙するような仕法を考案し、領主階級と葛藤しながら農村復興に身を挺したのか。この点については、氏は何ら整合的な説明はされていないのである（そもそも論理的に関連づけるのは不可能である）。

なお、奈良本氏は、尊徳仕法の成否の鍵は領主財政に「分度」を設定し、領主をしてそれを守らせうるか否かにあったと的確に認識されているものの、それを年貢額の限定と解釈されているのは正しくない。確かに尊徳は、農村荒廃の根因を領主の聚斂誅求にみ、それは領主が自らの財政に「分度」を確立していないため、その不足を補おうとすることに起因していると認識している。そして、領主財政に「分度」を設定して恣意的な搾取を規制せんとしているが、しかし、それは決して年貢額の固定化を意味するものではない。農村の復興が進み生産力（尊徳が言うところの「自然之天分」）が上昇すれば、それに応じて年貢収納額を増すことも可能になる。尊徳仕法の要諦は、「分度」を超える年貢収納分を荒地開発や領民の生産・生活安定策の資金として繰り返し「推譲」させるところにある。これが、「荒地は荒地の力をもって開くこと」、つまり、荒地開発によってもたらされた生産力の増大分を資金として、さらに荒地を開発していく、という考えの具体化である。奈良本氏に限らず、これまでの尊徳論にあっては、熊川由美子氏が指摘されるように（「二宮金次郎の仕法に関する一考察」、『静岡大学人文学部人文論集』二五号、一九七四年）、領主に要求される「分度」の具体的内容、そしてそれが農村にとってどういう意味を持ったのかが、必ずしも正確に理解されてはいない。

ところで、奈良本氏は思想史研究を本領とされるだけに、尊徳の思想については、その思考方法にまで立ち入って深く分析されており、そこに近代的な思考方法と思想の萌芽を見出だされている。第一は、現実世界において対立する関係にあるものを追究し、そこに対立を超える一元を把握するという思索の仕方である。そして、こうした思考方法によって、儒教にあっては上下の関係としてとらえられ、厳格な価値基準でもって律せられていた男女や君臣などの関係を相対化したことを、奈良本氏は評価される。第二は天道と人道の区別である。これについては多くの人が早くから注目しているところであり、例えば、近世思想史の中に近代的な思惟様式の生成を検証することを試みられた丸山真男氏も、農業は常に自然的秩序観の堡塁になっていたのに対し、近世末の荒廃に瀕した農業に直面した尊徳が、天道と人道を区別し、人間の主体的作為を評価したことに注目されている（『日本政治思想史研究』東京大学出版会、一九五二年、三〇八〜三〇九頁）。

奈良本氏にあっては、尊徳が天道と人道、すなわち自然の法則と人間の法則を区別したことを、二つの側面において高く評価されている。一つは、天道と人道の一致、自然と人間の合一の論理（朱子学の論理）によって絶対化されていた封建的な人間関係と道徳を相対化したことである。いま一つは、自然に対する人間主体の確立を生産者の立場から表明したことである。ことに、安藤昌益にあっては生産という概念に増殖ということが十分に考えられていなかったのに対し、尊徳が生産者としての人間は価値を増殖するものだと明確にとらえ、しかも拡大再生産を単に個人の問題にとどめず、「推譲」の規範を持ち込むことによって、全社会的規模で考えたことを評価されている。

以上のように、奈良本氏は、尊徳の仕法は封建体制を物理的に破壊し変革するものではなかったにせよ、封建的搾取に制限を加えて農民の生活の安定を図る具体的方策を備えていたこと、また彼の思想には封建的な人間関係と道徳を相対化する近代的な思考方法が芽生えていたこと、そして生産者の人間としての主体性の確立を促したこと、を高く評価されているわけである。

松浦　玲氏も、道徳の人道=作為論は、人間の本性に対する道徳的批判にとどまらないで、封建制に対する批判、つまり社会制度に対する批判になっている事実に注目され、人道=作為によって「分度」を決め、封建的搾取を制限せんとしたことを、封建制度に対するもっとも痛烈な内部からの批判と評価されている。なぜなら、従来の道徳説は、無制限の搾取を強要する権力を持つ封建制が、そうはならないで民を愛護するところに天理をみようとしたのに対し、尊徳は逆に、天理天道のままでは搾取が無制限であること、つまり天理のままでは社会関係が存続しえないことを指摘し、人道=作為によって封建的搾取を制限せんとしたからである（「近世後半期の思想」、奈良本辰也編『近世日本思想史研究』河出書房、一九六五年、三〇四頁）。

奈良本氏と同様、戦後、尊徳を農民の立場に立った思想家、指導者として評価し直されたのは児玉幸多氏である。氏が編集された、『日本の名著　二宮尊徳』（中央公論社、一九七〇年）の解説文「人間と大地との対話」には、封建末期の苛酷な諸矛盾の中を生き、封建制の厚い壁に向かって突破口を開こうとした尊徳の戦闘的生涯と、そこで培われた思想について、要を得た叙述がなされている。

ところで、尊徳が農民としての生活の中で思想を形成し、農村復興に生涯を捧げた人物である以上、彼の思想と実践の意味を歴史的に理解するためには、当時の農民が直面していた諸矛盾と課題、および精神状況、思想形成のあり方、行動との関係において考察することが求められよう。その意味では、安丸良夫氏が近世中期以降の民衆的諸思想の潮流の中に位置づけて尊徳を論じられたことは注目に値する（『日本の近代化と民衆思想』青木書店、一九七四年、第一章）。

安丸氏の論文は、幕藩制解体―近代化過程における民衆の主体性形成のダイナミズムとその社会的機能を、当時の民衆的諸思想に共通する、「勤勉、倹約、謙譲、孝行」などの「通俗道徳」の実践による自己鍛練、自己規律の主張に着目されて分析されたものである。ここでは尊徳の思想と仕法は氏のテーマにそって一つの事例として取り上げられたにすぎないが、氏の論文は民衆思想史研究という新たな領域を切り拓いた画期的なものと高く評価され、広く読まれただけに、そこで示された尊徳論はその後の歴史家の尊徳イメージに少なからぬ影響を及ぼした。

安丸氏はまず、尊徳は貧困の原因を民衆の生活態度に求めており、そのことによって、荒廃の根源が封建権力と商業高利貸資本のすさまじい収奪にあったことがおおいかくされてしまっている、と論断される（前掲書一九頁）。そして、先の奥谷松治氏の見解に依拠して、「尊徳仕法は、封建社会末期における苛酷な収奪をおおいかくして、いやがうえにもきびしい労働や倹約を民衆に強制するものであり、民衆支配のための若干の新味をもったイデオロギーだった、ということになる」（前掲書二〇頁）と規定されている。これだけだと奥谷氏をはじめとする他の多くの歴史家の見解と何ら変わるところはないが、安丸氏の場合は一方で尊徳の思想・仕法と当時の民衆が直面していた問題との関係にも注目され、次のように結論される。尊徳の思想をまったくの虚偽意識（支配のためのイデオロギー的装置）と解したのでは、その思想の独自性も、明治以降に広汎な民衆運動として報徳社運動が展開したことも、まったく理解できない。現在の貧困から逃れるためには、何よりも現在の生活習慣を変革して新たな禁欲的な生活規律を樹立しなければならない、というのが尊徳の一貫した立場であり、こうした見解は、一面ではたえず強制という契機を伴いながらではあるが、その時代の広汎な民衆の自己形成―自己鍛練の要求にそったものだった、と（前掲書二〇頁）。

奈良本氏が尊徳の「人道＝作為」論を、外的自然に対する人間の主体性の確立を促したこと、および封建的人間関係と道徳を相対化したことにおいて評価されたのに対し、安丸氏は、尊徳の論の主要な狙いが自然な人間的欲望を規制する方向にあったことを重視される（「近代社会への志向とその特質」、日本史研究会編『講座　日本文化史』第六巻、三一書房、一九六三年）。尊徳が「天道（天理）」と「人道」を単に外的自然界と人間界の関係としてのみとらえるのではなく、人間自身の中にも「天道（天理）」と「人道」の相克が内包されていると考え、人間の内なる「天道」（自然の性情としての私欲）を規制すべきことを主張しているのは確かである。しかし安丸氏は、それをもっぱら民衆に対する規制の論理としてとらえ、領主に対する規制の面はあまり評価されていない。

氏のいわれるように、尊徳は民衆に対し、禁欲的な生活規律によって人間としての主体性を確立すべきことを説いてはいる。だが看過してはならないのは、民衆が「分度」を立てていくら勤勉・倹約に努めても、領主が「分度」を確立せずに私欲から恣意的に収奪したのでは、民衆の生活は成り立たず、ついには勤労意欲を失わせてしまう、と尊徳が認識していたことである。彼は決して民衆の生活態度にのみ農村荒廃の原因を求めていたわけではなく、領主の収奪の苛酷さ、勧農の不行き届きこそが、農民の生活を破壊し、紊乱させた根因であるとみていた。それゆえ、彼は農村復興仕法を実施するにあたり、何よりも領主が自らの財政に「分度」を確立し、それを超える年貢収納分を荒地開発や救民撫育などのために繰り返し「推譲」すべきことを強く求めたのである。つまり彼の仕法は、領主の施政を民衆の撫育を基調としたものに改めさせ、民衆の生活を成り立たせうる条件を体制的に整えることを第一要件としており、しかるうえで民衆に人間としての主体性の確立と内発的な勤労意欲を促すのである。為政者の「仁政」と民衆の勤労とが相和することによって、「富(興)国安民」が実現されうる――これが尊徳仕法の論理であった(拙稿「関東農村の荒廃と尊徳仕法」『史料館研究紀要』一四号、一九八二年。本書I 第二章所収)。

安丸氏の論考は、現実の社会的諸問題を生活態度=倫理性の問題としてとらえる民衆的諸思想の、「精神主義論」のイデオロギー的意味を追究することが主題の一つとなっているため、全体的に氏の主題に引きつけすぎた尊徳論になっている感が強い。そもそも氏は、民衆的諸思想を「精神主義論」で一括されすぎてはいまいか。心学は別にして、近世後期の老農や尊徳の思想には、自らの自然観察と体験にもとづいて自然界と人間社会の「理」を「自得」する精神に支えられて、科学的・合理的な思考の成長も顕著にみられるのであり(前掲拙稿参照)、こうした側面も考慮して民衆思想の成長を跡づける必要があろう。

この「自得」の精神の主張は民衆思想史上、大きな意味を持っていると思われる。なぜならそれは、学者のように書物を読めば真理を発見しうるというものではなく、日々の勤労生活においてこそ真理を体得しうるのだ、ということの自覚と自負の表明であり、勤労生産者に、自分たちこそが真理を会得するのに最も適した立場にあるとの自信を植えつけることになったからである。ことに尊徳にあっては、「貧家の者は活計の為に、勤めざるを得ず、且富を願ふが故に、自ら勉強す」(『二宮翁夜話』二四)と、とりわけ貧者に対し限りない期待を寄せ、自信を持たせようとした。天保八年(一八三七)に尊徳が飢饉対策のために駿河国駿東郡の村々を巡廻したのを機に、北駿地方に一大報徳運動が展開するところとなり、尊徳の思想が民衆教育の普及と徹底を支えたのも(高橋 敏「江戸時代の民衆教育とその思想」、同『日本民衆教育史研究』未来社、一九七八年)、そうした点に理由があったのではなかろうか。

青木美智男「金次郎と尊徳」(同『文化文政期の民衆と文化』文化書房博文社、一九八五年)では、尊徳の仕法と思想を概観されたうえで、尊徳の思想的限界を指摘されている。尊徳の思想には政治批判が欠如しており、もっぱら人民の営為や勤労の必要性を強調したため、資本主義化のもとで経済的・社会的成功者になりえなかった失敗者はすべて、道徳的実践の不足によるものという徹底した自己責任へ転嫁されてしまい、結局、国家の責任は問われないこととなった。反面、成功した経済的・社会的優位者は道徳的優位者でもあるという、倒錯した論理が成立した――と。

これは、明示されてはいないものの、安丸氏の見解に依拠していることは明白である。尊徳に限らず、いかなる人物を評論するにしても、自ら対象を実証的に研究した裏付けがないと皮相な評論に終わってしまうのは必定であり、結局は虚像を一人歩きさせてしまうことになろう。青木氏の尊徳論もそうだが、他人の研究に依拠しながら自己流に造形して評論したものがあまりにも多すぎる。そうした類いの評論がいくら出されても、何ら研究の進展につながらないし、また、学問的裏付けなしに自己流に造形した尊徳像を批判したところで、権力による尊徳利用を阻止する力にはなりえないだろう。尊徳や報徳運動の実像が学問的に十分明らかにされていないことこそ、様々な立場からの恣意的な尊徳と報徳主義の利用を許す条件になっていることを、我々は謙虚に反省するところから出発しなくてはならないのではなかろうか。

その点、宇津木三郎「二宮尊徳の思想の特質と仕法」（歴史同人『紅葉坂』四号、一九七七年。のちに『かいびゃく』第二七巻六、七、八号、一九七八年、に転載）は、先行研究の批判的検討に立って、自ら尊徳の思想と実践に一貫する構造的特質を究明せんと分析を試みられており、意欲的な力作と評価できる。思想面では「人道＝作為」論を取り上げ、奈良本説も安丸説もともに一面の指摘にとどまっていると批判したうえで、尊徳にあっては「天道」と「人道」とがどのような論理的関係にあったのかを分析されている。

氏はまず尊徳の自然観を検討して、そこに二つの相異なるとらえ方を見出だされる。一つは人格的な「天」として、道徳的なものとして自然をみるとらえ方、もう一つは物理的な働きとして自然をみるとらえ方、である。人間性との関係では、前者の道徳的自然が指し示すところの「誠の道」は、人間の道徳性を錬磨することにおける至高の目標であり、後者の物理的な自然は人間生活維持のため、積極的に立ち向かい、克服すべき対象としてとらえられる。つまり、自然と人間性とは道徳的な側面では一致すべきと唱えられるが、物理的な事物に即した面では対立したものとなっているわけである。しかし、それらは、人間の自然に対する働きかけのあるべき姿においては合一することになる。すなわち、物理的な自然に抗して人間の生活を維持するための不断の営み（作為）には、必然的に克己・勤労等の道徳性の錬磨が求められるのであり、こうして人間は物理的な自然にかかわりつつ、その自然に対立する自己の生命の維持に固執する働きによって、道徳的に至高の存在である天道に参与するところとなる。

以上のように宇津木氏は主張される。氏の見解の特徴は、尊徳の「天道」＝自然観には物理的自然だけでなく道徳的自然も存在することを見出だされ、物理的自然に対する人間主体の働きかけ（「人道」＝作為）において、道徳面では「天道」と「人道」とは合一する、とみなされていることである。つまり、これまで尊徳が「天道」と「人道」を区別した点に注目して彼の思想が論じられてきたのに対し、宇津木氏は、尊徳においては「天道」と「人道」は全く異質のものととらえられているわけではなく、道徳面では天人合一の思想がみられることを指摘されているわけである（氏も引用されているが、衣笠安喜氏も同様な観点から尊徳の思想を論じられている。同『近世儒学思想史の研究』法政大学出版局、一九七六年、三二～三三頁参照）。

これは尊徳研究に一石を投じた重要な指摘であるが、では何故、尊徳は「天道」を道徳的に至高の存在ととらえ、道徳の問題を人間社会の枠内でのみ処理しなかったのか。この点について突っ込んだ分析がなされる必要があろう。それに、そもそも尊徳の「天道」（自然）観を人格的、道徳的という概念でとらえることが妥当かどうかも、一考を要するように思われる。確かに尊徳は、私心なく平等に万物を生育する「天の道」を「誠の道」と言ってはいる。しかし、それを道徳的と概念化してしまうと、彼の言わんとするところの意味とは違ったニュアンスを帯びてしまうように感じられてならない。もっとも、これは思想史研究一般の問題でもある。なぜなら、思想を分析するためには何らかの概念装置を要するが、しかしある特定の概念を当てはめると対象の意味するところが必ずしもそのままには伝わらなくなる、ということは往々にしてあるからである。

守田志郎『二宮尊徳』（朝日新聞社、一九七五年）は、朝日評伝選の一つとして書き下ろされたものである。氏は農業経済学の大家であるだけに、当時の村落の慣行、農民の生活状況とものの考え方などを背景に置いて、尊徳の行動を心の襞にまで立ち入って生き生きと描写することを試みられている。そこでは、正面切って尊徳の思想と仕法の性格を論じることは避け、等身大に尊徳を描いていくというスタイルをとられている。したがって氏の見解について批評を加えることは難しく、むしろ一つの作品としての出来ばえにおいて評価をすべき性格の書物である。一言すれば、氏がとられた叙述スタイルは評伝としてはふさわしいものの、尊徳の心理描写は史料を通じて把握されたというよりも氏の思い込みで描かれているとの感が強く、しかもそれぞれの局面での心理描写にとどまっており、それらが全体として彼の思想形成と仕法の体系化にどう結びついているのかが、いま一つよく理解できない、というのが率直な感想である。

このほか尊徳の評伝としては左方郁子『財政再建の哲学　二宮尊徳』（ＰＨＰ研究所、一九八三年）があるが、先行の尊徳の伝記書を下敷きにしてまとめたにとどまっている。

なお、周知のように尊徳は明治以降模範的人間像として国家にとって都合のよいように造形されていっているので、彼の実像を学問的に究明する一方、明治以降、その人間像がどういう形につくり変えられていったのかも分析する必要があろう。この点、並松信久氏は、尊徳の思想自体の分析を行ないながら（「二宮尊徳における農業思想の形成」、『農業問題研究』一九八三年三月号）、他方で尊徳が明治以降模範的人物として注目され、造形されて流布していった経緯と目的についても検討されており（「つくられた二宮尊徳―模範的人物像の流布について―」、吉田光邦編『一九世紀日本の情報と社会変動』京都大学人文科学研究所、一九八六年）、その研究視角と姿勢は評価できる。

ところで、尊徳の思想は日本の近代化過程において農民や企業家、さらには北海道開拓民に広く受容されたが、彼らが共鳴したのはおそらく、そこに内在する自主独立、自力興産の精神の故であったろう。そして、それが、農村復興、殖産興業を支える精神的バックボーンとして機能したものと思われる。そこで留意しておかねばならないのは、報徳主義の自主独立、自力興産の精神を根底において支えていたのは尊徳の神州自力開闢説であったことである。すなわち尊徳は、神州は外域から資本を借りたり外来の器機を用いたりして闢かれたのではなく、「天祖」である「天照大神」が自ら農器を製して葦原を独力で開拓したことによって開闢し、「安国」「富国」となったのだ、と説いている。そして彼は、これを「開闢元始の大道」あるいは「神国開国の大道」と名づけ、仕法書や書状で、荒地を自力で開発する報徳仕法は、まさにこの大道の実践であり、「国祖（天祖）天照大神」の徳に報いる道であるゆえんをたびたび力説している。この教説は門弟の岡田良一郎もしばしば著作で引用しており、彼の自主独立、自力興産の精神のみならず、天皇尊崇の精神をも支えていた（拙稿「維新・文明開化と岡田良一郎の言論（上）（下）」、『歴史』六六、六七輯、一九八六年。本書Ⅰ 第四章所収）。

下程勇吉氏は尊徳のこの教説をもって彼を「皇道主義者」と規定されている（『二宮尊徳の人間学的研究』六四五～六四七頁）。「皇道主義」という概念で把握することが妥当かどうかは議論の余地があろうが、ともかく明治以降、報徳主義が天皇制国家の鼓吹した皇道イデオロギーに結びついていったと思われる。歴史家が従来、尊徳のこの教説を等閑に付してきたのは、戦前のように尊徳の思想が時の天皇制イデオロギーに結びつけられて解釈されるのを、危惧する心理が働いていたのかもしれない。だが、再び恣意的な解釈を許さないためには、無視ではなく、尊徳の主張の歴史的な意味と特質を学問的に明らかにすることこそが求められるのではなかろうか。

その場合、近世の農民が著した農書などには、農耕の営みの起源や価値を記紀伝承と朝廷の儀式に求めて農耕の大切さを説いている記事が多くみられるので（深谷克己「近世の将軍と天皇」、『講座　日本歴史』6、東京大学出版会、一九八五年。同『近世の国家・社会と天皇』校倉書房、一九九一年、再収）、先の尊徳の教説も、そうした当時の農民の天皇観との関係で検討するを要しよう。

第二節　尊徳仕法の性格をめぐって

尊徳仕法については、佐々井信太郎『二宮尊徳伝』に各地の仕法の概要が記されているが、一九六〇年代以降、幕藩政史あるいは農村経済史の一環として報徳仕法の実態分析が盛んになされるようになった。参考までに、管見の範囲内で仕法別に研究文献名を次に掲げておこう。

○桜町仕法　上杉允彦「報徳思想の成立」（『栃木県史研究』一四号、一九七七年）。黒田博「二宮尊徳の桜町領荒地復興について」（報徳学園教職員研究誌『三楽』一〇号、一九八〇年）。大塚英二「近世後期北関東における小農再建と報徳金融の特質」（『日本史研究』二六三号、一九八四年。同『日本近世農村金融史の研究』校倉書房、一九九六年、に「近世後期の小農再建と報徳金融」と改題し、一部改稿のうえ再収）。同「報徳仕法成立期における諸問題―仕法論理成立過程再検討の素材―」（『名古屋大学人文科学研究』一五号、一九八六年。同前書に一部改稿のうえ再収）。

○小田原藩仕法　桑原真人「幕末期における関東農業の構造―相州足柄平野を中心に―」（『横浜市立大学学生論集』一一号、一九六五年）。深谷二郎「相州小田原藩財政の一考察」（同前論集。村上直編『近世神奈川の研究』名著出版、一九七五年、再収）。大江よしみ「天保期の小田原藩領の農村の動向―金井嶋村の報徳仕法―」（『小田原地方史研究』一号、一九六九年）。菅野則子「天保期下層農民の存在形態」（『歴史学研究』三六五号、一九七〇年。前掲『近世神奈川の研究』、再収）。内田清「天保期の小田原藩領中里村と報徳仕法」（『小田原地方史研究』三号、一九七一年。同前書所収）。宇津木三郎「二宮尊徳の思想の特質と仕法」（『紅葉坂』四号、一九七七年。『かいびゃく』二七巻六、七、八号、一九七八年、転載）。内田哲夫「報徳仕法と御殿場村」（『御殿場市史研究』四号、一九七八年）。長倉保「小田原藩における報徳仕法について」（北島正元編『幕藩制国家解体過程の研究』吉川弘文館、一九七八年。同『幕藩体制解体の史的研究』吉川弘文館、一九九七年、再収）。斎藤康彦「農村荒廃期の藩公金貸付政策の展開」（『日本歴史』四二四号、一九八三年）。

○下館藩仕法　竹中端子「天保改革の片鱗」（『お茶の水史学』四号、一九六一年）。林玲子「下館藩における尊徳趣法の背景」（『茨城県史研究』六号、一九六六年）。濱田佳代子「下館藩御用商人の分析―中村兵左衛門家の場合―」（『学習院大学史料館紀要』一号、一九八三年）。

○谷田部・茂木藩仕法　秋山高志「谷田部藩領安政四年積穀騒動」（植田敏雄編『茨城百姓一揆』風涛社、一九七四年）。大木茂『茂木の歴史』（『昭和五四年度宇都宮大学内地留学報告書』、一九八〇年）。同「茂木藩領と尊徳仕法」（『茂木報徳会研究紀要』一九八六年度）。大藤修「関東農村の荒廃と尊徳仕法」（『史料館研究紀要』一四号、一九八二年。本書I第二章所収）。

○烏山藩仕法　長倉保「烏山藩における文政・天保改革と報徳仕法の位置」（『日本歴史』三三八号、一九七六年。前掲『幕藩体制解体の史的研究』再収）。

○青木村仕法　川俣英一『幕末の農村計画』（茨城県田園都市協会、一九七六年）。山中清孝「関東農村の荒廃と二宮尊徳の仕法」（『江戸川学園人間科学研究所紀要』三号、一九八七年）。

○幕府領仕法　上杉允彦「幕政期の報徳仕法―大生郷村仕法を中心として―」（『立正史学』四三号、一九七八年）。河内八郎「花田村の尊徳仕法（一）～（八）」（『関城町の歴史』一～八号、一九八一～八八年。のちに同『花田村の尊徳仕法』関城町教育委員会、一九九八年、にまとめられている）。大木茂「農村の荒廃化と真岡の代官仕法」（『真岡市史案内』四号、一九八五年）。

○日光神領仕法　大舘右喜「天保改革と日光神領」（『埼玉県立豊岡高校紀要』二号、一九六七年）。

○相馬藩仕法　滝本誠一「旧中村藩の報徳仕法と産業組合」（『三田学会雑誌』一七巻二号、一九二三年）。浅野源吾編「相馬藩と二宮尊徳」（『東北産業経済史―松平定信・二宮尊徳編』東北振興会、一九四三年）。岩崎敏夫『二宮尊徳仕法の研究』（錦正社、一九七〇年）。熊川由美子「二宮金次郎の仕法に関する一考察」（『静岡大学人文学部人文論集』二五号、一九七四年）。

○その他　小松郁夫「天保期における大磯宿の様相」（『神奈川県史研究』一一号、一九七一年）。高橋敏「打毀しと代官―天保七年韮山代官所打毀しについて―」（『地方史研究』一一九号、一九七二年。大磯仕法についてもふれる）。上杉允彦「報徳運動の原点―相州片岡村の仕法を中心として―」（『早稲田大学社会科学討究』六四号、一九七七年）。海野福寿「遠州報徳主義の成立」（『駿台史学』三七号、一九七五年）。同「報徳仕法の展開」（中村雄二郎・木村礎編『村落・報徳・地主制』東洋経済新報社、一九七六年。遠州の仕法について分析）。今部桃彦「報徳仕法について」（『甲斐路』四七号、一九八三年）。佐々井典比古「三浦三崎の報徳仕法」（『かいびゃく』第三三巻六号、一九七四年）。弦間耕

一「近世甲州における報徳活動の一考察」（地方史研究協議会編『甲府盆地』雄山閣、一九八四年）。岡田 博「天保四年幸手宿打毀しと二宮尊徳」（『埼玉史談』第三一巻二号、一九八四年）。

以上の個別研究のほか、『相馬市史』Ｉ（福島県相馬市、一九八三年）、『茨城県史』近世編（茨城県、一九八五年）、『大和村史』（茨城県大和村、一九七四年）、『関城町史』通史編上巻（茨城県関城町、一九八七年）、『日光市史』中巻（栃木県日光市、一九七九年）、『いまいち市史』通史編・別編Ｉ（栃木県今市市、一九八〇年）、『栃木県史』通史編５・近世二（栃木県、一九八四年）、『御殿場市史』第八巻（静岡県御殿場市、一九八一年）、『神奈川県史』通史編３・近世(2)（神奈川県、一九八三年）等の県市町村史において、当該地域の尊徳仕法の概要が述べられている。なかでも『いまいち市史』通史編・別編Ｉは、日光神領の仕法についての特集である（河内八郎・森 豊執筆）。

ここで個々の文献の内容を具体的に紹介する余裕はないし、かえって煩雑になると思われるので、全体として、どういう問題関心から尊徳の仕法が取り上げられ、いかなる評価が与えられてきたかについて、かいつまんで述べることにしたい。

当初は、近世後期の農村荒廃と、それに起因する深刻な財政危機への領主階級の対応の仕方を究明する一環として、尊徳仕法が注目され、研究の対象とされた。尊徳の仕法はたいてい領主の行政を通じて実施されているので、そうした関心から注目されたのも、ある意味では当然のことであった。その際、分析視角と性格規定には、最初に挙げた奥谷氏の研究書が少なからぬ影響力を持った。

こうした問題関心のもとに最初に尊徳仕法を取り上げたのは竹中氏であり、天保期の藩政改革の一つの事例として、尊徳仕法を導入した常州下館藩の改革に注目し、財政改革を中心に分析されている。この論文は尊徳仕法についての個別実証研究の先駆をなしたものであり、その意味では研究史上大きな意義を認めてしかるべきであるが、その結論は、支配階級のむなしいあがきにすぎず、改革が大した成果をみずに終わったのは、結局のところ領主財政をかたくなに勤倹と生産物地代原則の強化によって救おうとした改革指導者＝尊徳の限界に帰する、という平板なものにとどまっている。氏の研究視角と評価の仕方には当時の藩政改革史研究一般の論調が反映しているが、領主改革の一環として実施された尊徳仕法を分析する際には、まずもって尊徳の意図と仕法の論理を押さえたうえで、それが領主側の思惑・論理とどう絡み合い、あるいは対立して政策が具現したかを考察することが求められる。竹中氏の論考の欠陥は、政策の実態イコール尊徳の構想として性格規定していることと、氏の分析対象とした財政改革が尊徳仕法の論理の中でどういう位置づけがなされているのかを考慮していない点にある。

なぜなら、尊徳の仕法の第一義的な目的は、領主財政の再建ではなく、農村の復興、農民の生活安定にあるからである。前者は後者を実現するための前提であり、それ故、年貢搾取の強化によって再建させるのではなく、「分度」内で計画的に財政運営させることによって再建させ、「分度」外の年貢収入は救民撫育や荒地開発などに充てさせるところに、尊徳仕法の特徴がある。これは、彼の仕法の理念を分析すれば容易に把握しうるところである。しかも、単に仕法期間中だけでなく、仕法が終わった後も「富国安民」を維持していく上での行財政の基本として力説されている。

上杉允彦「報徳思想の成立」は、尊徳が最初に手がけた桜町仕法の具体的展開過程の分析を通じて、報徳思想と尊徳の農政の理念の形成、およびその特質を探らんとされたもので、こうした研究視角自体は、それまでの尊徳研究が完成された思想と仕法をめぐって議論してきただけに貴重であり、評価できる。だが、上杉氏は、尊徳の仕法が領主政策の一環として展開されたことをもって、それが領主階級の立場に立つものと予断され、しかも奥谷氏の論理に合わせて史料をつまみ喰いされたにすぎないため、結局のところ、農民に対する愚民観にもとづいて行なった農民統制としての本質を持つ第一期仕法が挫折し、それに対する反省から、領主対農民の矛盾を止揚し、領主の体制再建に農民を主体的に協力させる巧妙な詭弁として報徳思想が成立したという、階級関係論をきわめて図式的に当てはめただけの見解に終わっている。また、史料の解釈と立論の仕方にも疑問な点が目につく（本章Ｉ第二章の註126で具体的に批判しているので参照されたい）。

氏はまた「幕政期の報徳仕法」で尊徳仕法と幕政との関係について分析されているが、この論文では、尊徳の農村仕法と幕政の理念、幕府側の勧農技術者としての彼への期待との間には明確なずれがあったこと、そして大生郷村の仕法では幕府側の無理解と村役人層の抵抗によって、一般農民が仕法に意欲を示しながらもなかなか実施しえず、実施に移っても成功しなかったことが実証されている。こちらの方は的確な分析と指摘がなされているが、そもそも前論文で示されたような尊徳仕法の理解に立つならば、何故、彼の仕法は幕府農政の理念および村役人層の思惑と対立し、逆に一般農民の支持を得たのかを、その根本に立ち入って理解できないのではなかろうか。

長倉氏の論文では、烏山藩と小田原藩における報徳仕法の発業と撤廃までの経緯を、諸階級・諸階層の動向に留意しつつ的確に分析されているものの、報徳仕法の性格自体については強烈な復古的野望に支えられたものという規定に終わっている。尊徳の仕法は荒廃した農村の復興をめざしたものではあるが、それを復古的と一面的に規定しさったのでは、彼の思想と仕法が当該の政治・社会のあり方、精神・生活のあり方に対して提起しているところの意味、およびその内部にはらまれている新たな契機を深く追究する姿勢を自ら放棄することになり、結局は底の浅い歴史認識に結果せざるをえないだろう。長倉氏は尊徳の意図・論理と藩側の論理との絡み合いを的確に分析されながらも、その分析によって浮かび上がった諸問題の意味を深く追究されることなく、報徳仕法が藩政において果たしえた役割はその復古的性格に依拠する限りにおいてであり、やがてその復古的野望に支えられた仕法の限界が明らかになるや撤廃される運命にあったと、ごくありきたりの結論にとどめられたのは、いかにも惜しい気がする。

氏は、報徳仕法の限界として、それが幕藩制的分断を断ち切るような積極的な政策基調を土台としたものではなかったことを挙げられている。確かに、領主行政を通じて実施された仕法は、その行政区域を一応の単位とはしている。しかし、幕府の統制下にありながらも諸藩・旗本がそれぞれ一定の自主性、自律性をもって領内の行政を実施していた幕藩制下にあって、二宮尊徳という一人の人物のもとに、領域を越え、さらには身分をも超えて門人が集い、独自の理念を持った仕法の指導組織が形成され、諸藩・旗本・幕府代官所の行財政を指導していたことは、近世末期の特異な事象として、改めて注目してよいのではなかろうか。しかも尊徳は、特定領域の復興のみをめざしたのではなく、そこでの仕法による生産力向上の成果を他領にも「推譲」させて荒地を次々と開墾し、もって日本全体の「興（富）国安民」を実現せんとしていた。のみならず、日本が富裕化したならば他国にも「推譲」して世界の繁栄に資することさえ主張しているのである（『報徳外記』巻之下第二十五参照のこと）。これが報徳金運用の論理であった。

こうした尊徳の論理が、領内限りの仕法に限定して一藩富強を志向する小田原藩と対立する一つの因になったことは、長倉氏自身分析されているにもかかわらず、その意味を追究されていないのは残念である。

その点、宇津木氏が「仕法の進展、拡大をはかろうとする尊徳の姿勢は、仕法にとって障害となる所与の制度のあり方と領域の壁を一部つき崩す方向性を持っていたといえる。もはや仕法は、独自な理念と組織を持つ一つの社会運動として、所与の社会秩序・規範を原則的には自己の中に組み込みながら、一部その改変を迫る方向に向けて歩み始めているといえる」と認識され、自らの仕法を「天下国家を治める之道」と位置づける尊徳の立場は、自藩の伝統的な制度・規範に固執し、領域にこだわり、他領とのかかわりを避けようとする各藩当局者の姿勢との間に摩擦を生じることになった、と指摘されているのは慧眼である。

また、村や町さらには領域を越えて連携していた不二孝仲間が、尊徳仕法が関東一円に広まった際にその手足となって働き、米麦ほかの物資の大量調達、経済情報の収集・提供、仕法資金の活用増殖などに大きな役割を果たしていたことを解明された岡田 博氏の研究（『尊徳と三志を結んだ人たち』報徳文庫、一九八五年）も、尊徳仕法の広域的展開を支えた社会的基盤の一端を明らかにされた点で貴重である。

小田原藩の報徳仕法に関しては、仕法対象地の農村構造に立ち入った分析も試みられている。

菅野氏の論文は、天保期における下層農民の存在形態とその変化を分析することを主題としたもので、報徳仕法そのものを研究目的としたものではないが、分析対象として、報徳仕法が実施された相模国足柄上郡金子村と同郡曽比村を取り上げられている。そして、次のように結論される。報徳仕法は農村を「再興」すること、そのためには報徳金返済可能能力を持つ者を広範に創出することを意図しており、こうした意図に立って上層農民の手余り地を公的な力で放出させ、それを分解の局面にあった中農層に耕作させることで、この層の分解をおしとどめ、さらにはこの中農層の拡大強化をめざした。その結果、確かに農村「再興」に成功したが、それは同時に最下層農民に脱農化の方向を促すことになった。ここに報徳仕法の基本的性格をみることができる、と。

だが、報徳金返済可能能力を持つ者の創出→中層農民の拡大強化という論理序列の設定自体がそもそも間違っていよう。これでは報徳金の返済自体が自己目的化され、どういう目的で報徳金が運用されたのかは考察の対象外に置かれることになる。それに菅野氏は、報徳金の運用については何ら実態分析をされていない。下層農民は当初から仕法の対象の外に置かれていたというのも推測でいわれているにすぎず、仕法の実態分析を通じて導かれたものではない。下層民切り捨てが報徳仕法の本質だとされるのならば、農業労働力の絶対数が不足し、ために入百姓政策までとっていた仕法が何故、既存の農民を切り捨てるようなことをするのか、この点について説明する必要があろう。また、内

田 清氏が指摘されているように、菅野氏は誤った史料解釈に立って史料操作をされている。

大江氏は足柄上郡金井嶋村の報徳仕法を分析され、新興地主層に有利な自力更生運動だったという見解を出されているが、これはあくまで推論であって、具体的な根拠は何ら示されていない。内田 清氏の論文では中里村の報徳仕法が取り上げられ、この村では弘化三年（一八四六）の小田原藩の仕法撤廃によって本格的な実施には至らなかったものの、天保一一年（一八四〇）を中心に行なわれた仕法はそれなりの影響力は持ち、報徳金貸付によって田畑請戻しが広く実施され中農没落層が救われる一方、貧農層の脱農化防止策は農村労働力・小作人の確保につながり、一時的な効果はもたらしたようである、と結論されている。ここでは、報徳仕法と貧農層との関係について、先の菅野氏の論文とは対蹠的な見解が提示されている点が注目される。

一方、御殿場村の報徳仕法を検討された内田哲夫氏は、村内一和を理念とした仕法も、その主眼は一つには村内上層への融資によるてこ入れ、また中層に対しては出精人の顕彰と融資による立ち直り策にあり、下層に対しては当座凌ぎの融資が行なわれても潰れへの転落を防ぎえなかったところに、仕法の限界がみられる、と結論されている。

報徳仕法が農村の構造、農民の生活と意識にどのような影響を及ぼしたのかを究明することは重要な研究課題であるが、従来の研究では史料的制約もあって十分に突きつめられてはいない。また、領主行政の一環に報徳仕法が組み込まれた場合、尊徳の意向が必ずしも十分に領主側に受け入れられず複雑な経緯をたどっているのが常であるので、その下での一村の仕法を分析対象とするときには、全体的な仕法の動向と基調を押さえておくことが求められよう。ことに小田原藩の場合、天保一二年（一八四一）以降の一村仕法は尊徳の手を離れ、藩の改革路線に包摂されて変質していっていることが、長倉氏によって指摘されているので、この点を念頭に置いて一村仕法を分析することが肝要である。

なお熊川氏の論文では、その時点までの尊徳仕法研究を整理され、①尊徳の言う「分度」、ことに領主に要求される「分度」の意義について曖昧な理解に終わっていること、②尊徳仕法がどのような形での農村復興を意図していたのかについて様々な評価が出ていること、の二点を問題点として指摘されている。そして自ら相馬藩の仕法を分析され、①領主の分度を決定することは、領主の財政規模を一定期間固定し、限定することによって、農政に使用される資金を確保することを内容としており、年貢額の固定化を意味するものではない、②尊徳仕法は、その実施過程をみると、村内の中農層の生活安定をはかることを軸としながら、上層農民からは米金を推譲させ、下層農民には救米等で最低生活を保障して村内にとどめ、村全体で助け合いながら農村を復興させる方法であり、下層農民の脱農化を促進しようとしたとは考えられない、という見解を提示されている。これは的を射た見解であろう。

一方、商人資本研究の一環として、下館藩の尊徳仕法導入および実施にあたって藩上層部を動かしたのが城下町下館の御用達商人中村兵左衛門であったことに注目され、彼が尊徳仕法に期待したところを、社会経済的背景を踏まえて分析されたのが林氏の論文で、彼が農村の晒木綿生産に買次商人として吸着していたことから、農村荒廃による自らの経営基盤の崩壊をくいとめるために、農村復興による本百姓体制の立て直しの必要性を痛感したからだと説明されている。濱田氏の論文ではこの林氏の指摘を受け、仕法における中村家の役割を具体的に分析され、仕法実施のために献身的な融資を行なったものの、期待した農村の復興は実現せず、結局は中村家の努力は徒労に終わったことを明らかにされている。両氏の論考は、御用達商人の仕法への協力を、竹中氏のように封建権力による強制の結果ととらえるのではなく、経営基盤の分析からその必然性を解明されている点で注目される。

また高橋氏の論考では、天保七年（一八三六）の相州大磯宿の打毀しで襲撃された豪商川崎屋平右衛門が、尊徳との出会いによって、「家の相続が自らの属する宿の相続と切ってもきれない関係にあり、それを無視して蓄積をはかるときは打毀しの制裁を受けても当然である」という倫理的覚醒に至り、「共同体とともに家があり、ともに繁栄しなければならない」との自覚から、家政改革と同時に宿の復興にも献身していった経緯を、大磯宿の構造、宿財政、打毀しの分析を踏まえて説明されている。家と共同体との関係についての自覚に立ち、報徳仕法を導入して両者の立直しを一体的に進めていく点では、村落の豪農層も同様である（例えば、遠州の豪農層の報徳主義の受容と仕法について分析された海野氏の論文を参照されたい）。

川俣氏の論考は、幕末の農村計画の例として常州真壁郡青木村の報徳仕法に注目され、分析を加えられたもので、尊徳の仕法は本質的に領主のための封建的農村更生計画であり、尊徳の性格も封建権力の一端を担う下級役人、および前期的資本家であった、と結論づけられる。氏の分析視角と見解は奥谷氏のそれと全く同じであり、自身の論理に合わせて史料をこじつけて解釈されている点が目につく。氏のように、あまりにも機械的に物事を裁断し、問題を処理したのでは、歴史の深奥は見えてこないのではなかろうか。

もっとも、尊徳および彼の仕法についてのこうした理解は、一九七〇年代当時の歴史学界にあっては一般的なものでもあった。例えば、戦後の近世史研究を主導されてきた一人で、当時の近世史研究者に圧倒的な影響力を及ぼしていた佐々木潤之介氏は、概説書の中で尊徳仕法について触れ、次のように性格規定されている。すなわち、尊徳が年貢搾取の限定を求めたとはいえ、領主の搾取そのものは否定せず、地主・高利貸の収奪に対してもこれを肯定していたことは、決して彼の限界を示すものではなく、危機的状況に立ち至った質地地主の再編のイデオローグとしての本質を示すものであった。尊徳の仕法は収奪に堪える農民経営を作り出すところに眼目があり、貧農切り捨てを伴っていることにおいて、この期における地主・小作関係の再編とはっきりした共通性をもっていた、と（山口啓二・佐々木潤之介『体系・日本歴史4　幕藩体制』日本評論社、一九七一年、四一三頁）。

ところで、尊徳が何よりも言行一致を重視した人物である以上、彼の研究にあたっては、思想と実践を一貫して追究することが求められよう。しかしながら、従来、思想面の研究と仕法の実態研究とがそれぞれ別個になされてきた傾向が強い。仕法の研究では、彼の意図したところと論理を踏まえないで実態分析を行なっているため、尊徳の立場・論理と諸階級・諸階層の利害・論理との関係が十分に明確化されず、それが一面的な性格規定に終始する一因となっている。

そうしたなかにあって、宇津木氏が尊徳の思想と実践を一貫して分析することを試みられたのは、評価に値する。氏は、領主の財政に「分度」を確立して財政運営を規則化し、復興資金を捻出させて復興のための基礎的条件を整えたうえで具体的施策を実行に移し、他方領民に対しては生産の量的増大のために勤労意欲を喚起せしめ、両者を機能的に補完し合わすところに、尊徳の仕法の独自性をみられる。そして、仕法を遂行する過程で表面化する問題点を、小田原藩の仕法を例にとって分析されている。氏の論文は同人誌に発表されたため従来見落とされてきたが、尊徳と彼の仕法を研究する際に必要な視点を的確に示し、興味ある問題点の指摘を随所で行なっている点、研究史上に大きな位置を与えてしかるべき好論である。

筆者も、かつて尊徳の思想と仕法について分析を試みたことがある。拙稿では、尊徳の思想的・実践的営為の特質と意味を篤農のそれとの対比において考察した。その結果、尊徳の思想的・実践的営為も、この期の農民が直面した「家」と「村」の立て直しという課題に立脚しているものの、農民の思想的・実践的営為はあくまで自家・自村の再興・存続を目的としたもので、したがって「家」・「村」の論理の枠内にとどまっているのに対し、尊徳はそれを基礎としつつ、かつそれを超えて社会化し、「興（富）国安民」を実現するための仕法に体系化した点に、特徴をみた。そして、「興（富）国」の基礎は「安民」にあるとして、為政者に対し民衆の生活安定のための施策を何よりも強く要求し、その前提のもとに民衆に対して自律的・主体的な人間としての自覚と自発的な勤労意欲を促し、両者の努力を調和させることによって「興（富）国安民」の実現を図ることを論理とする尊徳の仕法が、現実の政治過程に組み込まれたとき、領主側の意図・論理との間にどのような矛盾・対立をひき起こさざるをえなかったかを、谷田部藩仕法の具体的分析を通じて考察した。そこでは、農村復興を第一義とする尊徳の論理と、収入増加による財政再建を第一義とする領主側の論理との矛盾がやがて顕在化し、藩側が「分度」外の年貢収入を尊徳の指示に逆らって藩財政に流用して農村復興事業をなおざりにするようになったことから両者は対立し、関係が断絶して以後、藩が独自に行なった仕法は農民の負担増を強いるものに大きく変質していったことを明らかにしている。また尊徳の「分度」論自体にも限界があったこと、つまり彼の「分度」は米・金の量を基準に立てたものであり、商品貨幣経済に巻き込まれた現実社会においては米・金の価値は常に変動したため、量的に長期間にわたって固定された「分度」を維持するのに困難が生じざるをえなかったこと、も指摘しておいた。

山中氏も尊徳の思想と仕法をあわせ考察することを企図され、青木村の仕法について、川俣氏の見解を批判しつつ再検討を試みられている。ただ、仕法金の返済をめぐる尊徳と村民の対立について、両者の立場・論理を深く追究されることなく、「彼の階層的立場及び思想的限界性が見られぬこともない」というありきたりの処理ですまされているのは惜しい。尊徳論に限らず、民衆との対立をもってその人物の階層的立場や思想的限界を云々する論法は歴史家に広くみられるが、歴史の現実はそう単純に割り切れるものではないのではなかろうか。尊徳は青木村の農民のみならず領主ともたびたび報徳金の返済をめぐって対立している。この問題を考えるとき、尊徳は一村・一領域の復興のみを目的としていたのではなく、報徳金の循環的運用によって次々に荒地を開いていくことを考えており、したがって報徳金が一箇所に滞留してしまうことを許さなかったのに対し、農民・領主の目的は基本的には自村・自領の復興にあったことを、念頭に置く必要があるように思われる。

尊徳を高利貸資本と規定する見解もあるが、もしそうであれば、自ら苦労して農村復興事業に生涯を捧げるようなことはせず、理財に人一倍たけた人物なのだから、もっと効率のよい運用をしたであろう。

近世社会における「家」の個別化傾向との関係で報徳仕法の性格を論じるのは、深谷克己氏である（『栃木県史』通史編5、第十章）。報徳仕法は経営の個別的能力を重視しており、それ故、農民の家だけでなく商人の家や武士の家の家政改革にも適用された。ただ、農民を対象とする仕法では、家の成り立ちだけでなく、村の成り立ちをも目的とした。しかし、それは、「従来の村請制村落、より適切にいえば、その村請制村落が動揺し変質しつつある村落を肯定したのではなく、個別家族の労働力燃焼をより重視しつつ、いちだんと個別性を強めた家と家とのつながりによって成り立つ村落（結合）をつくりだすことをめざした」ものであった。深谷氏はこう説かれる。

これ自体はきわめて正鵠を得た指摘である。だが、尊徳の論理の中には家と村の問題だけでなく国家の問題も組み込まれていたことを、見落としてはなるまい。つまり、国家の行財政を「安民」を基調としたものに改めなければ、家と村の成り立ちは体制的に保障されえないし、逆に家と村が成り立たなければ国家の富裕化も期しえない、という考えに立って報徳仕法は考案され、体系化されているのである。したがって、明治以降の報徳運動の展開と国家の政策やイデオロギーとの関係を考察する際にも、報徳主義の「富国安民」の論理と国家の「富国強兵」の論理との関連と矛盾に留意する必要があろう。なぜなら、「富国」を志向している点では共通しているものの、報徳主義のそれはあくまで「安民」を基礎としているのに対し、国家のそれは「強兵」と結びつき、民衆生活の犠牲の上に遂行された点において、両者の論理は根本において対立する契機をはらんでいるからである。明治後期における報徳主義の国家の論理への編成を考えるにあたっても、国家の側がこの点の矛盾をどう調整し、換骨奪胎したのか、そして報徳運動の側ではそれにどう対応したのか、という点が焦点にならざるをえないだろう。

　このほか近年の研究では、桜町仕法の具体的分析を通じて報徳仕法の成立過程を跡づけようと企図した大塚氏の論考が注目される。

　氏は、報徳仕法が近世社会の構造の中から生成したものである以上、「よく言われるような、尊徳自身の経験から仕法の要素が生まれ出て仕法が成立したとする見解の具体的中身、例えば尊徳がつかみ出したものの祖型が実際の村々の中でどのような実態を持っていたのか」を明らかにする必要を強調され、こうした観点から分析を試みられている。

　「近世後期北関東における小農再建と報徳金融の特質」では、報徳金融方式の成立と、その運用による小農再建策の実態を考察されている。そして、次のように結論づけられる。①尊徳は、農民間で行なわれていた質地関係を軸とした低利の融通策を、領主仕法の拝借金制度や村備金貸付にみられた年賦方式および無利貸付方式と組み合わせ、そこに彼独自の融通論を導入し、それらを統一して報徳金融方式を完成させた。そして、この金融方式の中で、農民自立と村々の復興の行為として、分度・推譲行為は実現されていった。②報徳金融は質地請戻しによる小農再建のために主として運用され、成果をあげたものの、小農民を貧窮分解の危機から完全には救い出せなかった。幕末の世直し闘争は再建小農の「再分解」を基盤としている。また、最下層の農民にはあまり融資が行なわれておらず、仕法の対象から除外されていた。

　まず①についてであるが、既存の金融方式との対比において報徳金融方式の特徴をとらえることには意味があるものの、それらを統一して報徳金融方式を完成させたと主張するためには、尊徳が既存の金融方式をどう認識していたのかを媒介にして考察する必要があろう。また、報徳金融方式の成立を考察する場合、尊徳が服部家に奉公中に発案した五常講を無視するわけにはいくまい。それに、無利息金融通によって生活が立ち直ったことに対する「報徳」として冥加金を差し出させ、これをもってさらに多くの窮民を救済していくという報徳金の運用方法は、一つの実から草木が生じ、それが成長してさらに多くの実を結び、草木を繁殖させていくという自然の摂理の観察からヒントを得ていたことも、重視すべきである。尊徳の思想と仕法を既存の思想や制度・慣行との関係で考察することは必要であるが、しかし既存の思想・制度・慣行から直接に生まれたのではなく、根源的には自然界と人間世界の理の「自得」に発しており、その原理化にもとづいて、「興（富）国安民」の学およびそれを実現するための方策を具体化、体系化する過程で諸々の既存の要素を実用的観点から摂取していることを、見落としてはなるまい。

次に②についてであるが、大塚氏が報徳金融の実際を村落の階層構造に立ち入って分析されたことは貴重な成果であるが、しかし、最下層の農民に対する融資例が少ないことをもって、彼らが仕法から切り捨てられたと、ただちに結論づけられようか。氏が表示されている被融資農民の貧富別人数をみると、三九名のうち「極難」「極々難」の者は五名と、人数自体は少ない。しかし、まったく融資の対象から除外されていたわけではないこともまた確かである。それに氏は被融資者の総数に対する割合の低さをもって論拠とされるが、問題にすべきは、それぞれの貧富区分の農民の実数に対する被融資者の割合なのではないか。また、報徳金融の分析のみをもって結論するのではなく、絶家跡式の相続や開墾地の付与による百姓取り立て策がどう行なわれていたかなど、仕法全体の分析を通じて考察する必要があろう。報徳仕法は種々の施策を有機的に組み合わせて体系化しているのであるから、そのうちの特定施策の分析のみから、ただちに仕法全体の性格規定をするのは危険である。

大塚氏のもう一つの論文「報徳仕法成立期における諸問題」では、桜町仕法における「分度」確立の時期を史料批判を通じて確定する一方、成田山参籠事件前後の土地政策の検討によって仕法論理の成熟を考察され、そのうえで報徳仕法の論理と諸改革の関係について論じられている。ここでは、尊徳の土地政策には農民的私的土地所有実現への方向性があり、この点において、それを押さえ込もうとする領主改革の土地政策とは本質を異にした、という指摘が興味をひく。この論文は、「初期報徳仕法における仕法論理確立に向けた大転換の時期を、単に内在性の面から思想史的に扱う旧来の方法に対して、その過程を具体的な土地政策の面から論じてみた」ものである。報徳仕法の論理とその施策の成熟、体系化を具体的な分析を通じて歴史的に跡づけることは重要な作業であるが、その場合、仕法を推進する過程で尊徳が直面した様々な矛盾・困難が彼の内面にどのようなインパクトを与え、それを彼がどのようにして乗り越えようとしたのか、つまり外的な諸条件と尊徳の内面との切り結びに注意を払う必要があろう。ともあれ、桜町仕法は尊徳の生涯の上で最も重要な意義を持っているにもかかわらず、いまだその全貌を具体的に明らかにした研究は出ていないので、大塚氏がその具体的分析に着手されたことは大いに評価できよう。

また、他の仕法についても、河内氏が日光神領仕法と花田村仕法についてなされたような緻密な分析によって、その具体像が解明されれば、そのときはじめて確たる学問的基盤に立った実りある議論が可能となろう。

〔付記〕

本稿は、二宮尊徳生誕二百年記念事業報徳実行委員会編『尊徳開顕』（有隣堂、一九八七年九月）に、執筆依頼されて発表したものである。同書には、尊徳の思想と仕法、近代の報徳運動に関する諸氏の論文が収められている。

これ以降も尊徳の人物像や思想・仕法についての論稿は多く出ているが、一円融合会刊行の『かいびゃく』誌上で毎年、報徳関係文献の紹介がなされているので、研究する上での手引きとなろう。また、神奈川県教育庁文化財保護課編『二宮尊徳関係資料図鑑』（報徳文庫、一九九〇年）は、神奈川県文化財に指定された尊徳関係資料を一点ごとに解説しており、同関係資料の基礎的研究書かつ解題目録となっている。写真も豊富に掲載され、なかでも書付と薄い冊子は全文が示されているので、資料集としての利用価値も高い。

尊徳の人物像や思想に関しては相変わらず評論風のものが多いが、そのなかにあって実証的に新たな問題を検討した学問的成果として、岡田博『二宮金次郎あて小谷三志書状考』(報徳文庫、一九九〇年)、宇津木三郎「二宮尊徳『人道作為』論の歴史的性格」(『かいびゃく』第四四巻九号～第四五巻一〇号に連載、一九九五、九六年)、佐々井典比古『尊徳の裾野』(有隣堂、一九九八年)、同『尊徳の森』(同前)をあげておきたい。

岡田氏の著書は、不二孝の指導者小谷三志の二宮金次郎宛書状の分析を通して、両者の関係についての考察を深めている。宇津木氏の論文は、尊徳の思想は桜町仕法成功の前後に確立し、以後それが生涯変わらず一貫したという従来の理解の仕方に疑問を投げかけ、尊徳がその時々の時代状況のもとでの実践課題から自らの思想をどのように変化、発展させていったのかを、資料批判を踏まえて具体的に追究すべきことを提言し、自らその方法論の実践を試みた、注目すべき労作である。今後の研究の進展が期待される。佐々井氏の著書は、一円融合会の月刊機関誌『かいびゃく』に連載の巻頭言のうち、一九七四年四月から八六年三月までの分を収録したもので、日本の風土・自然や文化・伝統の裾野の考察を踏まえて、尊徳という秀峰の森に分け入ろうとしている。巻頭言という性格上、個々の文章は短文ながら、長年にわたり『二宮尊徳全集』全三六巻と門人たちの聞き書き類を精読されてきた著者だけに含蓄に富んでいる。また、松尾公就「小田原藩政の展開と二宮尊徳」(『地方史研究』二八三号、二〇〇〇年)は、文政元年(一八一八)の小田原藩主大久保忠真による酒匂河原での二宮金次郎表彰の意義を考察し、金次郎登用に関しても新たな知見を提示している(本書I 第三章末の付記参照)。

仕法に関する実証的研究成果としては、管見の限りでは、以下のものがある(前掲『尊徳開顕』所収論文もあげておく）。黒田 博「桜町仕法の『量率グラフ』と統計」（『尊徳開顕』）。岡田 博「桜町領の不二孝仲間」（同前）。河内八郎「常野地方の歴史的風土と報徳仕法」（同前。同『幕末北関東農村の研究』名著出版、一九九四年、再収）。石井 孝「真宗門徒移民の桜町仕法に及ぼせる影響」（『大倉山論集』三〇輯、一九九一年）。木龍克己「御議定一通 二宮金次郎」（日正社古文書研究所『古文書の研究』一三号、一九九一年。桜町仕法引き受けに際し、金次郎が宇津家と交わした議定書の紹介）。舟橋明宏「村再建にみる『村人』の知恵」（『新しい近世史』第四巻、新人物往来社、一九九六年。桜町仕法を対象）。宇津木三郎「二宮尊徳と幕府勘定所吏僚山内総左衛門―報徳仕法の政治思想史的研究試論―」（『かいびゃく』第三九巻七～一二号、第四〇巻一号連載、一九九〇、九一年）。上牧健二「下館藩における尊徳仕法導入の経緯」（『茨城史林』二一号、一九九七年）。同「下館藩領村における尊徳仕法」（『茨城県史研究』八二号、一九九九年）。森 豊「日光神領の報徳仕法」（『尊徳開顕』）。高田 稔「相州曽比村仕法顚末」（同前）。内田 清「竹松の報徳堀―嘉永元年の三町田報徳堀開発を中心に―」（『市史研究あしがら』三号、一九九一年）。浮田喜和「天保八年三月 二宮尊徳による救急仕法の実態」（同前）。二木良和「小田原藩竃新田村の報徳仕法について」（『立教経済学研究』第四五巻三号、一九九二年）。松尾公就「小田原藩政の展開と報徳仕法」（『かいびゃく』四六巻六～九、一一号、四七巻一、二、三、六、七号連載、一九九七、九八年）。大藤 修「二宮尊徳の飢民救急仕法と駿州駿東郡藤曲村仕法（上）（下）」（『東北大学文学部研究年報』四七、四八号、一九九八、九九年。本書I第三章所収）。佐藤高俊「尊徳屈身期における富田高慶」（『尊徳開顕』）。岩崎敏夫「封建制を超えた相馬仕法」（同前）。富田高久「相馬仕法における用水御普請」（『かいびゃく』三六巻一二号、三七巻一、二号、一九八七、八八年）。松尾公就「幕末期における針ケ平・堤ケ原の開発訴願運動」（『伊那』七六〇、七六一号、一九九一年）。並松信久「報徳仕法の展開と土地所有観」（『京都産業大学国土利用開発研究所紀要』一二号、一九九一年）。

なお、自治体史で当該地域の報徳仕法について叙述したものに、本文であげた以外に、管見の範囲では以下のものがある。『小山町史』近世通史編（静岡県駿東郡小山町、一九九八年）、『開成町史』通史編（神奈川県足柄上郡開成町、一九九九年）、『南足柄市史』通史編Ⅰ（神奈川県南足柄市、一九九九年）、『小田原市史』通史編・近世（神奈川県小田原市、一九九九年）。

第二章　関東農村の荒廃と尊徳仕法
——谷田部藩仕法を事例に——

はじめに

幕藩制解体過程の諸矛盾は、関東農村においては「荒廃」として表出した。近世中期以降の農村における商品生産・流通の発展は、一部の農民を富裕化させる一方で、多くの貧窮農民を生み出したことは、幕藩制的な分業編成・市場構造に規定された普遍的な農民層分解のあり方であった。それが関東農村においては「荒廃」として現象したのは、土地生産力が低く再生産基盤が脆弱な上に、過重な貢租収奪にさらされていた小農民経営が、近世中期以降商品貨幣経済に巻き込まれ、商業・金融資本の収奪をも受けるようになったことにより、没落を余儀なくされ、あるいは絶家、あるいは欠落(かけおち)して、農村人口の減少→手余り荒地の発生を来したことによる。[1]殊に一八世紀半ばより、打ち続く自然災害に見舞われたこともあって、農村の荒廃化は一層激しさを増していった。

農村の荒廃によって貢租収納量は大幅に減少し、領主財政は深刻な危機に陥った。ために、一八世紀後半以降、幕府および諸藩・旗本は、農村復興と財政再建の方途を模索し、試行していった。一方、農民にあっては、農村の荒廃は、何よりも自らの生産・生活の場である「家」と「村」の崩壊の危機として自覚された。その再建を図るために、彼らは、自らの人間としての主体性を確立し、[2]新たな生活・農業経営の原理と様式を探求すべき課題に直面した。そこに、膨大な自律的エネルギーが発揮され、近代へ向けての人間類型と農業技術の特質が形成されるところとなった。また、こうした農民の課題に即し、かつ領主の政策とも結び付きつつ、農村の更生を図る様々な社会運動が展開した。我々は、荒村下の農民の主体的な諸営為、および種々の農村更生運動の意義を、単に保守的か革新的かという観点から裁断するのではなく、そこに内在している諸契機にまで立ち入って深く考察せねばならない。

農村更生運動の中で、展開の範囲と社会的影響力からみて、二大運動としてあげられるのは、心学運動と報徳運動である。時期的には両者は継起的に展開している。すなわち、心学運動は寛政期から文政期にかけて関東地方にも広く展開したが、天保期の凶作・飢饉によって荒廃が深刻化した現実の前に、その精神主義的な教化運動の限界が明らかとなり、それに代わって、二宮尊徳の提唱した「報徳」思想にもとづく「家」・「村」の復興仕法が幕末にかけて急速に広まった。さらに明治以降には、遠州地方を拠点にして次第に全国各地に報徳社が設立されてゆき、広汎な民衆運動として発展していった。

報徳運動は、幕藩制解体―近代化過程における政治・社会・思想（精神を含む）や民衆の生活文化などの諸問題を考える上で、等閑に付すべからざる位置を占めているにもかかわらず、二宮尊徳および報徳運動に関する歴史学の分野での研究蓄積は、量・質ともに決して十分なものではない。[3] 近年ようやく、社会経済史的あるいは幕藩政史的観点から、各地で実施された仕法についての個別研究がなされるようになったが、[4] 概して基調論にとどまっているものが多く、しかも仕法の基礎となっている尊徳の思想を内在的に十分に考察して、その意図したところを把握しないまま、単に仕法が主に領主の行政の一環として実施されている形式面のみをとらえて、きわめて機械的にその思想・仕法の性格を封建的・反動的なものと規定してしまう傾向が目につく。

単なる性格規定論に終始していたのでは、「報徳」という独自の思想、そしてそれにもとづく仕法を生み出し、それが広く受容され展開していった、農村荒廃期の時代的特質――政治・社会状況および精神状況――に深くアプローチすることはできない。報徳仕法のみならず、この期の種々の農村更生運動はすべて、荒廃に瀕している農村を如何にしたら復興できるかという、きわめて現実的な切迫した課題に取り組んだものである以上、所与の歴史的条件＝幕藩体制を前提に運動を進めざるをえないのは当然であり、したがって単なる性格規定論の立場からすれば、体制的＝封建的の一言で片付けられてしまわざるをえないであろう。

だが、それだけでは、あまりにも図式的な歴史理解にとどまる。我々は、その思想・運動を内在的に深く考察して、それが当該の時代状況に対して提起しているところの意味を理解し、さらにそこにはらまれている新たな契機をも把握したうえで、それが現実の政治的・社会的諸関係の中で客観的にどのような機能を果したのか、また如何なる矛盾に直面せざるをえなかったか、を考えるという手順を踏む必要があろう。

本稿は谷田部藩領の報徳仕法の事例分析を試みるものであるが、その前に、尊徳の思想について、私なりの観点から少し考察を加えておきたい。また、彼の思想と仕法の性格・特質を考えるための前提作業として、農村荒廃期における領主階級の農民教化のイデオロギー、農民の思想形成の動向、および報徳仕法に先行する心学運動などについても検討しておく。

第一節　農村荒廃と藩財政の逼迫

(一)　谷田部藩領の概観

谷田部藩主細川家は、肥後国熊本藩主細川家の分家である。慶長一五年(一六一〇)、細川興元(熊本藩祖忠興の弟)が下野国芳賀郡茂木荘(現、栃木県芳賀郡茂木町)に二五カ村一万五四石を給せられて藩祖となり、元和二年(一六一六)には、大坂夏の陣の功により常陸国筑波郡・河内郡谷田部郷(現、茨城県筑波郡谷田部町)に二三カ村六二〇〇余石の加増を受け、計一万六二〇〇余石の大名となった。はじめ居所は茂木に置いたが、元和四年、参勤交代に便がよいこともあって谷田部に移した。谷田部と茂木にはそれぞれ陣屋が設けられ、町奉行・代官等の諸役人が詰め、江戸屋敷と連絡をとりながら領内の統治に当たっていた(5)。

「御領知目録(6)」に記載されている領知高と村数は、表1の如くである。表2は谷田部藩領の村名と村高を示したもので、このうちA群は元禄一二(一六九九)～安政七年(一八六〇)の各領知目録に記載されている村である。貞享元年(一六八四)以前の目録と元禄一二年以降の目録とで村名に異動があるのは筑波郡のみで、前者には真瀬村が存在していたが、後者にはみえず、代わりに高田・下川原・百家の三カ村が新たに加わっている。

領知高で注目されるのは、元禄一二年の目録から、拝領高(表高)の他に「込高」(分限外の高)とともに「改出新田高」一万一二三〇石余が付記されるようになっていることである。元禄一二年以降の表高は一万六三一九石余で一定しているが、近世前期の新田開発盛行の結果、内高は二万八〇〇〇石近くにも達している。芳賀郡小深村を例にと

表１　谷田部藩細川氏の領知高

所在地 ＼ 年次		寛文４年 (1664)	貞享元年 (1684)	元禄12年 (1699)	宝暦11年 (1761)	天保10年 (1839)	安政７年 (1860)
下野国 芳賀郡	村　数	25カ村	25	25	25	25	25
	石　高	石 10,054.610	10,054.610	10,054.610	10,054.610	10,054.610	10,054.610
常陸国 河内郡	村　数	15	15	15	15	15	15
	石　高	3,131.970	3,131.970	3,131.970	3,131.970	3,131.970	3,131.970
常陸国 筑波郡	村　数	8	8	10	10	10	10
	石　高	3,133.240	3,133.240	2,795.203	2,795.203	2,795.203	2,795.203
常陸国 新治郡	村　数			1	1	1	1
	石　高			712.306	712.306	712.306	712.306
計	村　数	48	48	51	51	51	51
	石高(a)	16,319.820	16,319.820	16,694.089	16,694.089	16,694.089	16,694.089
うち込高 (b)		54.610	54.610	374.269	374.269	374.269	374.269
a − b (表高)		16,265.210	16,265.210	16,319.820	16,319.820	16,319.820	16,319.820
外改出新田高(c)				11,230.510	11,230.510	11,230.510	11,230.510
a + c (内高)				27,924.599	27,924.599	27,924.599	27,924.599

註　・各年次の「御領知目録」（貞享元年の分は『谷田部の歴史』〈谷田部教育委員会、1975年〉72頁所載、他は谷田部藩細川家文書）により作成。
・石高の勺以下は切捨。

ると、文禄三年（一五九四）の検地帳では四〇七石余であったのが、万治三年（一六六〇）の検地帳では五四六石余に増加している。これは歩詰の結果にもよるが、主たる要因は新田開発であった。元禄四年（一六九一）の検地帳では、さらに五七三石余に増加している。[7] 元禄郷帳の小深村の高は四〇八石余となっているが（表2―2）、これは同郷帳では幕府の指示により、改出高を拝領高に加算せず、新田高も新田村が成立している場合のみ書き上げ、本村内部の新田高は村高に加えていないことによる。

天保郷帳の村高は拝領高に改出高・新田高を加算したものであるため、各村とも元禄郷帳に比べ高が増大している。ただ、現実には元禄以降新田開発はあまり行なわれていないから、元禄段階ですでに天保郷帳記載の村高に達していたものと思われる。さらに注意すべきは、領知目録の上では元禄一二年（一六九九）以降村数は固定しているものの、明治元年（一八六八）段階の村高と旧領名を記した『旧高旧領取調帳』には前者に記載されていない谷田部藩領の村がかなり存在することである。表2のB群の村がそれである。これらの大部分は二宮尊徳が天保五年（一八三四）に作成した「細川家為政鑑土台帳」にも谷田部藩領として記されており、その多くは郷帳では「新田村」と注記されている。してみると、近世前期の新田開発の結果、かなりの新田村が成立して、これらが表高外の地（内高）として細川氏の領有下に組み込まれたことがうかがえる。

新田村がみられるのは谷田部領のみで、茂木領には存しないのは、前者が平地であるのに対し、後者は山間の地であるという地理的条件に規制されたためと思われる。ただし、茂木領においても個々の村高は増加しており、切添型の新田開発はかなり行なわれたことがうかがえる。天保七年（一八三六）段階の内高は茂木領一万六二二六石余、谷田部領一万一二五八石余となっており、[8] 各々の表高に比べると、前者は約六二〇〇石、後者は約五〇〇〇石の増加をみている。増加率では、茂木領六二％、谷田部領七〇％となる。

表 2-1　谷田部藩谷田部領の村高

郡名	区分	村名＼年次	元禄15年(1702)	天保5年	天保5年(1834)	明治元年(1868)
			石		石	石
河内郡	A	房内村	38.930	×	94.873	94.873
		若栗村	354.420	×	466.650	466.650
		大井村	290.420	×	421.465	421.465
		上横場村	240.750	×	766.927	766.927
		下横場村	125.550	×	165.681	165.681
		南中妻村	146.340		292.353	292.354
		北中妻村	93.720	×	154.473	154.473
		榎戸村	114.570	×	222.970	222.970
		立野村	279.980	×	385.970	385.970
		中内村	135.380	×	175.075	175.075
		大沼村	162.450	×	288.095	288.095
		原村	147.810	×	303.776	※290.358
		松木村	47.080	×	101.120	101.120
		手代木村	391.700	×	521.467	521.467
		小野崎村	382.870	×	713.558	713.558
	B	房内新田村				3.528
		小茎村	180.284		229.633	248.112
		樋ノ沢村(新)	53.235	×	53.235	53.235
		市ノ台村		×	65.874	65.874
		今泉村(新)	110.618	×	110.618	110.618
		中山村	595.427	×	699.380	76.299
筑波郡	A	羽成村	298.830	×	412.139	412.139
		台町村	564.100	×	719.089	2,823.150(谷田部町)
		内町村	843.360	×	1,434.033	
		新町村	419.700	×	694.389	
		飯田村	45.350	×	199.373	195.573
		片田村	110.650	×	233.468	231.519
		萱丸村	63.070	×	348.939	348.939
		高田村	185.493	×	185.493	185.493
		下河原崎村	236.442	×	255.868	○165.244
		百家村	401.874	×	409.464	○102.893
	B	東丸山村(新)	37.106	×	39.898	37.133
		境松村(新)	196.780	×	212.343	※212.343

筑波郡	B	境田村（新）	86.330	×	97.135	97.135
		根崎村（新）	56.127	×	56.127	56.127
		中野村（新）	85.208	×	83.960	86.725
		栗山村（新）	86.531	×	86.530	86.530
		古館付（新）	134.830	×	141.079	141.079
		西谷ケ代村	155.144		220.765	212.765
		西酒丸村	289.775		379.173	※279.775
		中東村	247.619		247.907	248.014
新治郡	A	苅間村	725.724	×	712.306	712.306

註
- A群…元禄12〜安政7年の各「御領知目録」に記載されている村。B群…「御領知目録」には見えないが、明治元年段階の村高と旧領名を記した『旧高旧領取調帳』に矢田部藩領分と記されている村。
- ×を付した村は、天保5年11月に尊徳が作成した「細川家為政鑑土台帳」（『二宮尊徳全集』第23巻、86頁）に矢田部藩領として記されているもの。
- 元禄と天保の村高は「郷帳」（国立公文書館所蔵）、明治元年の村高は木村礎校訂『旧高旧領取調帳』関東編による。勺以下は切捨。（　）内に新と記した村は「郷帳」に「新田村」と註記されているもの。
- 明治元年の欄で○印を付した村は相給で、この年の高は矢田部藩領分の高を記したが、元禄と天保の高は全村高である。
- ※印を付した村のうち原村は『旧高旧領取調帳』では上・下に分村されており、矢田部藩領分は上原村となっている。境松村は「郷帳」では河内郡に属している。西酒丸村は『旧高旧領取調帳』では西酒丸新田村（85石余）が独立して安藤伝蔵支配所となっている。

では、生産条件はどうであったか。表3は茂木領、谷田領それぞれの内高の田畑反別を示したものである。これによると、両者とも畑地の方が多く、殊に茂木領では全耕地の七〇%近くを占めている。天保五年（一八三四）、谷田部藩医中村元順が二宮尊徳に仕法を依頼した際、谷田部藩領の生産条件について、茂木領・谷田部領ともに地味が悪く、前者は山間に位置しているために「田畑旱損勝之地」であり、後者は「平原広野、瘠疲地窪之場所」で水害を受けやすい立地条件下にあり、おしなべて「誠に以無比類、両所難地に御座候」と説明している。(9)

表 2-2　谷田部藩茂木領の村高

郡名	区分	年次／村名	元禄14年(1701)	天保5年	天保5年(1834)	明治元年(1868)
芳賀郡	A		石		石	石
		藤縄村	705.500	×	706.353	○693.500
		槻木村	179.240	×	420.064	420.604
		神井村	401.020	×	495.583	495.583
		坂井村	552.790	×	1,209.254	1,209.254
		後郷村	134.440	×	415.655	415.655
		天子村	106.040	×	347.486	347.486
		馬門村	651.910	×	844.178	○831.678
		福手村	145.680	×	299.402	299.402
		小井戸村	724.370	×	1,115.921	1,112.174
		三坂村	189.700	×	195.402	195.402
		石下村	80.170	×	414.768	414.768
		河井村	501.180	×	614.518	610.662
		檜山村	139.290	×	187.184	187.184
		牧野村	599.630	×	876.584	626.697
		菅俣村	152.490	×	825.744	825.744
		河又村	148.300	×	305.731	305.731
		飯野村	918.340	×	1,064.475	1,064.475
		林村	452.540		459.595	459.595
		高岡村	555.100	×	1,260.488	1,260.488
		芦沼村	126.340	×	701.090	701.090
		増井村	102.130	×	272.193	272.193
		鮎田村	653.140	×	787.436	787.436
		小深村	408.050	×	574.385	574.385
		青梅村	91.720	×	130.528	130.528
		山内村	1,360.000	×	1,773.839	1,773.839
	B	入郷村		×		249.887

註　・林村は天保5年の「細川家為政鑑土台帳」には見えないが、天保7年の「細川家長門守様御領分茂木村々夫食見積中勘土台帳」(『全集』第23巻、637頁）には存するので、前者は記載漏れと思われる。河内郡の南中妻村も同様であろう。

・牧野村と入郷村の明治元年の村高の合計は「天保郷帳」の牧野村の高と同じになるので、入郷村は前者から分村したものと思われる。

谷田部領では茶、茂木領では木綿・煙草・和紙等の生産もみられたが、全体的には特有農産物の占める比率は小さく、米雑穀の生産が主体をなしていた。(10) この地方においても、近世中期以降、金肥導入を契機に商品貨幣経済に巻き込まれ、米雑穀の商品化も行なわれるようになったが、それを組織・編成していたのは肥料商・穀物商を中心とする商人たちであった。(11) 後述するように、谷田部藩の御用達となった商人たちも、主として穀物商いで財を蓄えた者たちである。

(二)　農村荒廃の概況

次に、谷田部藩が尊徳仕法を導入する前提となった農村荒廃、および藩財政逼迫の状況について概観しておこう。

先述した新田開発による耕地の拡大は、それに見合った農業労働力が確保されている限りにおいては、(12) 領内総生産量の増大をもたらし、藩財政を潤すことになる。中村元順は尊徳に対し、万治～延宝期（一六五八～一六八一年）の谷田部藩領の状況について、「旧年来申伝には、万治・延宝之度は、領邑平穏にて、両在所田方壱万五千百四拾三俵余、畑方千六百両余有之、此税四ツ五分三厘に当り、藩民豊饒之事に及承り」(13)（傍点、大藤。以下、同）と述べている。「土芥寇讎記」でも、元禄初年段階の谷田部藩政について、「米能ク生ズ。払ヒ中也。年貢所納五ツ六ツ。家中へ四ツ。在江戸ノ年、人有リ扶持。外ニ摸合ヲ渡ス。地ニ禽獣柴薪アリ。自由悪キニ非ズ、中抵也。家士ノ風俗ヨシ」(14) と、概ね良好であった旨記している。

だが、新田開発による耕地の拡大は、藩政の発展をもたらしたと同時に、荒廃の歴史的前提条件をも醸成していったと思われる。

第一に、耕地造成は小農自立を促進する条件となったが、その結果、本田畑でさえ土地生産力の低いところに、より劣悪な新田畑を基盤とする脆弱な小農経営が簇生するところとなったことである。[15] 新田畑の場合、一定期間貢租が減免されるものの、やがて村高に加えられ本田畑並みに賦課されるようになる。谷田部藩領の場合、万治三年（一六六〇）の検地によって新田畑が掌握されたが、その際、少しでも大きい高に結ぶため歩詰によって検地された。その結果打ち出された高に対し、万治～延宝の頃は「四ツ五分三厘」（中村元順の説明）、元禄初年の頃は「五ツ六ツ」（「土芥寇讎記」）という比較的高率の貢租が賦課されたのである。「土芥寇讎記」では、先の文言に続けて「民間課役多ク、其ノ上領分之人ヲ他国ヘ不レ出サ。惣テ家民ノ仕置稠シク、父興隆ノ時ヨリ、興英ニ到ルマデ、人使ヒ不レ宜」と記しており、貢租だけでなく課役負担も大きかったことがうかがえる。特に助郷人馬役は、農民にとって大きな負担となった。[16] 土地生産力が低いところにもって、こうした過重な封建的収奪にさらされたことにより、小農経営の再生産の不安定性は倍加されることになったと思われる。

第二は、耕地の造成に伴い、それに見合うよう水利および山野の利用条件が拡大されねばならないが、それが不十分な場合、既存の本田畑の生産条件をも圧迫することになりかねない、という点である。[17] 殊に、先述の如く、茂木領は山間で水利条件が悪く「旱損勝之地」であり、一方、谷田部領は平地で山野に恵まれていないため、耕地の造成は生産条件を一層悪化させたものと思われる。また、そのことが、農民をして金肥を導入させ、農村を貨幣経済に巻き込ませる契機ともなった。[18]

第三は、河川流域への新田開発の進行に伴う地形・水流の変化は、水害を激発させる要因となったことである。[19] 特に、「平原広野、瘠疲地窪之場所、劇雨霖雨等之節は、忽出水湛水腐多」[20] という立地条件にあった谷田部領では、新田開発の進行は水害発生の危険性を一層増幅させずにはおかなかったであろう。

関東農村の荒廃の原因として、従来の研究では、土地生産力の低さに加えての封建的収奪の過重さ、近世中期以降

表３　谷田部藩領内高の反別と荒地反別（天保７年）

	茂木領	谷田部領	計
a. 総反別	町 反 畝 歩 1,872.3.6.22	町 反 畝 歩 1,142.9.1.23	町 反 畝 歩 3,015.2.8.15
b. 田方 $\left(\frac{b}{a}\times 100\right)$	598.3.6.09(32)%	462.5.0.02(40)%	1,060.8.6.11(35)%
c. 畑方 $\left(\frac{c}{a}\times 100\right)$	1,274.0.0.13(68)	680.4.1.21(60)	1,954.4.1.34(65)
d. 田方荒地 $\left(\frac{d}{b}\times 100\right)$	146.0.8.18(24)	314.4.6.24(68)	460.5.5.12(43)
e. 畑方荒地 $\left(\frac{e}{c}\times 100\right)$	666.4.8.06(52)	327.2.6.05(48)	993.7.4.11(50)
f. 荒地計 $\left(\frac{f}{a}\times 100\right)$	812.5.6.24(43)	641.7.2.29(56)	1,454.2.9.23(48)

註　・「旧復趣法記録草稿」(『二宮尊徳全集』第23巻、180～182頁）より作成。
　　・谷田部領の田方と畑方の合計の数値については訂正した。

商品貨幣経済に巻き込まれたことによる農民層分解の進行、一八世紀半ばより打ち続いた風水害、冷・旱害などの自然災害等々が指摘されているが、こうした諸条件が農村荒廃を結果した、ないしはそれを激化させた歴史的前提として、新田開発によって生み出された如上の新たな状況をも考慮する必要があろう。天保六年（一八三五）に尊徳仕法が開始された際、特に荒廃が甚だしかった谷田部領根崎村・境田村・古館村・境松村・小野崎村・手代木村・松木村、茂木領馬門村・飯野村より荒地再開発事業が着手されているが、先の表2をみると、このうち前四カ村は新田村であり、他の村々も村高の増加が大きく、新田造成率の高い村であったことが知られる。また、表3によると、新田造成率の高い谷田部領の方が茂木領よりも荒廃率が高くなっている。このことは、右の見解の蓋然性を裏付けていよう。

表4の如く、関東地方の人口は全般的に享保より漸減の一途をたどり、殊に天明以降それが甚だしくなり、天保五年（一八三四）段階に最低に落ち込んでいる。この

表4　関東八国の人口の変遷

国名＼年次	享保6年(1721)	寛延3年(1750)	宝暦6年(1756)	天明6年(1786)	寛政10年(1798)	文化元年(1804)	文政5年(1822)	文政11年(1828)	天保5年(1834)	弘化3年(1846)	明治5年(1872)
相　模	人 312, 63 (100) 8	310, 796 (99. 4)	305, 569 (97. 7)	279, 427 (89. 4)	277, 211 (88. 7)	278, 068 (88. 9)	269, 839 (86. 3)	289, 376 (92. 6)	294, 009 (94)	303, 271 (97)	356, 638 (114. 1)
武　蔵	1, 903, 316 (100)	1, 771, 214 (93. 1)	1, 774, 064 (93. 2)	1, 626, 968 (85. 5)	1, 666, 131 (87. 5)	1, 654, 368 (86. 9)	1, 694, 255 (89. 0)	1, 717, 455 (90. 2)	1, 714, 054 (90. 1)	1, 777, 371 (93. 4)	1, 943, 211 (102. 1)
安　房	115, 579 (100)	158, 440 (137. 1)	137, 565 (119)	125, 052 (108. 2)	133, 513 (115. 1)	132, 993 (115. 1)	139, 662 (120. 8)	140, 830 (121. 8)	144, 581 (125. 1)	143, 500 (124. 2)	154, 683 (133. 8)
上　総	407, 552 (100)	453, 460 (111. 3)	438, 788 (107. 7)	388, 542 (95. 3)	368, 831 (90. 5)	364, 560 (89. 5)	372, 347 (91. 4)	362, 411 (88. 9)	364, 240 (89. 4)	360, 761 (88. 5)	419, 969 (103)
下　総	542, 661 (100)	567, 603 (104. 6)	565, 614 (104. 2)	483, 526 (89. 1)	484, 641 (89. 3)	478, 721 (87. 5)	419, 106 (77. 2)	497, 758 (91. 7)	402, 093 (74. 1)	525, 041 (96. 8)	645, 029 (118. 9)
常　陸	712, 387 (100)	655, 507 (92)	641, 580 (90. 1)	514, 519 (72. 2)	492, 619 (69. 2)	485, 445 (68. 1)	495, 575 (69. 6)	495, 859 (69. 6)	457, 321 (64. 2)	521, 777 (73. 2)	648, 674 (91. 1)
上　野	569, 550 (100)	576, 075 (101)	579, 987 (101. 8)	522, 869 (91. 8)	514, 172 (90. 3)	497, 034 (87. 3)	456, 950 (87. 2)	464, 226 (81. 5)	451, 830 (79. 3)	428, 092 (75. 2)	507, 235 (89. 1)
下　野	560, 020 (100)	554, 261 (99)	533, 743 (95. 3)	434, 797 (77. 6)	413, 337 (73. 8)	404, 495 (72. 2)	395, 045 (70. 5)	375, 957 (67. 1)	342, 260 (61. 1)	378, 665 (67. 6)	498, 520 (89)
計	5, 123, 704 (100)	5, 047, 356 (98. 5)	4, 974, 910 (97. 9)	4, 375, 736 (85. 4)	4, 350, 366 (84. 9)	4, 295, 684 (83. 8)	4, 242, 779 (82. 8)	4, 343, 872 (84. 7)	4, 171, 388 (81. 4)	4, 438, 478 (86. 6)	5, 173, 959 (100. 9)
全国指数	100	99. 4	100	96. 2	97. 7	98. 3	102. 1	104. 4	103. 8	103. 2	127

註　・関山直太郎『近世日本の人口構造』137～139頁の「国別人口表」により作成。
　　・(　)内は指数

傾向は、全国的な人口趨勢と比較すれば、きわめて特徴的であることが分かる。中でも、常陸・下野二国の人口減少が著しい。谷田部藩領でも、「安永・天明度、前後之天災凶荒不作、領民退転、人畜及減少、田圃荒廃無毛之地相増」[21]という如く、安永頃（一七七二〜一七八一年）より人口が減少し荒廃化が進行した。例えば茂木領の場合、総人口は享保八年（一七二三）には一万三一三三人であったが、寛政七年（一七九五）七三四九人、天保七年（一八三六）六七〇二人と大幅に減少していっている[22]。

前掲の表3に天保七年時の谷田部藩領の荒地反別を示しておいた。これは、尊徳がこの年の凶作を予知して、その対策のために領内を調査させた時の数値であるので、この年の凶作による被害分は含まれておらず、これまでに進行してきた荒廃状況を示すものである。これによると、全領の約半分が荒地と化しており、内訳では谷田部領の荒廃率の方が茂木領よりも高く、田畑別では前者においては田方、後者においては畑方の荒廃率が高くなっている。表5[23]に個別村落における等級別の荒廃状況を例示しておいた。仕法による復興がある程度進んだ段階のものであるが、一応の傾向を知ることはできよう。これによると、田畑とも等級が下がるほど荒廃率が高くなっている。これは、土地生産力の低さに加えて、後述するように、等級の下位ほど高率の貢租が賦課されたことによる。

表6は、文政八（一八二五）〜天保五年（一八三四）の谷田部藩の貢租収取状況を示したものである。賦課高はほぼ一定であるが、荒地引と毛引の用捨引および未納分が大量に存し、正上納高は大幅に減額しており、農村荒廃が端的に反映している。殊に谷田部領の落ちこみが著しい。これは、先に指摘した谷田部領の荒地率の高さに照応している。また、畑租の正上納高は、田租に比べて変動が少ないのが目につく。これは、畑租は金納であるため、不作の場合、他の余業収入を以て上納することが可能で、それ故、領主も畑租の減免は容易に認めなかったことによる。

谷田部藩では、元禄期までは検見による厘取法が行なわれていたが、それ以後、反取法に転換している[24]。表7[25]の如

表５　台町村・羽成村・若栗村の等級別反別と引分

村名／等級	台町村		羽成村		若栗村	
	反別	引分（比率）	反別	引分（比率）	反別	引分（比率）
	町反畝歩	町反畝歩 %	町反畝歩	町反畝歩 %	町反畝歩	町反畝歩 %
上田	14.6.9.18	0.7.9.01 (5)	8.8.8.09	4.0.6.24 (45)	8.6.5.15	0.1.8.22 (2)
中田	5.5.6.27	1.5.3.16 (27)	2.0.7.21	1.3.6.28 (65)	2.9.9.16	0.0.9.26 (3)
下田	6.2.7.14	1.5.1.15 (22)	9.5.5.29	8.8.3.20 (92)	4.1.5.02	1.6.17 (4)
計	26.5.3.29	3.8.4.02 (14)	20.5.1.29	14.2.7.12 (69)	15.8.0.03	4.5.05 (3)
上畑	12.4.3.03	1.4.3.29 (11)	3.3.6.21	0.9.5.27 (28)	6.1.8.14	1.0.1.05 (16)
中畑	3.9.7.10	0.7.6.18 (19)	1.4.0.23	0.3.2.23 (22)	5.7.0.27	1.5.0.23 (26)
下畑	22.8.5.29	7.1.6.15 (31)	16.5.9.15	6.7.8.07 (40)	17.7.2.17	10.0.9.14 (57)
計	39.2.6.12	9.3.7.02 (23)	21.3.6.29	8.0.6.27 (37)	29.6.1.28	12.6.1.12 (42)
上茶畑	7.2.2.19	0.8.8.23 (12)	2.5.7.22	1.4.2.14 (55)	5.6.1.12	4.5.7.12 (81)
中茶畑	1.9.0.08	0.3.1.24 (16)	1.2.0.08	0.7.0.18 (58)	1.0.0.15	7.0.21 (70)
下茶畑	2.3.6.00	0.4.5.14 (19)	1.7.0.10	1.3.0.05 (70)	9.0.29	7.1.22 (78)
計	11.4.8.27	1.6.6.01 (14)	5.4.8.10	3.4.3.07 (62)	7.5.2.26	5.9.9.25 (79)
総計	77.2.9.08	14.8.7.05 (19)	47.3.7.08	25.7.7.16 (54)	52.9.4.27	19.0.5.12 (36)

註　・台町・若栗村は嘉永５年の、羽成村は弘化２年の「御物成割付状」（すべて今川家文書）による。
・台町村には上々田も存するが、ここでは上田に含めている。

表6-1　谷田部藩の貢租収取状況

年　次		賦課高 (a)		正上納高 (b)	
		田　　租	畑　租	田租$\left(\frac{b}{a}\times 100\right)$ %	畑租$\left(\frac{b}{a}\times 100\right)$ %
		石斗升合勺	両分	石斗升合勺	両分
文政8年	谷田部	2,306.5.7.1.8	853.3	853.3.3.6.2(37)	396.2(46)
	茂　木	3,887.1.8.1.5	1,873.2	2,100.5.5.4.9(54)	1,233.3(66)
	計	6,193.7.5.3.3	2,727.1	2,953.8.9.1.1(48)	1,630.1(60)
文政9年	谷田部	2,302.2.9.8.3	853.3	762.0.8.5.7(33)	377.1(44)
	茂　木	3,889.9.6.8.5	1,872.3	2,397.5.5.4.9(61)	1,236.3(66)
	計	6,192.2.6.6.8	2,726.2	3,159.6.4.0.6(51)	1,614　(59)
文政10年	谷田部	2,310.0.0.4.4	853.3	833.6.2.9　(36)	406　(48)
	茂　木	3,890.6.6.4.6	1,872.3	2,630.0.9.3.1(68)	1,247　(67)
	計	6,200.6.6.9	2,726.2	3,463.7.2.2.1(55)	1,653　(61)
文政11年	谷田部	2,280.1.1.6.3	853.3	700.9.7.1.1(31)	405.2(47)
	茂　木	3,889.3.2.3.3	1,872.3	2,380.9.1.9.9(61)	1,247　(67)
	計	6,169.4.3.9.6	2,726.2	3,081.8.9.1(50)	1,652.2(61)
文政12年	谷田部	2,287.2.7.0.2	853.3	763.1.4.8.9(33)	389.3(46)
	茂　木	3,889.3.2.3.3	1,872.3	2,631.4.6.3.6(68)	1,239.2(66)
	計	6,176.5.9.3.5	2,726.2	3,394.6.1.2.5(55)	1,629.1(60)
天保元年	谷田部	2,310.4.5.3.2	853.3	801.8.1.5　(35)	383.1(45)
	茂　木	3,889.2.8.1.1	1,869.3	2,448.2.5.0.4(63)	1,221.2(65)
	計	6,199.7.3.4.3	2,723.2	3,250.0.6.5.4(52)	1,604.3(59)
天保2年	谷田部	2,310.5.4.5.6	853.3	790.8.9.9.6(34)	378.1(44)
	茂　木	3,889.2.8.1.1	1,869.3	2,494.5.2.2.4(64)	1,231　(66)
	計	6,199.8.2.6.7	2,723.2	3,285.4.2.2　(53)	1,609.1(59)
天保3年	谷田部	2,312.7.7.2.7	853.3	799.3.9.8.5(35)	398　(47)
	茂　木	3,889.2.8.1.1	1,869.3	2,531.4.3.9.4(65)	1,227.2(66)
	計	6,202.0.5.3.8	2,723.2	3,330.8.3.7.9(54)	1,625.2(60)
天保4年	谷田部	2,312.7.3.4.4	852.1	625.1.3.8.5(27)	356.1(42)
	茂　木	3,889.2.8.1.1	1,869.3	1,377.3.3.6.4(35)	1,225　(65)
	計	6,202.0.1.5.5	2,722	2,002.4.7.4.9(32)	1,581.1(58)
天保5年	谷田部	2,357.1.9.0.8	851	851.9.4.7.5(36)	353.1(41)
	茂　木	3,889.2.8.1.1	1,869.3	1,837.2.5.7.3(47)	1,208.3(65)
	計	6,246.4.7.1.9	2,720.3	2,689.2.0.4.8(43)	1,562　(57)

註　・「細川家為政鑑御土台帳〆書抜帳」(『二宮尊徳全集』第23巻、108〜132頁)により作成。なお、上記の史料で計算間違いをしている箇所は訂正した。田租の才以下は四捨五入し、畑租の銭表示の端数は切捨。

表6-2 貢租引分

年　次		引分			
		田方用捨引	畑方用捨引	田方追引并窮民未納引	畑方追引并窮民未納引
		石斗升合勺	両分	石斗升合勺	両分
文政 8 年	谷田部	1,436.0.6.5.5	369.3	17.1.7.0.1	87.2
	茂　木	1,565.5.3.9.4	420.2	221.0.8.7.2	219.1
	計	3,001.6.0.4.9	790.1	238.2.5.7.3	306.3
文政 9 年	谷田部	1,516.5.3.7.4	393	23.6.7.5.2	83.2
	茂　木	1,452.6.5.0.6	442.1	39.7.6.3	193.3
	計	2,969.1.8.8.0	835.1	63.4.3.8.2	277.1
文政 10 年	谷田部	1,454.0.4.5.9	369.3	22.3.2.9.5	78
	茂　木	1,216.5.3.8.1	442.1	44.0.3.3.4	183.2
	計	2,670.5.8.4	812	66.3.6.2.9	261.2
文政 11 年	谷田部	1,545.0.5.4.6	369.3	34.0.9.0.6	78.2
	茂　木	1,357.6.6.2	444.3	150.7.4.1.4	181
	計	2,902.7.1.6.6	814.2	184.8.3.2	259.2
文政 12 年	谷田部	1,481.2.2.2.9	385.2	42.8.9.8.4	78.2
	茂　木	1,182.1.6.6.2	442.2	75.6.9.3.5	190.3
	計	2,663.3.8.9.1	828	118.5.9.1.9	269.1
天保 元 年	谷田部	1,453.6.0.8.9	388.1	55.0.2.9.3	82.1
	茂　木	1,369.7.8.3.9	486.3	72.2.4.6.8	161.2
	計	2,821.3.9.2.8	875	127.2.7.6.1	243.3
天保 2 年	谷田部	1,462.7.8.2.4	393	56.8.6.3.6	82.2
	茂　木	1,344.0.5.5	486.3	50.7.0.3.7	152
	計	2,806.8.3.7.4	879.3	107.5.6.7.3	234.2
天保 3 年	谷田部	1,454.6.7.9.2	370	58.6.9.5	85.3
	茂　木	1,299.6.1.4.9	486.3	58.2.2.6.8	155.2
	計	2,754.2.9.4.1	856.3	116.9.2.1.8	241.1
天保 4 年	谷田部	1,486.3.7.5.2	400	201.2.2.0.7	96
	茂　木	1,906.6.2.6.1	486.3	605.3.1.8.6	158
	計	3,393.0.0.1.3	886.3	806.5.3.9.3	254
天保 5 年	谷田部	1,454.7.8.9.2	400.2	50.4.5.4.1	97.1
	茂　木	1,460.7.8.2.1	487	591.2.4.1.7	174
	計	2,915.5.7.1.3	887.2	641.6.9.5.8	271.1

表7　台町村・羽成村・若栗村・下菅又村・神井村の等級別反当り年貢取高

等級＼村名	台町村	羽成村	若栗村	下菅又村	神井村
上々田	6斗6升			8斗1升	7斗8升
上田	6. 1	5斗8升	6斗1升	7. 6	7. 3
中田	5. 3	5. 3	5. 5	6. 5	6. 3
下田	4. 6	4	4	5. 1	5. 1
上畑	720文	510文	640文	950文	900文
中畑	450	380	410	500	600
下畑	200	200	210	230	250
上茶畑	740	740	740		
中茶畑	370	370	370		
下茶畑	110	110	110		

註　・台町村・羽成村・若栗村・下菅又村は各「御物成割付状」（前3村は今川家文書、下菅又村は山納博家・同武雄家文書）による。
・神井村は大木 茂『茂木の歴史』141頁による。

表8　台町村・下菅又村の年貢定納高に対する実際の割付高の比率

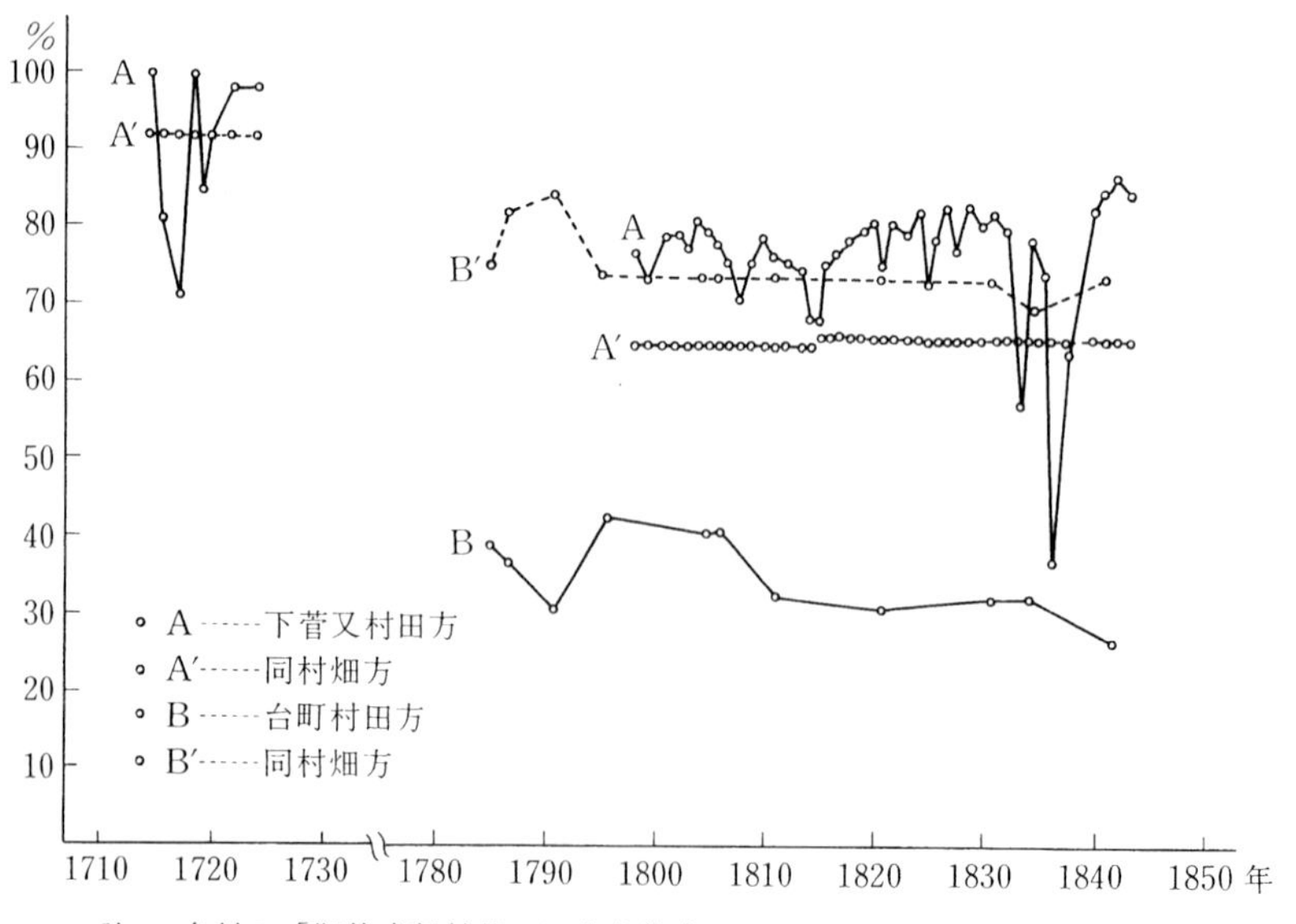

註　●各村の「御物成割付状」により作成。

く、村によって反当たりの年貢取高が異なっており、しかもこれは固定されている。おそらく、耕地造成による領内総生産量の増大を検見厘取法によって吸収することが元禄期にピークに達し、以後、反取の定免とすることにより、一定の年貢収量の確保を図ったものと思われる。反取高は、茂木領の下菅又村、神井村の方が谷田部領の三ケ村よりも高くなっており、茂木領の方が土地生産力においてやや優位にあったことがうかがえる。先にみたように、荒廃率も茂木領の方が低いのである。

石盛が知られるのは神井村の田方のみで、上々田一石五斗、上田一石三斗、中田一石一斗、下田九斗となっている。[26]同村の石盛に対する反取高の比率を計算すると、上々田五二%、上田五六%、中田五七%、下田五七%となり、全般的に高率で、しかも等級が下位の方が高い。先にみたように等級が下がるほど荒廃率が高くなっているのは、土地生産力の低さに加えた貢租負担の過重性が基本的な原因であったことが知られよう。

表8に谷田部領台町村、茂木領下菅又村の年貢定納高に対する実際の割付高の比率の変遷を示しておく。「御物成割付状」では五年季の定免となっているが、反取高が固定されている以上、村反別に変化がない限り定納高は固定することになり、両村とも変化はみられない。表をみると、下菅又村の場合、一八世紀初期においては、畑方は定納高の九〇%を維持し、田方は年次によって落ちこみがあってもすぐに回復しており、全体的に定納高の九〇~一〇〇%が確保されている。しかし、一八世紀後半以降は荒地引・毛引等の引分が多くなり実際の割付高は大幅に下落している。[27]同時期においては、下菅又村は全般的に田方の比率が高く、台町村は逆に田方の比率が極端に低くなっている。こうした傾向は、先述した茂木領・谷田部領それぞれの田畑別荒地率に照応している。

高率の貢租負担の下で、一八世紀半ばより打ち続く自然災害に見舞われたことにより、百姓の潰れ・欠落→手余り荒地の発生=農村の荒廃化が進行し、村の担税力は著しく弱まったのである。下菅又村の人口は、寛政七年(一七九五）二五二人、文化元年（一八〇四）二三三人、文政一三年（一八三〇）二二四人と減少していっている。[28]

年貢割付高の減少は、決して農民の負担軽減に結びつくものではなかった。年貢村請制の下にあっては、潰れ百姓の分は村方で弁納しなければならず、[29]農民の負担はかえって過重化されることになった。その結果、「人数減少に従ひ、手余荒地相増、潰に相成候もの、御年貢諸役弁納に相成候故、弥増及困窮、百姓家軒下迄、葭萱生茂り、悉荒地に相成[30]」という如く、新たな潰れ百姓の発生→手余り荒地の増大→貢租収納量の減少という悪循環に陥ることになった。すなわち、村請制のメカニズムが農村の荒廃化を進行させる方向に作用し、それが村請制の機能そのものの低下を結果することになったのである。表6―2をみると、窮民未納分がかなり存在しており、中村元順も「未進年延夥敷有之、往古より収納過半及減少[31]」と述べている。このことは、村請制を通じての貢租収取がもはや貫徹し得なくなっていたことを示す。

次に、農村荒廃下の階層構成についてみておこう。表9・10・11は茂木領農村の事例である。表9の小深村の場合、元禄四年（一六九一）から寛政九年（一七九七）の間に戸数はふえているが、階層構成の面では一五石以上層が皆無となり、一〇～一五石層も減少し、一～一〇石層に集中している。殊に一～五石層が大量に存在する。文政一〇年（一八二七）には戸数が減少している上、このうち九戸は潰れ百姓となっていたことが確認できる。寛政九（一七九七）～文政一〇年（一八二七）の間に農民の貧窮化がさらに進行し、潰れ、さらには離村によって戸数の減少を来したことが知られよう。

野州芳賀郡農村についての須永昭氏の研究によると、[32]米雑穀の自給作地帯であるこの地方においても、すでに元禄期から金肥導入を契機に小農経営が貨幣経済に巻き込まれはじめ、商業資本の金肥前貸による高利収奪にさらされるようになったことが指摘されている。茂木領では、紙漉等の農間余業も展開していたが、しかし和紙生産も商人資

表９　小深村の階層構成

所持高＼年次	寛文6年	元禄4年	寛政9年	文政10年
石	戸	戸	戸	戸
30	2	2		
15～21	6	4		
10～15	10	13	5	1
5～10	22	23	42	26
1～ 5	26	34	65	50
1石未満	4	4	5	8
潰れ百姓				9
計	70	80	117	94

註・大木 茂氏『茂木の歴史』208頁により作成。

表10　下菅又村の階層構成（天保５年）

所持高	戸数（うち欠落）	1戸当り家族人数	1戸当り馬数
石	戸	人	疋
20～30	2	7.5	2
15～20	2	4.5	1
10～15	16	5.6	0.9
5～10	24(1)	4.0	0.8
1～ 5	10(3)	2.8	0.2
計・平均	54(4)	4.4	0.7

註・天保5年「人別御改覚帳」（山納博家文書）により作成。
・修験は除く。

表11　天子村の階層構成（天保６年）

所持高	戸数
	戸
15～	1
10～15	3
5～10	13
1～ 5	3
1石未満	0
計	20

註・大木 茂氏『茂木の歴史』206頁により作成。

本の資金前貸による支配下に置かれていた。[33] 先に検討した如き領主収奪の重圧に加うるに、商業・金融資本の収奪をも受けるようになったことにより、生産者農民は貧窮化を余儀なくされたものと思われる。

天保五年（一八三四）の下菅又村（表10）、同六年の天子村（表11）では、文政一〇年（一八二七）の小深村に比べ階層構成上の主体が一段上がり、五～一〇石層が最も多くなっている。下菅又村では、この層に次いで一〇～一五石層が多い。注目されるのは、この村の一～五石層一〇戸のうち三戸は「人別御改覚帳」に「欠落」と注記されていることである。しかも、この層の一戸当たり平均家族人数・馬数は極端に少ない。この帳簿では、村外出稼ぎ奉公人は除外されているのか否か不明であるが、家族人数の少なさは主として間引・堕胎による人為的な人口制限に起因していたと思われる。保有耕地に応じて一率に賦課される近世の貢租制度の下では、下層ほどその重圧は大きくなる。

こうした封建的重圧の下、脆弱な生産基盤で「家」の再生産を維持していくためには、家族人数の削減によって生活費の切り下げをしなければならなかったのであるが、それでもなお生活が破綻し、欠落を余儀なくされているのである。また、家族人数の減少は、「家」存続の人的基盤を弱め、絶家の危険性を増大させることにもなる。天保七年（一八三六）一〇月の調査[34]では、下菅又村の反別六六町九反六畝一三歩のうち荒地三〇町一反二畝一七歩、天子村の反別四五町九反二畝一四歩のうち荒地二六町七反七畝一一歩となっており、両村とも天保初期までに潰れ・欠落百姓の発生による手余り荒地化が相当進行していたことを如実に示している。

各村ともぬきんでた大高持は存在していないことも、特徴の一つである。下菅又村では庄屋である山納権左衛門家の二五石余が最高であるが、家族人数は一一人で、うち男女とも一五歳以上六〇歳未満を可労働人数とすると、その数は七人となり、手作りしていたことをうかがわせる。先に検討した如く、この期の貢租収納量の減退は決して農民的剰余の一般的成立を想定し得る性質のものではなく、逆に農民の土地保有の動揺に起因していただけに、地主・小作関係を安定的に展開させる条件に乏しかったといえる。上層農民は、むしろ商業・金融資本として小前農民を支配していた。山納家と並ぶ下菅又村の有力農民である永島家は楮問屋も兼ねており、資金前貸によって楮生産農民を支配していた。[35] 地主・小作関係の展開が未熟で、余業も商業・金融資本に支配されていた条件下では、没落した農民は小作・余業稼ぎにより村内で生計を維持していくことができず、離村を余儀なくされたものと思われる。

芳賀郡農村に関する従来の研究では、荒廃化の進行過程で下層零細農民が退転・欠落して姿を消し、しかも土地集積が未熟なため、天保初期には所持高一〇石前後の層に平準化していることが明らかにされているが、[36] 右の茂木領の村でもこうした傾向がうかがえよう。

表12は谷田部領台町村の階層構成表である。天保四年(一八三三)の「人別并持高書上帳下書」では村内所持高と並べて他村越石高も記されており、a欄に村内のみの所持高、b欄に後者をも含めた所持高構成を示しておいた。若干異動はあるものの、全体的な傾向は同じである。文化六年(一八〇九)と同一基準であるa欄でもって両年次を比較すると、五石未満層が減少傾向にある。この層は文化六年で四戸、天保四年で一四戸が「潰」と注記されており、やはり淘汰される方向にあったことがうかがえる。五〜一五石層でも少なからず潰れ百姓を出しており、この層も決して安定していたわけではない。

先の茂木領の村と異なり、この村では大高持も存在しており、名主今川宅三郎家は村内で七一石余、内町で八石余、計八〇石余を所持している。今川家文書中には文化三年(一八〇六)の「田方小作年貢帳」が存し、小作人二三名が記載されている。この村では地主・小作関係が展開していたことが知られるが、下層農民の潰れは地主経営をも動揺させることになる。事実、荒廃期には下層農民が退転・欠落して奉公人・小作人が不足したことにより大高持も没落した事例が、従来の研究でも多く報告されている。[37] 台町村でも、文化六年には村内所持高三〇〜五〇石の間に二戸存

表12　台町村の階層構成

所持高＼年次	文化6年		天保4年						
	本百姓戸数	潰れ百姓戸数	本百姓戸数		潰れ百姓戸数		本百姓(b)1戸当り家族人数	本百姓(b)1戸当り可働人数と馬数	
			a	b	a	b			
石	戸	戸	戸	戸	戸	戸	人	人	疋
80～85				1			6	2	
70～80	1		1						
60～70									
50～60									
40～50	1								
30～40	1			1			6	4	
20～30	1		3	2			3.5	3	0.5
15～20	2		1	5			6.2	4.4	0.8
10～15	14		12	13	2	2	6.3	3.3	0.8
5～10	24		25	22	4	5	4.9	3.2	0.3
1～5	23	3	18	16	5	4	4.2	2.3	0.2
1石未満	2	1	1	1	9	9	1		
計	69	4	61	61	20	20	平均 5.1	3.1	0.4

註　・文化6年「田畑石高帳」、天保4年「人別并所持高書上帳下書」（今川家文書）により作成。但し、他村居住者と寺社所持分は除く。
・天保4年の史料には村内持高の他に他村越石高も記されており、a欄に村内のみの所持高構成、b欄に他村越石をも含めた所持高構成を示した。
・可働人数は男女とも15歳以上60歳未満の者をとった。

在していたのが、天保四年には村内所持分では二〇～三〇石に下降している。先の茂木領小深村でも上層農民の所持高の下降現象がみられる。

谷田部領台町村では茂木領農村に比べ階層分化の幅が大きくなっているが（この村が町場としての性格をも有していたことにもよっていよう）、五～一五石層に平準化されていく傾向は同様である。これは茂木・谷田部地方のみならず、北関東農村の荒廃期の一般的な特徴であることは、従来の諸研究で明らかにされているところである。だが、所持高からみれば安定した自作小経営を行なっているかにみえるこの層も、所持地のうちには荒地がかなり含まれており、実際の耕作地はきわめて零細であった(38)。先にみたように、この層でも潰れ百姓がかなり発生しているのである。農村荒廃期においては、下層農民だけでなく、中・上層農民をも含めた全階層の農民が常に没落の危機にさらされていたといえよう。

以上の如き、百姓の潰れ・欠落による手余り荒地の発生という農村の荒廃化は、「村」の共同体的機能および土地緊縛等の規制力の低下の発現形態でもあった。したがって、それを基礎とした幕藩領主の農民支配・収奪の方式である「村請制」の動揺をもたらした。(39) それは、端的には貢租収納量の激減として現れたのである。

(三) 藩財政の逼迫

近世中期以降、商品貨幣経済の進展に伴う支出の増大により、領主階級は一般的に財政難に陥っていたことは周知の事実であるが、特に関東の諸藩・旗本の場合、領主的土地所有の基礎そのものが崩壊に瀕し、貢租収納量の大幅な減退を来していただけに、それは一層深刻であった。(40)

谷田部藩の財政も、「安永天明度、前後之天災凶荒不作、領民退転、人畜及減少、田圃荒廃無毛之地相増、其上故長門守代、明和九辰年二月柳原屋敷、天明六午年正月同所、文化三寅三月同所、文政元寅年本所下屋敷、文政十二丑三月柳原屋敷、都合七度(五カ)及類焼、剰近来天保四巳年凶作打混、素より困窮難渋之処、弥上打重、度々類焼旁に付、難相凌、借財相嵩、且同性(姓)越中守方よりも、其都度々助成補助手厚見継呉候へ共、中々以難相凌、因茲術計尽果、当惑心痛此事に候へ共、前章之次第に付、同性越中守方へも、最早歎願も難申出、用達向々へも返済違約旁以、術計失度、如何共可凌様なく」(41)と、安永頃以降の農村荒廃化の進行、および江戸屋敷の度々の類焼によって逼迫化し、そこに襲った天保四年(一八三三)の大凶作により、まさに破綻に瀕していた。

表13は、天保五年一一月までに累積していた借財元利未返済分の額を示したものである。これによると、本家であ

表13　天保5年における谷田部藩の借財額

内　　訳	借　金　額		借米額	借入先の数
	両分朱	匁分厘	俵	
細川本家より借入	金 60,923	銀		1
江戸屋敷借財	46,836.1.1 内利金 906.2.3	3.5.1 2.8	676	45
谷田部陣屋借財	5,569.1.1 内利金 131.0.2	9.0 3.2.9	27	36
茂木陣屋借財	6,277.2.1 内利金 96.0.3	2.9.0 1.5.5		50
追加調査分	15,234.0.2	4.8.4	1,935	
計	134,840.1.1 内利金 1,134.0.0	12.1.5 5.1.2	2,638	132

註　・「細川家新古御借財取調帳」（『二宮尊徳全集』第23巻、21～25頁）、「細川長門守様報徳借貨返済録」（同前書、275～282頁）、「細川家借財米金済方取調帳」（同前書、318～339頁）により作成。

る肥後細川家より六万両以上の無利子の融資を受けているが、それだけでは藩財政の赤字を補えず、江戸、谷田部、茂木それぞれにおいて多額の借財をしており、負債総額は一三万両余にも上っている[42]。

江戸屋敷借財分では、馬喰町御貸付役所一万一六三二両余（未返済分、以下同）、駿府町奉行七一二両余等、幕府機関の公金貸付が主体をなしているが、そのほか、商家・武家・寺院等からも借財をしており、借入先は四五にも上る。

谷田部陣屋借財分の大口債権者は、柳橋長左衛門（二五九二両余）、釜屋治郎兵衛（一二九七両余）、和屋吉左衛門（二一一三両余）である。「細川長門守様報徳借貨返済録[43]」では、柳橋長左衛門について、他領である常州筑波郡柳橋村の者であるが、「旧来御出入御用相勤」ていた旨、注記されている。また、釜屋治郎兵衛、和屋吉左衛門については、それぞれ「江州梅木沢より、御領分谷田部御陣屋元へ、旧来出張にて農間穀物売買、質物渡世罷在候処、御勝手許御用相弁」、「御領内百姓、農間米穀売買、質物稼罷在候処、年来御勝手元、米金御用相弁相勤候」と記されており、前者は近江商人、後者は領内の百姓であるが、いずれも穀物売買と金融業によって財を成し、谷田部藩の御勝手元御用達を務めていたことが知られる。そのほか小口の債権者が一七カ町村にわたって多数存在しており、うち一一カ町村は谷田部領内である。一町村の債権者はほとんど一人ないし二、三人であるが、前出の台町村では七人と最も多く存在し、中でも村内一の大高持で名主を務めていた今川宅三郎家は、宝暦六年（一七五六）に一八〇両融資し、天保五年（一八三四）に至るも未返済分一五六両となっている。

茂木陣屋借財分の大口債権者は釜屋七兵衛（九四一両余）、栄屋利兵衛（同額）で、先の注記によると両者とも近江商人であり、前者は穀物売買・金融業、後者は穀物売買・金融業に酒造業を営み、両者とも谷田部藩の御勝手元御用達を務めている。このほか領内外の商人・農民・寺社・奉行所等から借財しているが、領外からの借入が多く、しかも続谷、烏山、真岡、黒羽、馬頭、日光、水戸等、広範囲にわたっている。殊に、日光御殿金、日光御山内惣物料、日光御山内実教院、日光奉行所等、日光山関係からの借金が多い。

以上の事実から、深刻な財政難に陥っていた谷田部藩は、本家肥後細川家よりの多額の借金、および幕府機関よりの公金拝借、領内外の商人・農民や寺社からのきわめて多岐にわたる米・金借用などによって、かろうじて再生産を維持していた事情が知られる。藩財政を維持する上で、支柱をなしていたのは御用達商人たちである。彼らは、商業・金融資本として農業生産者に吸着する一方で、[44]藩権力と共生関係を取り結び、富と社会的地位を築いていた存在であった。彼らが穀物商いを主としていたのは、先述の如く谷田部・茂木地方が米雑穀生産地帯であったことによっていよう。

借財の積み重ねによってどうにか取り繕ってきた藩財政は、先の引用史料に述べられているように、天保四年（一八三三）の凶作によって壊滅的な打撃を受けた。しかも借財の未返済分が累積し膨大な額に上っていたため金融の道を閉ざされ、「無拠本所中郷下屋敷譲渡代金を以、公務家中扶助漸に凌渡」[45]という如き、まさに破産状態に陥っている。また、農村の荒廃と藩財政の窮乏は、農村に吸着し、藩権力に癒着することに自らの存立基盤を見出だしてきた御用達商人たちにも、大きな危機意識を喚起したにちがいない。後述するように、尊徳仕法が導入されると、彼らが藩への貸金を帳消しにし、しかも農村復興費用を出して仕法の進捗に協力しているのも、自らの存立基盤の回復を期待してのことであったろう。(46)

(四) 領主階級の農村荒廃観と農民教化のイデオロギー

ここでは、領主階級の農村荒廃観と農民教化のイデオロギーについて検討しておこう。

天明四年(一七八四)の飢饉の節、谷田部藩は農民教諭の書付(47)を発布し、飢饉・農村荒廃の原因とみなした農民の生活態度を指摘しつつ、それを改めるよう次の如く説諭している。

第一条では、「近年百姓のふぎやうにおこたり、たゞときの利とくをかんがへ、小あきんど、又ハしょく人等に相なり候間、としをおって、田はたの利少くなりゆき、あれ地も年々に相まし、是までのごとく米こく下じきにも候ハヽ、よのわざを以て金ぎんをとり、こく物かいとり候ハヽ、事もかゝましく候へども、当年のごとく、べいこく世上に無之候得バ、たちまちきゝんにおよび、なんぎはなはだしく候」と、百姓が農業を怠り、利欲にかられて商工的余業に力を注ぐ故、荒地が増大し、ひいては飢饉を招くことになると指摘し、「いらいハよぎやうはつぎにいたし、のうぎやうを第一にいとなむべき事、かつハ天道にかなふのつとめたるべく候」と説く。

第二条では、百姓の奢侈の風俗を列挙した上で、「ひつきやう、そのぶんをわきまへず、公儀之御定法をそむくにて候、これによつて、分々におうじ、其ついへおほく、こんきういやがうへにつのり候、さるによつて、去あきのごとく、凶作にいたり候てハ、にわかにことのおこりたるごとく、よろしからざる事とめん〳〵存なから、やむことを ゑず、おしかりをくわだて、あるひハ上納をとゝこほり候外これなく候、よからぬ事ハめん〳〵存候ニより、一身に て相ならず、其とうをかたらひ、大ぜひをたのミに、ふほうをおこなひ候事、人たるべきものゝ所行にこれなく候、 其心根とうぞくとういとハ不存候哉」と、百姓としての分をわきまえない奢侈が困窮・飢饉の因となり、ひいては窮 迫して押借を企てたり、年貢を滞納したり、徒党強訴の不法に及んだりすることになる、と非難している。そして、 「平ぜひけんやくを第一」とすべきことを強調し、「身をそまつにもち候事ハ、百姓のならいに候」と説く。

第三、四条では、人々が射幸心から博奕・諸勝負事に走り、それが悪事・身代困窮の因となっていることを戒め、 「百姓ハ農業をつとめ、よきじせつにうりはらひ、金銀を得、しよく人あきんどそれ〳〵のしようばいをせい出し、 仕合よきを以、まことの身代もちたつると申ものに候」と、百姓、職人、商人としてのそれぞれの本業に励むことに よって身代を保つべきことを諭している。

第五条では、五常の道を農民の生活に即して説く。まず、仁については、「仁とハ人をあわれむのミちなれば、妻 子けんぞく、じうるひになさけふかく仕事ニ候」と説明する。そして、「下野ひたちの国からにて、子をまびくと申 事、不仁の第一なり、公儀よりもおもき御法度ニ候、子をそだて候義相ならざるゆへハ、其本をたゞし候へバ、ぶじ きのふそくと、よきいるひをきせ候事ならざるニ付、外分あしきと存候より事おこり候」と、間引は不仁の第一であ り、それは、農業等閑による夫食不足と、質素を恥とする見えに起因しているとして、「農業をはげみ、けんやくに して、麁服をいとわざる時ハ、おのづから子をやしなわざる道理無之候、いわれざる外分だてをいたし、不仁のおこ なひをはちざるハ、大き成あやまりニ候」と諭している。

以下、義・礼・智・信について次のように説く。「義とハ、かりニもあくじをなさず、成べきをなすをいふ、人の婦妻をうばひ、仲立なくして妻をめとるのるひはもちろん、博奕・諸勝負すべて天下の法度を破り、うわべハいつわりをかまへて、法をそむかざるていをいたし候ハ、不義の第一也」、「礼とハ、武家ハ勿論、儒医出家社人惣てうやまふべき人へ、りよぐわひのふるまひ不致、村方ニてハ、庄屋組頭ハ同じなかまたりとも、時の目鑑を以其役をつとむるうへハ、ずいぶんその下知をそむかず、おや兄おぢおばしうとしうとめ等の目上のものへたひし、りくつだて、てきたいかましき儀無之様ニ仕候を礼を知と申候」、「智ハ智恵の事ニ候へとも、百姓ハ外の智を尊ばず、能農の時をかんがへ、諸作の仕付、利害得失の勘弁、其図にかなふを百姓の正智と云、しかる所、なま才覚のもの、公事出入のこしをおし、上を計下をあなとり、わるだくミいたし候るいは、姦智とて、いにしへよりにくむ所ニ候」、「信ハまことにて、五人組ハ勿論、惣て仲間之百姓、相たがいに為になり合、万事むつましく申たんじ、かりにもいつわりだまし候事なと無之をいふ」と。

第六条では、農村の神事遊日の増加を問題にし、「農人ハ農業をつとめ候てこそ天道にも叶ひ」と説いている。

第七条では、当年の飢饉を良き手本として、以来、備荒のために雑穀はもちろん、その他草木の若葉にいたるまで貯え置くように諭している。

以上の如く、領主の立場から飢饉・農村荒廃の原因とみなされた当時の農民生活のあり方が列挙されているのであるが、究極的には、それらは、農業疎略、功利心、人倫の欠如等に帰せられている。商品貨幣経済に巻き込まれた農民たちは、過重な領主収奪の下で生活を維持していくために、余業によって生計を補い、また間引によって口減らしをすることを余儀なくされたのであるが、領主階級には、それらは、農民の功利心から出た農業疎略の行為、仁心の欠如と映じたのである。

そして、こうした農村荒廃観にもとづき、百姓としての分をわきまえ、余業をひかえて農業に出精し、質素・倹約に努め、人倫を遵守すべきことを教諭している。そこでは、百姓は農業に専念してこそ「天道」にかなうと力説されていることが、大きな特徴である。間引についても、「一時の艱難をいとひ、たま〳〵生を受来る子を育ざる時は、天道にそむき、　上の御仁恵も行届かさる事に相成、其内ニは老年に及て、養を受べき子もなく、手あまり地多く相成、無拠おとろへつかれたる身をもつて、耕作にくるしみ、或は奉公にいて、終には先祖より持来る式をも取失ひ候事、いかにもなけくへき事ニ候、天道は物を生育するを第一とすれは、右の如き行あつて、神を祭り仏をいのり候とも、正しき神仏は、不仁の者をたすくる事あるまじく候、然はいかにもして出生を取あけ、人別相増候様に心懸る時は、上の御慈悲も行とゝき、面々天道にかなひ、神仏の加護もありて、其家も永くさかゆへき事ニ候間、能々弁へ申へき事ニ候」[48]と、それが「天道」に背く不仁の行為であるゆえ「家」没落の因となる、「天道」によって定められた仁を実践してこそ、神仏の加護もあり、「家」も永久に栄え、自己の老後の扶養と死後の祭祀も保障されるという論理で以て、その禁止を農民に得心させようとしている。「家」の永続は農民の最も根源的な希求であるが、ここでは、農民の「家」意識に訴えつつ、「天道」に即して生きるべきことを説いている点が特徴である。[49]

また、農民の倫理意識の涵養のため、儒教の五常の徳目を農民の生活に即して通俗化しつつ説いているが、その意図するところは、その実践によって、農民をして天下の法度を遵守させること、および自発的に農業出精へと向かわせること、そして「家」と「村」の秩序に従わせ、かつ融和を実現させること、にあった。[50]そして、そのことにより、「家」と「村」の秩序＝規制と共同機能を基礎として成り立っている幕藩制社会の身分制秩序、および村請制支配の立て直しを図っているのである。

以上の如き農村荒廃観は、谷田部藩のみならず、当時の領主階級の一般的な見解でもあった。例えば、松平定信は、「宇下人言」の中で次のように述べている。

> 天明午(六)のとし、諸国人別改られしにまへ之子之(安永九)としよりは諸国にて百四十万人減じぬ。この減じたる人みな死うせしにはあらず、只帳外となり、又は出家山伏となり、又は無宿となり、又は江戸へ出て人別にもいらずさまよひありく徒とは成りにける。七年之間に百四十万人の減じたるは、紀綱くづれしがかく計之わざわひと成り侍るてふ事は、何ともおそろしともいふもおろかなり。これによて末をおさへ侍るは只花奢を禁ずるにあり。……〈中略〉……村々にてもむかしなきからかさなどさし、又は油などつけ、かみをゆひ侍るてふ、これ又奢に長じ、博奕など公行したりければ、力田の輩少なくなりて、弥生ずるもの少なく、つゐには田里を出て江戸へ行侍るにぞ、江戸之人次第に増し村々衰にけり。士農おとろへし行しかば、工商何をもてくらし侍らんや。[51]

定信は、農村荒廃の現象そのものは正確に認識しているものの、その原因については、先の谷田部藩の農民教諭書と同様、農民が奢侈の風に染まり、「力田の輩」が減少したからだととらえている[52]。そして、農村荒廃は武家を窮乏させただけでなく、農民の村外流出――無籍人の増大により、身分・職業・居所を一体化させた幕藩制国家の社会的分業編成・社会秩序維持方式の動揺を来していることに、強い危機感を抱いている。かかる危機意識が定信をして寛政の幕政改革へと駆り立て、風俗匡正、農民の余業規制、旧里帰農奨励、出稼ぎ奉公の制限などの政策により、本百姓体制の再建を図らせたことは周知のところである。

さて、先の谷田部藩の農民教諭書は、天明四年（一七八四）の飢饉の節に出されたものであったが、概して教諭書には、飢饉の惨状を教訓にして、再びそうした事態を招かぬよう、常日頃から農業に出精し、倹約・貯蓄に努めるよう説諭するといったスタイルをとっているものが多い。それは、定信が「凶年はめずらしからぬ事にていままでなかりしぞ幸ともいふべし。おどろくべきにはあらず。凶には凶の備をなすぞよけれ。いでこの時に乗じて倹約質素の道を教へて磐石のかためなすべし」[53]（「宇下人言」）と述べているように、凶作・飢饉という農民にとって最も悲惨な体験に訴えることによって、農民教化の浸透を意図したものに他ならない。例えば、野州黒羽藩庁ないしはそれに近い筋において作成されたものと推定されている宝暦八年（一七五八）八月付の「百姓身持教訓」では、宝暦五年（一七五五）の凶作・飢饉が、また黒羽藩家中の農政家鈴木武助が著した「農喩」では、天明三年（一七八三）のそれが、それぞれ教訓とされている。[54]両書とも農民教化のテキストとして他藩でも採用され、広く流布した。[55]そこには、領主階級の凶作・飢饉観が端的に表現されている。

天地の人を養ふ穀物さま〴〵多き中に、就て人間生育の備へとみゆる物二種有、稲と麦と也、……〈中略〉……すべて天道の人を養ひ給ふ備へ誠に有がたき事いわんやうなし、天のほどこしの委き趣をかんがみて五穀ハ皆人のために天より生ずる理りをしるべし、右の内とりわけ稲と麦とハ他の穀物の類をはなれたる重き物也、農人たらん者ハよく〳〵此天道のめぐみを仰ギたつとみ、慎で天の意をうけ、村吏(里カ)に稲と麦とを作るに其術を尽くし力を用ゆべし、農業ハ人間世第一の大事にして万物の根本たることわりに闇く、皆人奢りだしやくの風俗にならひ耕作に力を尽さず、天道の意に違ふがゆへに、自然と天よりも不正の気下り、春夏秋冬寒暑冷暖の気不順となり、耕作ミのらず、或時行(はや)り病イを生じ、色々難儀の事出来、世の中次第におとろへ及困窮事、誠にあわれむべき事の甚しき也、然は人々天道をおそれ家業を怠るべからず候事[56]

（「百姓身持教訓」）

「農喩」の文意もこれと同じである。右は、「農業全書」巻一一付録の文章[57]（この部分は貝原楽軒著）を手本としている。だが、楽軒にあっては、農民の職分だけでなく、為政者の「民に農業を教へ道びき賞罰を明かにし、万の政事に心をとゞめ」、「万民に安楽をほどこす職分[58]」の遂行をも要求しており、むしろ後者の重要性を力説している。飢饉の災難を招く原因についても、「凡王公といへども倹約をわするれば、国用たらずして下を貪り、不仁を行ひ災を生ず。況四民に至り、財用を慎む事なくバ、必うれへをまねき、災をいたさん事はかるべからず[59]」と、為政者の責任も厳しく追及する。しかし、「百姓身持教訓」「農喩」にあっては、凶作・飢饉は、農民が奢侈・惰弱の風俗にならい農業を等閑にして、「天道」の意に背いたため、天罰が下ったのだと、専ら農民の責任のみを指弾する。そして、「唯一向に農業のみをつとめて天道天意にしたがハざる様に其職に心をゆだね、日々夜々に慮べき」(60)(「農喩」)よう諭している。ここでも、先の谷田部藩の教諭書と同様、農業は「天道」によって定められた農民の職分であるとして、その絶対性が強調され、その励行が要求されている。

ここでいう農業とは、作物栽培全般を指すものではなく、五穀の生産を意味していることが重要である。とりわけ稲と麦の生産が重視されており、それを行なうのが「天道」の定めたところの農民の職分である、とされているのである。(61)これは近世石高制社会における領主階級の伝統的な農業観、農民観であるが、右の教諭書では、農民が商品貨幣経済に巻き込まれ、稲・麦の生産よりも畑方の商品作物栽培や余業の方に力を注ぐようになっていることが、飢饉を惹起した原因であるという現状認識から、かかる伝統的な農業・農民観が改めて強調されているのである。黒羽藩の明和〜寛政期(一七六四〜一八〇一年)の農村復興仕法を主導した「農喩」の著者鈴木武助が、商品作物生産を規制して主穀生産を強制し(62)、幕府も寛政三年(一七九一)九月に、「菜種・綿種其外要用之品は格別、其余之分ハ成丈相止、米穀は勿論、麦其外雑穀迄も、穀物随分多く作出し候様致し(63)」と布達しているのは、飢饉対策を考慮しているとはいえ、根本的には右の如き農業・農民観にもとづいていたと思われる。(64)

教諭書では、農業との関係だけでなく、あらゆる教化内容について「天道」を持ち出すことによって、それに絶対性を付与し、農民に得心させようとしている。例えば法度の遵守についても、「耕作に精力を尽し、かりにも悪事を慎、御法度を堅守り候ハヽ、天道に叶ひ子孫永々安楽なるべき事、必然の理りに候(65)」(「百姓身持教訓」)と説く。幕藩制下の封建的な社会秩序を「天道」論によって自然的秩序として正当化、絶対化するのは、この時代の伝統的なイデオロギーである。だが、現実においては、商品貨幣経済の進展、農村荒廃の進行によって、社会秩序の動揺が著しくなってきていた。こうした事態に領主階級は強い危機感を抱き、改めて「天道」論によって幕藩制下の社会秩序の絶対性を農民に強調し、その立て直しを企図したのである。

関東の幕府領・私領においては、一八世紀後半特に寛政期（一七八九〜一八〇一年）より、文化・文政期（一八〇四〜一八三〇年）にかけて、以上のような論理を以てする農民教化を通じて、農民の内発的な生産意欲と秩序遵守の意識の涵養を図りつつ、農民の生産・生活条件整備のための貸付金、小児養育の奨励・旧里帰農の奨励・出奉公の制限等による農村人口の回復と荒地起返し、新規余業の制限、生活規制等々の具体的な政策の実施によって、本百姓体制の再建＝農村復興が進められている。(66)

谷田部藩の政策について具体的に知り得る史料を見出だし得ないが、茂木領下菅又村の文政期の「諸事御触書覚帳」(67)により、その基調はうかがえる。これを見ても、農民教化がさかんになされていたことが知られる。その趣旨は、農業に出精し、生活全般にわたって質素に努め、年貢を皆納すべしというものであるが、それを説得するイデオロギーは次のようなものであった。「此度御勝手向之義、御用達共取調書差出シ候所、去戌年御収納減、御暮シ方之御不足多千三百両余之所、猶又当春積り立取調候所、御不足も相嵩候事ニ付、此度厳鋪御省略御取縮メ被仰付候得共、御領内ニ而も農業格別出精いたし、未進等無之様ニ候得は、御取直ニも相成候……〈中略〉……相定候年貢米之義ニ付、致出精上納仕候事、上江対し天道之冥加ニ有之候」（文政一〇年〈一八二七〉、江戸御用所より菅又村庄屋・役人中宛「申渡」）。つまり、藩財政の窮迫を農民に訴えることにより農業出精、年貢上納を促し、しかも、年貢米は上に対する冥加として「天道」の定めたところのものであるゆえ、これを上納することは農民の絶対的な務めである、と力説しているのである。また、「荒地再発いたし、其外ニも何なり共国益ニ相成候筋をいたし、成就之上は、是又急度御褒美可被下候」（同前）と、荒地起返し等、「国益」になることの実践を要求し、褒賞によって内発的な意欲を喚起せんとしている。

だが、先にみた如く、谷田部藩領の荒廃は天保期に向けますます進行しており、特に天保初年の凶作・飢饉により壊滅的な打撃を受けている。天保の凶作・飢饉の影響は寛政〜文政期の農村復興策の成果の程度によって差異があったであろうが、前掲の表4をみると関東地方の人口は天保五年（一八三四）が最低となっており、全体的にみればその打撃はきわめて大きかったことがうかがえる。それゆえ、各領主とも、新たな農村復興・財政再建の方途を模索しなければならなかったのである。

こうした中にあって、文政六年（一八二三）より二宮尊徳が進めていた、野州桜町領（小田原藩主大久保家の分家宇津家の知行所）の復興仕法が成果をあげたことが世間に注目されるところとなり、天保以降、彼の仕法が広く展開していくことになった。主として小藩や旗本が彼の仕法を導入したのは、農村復興策を行なうにも資金に事欠く小藩・旗本にしてみれば、報徳金の運用によって事業を進める彼の仕法はまさに渡りに船と映ったからに相違ない。

第二節　農民の思想形成と心学運動・尊徳仕法

(一)　荒村下の農民の思想形成と農事改良の特質

家督相続ハ、先祖より代々伝りたる家材・田畑・山林等に至迄皆預りの家材也。大切に相勤め、預りの物わ何に品によらす手入致し、損じたる品ハもとめ、一品たりとも不足にならぬ様に致し、子孫へ遜るべくハ相続人の第

と思ふ故也。身上を堅く守るべきハ、部屋住でも何に者にても堅く守るべきが、人たる道の一生の第一の勤と心得べし

祖より伝りたる家材・田畑等売払ひ、先祖へ不孝而已ならず、其身迄も居所立所に迷ふ者あり。其訳ハ、我か物

一の勤め也。然るを気随ひ自恣に成る物と心得る人間々多し。故に暮方行届き難く、終にわ大借などを致し、先

（「吉茂遺訓」[68]）

家財・田畑・山林は先祖よりの預かり物である「家産」であり、「家業」に出精し、「家産」を減ずることなく子孫に譲り渡すことが、先祖およびそれに連なる父母に対する「孝」であるという観念は、近世の農民に一般的なものであり、これこそが彼らの生活意識の核をなしていた。[69]

生家あるいは養子・嫁として入った家で、先祖伝来の田畑を耕し、先祖を祀り、また先祖の霊に見守られながら生産・生活を営み、死後は自分も「家」の先祖として子孫に祀られる――これが、この時代の農民の伝統的な人生のあり方であった。「家業」である農業に出精し、「家」を存続させることは、自己の死後における魂の安住の場を確保することでもあった。欠落も、商品貨幣経済の浸透による農民層分解の進行と、領主および商業・金融資本の収奪のもとで、勤労に努めながらも生計が成り立たず、ぎりぎりのところまで追い詰められた農民がやむなくとった、それ自体、「家」存続のための一手段という側面を持っていた。[70]

農村荒廃は、領主からみれば年貢収奪基盤の崩壊の危機であるが、農民にとっては生産・生活、さらには魂の安住の場である「家」と「村」の崩壊の危機である。荒廃は農民の精神をも蝕み、挫折感から生産意欲を失い、自暴自棄となって博奕・諸勝負事や遊興に身を委ねたり、あるいは盗みなどの犯罪に走る農民を生み出し、風俗の頽廃や治安の紊乱を招いていたことは、この期の種々の見聞記から知られるところである。だが他方では、こうした深刻化した農村の状況に強い危機感を抱き、精神・生活のあり方を深く内省し、「家」の再興・維持、そして農村の復興を実現

するための原理・方途を真剣に模索して、自力で更生せんと努力する農民も輩出した。[71] 近世後期には、農民の間でも家訓や遺訓が多く作成されており、[72] また農民自身の手になる農書も数多出現している。[73] これらは、そうした農民の思想的・実践的営為の表現であった。

また、この期には寺子屋・私塾・郷校が簇生し、民衆教育が勃興しているが、[74] それは、例えば駿河国駿東郡下田町の郷校新民舎の綱規に、「学問ハ勉強シ成業ヲ期待スル事勿論ナリト雖トモ、農工商ノ者各身本業ヲ守リ其職ニ勤励スル事、固ヨリ今日ノ要務ニシテ、即チ家ヲ治ムルノ基礎ナリ」[75] と規定されている如く、農・工・商それぞれの家業に必要な知識の習得、生活倫理の修養によって、斉家の基礎とすることを本旨としていた。

最初に掲げた「吉茂遺訓」の著者田村仁左衛門吉茂は、寛政二年（一七九〇）に下野国河内郡下蒲生（しもかもう）村に生まれ、明治一〇年（一八七七）に数え八八歳で生涯を閉じている。下蒲生村も近世中・後期には激しい荒廃に見舞われ、田村家もその坩堝（るつぼ）の中にあって大きく揺すぶられた。同家はこの村の草分け百姓であり、寛永一〇年（一六三三）には八六石余を所持していたが、元禄九年（一六九六）には三四石に減じ、延享四年（一七四七）に至り破産している。[76] 田村家再興の担い手となったのは、分家から出て本家の家督を継いだ吉昌とその子吉茂であった。

吉茂は、幼少より篤農家である実父に付き添って農業に出精し、文政四年（一八二一）、三一歳で家督を相続した。以来、天保一〇年（一八三九）に息子に家督を譲るまで家政再建に努め、天保期には再び村役人としての地位を回復するに至っている。慶応四年（一八六八）の所持高は二四石余で、昔日の面影こそないが、この村では上層に属する。吉茂は、家政再建の大役を果たすことができたのは、「先祖の陰徳」のおかげであると述べている。[77] 彼は晩年こそ楽隠居の身となっているが、幼少より人生の大半は農村荒廃の渦中にあって、「家」再興のために捧げられた。彼の強靭な自律性・主体性、および知識・思想もその過程で培われた。

吉茂は、天保一二年（一八四二）に「農業自得」を成稿している。この書は、序文で「後世の為に愚を恥て著す所の農書、実父の自得くお受て、予若年より農業を好ミ、余念なく勤め、終に万穀諸草木至迄、天地・陰陽・五行、自然の理有ことを発明して農業を勤め居ける。然るに、天保四癸巳年凶作、同七丙申年大荒年といへとも、両年ともに稲を始、諸作物共実のり多し。是全農業わ、天地生養の根本たる徳ならんと心付、冥賀（加）を施さんために、自得の大略を次々に記す[78]」と述べているように、若年より父に従って農業に精励してきた過程で「自得」した農法を記したものである。その「自得」農法が、天保四、七年（一八三三、三六）の大凶年に際しても大きな成果をあげたことにより、その技術への確信、さらには農業の「徳」に対する確信を得たことが、これを農書にまとめ世に広めんとした直接の動機となっている。

その農法の要諦は、以下の文章に端的に示されている。「穀物ハ生養の根元たる宝の第一也。仍而種を下す時ハ、天地と種を三拝して、土神へ五穀成就お（を）願べし。其願方ハ、種のゐらミ方を第一として、種の多少、蒔時を違ず、手入、肥培の過不足、虫のがひをのそき、土地厚薄、旧地・恐地をゐらミ、作物の相生（性）相尅の理をたかわぬ様に心掛、五穀成就を願へし[79]」。すなわち、熊代幸雄氏の言を借りれば[80]、㈠採撰種の厳密化、㈡播種（はしゅ）の「量規定」の確立、㈢適期播種、㈣肥培・除害等、管理の集約化、㈤合理的な作付け体系、となる。

吉茂は「農業自得」の中で、圃場別に播種期・播種量・品種名・肥培・収穫量を記した耕作帳を作成し、実験と観察の結果を記録・整理していく必要性を説いている。彼の農法は、こうした実験と観察の積み重ねによって「自得」したものであり、まさにこの点が、この農法が科学的農法の先駆をなすものとして、従来高い評価を得ているゆえんである。殊に、当時の農学者の通説であった雌穂・雄穂論を、種子変化についての科学的・合理的観察によって否定し、変わり種を除き充実種を撰ぶ独自の撰種法を打ち出している点に、吉茂の「自得」農法の真髄がよく示されている。

吉茂は、農業技術の改良とともに、生産費・生活費・収益性等の厳密な計算にもとづいて、農家経営の改善にも努めており、「農家肝要記」（天保一二年成稿）、「農業根元記」（明治三年成稿）、「農業自得付録」（明治四年成稿）等を著している。[81]彼の経営合理化への努力は、「借金と言ふりやうはへハ恐しき物也。夜ねむりたる内ハもちろん、一寸と大小便をたす内も利かくふ事止む時なし。依て、借金と言ふ両はへに取付れてハ、其身を生とられるのミならす、家財屋敷迄も利に喰い取らるゝ也。恐れ慎むべし。依て、是ヲ除る為に右ニ記シ置なり。片時もわするべからず」[82]（「農家肝要記」）と述べているように、借金こそが「家」没落の因であり、債務奴隷化は農民が農事の「緩急、前後、軽重」[83]（同前）に配慮を欠いている——年間の農作業に応じた合理的な労働力配分をしていない——ために起こる、という認識が動機をなしていた。

彼の農法・経営論は備荒への配慮から米雑穀生産が中心をなしているが、しかし、決して自給的農業に固執し、商品貨幣経済への対応を考慮していなかったのではない。彼の場合、単に換金性の高さのみに目を奪われて作付けすることの危険性を指摘し、各作物ごとに自然環境への適応性、反当り生産費および年貢・小作料等の総額と収穫物の販売代金との過不足＝収益性を厳密に検討したうえで、合理的な作付け体系を確立し、もって安定的に収益を確保するとともに、備荒対策を万全にすることを目的としていた。「農業根元記」で元文期（一七三六〜一七四一）より明治三年（一八七〇）までの物価の変動について考察を加えているのも、商品貨幣経済の渦中にあって経営を維持していくためには、経済の動向に留意し、有効に対応せねばならなかったからである。

吉茂は、「自然の理」を究め、それに即して農法と経営を合理化することによって、農村荒廃の克服を図ったのであるが、それは近世的農業経営形態＝家族労作経営形態を基本とするものであり、それゆえ、その合理化の方法は、労働過程の変革による労働生産性の向上ではなく、多労多肥投下によって栽培管理の集約性を高め、反当り収穫量を増大させることにあった(84)。したがって、それを実現するためには、家族労働力を最大限に燃焼させることが必要となる。「吉茂遺訓」（明治六年成稿）には、吉茂が「守倹不撓」の生涯の中で形成してきた生活思想が子孫への教訓として余すところなく語られているが、そのモチーフは、勤労・倹約を本とする禁欲的な生活態度を自覚的・主体的に樹立し、「家業」に出精して「家産」の保持を図ることにあった。これは当時の家訓・遺訓に遍く共通するところであり、家が経営単位をなしていた段階では、その成員の労働力を最大限に発揮することが経営存続のための要締とならざるをえないことにもとづく。

最初に紹介した文言に示されているように、農民にとっては、先祖より預かった「家産」を減ずることなく子孫に譲り渡し、先祖の祭祀を絶やさないことが最大の責務であり、これこそが先祖およびそれに連なる父母に対する「孝」の第一とされていた。この「孝」を実現するための日常生活の規範が、勤労・倹約であったのである。

ただ吉茂は、「むりに家禄を増し金を績(積)ミ子孫へ譲る」ことは、「其人の大孝にして子孫へわ甚あた也。其訳ハ、子孫の者案(安)楽過て家業をも覚ひず、遊芸遊参等を好ミ奢りに長し、終にわ家を亡す根元と知るべし(85)」と、これを戒めている。「衣食住の三ツハ分限より内ばをよしとす(86)」というのが彼の基本姿勢であり、これは、二宮尊徳の「分度(ぶんど)」論に通ずる考え方である。そして、「金子ハたまるわよし、ためるわ悪しといへ共、ためるとたまるわ同様なれ共、ためるにわ無利(理)という利を多く取りためねば大金子持にわならぬもの也。二三十年に大金持になる者世間多し。何事によらず世間のあり様を能々気を附て見聞して、己か身の上の慎ミ方を能々考へ見べし(87)」、「無利(理)取り無利(理)遣りハ、恥もかきツミもあり。終にわ短命の元手となるものと心得てよし(88)」、「大金子持になるも、あまり望むことにもあるまし。金子を多く持と色々の事にて心支も多し。事にハ世間見るに、長持もなく亡ぶる人多し(89)」と、高利貸によってあこぎに大金持ちになろうとすることを厳に戒め、それよりも、「借金と言う両はひに取り付れてわ叶わぬもの也。用心専一也[90]」と、借金をせぬよう用心することの方が肝要である、と説いている。

こうした吉茂の考え方は、高利貸は他人の「家」を滅ぼすばかりでなく、ついには自分の「家」をも滅ぼし、農村を荒廃させる因となっているという現状認識から生まれたものであり、それゆえ、自己の「家」および「村」の存続を図るためには、経済活動が倫理性に裏付けられる必要があることを、強く主張するのである。彼は、「義理」「正直」「信心（まことこころ）」を重んじ、「私欲」を厳しく排撃している。「儀理無き者ハ実子たり共、家名相続ハ遜るべからず[91]」とまで言い切る。以上の如き経済と道徳の一致の主張は、この期の民衆思想に共通するところのものであり、二宮尊徳の場合はそれをより理論化して社会思想にまで高めている[92]。

吉茂は、農村の荒廃化の中で没落した「家」を再興する営為を通じて、「不撓」の精神と主体性を培い[93]、極度に禁欲的な生活実践に裏付けられた思想を形成し、また「自然の理」の「自得」にもとづく科学的・合理的な農法・経営方法を創り出した。彼のような篤農・老農は荒村下では数多く誕生したことは周知の事実である[94]。また、一般の小生産者の場合、たとえ家訓・遺訓を著さなくても、勤労・倹約の実践は、経営の特質からして、より切実な課題とならざるをえない。尊徳が「貧家の者は活計の為に、勤めざるを得ず、且富を願ふが故に、自ら勉強す[95]」と述べている如く、貧者は、いわば自明の当為として、それを実践せざるをえない条件下に置かれていたのである。

(二)　心学運動の展開と衰退

前節で検討した如き荒村下の農民が直面した課題に即し、かつ領主の政策とも関係しつつ、農村更生を図る様々な社会運動が展開した——心学・国学・不二孝・道教などによる教化運動、大原幽学・二宮尊徳らの農村復興事業等々[96]。

その中でも、展開の範囲と社会的影響力からみて、心学運動と尊徳仕法が注目される。そこで、まず尊徳仕法に先行して展開した心学運動について概観したうえで、尊徳の思想と仕法の原理について考察を加えることにしたい。

享保期（一七一六〜一七三六年）に京都において石田梅岩が創唱した石門心学は、その後、彼の門流に相承され、活発な教化運動によって、地域的にも階層的にもきわめて広範囲の人々に受容された(97)。

梅岩の思想の根本をなすのは、「心を尽し性を知る」ということである。「心を尽し性を知り、性を知れば天を知る……〈中略〉……心を知るときは天理は其中に備る。其命に違ざる様に行ふ外他事なかるべし(98)」。この「性」は、普遍的実在・規範であり、一切万物の根源である。「心」を尽くし「性」を知ることによって、天理を身に受けた人間としての根源的な自覚に至ることができ、かつ規範は、外在的に自己を規制するものではなく、自己の心に内面化して内在的なものになり、その実践は自己の心の必然的な実現となる。梅岩の説く倹約・正直等の実践道徳は、そこに基礎が置かれていた。

梅岩の理論は朱子学の性理説にもとづいているが、しかし、「心」を儒学の如く形色を離れた一般的なものとはみないで、形色の中に顕現する具体的な普遍にして特殊なるものとして把握したところに、その独自性があった。梅岩のこうした理解は、「形に由る心」という言葉で表現されている(99)。こうした考え方からすれば、「心」は武士にあっては武士の道として、町人にあっては町人の道として現れることになる。

士農工商は天下の治る相となる。四民かけては助け無かるべし。四民を治め玉ふは君の職なり。君を相るは四民の職分なり。士は元来位ある臣なり。農人は草莽の臣なり。商工は市井の臣なり。臣として君を相るは臣の道なり。商人の売買するは天下の相なり。細工人に作料を給るは工の禄なり。農人に作間を下さるゝことは是も士の禄に同じ。天下万民産業なくして何を以て立つべきや。商人の買利も天下御免しの禄なり。夫を汝独売買の利

ばかりを欲心にて道なしと云ひ、商人を悪(にく)んで断絶せんとす。何以て商人計りを賤め嫌ふことぞや。(100)

梅岩は、幕藩制社会の身分制秩序を否定はしていない。だが、四民がそれぞれの職分を遂行し、天下に奉仕することによって社会は成り立っているのであり、天下への寄与という点では、士の職分も農・工・商の職分も同等の価値を持っている、と強く主張していることに留意せねばならない。その主張は、士・農・工・商それぞれ職分は異なっていても、そこには普遍的な道が存するという認識に立っている。彼は言う、「士農工商をの〳〵職分異なれども、一理を会得するゆへ、士(さぶらひ)の道をいへば農工商に通ひ、農工商の道をいへば士に通ふ」(101)と。こうした見解は、従来きわめて非道徳なものとみなされてきた商業活動を倫理的に正当化し、四民の最下位に位置づけられている商人の存在の社会的意義を強調せんがために生まれたものである。(102)

彼によれば、商人の職分は、「余りあるものを以てその不足(たらざる)ものに易(かへ)て、互に通用するを以て」(103)天下の人々に奉仕することであり、それゆえ、売買によって得るところの利潤はその職分の遂行に対する正当な報酬であって、先の引用文の如く、士の俸禄にも比せらるべきものとされているのである。こうして商業活動を倫理的に正当化することにより、商人をして精神的な劣等意識を克服させ、信念をもって自らの家業に出精せしめんとしたのである。

だが、梅岩の直接的意図が、商人には商人としての道があることを教えるにあったとはいえ、商人の道を徹底的に原理的に追求したことにより、彼の学は単なる町人の哲学にとどまらず、万人に共通する、人間として生きるべき道を説く人間学としての性格を持つところとなったのである。後に心学が精神修養の学としてあらゆる階層の人々に受容されていったのは、その故であった。彼の思想の根本をなしている「性」は、各人が倹約に努め、正直に自己の職分を遂行することによって「自得」せらるべきものであった。封建的身分制の桎梏(しっこく)の下にあって、それを自明の前提としつつも、人々（特に道徳的劣等者とみなされていた農・工・商民）が人間としての自覚と信念をもって生きるべき道を説いたところに、彼の心学の本質があったのである。[104]

石門心学は最初、社会・経済の変動によって「家」没落の危機意識を強めていた上方の町人層に、それを克服する生活原理として受容されたが、その後、梅岩の門流の者たちの活発な教化活動により全国的に普及し、農民層や武士層にも受容された。

安永八年（一七七九）、中沢道二が江戸へ進出して参前舎を開いたことにより、それを拠点に関東・奥羽地方にも急速に普及した。幕藩制解体過程にあって、様々な矛盾・困難に直面していた人々は、それを克服し「家」を存続させていく原理を求めていた。それが、修身斉家の道を説く石門心学が急速に普及した社会的背景となっていた。[105] また、石門心学は、それぞれの職分（家職）に即した人間道を説き、以て「家とゝのひ国治り天下平なり」[106]という斉家治国平天下を実現せんとするものであるだけに、幕藩制国家の秩序維持のイデオロギーとして機能しやすい側面を有していた。それゆえ、激しい農村荒廃に見舞われていた関東・奥羽の諸領主は、農民をして職分（家職）である農業に出精させ、農村復興と社会秩序の回復を図るためのイデオロギーとして心学に注目し、心学者を領民教化に動員した。

常州・野州では、幕府代官所の他、水戸、土浦、府中、牛久、下館、谷田部、宇都宮、大田原、烏山、壬生、足利の諸藩が、心学講師を招いて領民教化に当たらせている。[107] 村のレベルでは村役人層が心学導入の主体をなしていた。

心学運動は、慈善的な救済事業を行なう場合もあるとはいえ、それはあくまで付随的なもので、組織立ったものではなく、あくまで精神面の教化が主体であった。その点、精神面の教化と具体的な復興策を組み合わせ、組織化・体系化した二宮尊徳の仕法とは異なっている。また、農村荒廃の根因である封建的収奪に対し、尊徳仕法では「分度」を設定してこれを規制しているが、心学運動では収奪を規制することはしていない。石門心学はもともと上方の町人の精神修養の学として生まれたものであり、それゆえ、まさに農村荒廃の渦中から生まれた尊徳の思想・仕法とは、現状認識においても、復興の具体的方策においても、著しく劣っていた。

　農村荒廃の現実は、単なる精神面の教化によって効果をあげ得るようなものではなかった。殊に小農民の場合、いくら倹約・正直に努め家業＝農業に出精しても、領主と商業・金融資本の収奪にさらされている限り、絶えず没落の淵に追い詰められ、一揆・村方騒動に立ち上がらざるをえない。常州筑波郡小田村（土浦藩領）では、村役人層が主体となって寛政期に心学講舎「尽心舎」が設立され、以後文政期にかけて心学運動が活発に展開された[108]。村役人層は心学による小前層の教化によって農村の復興と村落秩序の立て直しを企図したのであるが、現実には、年貢勘定や村入用徴収などをめぐって、小前層は越訴や村方騒動を度々起こしている。しかも、出入の中心となっていた農民は心学運動に熱心な者たちであった。精神面の教化のみで具体的な施策を伴わない心学運動では、経営の安定と村落秩序の回復は実現し得なかった。天保期に入ると尽心舎の活動は衰退していっている。そして、心学運動に熱心に参加してきた小田村田向の名主長島尉信は、心学に見切りをつけた後、実務的な農政学の研究に転じている[109]。

　下館藩でも、天保期に入ると心学運動は急速に衰退した。藩内の社会・経済の諸矛盾は、心学による庶民教化では解決がつかなかった。そして、心学に代わって、精神面だけでなく藩財政と農民や町人の経済・生活面の改革・更生をも目指す尊徳の思想と仕法が、藩士や城下町商人の気持ちをとらえていった。事実、天保八年（一八三七）より下館藩に尊徳仕法の導入が図られたが、その際に、藩を説得してその導入・実施を推進した御用達商人中村兵左衛門は、寛政以来心学運動の中心にあった人物である[110]。谷田部藩、烏山藩でも、天保期には心学に代わって尊徳仕法を導入している。

　駿河国駿東郡の村々にあっても、文政一〇年（一八二七）より村役人の主導のもとに心学運動が展開し、この地方の民衆教育にも大きな影響を与えていたが、天保の凶作・飢饉によって農村荒廃が決定的になった時、もはや心学の精神主義ではどうすることもできなくなった。心学にとって代わったのはやはり尊徳仕法であり、天保八年（一八三七）に尊徳が飢饉対策のために駿東郡七八カ村を巡回したのが契機となって、北駿の指導的農民たちは心学運動から転じて尊徳仕法の実践者となった。ここに北駿地方に一大報徳運動が展開するところとなり、尊徳の理論にもとづき「余力学文」が民衆教育の普及と徹底を支える教育観として実質的に確立した。[111]

天保以降心学運動が衰退していったのは全国的な傾向であった。[112] それは、天保期の凶作・飢饉によって深刻化した幕藩制解体過程の諸矛盾は、もはや心学の精神主義では解決できないことを人々が自覚したところに起因していたことが、如上の諸事例から知られよう。そして、関東およびその周辺地域では、心学運動に代わって尊徳仕法が広く展開していった。

尊徳の思想と仕法の様式は、文政六年（一八二三）より実施されていた野州桜町領（旗本宇津家知行所）の復興仕法推進の過程で体系化されており、それが一応の成果をあげたことにより、天保の凶作・飢饉を契機に、領主や農民・商人らから仕法の依頼が相次いだ。主要な仕法実施地は、谷田部・下館・烏山・小田原・相馬・掛川等の諸藩領、真岡代官所管轄下の幕府領、日光神領、宇津・川副・斎藤・中根・佐々木等の諸旗本知行所等々であり、その他、武家・商家・農家の個別的な家政再建仕法も数多く行なわれている。地域的には今日の福島県から滋賀県にまで及ぶ。[113] 尊徳自身が指導した仕法は主として領主行政の一環として行なわれているが、遠州地方では農民が自主的に組織した報徳社が主体となって仕法が推進されており、それが拠点となって、明治以降、報徳社運動が全国的に展開していくところとなった。

(三)　二宮尊徳の思想と仕法の原理

尊徳は、何よりも「言行一致」[114]を重視した人物である。荒廃の極にあった農村の現実を直視し、いかにしたらそれを復興できるかという問題意識に立って独自の実践哲学を形成し、その哲学にもとづいて理論的体系性を持った農村復興仕法を考案して、生涯をその実践に捧げた。

それゆえ、我々は、まず彼の思想を内在的に考察し、彼が仕法によって実現せんとしたところを十分理解したうえで、その仕法が現実の歴史的諸関係の中にあって客観的にどのような機能を果たしたか、またどのような矛盾に直面せねばならなかったかを考察していく、という手順を踏まねばなるまい。ここでは、尊徳をして思想形成、社会的実践へと駆り立てた内発的な契機、およびその立脚点、そしてそれによって形成された思想および仕法の原理について、少しく検討しておきたい。特に、彼の思想・仕法の歴史的性格を考える上で、その農民観、社会観、政治観、そして現実の農村荒廃観がポイントになると思われるので、それらを中心に考察を加えることにする。

二宮尊徳、通称金次郎[115]は、天明七年（一七八七）七月二三日に相模国足柄上郡栢山（かやま）村（現、神奈川県小田原市栢山）に生まれた。天明の飢饉によりまさに農村荒廃が極に達していた時期に、この世に生を享けたわけである。父の利右衛門が家督を相続した頃には二町三反余の田畑を所持していた尊徳の生家も、打ち続く災害によって没落の一途をたどった。さらに寛政一二年（一八〇〇）には父を、翌々享和二年（一八〇二）には母をも失った。尊徳、数え一六歳の時であった。財産も父母も失った彼は、一人「荒地起し返し、米麦取増し、口腹を養ひ、家名致相続度、一途に力を尽し」[116]た。「家」再興の悲願を精神的支えとして、赤裸挺身荒地に鍬を打ち込み、すべてを「無」から切り開いていく刻苦精励の体験が、彼の人間としての主体性を鍛え上げ、また思想形成の原点となった。

「夫誠の道は、学ばずしておのづから知り、習はずしておのづから覚へ、書籍もなく、師匠もなく、而して人々自得して忘れず、是ぞ誠の道の本体なる……〈中略〉……夫我教は書籍を尊まず、故に天地を以て経文とす」[117]と語っているように、彼の思想は、天地の運行とともに営まれる農民としての生活の中で、自然界および人間世界の理を「自得」することによって形成されたものである。この「自得」の精神こそがこの期の農民の思想形成を支えるものであったことは、先にみた田村吉茂の例からも知られるところである。

尊徳は、廃田を開墾してそこに他家の捨て苗を拾って植えたところ、その秋一俵の収穫を得た体験から、「積小致大」の原理を悟り、「家を興さんとは思はゞ、小より積初むべし」[118]と、「家」再興の方途をそこに見出だしている。この例などは、農民としてのごく日常的な体験の中に普遍的な原理を発見していく、「自得」の精神を象徴的に示していよう。[119]尊徳が「自得」したこの「積小致大」の原理こそが、彼の「家」再興を目指す勤労、さらには後年の社会的な農村復興事業を根底において支えたのである。そして、「小より積初む」彼の勤労の「徳」に対し、天地自然が大きな収穫を恵む「徳」を以て報いてくれ、それによって「家」再興を達成した体験が、「天・地・人三才の徳」に報いることを説く「報徳」思想の淵源となった。[120]

「家」再興の悲願に燃え、農業に精励する過程で、尊徳は自己の主体性を確立し、思想を形成していったのであるが、こうした生き方、思想形成の仕方自体は、先述した田村吉茂もそうであったように、当時の農民に一般的に共通するところのものである。だが、自家・自村の再興にとどまっている限りは、その思想も「家」・「村」の論理的枠内にとどまり、それを超えて社会的思想、社会的農村復興運動へと発展していく契機は存しない。尊徳自身、後年、「私儀幼少之時、父母に後れ、困窮致難渋居候儀に付、如何様共、貧苦艱難を免れ、親先祖之跡式を致相続、安く食ひ、暖に衣、今日を安楽に暮す、私欲身勝手而已一途に存込　相励罷在候」[121]と、自家再興の勤行を、私欲のみしか念頭になかったと、反省をこめて述懐している。

彼をして、その自己中心的な個人的自覚を超えて社会的人倫的自覚に至らしめる契機となったのは、文政五年（一八二二）、小田原藩主大久保忠真（ただざね）より分家宇津（うづ）家の知行所、野州桜町領（現、栃木県芳賀郡二宮町・真岡（もおか）市）の復興を命ぜられたことである。「不容易大業に付、達て及辞退候処、不得止事被申付候に付、自分一己之安楽自在を願ひ求るより、命令に随ひ、荒地を起し、潰を取立候方、天理にも相叶可申哉と致憤発、身代限り不残差出」し、以後、「凡二十余年之間、荒地起返し、入百姓人別増、仕法昼夜尽心魂、取行[122]」うところとなった。

先述した如く、当時の農民にとって、先祖伝来の田畑を保持することは先祖に対する最大の責務であり、それを売り払って仕法資金をつくり、他家の再興に乗り出すことを決意するまでには、大きな心理的葛藤があったはずである。尊徳自身、その時の複雑な心境を次のように語っている。

「予極貧の家に生れ孤となり、一家の廃亡を興し父母祖先の霊を安ぜんと欲し、日となく夜となく心力を尽し、其始一苞の米を種として遂に廃家を挙げ祖先の田圃を復し聊か追孝の道を立るに至れり。豈図んや君公の知を受け宇津家の采邑を旧復せよとの命を蒙んとは、今忠を尽さんとすれば必此家を破り不幸に陥んか、孝を全くせんとせば君命を廃し忠義を全くすること能はず[123]」。

先祖父母に対する孝と君公に対する忠との狭間に立ち、両者の矛盾に悩み抜いた末、彼は次の如く、その矛盾を止揚するに至る。

「元来忠孝一道にして二道あるにあらず。人至孝なる時は忠自ら其中にあり。至忠なる時に孝も亦其中に存せり。君命を得ざる時は一家を興し祖先の祭祀を永くするを以て孝とせり。一度君の知を得て百姓を安ずるの命を受くるに至ては此民を安ずるを以て孝とせん。若し仁君の命を廃し仮令億万の財を積一家の繁栄を以て十分の祭祀を尽すといへども、父母の霊必ず不幸の子となさんこと明かなり。僅々たる一家を廃し万民の疾苦を除き上君の心を安じ下百姓の経営を安ぜば、父祖の本懐何事か之に如んや」[124]と。

かくして、「一家を廃して万家を興す」覚悟を決め、自家の田畑家財を売り払い、それを仕法資金の足しとして、桜町領の復興に乗り出すことになった。

以上の如き内面的な葛藤を経て、彼は自家の存続・繁栄のみを願う自己中心的な考え方から脱却し、「生涯一途に世のため人のためのみを思ひ、国のため天下の為に益ある事のみを勤め、一人たりとも一家たりとも一村たりとも、困窮を免れ富有になり、土地開け道橋整ひ安穏に渡世の出来るやうにと、夫のみを日々の勤とし[125]」という社会的人倫的自覚に至ったのである。[126]

尊徳の「報徳」思想と仕法の淵源は彼の一家再興の体験に発するが、一つの知行所の復興を実現するためには、それを「家」の論理を超えて社会化せねばならない。長年にわたり悪戦苦闘して桜町領の復興事業を遂行していく過程で、彼の思想と仕法は陶冶され、社会的な思想・仕法様式へと体系化されていった。

桜町仕法が一応の成果を収めたことに自信を得た彼は、天保五年（一八三四）に「三才報徳金毛録」（以下、「金毛録」と略）と「報徳訓」を著している。「金毛録」は、天地間の諸事象を根元的に考察することを通じて把握した理法にもとづき、人類の生活をして永遠に安泰を保ち得る方策を開示したものであり、そこには彼の全思想体系が示されている。[127]

この書で彼は、宇宙の根元（大極）から天地万物、現実世界の諸事象が生成する過程を円形の図を以て進化論的に説明しているが、その宇宙の根元は混沌として未分化の状態にあり、彼はこれを「空」の円で示している。この「一円空」の概念こそが、彼の思想の根本をなすものである。すなわち彼は、男女・君臣等々、現実世界において対立する関係にあるものも、その根元は同一なのだと一元的に把握することにより、その関係を相対化し、それゆえ私欲を排して他と敵対しない「一円空」の心境を開き、それをすべてを慈しみ生かす「一円仁」の徳で満たし、この「一円仁」の心をもって自他ともに幸福になれるよう助け合って生きるべきことを説くのである。[128]

さて彼は、一円混沌の宇宙の根元から空・火・風・水・地の動きによって天界・地界・人界が開闢したことを述べたうえで、人間社会の成立について、次のように説明する。

それ本は一円無田なり。無田変じて一田を発す。一田あれば十田を発す。十田あれば百田を発す。百田あれば千田を発す。千田あれば万田を発す。万田の本を想へば無田に帰す。田なければすなわち生養なし。田あるによって生命を育つ。田徳あるが故に君は君たり。田徳あるが故に父母は父母たり。田徳あるが故に自己は自己たり。田徳あるが故に妻妾は妻妾たり。田徳あるが故に子孫は子孫たり。田徳あるが故に眷属は眷属たり。田徳あるが故に衆民は衆民たり。田徳あるが故に財宝は財宝たり。田徳あるが故に交友は交友たり。田徳あるが故に諸芸は諸芸たり。田徳あるが故に車馬は車馬たり。田徳あるが故に万器は万器たり。もし田徳なければ、人倫をしてつひに人倫たらざらしむるを得んか。[129]

つまり彼は、田地よりの生産物＝「田徳」こそが人間社会の基盤であり、諸々の人間関係および文化・道徳などはその上に成り立っている、と考えているのである。その田地は「一円無田」の状態から人間が刻苦して切り開いたものであり、それが基礎となって人間社会は成立したのである。こうしたいわば唯物史観的な社会成立史観は、彼自身が農村荒廃の進行の中で「一円無」の荒蕪に帰した自家の田畑を自力で切り開くことによって一家を再興した体験に裏付けられている、と思われる。そして、かかる社会観から、農業と農民の存在の重要さを力説するのである。

社会の基盤である田地は、決して自然に生じたものではなく、人間の自然への主体的な働きかけによって開かれたものであるとみる以上、尊徳にあっては当然、「天道」＝自然と「人道」＝作為とが区別して考えられることになる。[130]

夫元一円原、国民乏㆓衣食㆒、従㆑天量㆓地理㆒、逆㆑天開㆓田畠㆒。従㆑天為㆓自然㆒、名㆑之謂㆓天道㆒、以㆑人為㆓作事㆒、名㆑之謂㆓人道㆒。人道開㆓田畠㆒、天道廃㆓田畠㆒、人道植㆓五穀㆒、天道為㆓生育㆒。天道為㆓自然㆒、人道為㆓作事㆒、天道和㆓人道㆒、百穀結㆓実法㆒。原一変為㆑田、田一変為㆑稲、稲一変為㆑米、米一変為㆑人。[131]

「天道」と「人道」を一体視する朱子学の自然的秩序観は、いわゆる学問の世界においては荻生徂徠が自然と人間を分離して以来崩壊しつつあったことは、周知のところである。[132] だが、そこでの作為の対象は制度であり、作為主体は武士階級に限定されていた。そして、一般庶民は相変わらず愚民とみなされ、彼らの人間としての自律性、主体性は無視されていた。先に検討した領主の農民教化においても、ただひたすら「天道」によって定められた職分・人倫を励行し、天下の法度を遵守して生きるべきことが力説されている。これに対し、農民として生まれた尊徳が、自らの農業体験にもとづき、人間と自然との関係について原理的に考察し、生産者である農民の人間としての自律的主体性と、その作為の意義を理論的に根拠づけた点は注目される。

本来農業は、自然的秩序観と最もよく表象的に結び付く経済営為であり、その社会的基盤となっていたのである。[133] しかし、尊徳の眼前にあるのは打ち続く天災によって荒廃した農村であり、彼自身の生家の田畑もまた、それによって荒蕪に帰してしまった。そこから立ち直ったのは、刻苦して荒地を切り開いた彼自身の人間的力であった。こうした彼が生きた時代の社会状況およびその中での体験が、農民の生活は決して「天道（理）」＝自然の恩恵のみによって成り立っているのではなく、農民自身の主体的営為こそが自らの生活および社会を成り立たせている根本であることを、実感させたにちがいない。

「天理に任する時は、皆荒地となりて、開闢のむかしに帰る也、如何となれば、是則天理自然の道なれば也[134]」。「自然の道は万古廃れず、作為の道は怠れば廃る、然るに其人作の道を誤て、天理自然の道と思ふが故に、願ふ事成らず思ふ事叶はず、終に我世は憂世なりなど、いふに至る、夫人道は、荒々たる原野の内、土地肥饒にして草木茂生する処を田畑となし、是には草の生ぜぬ様にと願ひ、土性瘠薄にして草木繁茂せざる地を秣場となして、此処には草の繁茂せん事を願ふが如し、是を以て、人道は作為の道にして、自然の道にあらず、遠く隔りたる所の理を見るべきなり[135]」。如上の言葉は、「天道」は自然の道であり、「人道」は作為の道であるとする尊徳の見解が、荒村下での体験の中で「自得」されたものであることを、よく示していよう。それゆえ、荒廃から立ち直るためには何よりも農民自身の主体的勤労こそが基本だという観点から、彼らに人間主体としての自覚と自発的な勤労意欲を促すのである[136]。

だが、決して彼は、「天道」と「人道」とを対立関係においてのみとらえていたのではない。先の引用文に、「人道植二五穀一、天道為二生育一……〈中略〉……天道和二人道一、百穀結二実法一」と述べているように、「天道」と「人道」とが和合することによって、はじめて作物は実を結ぶのだと考えているのであり、それゆえ、天地の徳と人の勤労の徳、いわゆる「天・地・人三才の徳」に報いる「報徳」の道を説くのである。つまり、人間としての自律的主体性を確立したうえで自然との調和を保って生きるべきだ、というのが尊徳の思想のモチーフなのである。

以上の如く、尊徳は、農民の人間としての主体的営為の意義を、人間社会の成立に遡って理論的に根拠づけた。「農民は国の本」という言葉自体は幕藩領主が農政の理念として用いてきたものであるが、尊徳がそれを言う場合、農民という存在の社会的意義の積極的な主張としてである。

凡物、根元たる者は、必卑き物なり、卑しとて、根元を軽視するは過なり、夫家屋の如き、土台ありて後に、床も書院もあるが如し、土台は家の元なり、是民は国の元なる証なり、扨諸職業中、又農を以て元とす、如何となれば、自作て食ひ、自織て着るの道を勤(ツトム)ればなり、此道は、一国悉く是をなして、差閊(サシツカヘ)無きの事業なればなり、然る大本の業の賤きは、根元たるが故なり、凡物を置くに、最初に置し物、必下になり、後に置たる物、必上になる道理にして、是則農民は、国の大本たるが故に賤きなり、凡事天下一同に之を為して、閊(ツカヘ)なき業こそ大本なれ[137]

武士階級が身分制的秩序観にもとづいて農民を卑賤視するのに対し、尊徳は、農民を本＝土台として成り立っている社会の構造を家屋の構造にたとえて、土台は必ず下になるのは構造上必然の道理であり、それを卑しいとして軽視するのは誤りである、と痛烈に批判している[138]。すなわち、支配階級が観念的な「天道」論によって身分制秩序を絶対的なものとして人民に説くのに対し、尊徳は、唯物論的に社会の成立・構造の原理を認識することにより、上下関係を相対化してとらえているのである[139]。しかるうえで、社会の土台である農民という存在の社会的意義を、強く主張している。

ただ、彼が農民の立場から人道＝作為論を唱えたことは、確かに思想史上の画期をなすものであったが、しかし、それは農民による政治・社会制度の変革までをも展望してのものではなかった[140]。後述するように、彼の仕法も決して社会変革を志向したものではない。

彼にあっては、農民はあくまで生産面における作為主体であり、立法・政治の主体は聖主賢臣であった。「人道は譬(タトヘ)ば料理物の如く、三倍酢の如く、歴代の聖主賢臣料理し塩梅(アンバイ)して拵(コシ)らへたる物也、されば、ともすれば破れんとす、故に政(マツリゴト)を立、教(オシヘ)を立、刑法を定め、礼法を制し、やかましくうるさく、世話をやきて、漸く人道は立なり、然(シカル)を天理自然の道と思ふは、大なる誤也[141]」「人身あれば欲あるは則(スナハチ)天理なり[142]」、それゆえ、天理自然に委ねていれば、「終に横道のもの出来人倫の道を破る[143]」。したがって聖主賢臣が、人倫の道が立つよう、政を立て、教を立て、刑法を定め、礼法を制して統治する必要があるのだ、と彼は考えているのである。[144] そして、こうした理解に立って、為政者の責任の重大さを次のように力説する。

それ本は一円不徳なり、不徳転変して聖賢となる。聖賢の本は道を学ぶにあり。学あれば政に明らかなり。明らかなれば必ずその徳を敬す。敬することあれば民農を惰らず。怠らざれば田廃せず。廃することなければ国は豊饒なり。豊饒を保つて仁恵を行ひ、恵あれば民叛かず。叛かざれば規矩を慎む。慎むことあれば刑罰を省く。省くことあれば民聚る。聚ることあれば田野を墾く。墾くことあれば税斂を陪ぬ。陪ぬることあれば臣信ず。信ずることあれば国寧し。[145]

為政者といえども生まれながらにして徳を備えているわけではなく、人間の自然の性情は「一円不徳」なのであり、道を学び徳を涵養することによって、はじめて聖賢となり得るのである。[146] 為政者が徳を備え、民に仁恵を施せば、民はその徳を敬い、刑罰を省いても規矩を守り、農業に出精して、自然と国は治まり、豊饒となる。先述の如く尊徳は、人倫の道が立つためには刑法・礼法を制定する必要があることを主張しているのであるが、決して強権的に法で以て人民を規制・抑圧すべきだと考えているのではなく、あくまで徳治主義を基本としていることが知られよう。それゆえ、為政者が不徳であれば、民心は離れ、国は乱れ衰退することを強調するのである。[147]

現実の農村荒廃についても、尊徳は、「田畑の荒るゝ其罪を惰農に帰し、人口の減ずるは、産子を育てざるの悪弊に帰するは、普通の論なれ共、如何に愚民なればとて、殊更田畑を荒して、自困窮を招く者あらんや、人禽獣にあらず、豈親子の情なからんや、然るに産子を育てざるは、食乏しくして、生育の遂難きを以てなり、能其情実を察すれば、惘然是より甚きはあらず、其元は、賦税重きに堪ざるが故に、田畑を捨て作らざると、民政届かずして堤防溝洫道橋破壊して、耕作出来難きと、博奕盛んに行れ風俗頽廃し、人心失せ果て、耕作せざるとの三つなり[148]」と、その根因を貢租の過重、民政の不行き届き、博奕の流行による風俗頽廃にみている。先に検討した領主の農民教諭書では、農村荒廃の原因は惰農および農民の仁心の欠如に起因する間引にあるとして、その責任をすべて農民に帰していたのであるが、尊徳は、こうした荒廃論を真っ向から批判・否定し、領主の責任こそを厳しく指弾しているのである。

彼は、「古語に『民は常の産なければ常の心なし』とかや。全く常の産不足致し候故、余業を相励み、田畑麁作に罷成り、人少く困窮、荒地亡所の根となり候哉」[149]と認識しているのであり、それゆえ、農村を復興させるためには、「収納を免じ、土地を潤し、民食を足すの外有御座間敷候」[150]と力説するのである。[151]彼の農村復興仕法は、こうした観点から構想されている。

過去・現在・未来の三世一貫の「天・地・人三才の徳」に報いる「報徳」道の綱領は、「至誠」・「勤労」・「分度（ぶんど）」・「推譲（すいじょう）」である。このうち、とりわけ「報徳」思想の独自性を示すものは「分度」と「推譲」であり、尊徳の仕法の根本原理をなしていた。

彼の言う「分度」は、決して身分制的な概念ではなく、各々の収入＝分に応じて支出に限度を設け――すなわち、予算を立て――、その範囲内で財政を運営する合理的な計画経済を意味している。[152]一家・一村・一国の財政を維持するためには、それぞれ「分度」を確立することが肝要なのであり、「定レ分立レ度。我道之本原也」[153]と彼は言う。だが、個々の農家・村が「分度」を確立していても、国家財政の「分度」が確立していなければ、聚斂誅求（しゅうれんちゅうきゅう）によって不足を補おうとするため、農家・村の財政は破壊されてしまう。彼が、農村復興仕法を行なうに当たって、まず領主財政の「分度」を確立し、恣意的な収奪強化を規制することから始めるのは、「若夫分不レ定度不レ立。則雖レ有二大国一。而国用不レ足矣。乃以二聚斂誅求一補レ之。竟陥二於衰廃一焉。何興国之有。何安民之有」[154]という認識にもとづいている。ゆえに、「制二分度一而後国家可二経理一也。守レ分謹レ度。則余財日生。可二以富レ国安レ民也[155]」と、国家が「分度」を確立し、それを守ることこそ「富国安民」の要諦である、と考えているのである。

収入よりも支出を少な目に見積もって「分度」を設け、倹約によってその「分度」を守れば、余剰が生ずる。そして、勤労して収入をふやせば余剰も増大する。この余剰を自己の将来のため、子孫のために譲り——すなわち、貯蓄——、また親戚・朋友のため、郷里のため、さらには国家のために譲るのが「推譲」である[156]。

このうち自譲は容易なことであり、現に「世間知らず〳〵人々行ふ処」であるが、自己の勤労・倹約の成果を他に譲ることは難しい。そこで、教化によって人々の「心田」を開発することが必要となるのである[157]。尊徳は、「我教是を推譲の道と云、則人道の極なり[158]」と言っている。

勤労・倹約は当時の農民の家訓・遺訓に守るべき規範として遍く説かれているところであるが、それ自体はあくまで自己の「家」の存続・繁栄を目的としたものであり、そこには社会化の契機は存しない。勤労・倹約の成果が単に自家の経営の拡大再生産のみに投下されたならば、富める者はますます富む一方、貧窮者はますます貧窮化し、争いが絶えなくなり、社会は衰退する[159]。尊徳の思想は、「分度」を確立し、勤労・倹約に努めることによって生ずる余剰を、個人生活のレベルにとどめず、他人のため、社会のため、国家のために「推譲」すべきことを積極的に説き、これを以て社会・国家の福祉と繁栄——彼の言う「興（富）国安民」——を実現する原理として意義づけた点に、大きな特徴がある。

「国家之衰廃。在二於君民交〻征レ利也。君不レ愛レ民。唯〻貪二賦税一。民不レ敬レ君。唯〻逞二逋租一。君民各〻失二其職一。貪与レ逞。両無レ所レ得。而民窮。君衰矣[160]」と、尊徳は、現実に国家が衰廃に瀕しているのは、君民互いに争って利を貪っているからだと認識している。こうした現実に対する危機感から、彼は、私欲を抑え、互いに

「推譲」の「人道」を実践しなければ、農民の「家」と「村」は崩壊し、それを土台として成り立っている社会・国家も滅んでしまうことを、力説するのである。彼の「報徳」思想は、こうした危機意識にもとづき、「興（富）国安民」を実現する原理を探求したところに成立したのである。

先述したように彼は、「興（富）国安民」を実現する上で為政者の責任を最も重視している。彼によれば、政道の担い手である武士の職分は、「国土安穏、平安無事の政」を行ない、農民をして、安心して「田畑山林を作り立、妻子眷族養」うことができるようにすることにあった。[161] だが現実には、領主は過重な貢租収奪によって農民を疲弊させている。先の引用文でも、それが国家衰廃の根因であることを指摘している。彼が仕法を引き受けるに当たって、領主に国の本である農民の撫育こそが肝要であることを力説し、それを実現させるために、領主財政の「分度」を確立して、それによって生じた余剰を救民撫育や荒地開発などのために「推譲」することを強く要請するのは、如上の現実認識にもとづいている。

「推譲」はその性格上、領主や地主・商業・金融資本など、当該社会における経済的上位者に対してその実践がより強く要請される規範であり、それによって、その収奪下に喘いでいる一般農民を救済し、その経営・生活を成り立たせるための政治的・社会的条件を体制的に整えることにこそ、彼の主眼が置かれていたのである。「我道以レ恕為レ要。乃恕二貧民之心一、或給二口食農器一。或給二馬舎糞舎一。従二国君一見レ之。則悉似二無用一。然於二貧民一。則死生存亡所レ係。不レ可二一日欠一者也[162]」と、彼は自分の仕法の主眼が貧民の生活を安定させるところにあることを明言している。

尊徳の仕法が体制変革を志向したものではないこと、またそれが主として領主行政の一環として行なわれた点を以て、彼の思想・仕法の性格を領主階級の立場に立つ保守的・反動的なものと規定する見解もある。[163] しかし、それは、当時の農村・農民が置かれていた歴史的条件を考慮せず、単に社会体制論と階級関係論を図式的に当てはめただけの皮相的な見解にとどまるものでしかない。

現実に生死の淵に臨んでいる多くの農民を救済せねばならないという緊急の課題を果たそうとする時、所与の歴史的条件＝幕藩体制を前提に農民救済と農村復興の方策を構想し、実践せざるをえないのは当然である。それは、この期の農村復興運動全般について言えることである。それを体制内にとどまるもの云々と高所から論断するのは、物質的繁栄を享受している現代人の思い上がり以外の何ものでもなかろう。しかも、そういう論者に限って、過酷な条件下に置かれていた当時の人々の膏血（こうけつ）のにじむような思想的・実践的営為の意味を内在的に考察し、それが当該の時代状況に対して投げかけている種々の問題点を理解しようとする姿勢に全く欠けている。

幕藩体制という歴史的な枠組の内にありながらも、農村更生を目指したこの期の多くの人々の真摯（しんし）な思想的・実践的営為には、鋭い現実認識・批判から、様々な新たな契機がはらまれることになったのである。ここで考察してきたように、尊徳の思想にあっても、人間の生き方、さらには社会・政治のあり方に対して根源的な問いかけがなされており、幕藩体制という枠組を前提としながらも、その内部には、封建的身分制を原理的に相対化する契機――近代へ向けての新たな萌芽もはらまれているのである。

尊徳の仕法が主として領主の行政機構を通じて実施されているのは事実である。しかし、彼の思想を内在的に考察するならば、その仕法は徹底して農民の立場から構想されていることが知られる。彼は、農村荒廃の根因を領主の聚斂誅求と勧農の不行き届きにみている。そして、その聚斂は、領主が自らの財政の「分度」を確立していないため、その不足を補おうとすることに起因している、と認識している。したがって、いくら農民に「分度」の遵守、勤労・倹約の実践を説いても、領主財政の「分度」が確立していなければ効果はない。後者を確立して遵守させ、余剰を救民撫育や荒地開発などの資本として「推譲」させることこそが、農村復興を図る上で第一要件だ、と考えているのである。彼は、自ら領主の行財政を指導することによって、自己の意図するところを実現しようとした。[164]

では、現実に彼は具体的にどのようにそれを指導したのか、一方領主側が彼の仕法に期待していたところは何か、そして彼の仕法が現実の政治過程に組み込まれた時、彼の論理は領主側の論理とどのような矛盾・対立を引き起こさざるをえなかったか。以上の諸点を、谷田部藩の仕法の実態に即して検討することにしよう。

第三節　谷田部藩の尊徳仕法の導入と経緯

㈠　尊徳への仕法の依頼

谷田部藩が尊徳仕法を導入したそもそもの発端は、野州芳賀郡中里村の出身で、江戸に医術の修業に出ていた中村元順が、親族の桜町領物井村の百姓岸右衛門から、尊徳の仕法のことを伝聞したことにある。

元順は、自らが借財に苦しんでいたことから、それに関心を持ち、岸右衛門に仕法金拝借を尊徳に懇願してくれるよう依頼した。これに対し、岸右衛門は、そこもとが借財に苦しんでいるのは、「財を施す事は扨置、草根木皮之類にて薬代を貪り、其身を富」ますことしか念頭にないため、世間の人々に人徳を慕われることがなく、したがって医者の家業も不振にならざるをえないからだ、と批判した。そして、自分もかつては、自己の利益しか考えなかったが、二宮様より御教諭を受け、他人の生活が成り立つよう献身してこそ、自己の家業も安泰を保てるということを悟り、「唯々大勢相助候道に付、自分之事は暮方之内取縮、為冥加無給にて」二宮様の手足となって働いているのだ、と話いよう。

して聞かせた[165]。この岸右衛門の話には、尊徳の教諭によって、農民がどのように精神変革を遂げたかがよく示されて

後に元順は、谷田部藩医中村周圭の養子となり、養父の死後家督を相続して細川侯の侍医となった。細川家の財政窮乏を知った元順は、若殿喜十郎に、尊徳の仕法が農村復興と財政再建の妙法なることを話した。天保四年（一八三三）の凶作によって破滅的打撃を受けた細川家は、窮状の打開を尊徳の仕法に期待し、天保五年（一八三四）一月、喜十郎は内々に元順に命じて、桜町陣屋の尊徳のもとに仕法の依頼に赴かせた[166]。依頼に対し、尊徳は、「国之興廃、一家之執政存亡に相拘り候儀は、不容易之根元」にて、まして喜十郎殿は養子に来られたばかりで、性急に家政改革を行なって失敗したら、奸佞の臣は喜び、父子の間の疎隔も生じることになる、「自己を慎、天然之時を期、誠精尽候はゞ、除外患被行可申」と諭して断っている。

二月七日、江戸の大火で谷田部藩上屋敷の柳原屋敷が全焼し、細川家はますます窮地に陥った。この非常事態を契機に、「長門守父子、重役共一同挙て衆儀（議）相決し」、元順をして、公式に尊徳への仕法依頼に当たらせることになった。六月一日、元順は尊徳の許に赴き、藩の窮状を訴え、仕法を懇願した。これに対し、尊徳は、「国家之興廃、民力之盛衰により可相発間、篤と国之元は民成事を、得と勘弁治定於有之は」、御世話もしよう、と答えている。

すなわち、仕法を引き受けるに際して、民を根本とする為政の基本方針を確立することを、第一条件としてあげているのである。尊徳の質問に応じて、元順は、藩の借財の状況、貢租収納状況、領内の生産条件、荒廃状況等々について説明しているが、農村の荒廃の根因は、「両在所村々惰農勝にて、年来之弊風難相止」ことにある、と述べている。これに対し、尊徳は、「天に無私、可恐、依之自己之分限を退、窮民を救、子孫相続之行、遺念一図に差はまり、水脈整分理、荒地開発、其米麦を以、窮民を養ひ、領民を賞し候はゞ、善種を稼て善草を生じ、天之自然に叶可申」

と説き、この仕法の趣旨を両殿様が御承引下さるならば、仕法を引き受けよう、と返答した。

元順が尊徳の説諭内容を長門守父子・重役どもに報告したところ、承諾された。そして、九月一四日、元順はその旨を尊徳に告げている。その際、尊徳は、藩財政の「分度」を確立し、経常費および家中の俸祿・役料はその内で賄い、「分度」外の収入を以て「窮民撫育、荒地再発、難村取直し手当備に可致」という具体的な条件を提示し、これが受け容れられない限り、「興国救民趣法取興」を引き受けるわけにはいかない、と申し渡している。

谷田部藩側は、右の条件を受け容れ、元順と在所役人に命じて桜町陣屋に詰めさせ、尊徳の指導のもとで田圃諸帳面類を調査させている。その結果、貢租収納量は延宝期に比べ近年は半分近くに減少し、累積借財未返済額は一三万両余にも上っていることが判明した。これは、一年分の貢租をすべて借財返済に充てたとしても、二五年余かけてようやく元金のみ返済できる額である。このことを長門守父子・重役どもに報告したところ、「上下挙て驚入、此上可立直手段も可有之もの哉と打寄評議」している。これまで谷田部藩では、財政帳簿の整理は行なわれておらず、したがって借財高がどのくらいかも確認されていなかった。藩財政が計画的に運営されることなく、場当たり的に借財を重ねてきていたのである。

改めて事態の深刻なことを知った谷田部藩首脳は、「愈以上下一和、衆力精誠相凝」らして尊徳に仕法を懇願することを評決した。一〇月一七日、藩命を受けて仕法懇願にやって来た元順に対し、尊徳は、具体的に藩財政の「分度」案を示し(表14)、一〇カ年の仕法期間中は絶対にこれを遵守するよう命じている。谷田部藩側もこれを承諾したが、「救民興国趣法」の資金が無いので尊徳に相談したところ、彼は、桜町領の「分度」外の収入を積み立てた報徳金のうちより一〇〇〇両程融資することを約している。

　尊徳仕法の導入を正式に決定した谷田部藩は、天保六年（一八三五）一月、中村元順を還俗させて中村勧農衛（かのえ）と改名させ、勝手元江戸取締、茂木・谷田部両在所取締支配役、趣法方兼務を申し付け、改革仕法の責任者とした[167]。また、尊徳の要請で、弟子の大島勇輔を「趣法為調方」に召し抱え、野州桜町領物井村百姓の岸右衛門にも扶持を与え荒地再発の指導に当たらせることにしている。

(二)　藩財政の「分度」の設定と仕法趣旨の教諭

　尊徳仕法の根幹は領主財政の「分度」の確立にある。彼は、文政一二（一八二九）〜天保四年（一八三三）の平均貢租収納高を以て「平均土台高」に定め[168]、この限度内で財政を運営させるため、家中の俸祿・役料[169]、藩の経常費、借財の一カ年元利返済分の額を表14のように決めている。そして、「平均土台高」内の残高は臨時出費の備えとし、「収納平均外米之儀は、興国救民撫育趣法筋に相用可申旨」諭している。

　仕法開始に先だち、その趣旨の藩士・領民への徹底が図られた。尊徳は、谷田部・茂木両在所掛役を呼び寄せ、「国之元は民にて、民安則国固と申事にて」、我が仕法は救民撫育・荒地再発によって民力を強化することを以て大本とする、と説明している。そして、「一家之仁及万民」ぼさなければ、「一家之荒廃取直し候儀」は成就しがたく、「万石之欲」は荒廃を来すことになる、と諭した。また尊徳は、長門守父子・重役ども、その他勝手掛役人どもにも面会し、「興国救民御趣法」の道理を説諭している。

　長門守は、家中に対し尊徳仕法の導入を達し、その趣旨・内容を詳細に説明しているが[170]、その中で、「此度之趣法人二宮金次郎儀、諸方之仕送り人之行所とは相違、一体仕送り致候様成事は相好不申、自然天道を重じ、前々如申百姓撫育之業より、窮民力つき、再発開発等も多く相成、領分収納相増、今日之経済にも取付候処を根元とす」と述べ

表14　尊徳の立てた谷田部藩財政の分度

茂木田方平均土台高 谷田部田方平均土台高	米　5,769 俵 3 斗 4 升 1 合 7 勺 8 才 1,890.　0.　9.　4.　2	文政 12～天保 4 年の平均収納高
計	7,659.　4.　3.　5.　9.　8	
三カ所家中渡米	2,589.　2.　8.　2.　1	
残　高（払米高）	5,070.　1.　5.　3.　8.　8	
a 払　米　代　金	金2,383両 分 朱　・銀4匁2分9厘8毛	1 石に付き 1 両替
b 茂木畑方平均土台高 谷田部畑方平均土台高	1,240.　3　　2.　7.　4.　2 326　　7.　2.　6	文政 12～天保 4 年の平均収納高
c　計（a+b）	3,949.　3.　2　　6.　8	
d 三カ所定用土台高 三カ所借物一カ年元利払見渡備高	2,033.　2.　2　　6.　2.　2 1,732.　3　　4.　4.　0.　3	
残　高（c−d）	183.　1.　2　　3.　6.　7.　7	臨時出費の備

註　・「趣法発端記録草稿」（『二宮尊徳全集』第 23 巻、11～12 頁）により作成。
・三カ所とは江戸・茂木・谷田部を指す。

ている。つまり、従来の仕送り人は担保引き当ての融資だけであったのに比べ、尊徳は担保を取らず経費を要せず農村復興と財政再建を行なってくれる、というのである。まさにこの点に、領主階級が尊徳仕法を歓迎し、期待を寄せた理由があった。尊徳仕法が主として自己資金に事欠く小藩・旗本に受け容れられた理由も、右の言葉によって理解し得よう。

領民へは、仕法の責任者となった中村勧農衛が廻村し、「百姓小前末々之者迄呼集置、壱人別」にその趣旨を教諭した。だが、最初は尊徳仕法の趣旨について述べているものの、後半では専ら年貢未進・延納によって上を難渋に陥れた百姓たちの罪を指弾し、以後「其身之分限を守」、農業に出精し、「上納辻大切に相心得」、「是迄不納之分、当年より年賦にても上納可致、左も無之ては、大切之御年貢、不納と申儀は、於百姓は不軽罪に候」と、百姓たちの年貢納入の責任の重大さのみを強調している。尊徳の教諭では、農村荒廃の根因は放漫財政からくる過重な年貢収奪と勧農の不行き届きにあると指摘した上で、領主財政の「分度」を確立して、余剰を救民撫育・荒地再発等のために「推譲」し、「国之元」である民力の涵養を図るべき領主の責任の重大さを力説しているのであるが、勧農衛の農民への教諭は、これとは齟齬（そご）をみせている。

つまり、年貢の増収によって藩財政の再建を図ることを第一義的目的とする領主階級の意図と、「分度」の設定によって恣意的な収奪強化を規制し、財政再建は倹約によって「分度」内で行なわせ、余剰を救民撫育・荒地再発等に「推譲」させることにより、百姓成立（なりたち）のための条件を体制的に整えんとする尊徳の意図とは、仕法開始に際して、早くも齟齬を露呈しているのである。

実際に尊徳の仕法が藩政の一環に組み込まれると、両者の立場・論理の矛盾は次第に顕在化し、ついには確執を招くことになる。また、藩士の中には、尊徳の仕法に対して、あからさまに反対の意を表す者もいた。仕法開始早々、支配掛役滋賀平兵衛なる者が、「大勢を倡、趣法筋不奇（帰）依之旨、数ケ条相認、重役共へ讒言之奸書、数ケ条相認」という事件が起きている。この件について、尊徳は「事換、品変時は、人情得失難極……〈中略〉……良匠は無棄材、明君無棄士云々、依之其者之存慮を賞し、詳明に尋問尽し候はゞ、小人之遺念を断、終には自己之過を顧、君徳を貴候様可相成」と述べており、長門守もこの意を受けて志賀を呼び出し説諭したものの、結局、彼は聞き入れず行方をくらました。

(三)　仕法の経緯

谷田部藩の尊徳仕法は天保六年（一八三五）に開始されたが、その後、いく度か曲折を経ている。

天保八年（一八三七）に藩主興徳が死去し、養子喜十郎（興建）が新藩主に就任した。天保九年には興建は幕府より大番頭に任ぜられ、大坂定番を命ぜられた。そのため、勤務期間中は、仕法は公式には中断されることになった。ただし、尊徳は、勤務に伴う出費の増大はなるべく借金で賄うようにし、「平均外は御土台へ不繰込、勧農衛へ御渡、御勝手筋へ不抱、挙良民、困民を撫育、第一勧農怠を禁、荒地を切起、一向に為取行候はゞ、追々御領内古に復、御物成相増、縦令御増借に相成候共、無尽蔵金多分出来候間、元利御払切、御無借に可相成、左候はゞ御規則相立、御役御勤続、御趣法御取行、御安堵之御見詰可有御座」と、「分度」外の収入は藩財政に繰り込まず、あくまで農村復興のために支出していくよう諭している(171)。そして、もし「御法則崩居候ては」、農村は再び荒廃に帰し、結局、「御公務、並御家中御扶助等も難御届、諸御借財口々、御不義理御出来候」と警告している。

だが、現実には、尊徳の指示に反して、「平均土台高」外の米・金は藩の勝手方に繰り込まれた（この点については、後で具体的に検討する）。そのため、尊徳は、中村勧農衛宛の書翰の中で、「先年差上置候雛形之通り、年々繰返し、御趣法被遊候はゞ、御趣意押立、上下御安堵之場に至可申筈之所、或ハ進、或ハ退、節宜治定不仕、御窮迫残念至極に奉存候」と批判している。天保一一年（一八四〇）、藩主興建は病気のため御役御免となったので、翌年、仕法の再開を尊徳に申し入れた。尊徳は、「分度」を遵守することを確約させたうえで、これを承諾した。だが、その後も「分度」は守られておらず、仕法の内実は藩財政再建を第一義としたものに変質していっている。このことが、尊徳と谷田部藩側との確執を生む因となった。

天保一三年（一八四二）七月、尊徳は幕府に登用され、「利根川分水路見分目論見御用」を仰せ付けられた。尊徳が幕臣となった以上、従来彼に仕法の指導を仰いできた諸藩・旗本は、幕府に願書を提出して、その許可を得なければ、引き続きその指導を受けることができなくなった。他家では予め尊徳に願書の文面を内閲してもらったうえで幕府に提出し、御用手隙の節は可との許可を得たが、細川家のみは尊徳に相談もせず直接に提出したため、「書面之趣は難相成」という一言のもとに却下されてしまった[172]。具体的な理由は記されていないが、おそらく文言・文意が不当と判断されたのであろう。

書翰および日記を見ると、尊徳は、谷田部藩の仕法継続について心配し、藩の重臣、中村勧農衛、郡奉行らにたびたび面会を申し込んでいるが、藩側は事ごとにこれを回避している。おそらく、藩内部では尊徳を忌避する空気も強く、引き続き彼に指導を仰ぐかどうか藩論が決しないまま、彼に相談することもなく、とりあえず幕府に願書を提出したものと推測される。これが却下されたことにより、尊徳と谷田部藩との関係は断たれた。そして、これ以降の仕法は中村勧農衛が単独で指導するところとなる。

第四節　仕法の内容と結末

(一)　藩財政再建仕法

尊徳の借財整理は、「借財は借財之費にて立直候[173]」ということを基本方針としている。彼は、債権者と交渉して棒引きまたは無利息長年賦返済にし、さもなければ高利を低利に引き下げるなどして、表15の如く、谷田部藩の借財返済計画を立てた。

これによると、借財総額の六割近くを占める細川本家よりの借財の棄捐を除くと、残りの大半は無利息の一〇〇カ年もしくは五〇カ年の長年賦返済となっている。尊徳は、この計画にもとづき、「分度」内より年々一七三二両を元

表15　尊徳の立案した谷田部藩の借財返済計画(天保5年11月)

返済方法	金額	内訳
	両 分 朱 %	%
棄捐	60,923. 0. 0 (50.9)	細川本家より借財分 (100)
		両 分 朱
無利100カ年賦	28,760. 2. 2 余 (24)	江戸 21,234. 3. 3 余 (45.4) 谷田部 4,288. 5. 2 余 (77) 茂木 3,236. 0. 3 余 (51.6)
無利50カ年賦	15,097. 1. 0 余 (12.6)	江戸 (32.2)
無利10カ年賦	925. 0. 2 (0.7)	江戸 800. 0. 0 (1.7) 茂木 125. 0. 2 (2)
1割2分利付10カ年賦	720. 0. 0 (0.6)	茂木 (11.5)
1割利付5カ年賦	250. 0. 0 (0.2)	江戸 (0.5)
高利に付当年返済	1,168. 1. 0 余 (0.9)	谷田部 360. 3. 1 余 (6.5) 茂木 907. 1. 3 余 (14.4)
米代金当年払	128. 3. 1 余 (0.1)	谷田部和泉屋 (2.3)
渡方滞の分当年払	2,463. 3. 3 余 (2)	江戸 (5.2)
利付その他各種	9,069. 0. 0 余 (8)	江戸 6,990. 0. 3 余 (15) 谷田部 790. 0. 0 余 (14.2) 茂木 1,288. 3. 1 余 (20.5)

註　・「細川家新古借財取調帳」(『二宮尊徳全集』第23巻、21〜58頁)、「細川長門守様報徳借貨返済録」(同前書275〜282頁)により作成。
・表13中の追加調査分はこの案には入っていない。
・銀高表示の端金は「余」と略した。
・「金額」欄の比率は借財総額に対するもの。「内訳」欄の比率は江戸、谷田部、茂木それぞれにおける借財高に対するもの。

表16　谷田部藩の借財未返済額の推移

年次	未返済金額（両 分 朱）	未返済米額（俵）
天保 5	134,840. 1. 1	2,638
6	125,145. 0. 0	2,638
7	122,998. 1. 0	3,020
8	54,557. 3. 2	2,870
9	46,178. 3. 0	30
10	48,860. 3. 2	30
11	48,725. 2. 0	30
12	47,932. 0. 0	30
13	46,537. 0. 0	30
14	40,904. 1. 2	30
弘化元	39,468. 1. 0	30
2	38,008. 2. 0	30
3	37,124. 3. 0	30

註　・「細川家御借財米金済方取調帳」（『二宮尊徳全集』第23巻、318〜342頁）により作成。但し、銀高表示の端金は略した。

利返済に充てるよう指示した。そして、「分度」を遵守させるため、藩主の生活費、家中の俸禄と役料、諸役所の費用などの減額、藩士間の音物贈答の禁止等々、財政の緊縮化を細かく指導した(174)。つまり、領主は一般的に年貢増収によって財政再建を図ろうとするのに対し、尊徳は、「分度」の設定によって恣意的な収奪強化を規制したうえで、財政再建は緊縮化によって「分度」内で行なわせ、それを超える収入は、農民の生産・生活の安定、農村復興のために支出させせんとしたのである。この点に、彼の仕法の特徴がある。

谷田部藩の借財未返済額は表16の如く推移していっている。

天保八年（一八三七）に大幅に減額しているのは、細川本家よりの借財六万両余を、仕法助成の名目で棄捐してもらったことによる。また、天保六年（一八三五）に仕法が開始されると、谷田部の釜屋治郎兵衛・和屋吉左衛門、茂木の釜屋七兵衛・栄屋利兵衛らの御用達商人たちは、これまでの藩への貸米・金を帳消しにし、さらに仕法の資金を献上したり、荒地再発・入百姓の世話をするなど、仕法の推進に積極的に協力している。第一節の㈢で述べたように、彼らは藩権力と癒着し、商業・金融資本として農民に吸着していた存在であり、藩財政の再建と農村の復興は、彼ら

の経営再建・維持のための必要条件でもあったのである。(175)

天保一〇、一一年(一八三九、四〇)には、藩主の大坂定番勤務による出費増大のため新借しているが、仕法が再開された天保一二年(一八四一)より、返済は順調に進んでいる。特に、尊徳と谷田部藩の関係が断え、中村勧農衛が単独で仕法を指導するようになった天保一四年(一八四三)には大幅に減額している。

このように藩の借財整理はかなり進捗しているが、これは後述する如く、天保一二年以降、とりわけ同一四年より、仕法は藩財政再建を第一義とする方向に転換し、「分度」外の収入も藩財政に繰り込まれた結果である。

(二) 農村復興仕法

先述した如く、谷田部藩の尊徳仕法は天保六年(一八三五)に開始され、中村勧農衛が責任者となり、桜町陣屋に居住している尊徳に面談あるいは書翰によって指導を受けながら遂行されることになった。

その後、天保九(一八三八)~一一年(一八四〇)は藩主の大坂定番勤務のために公式には中断され、同一二年(一八四一)に再開となった。だが、この頃から藩側は次第に尊徳を忌避するようになり、仕法の基調も、本来救民撫育・農村復興を第一義としていたのが、藩財政再建を第一義とする方向に転換しはじめる。そして、天保一四年(一八四三)に尊徳と谷田部藩の関係が断え、中村勧農衛が独自に仕法を指導するようになると、その内容も大きく変質していった。

ここでは、天保六(一八三五)~一三年(一八四二)と同一四年以降とに区分して、各々の農村復興仕法の内容を具体的に検討することにしたい。

一　天保六〜一三年の仕法

1　仕法の資本

最初に仕法の資本について検討しておこう。表17に仕法入用米・金の収支を、表18・19に各年次の収入と支出の内訳を米・金ごとに示しておく。

尊徳の農村復興仕法は、「荒地は荒地之力を以起返」[176]ことを理念とする。つまり、荒地開発、救民撫育、人別増加策等によってもたらされた農業生産力回復の成果を繰り返し農村復興事業に投下していくことによって、その進展を図るのである。それゆえ、その成果が領主財政に吸収されてしまうのを阻止するため、「分度」を設け、それを超える年貢[177]および再発地よりの冥加米[178]は、「無尽蔵」と称する特別会計に繰り入れることにしている。

表20―1をみると、天保四年（一八三三）の凶作によって激減した年貢収納額は、仕法開始後かなり回復しており、「平均土台」＝「分度」外の米・金も生じている。問題は、尊徳の指示通りに、藩がこの「平均土台」外米・金を「無尽蔵」に繰り入れ、農村復興のために支出することを実行しているかどうかである。表20―2の天保八、一〇年（一八三七、三九）分については、表18―1・2と照合できるが、それによると、天保八年の茂木領の畑租土台外金三三両余を除き、他は全額「無尽蔵」に繰り入れられている。前者は、この年藩主興徳が死去したため、その葬儀費用に廻したものと思われる。

「無尽蔵」収入米・金の内訳をみると、米では基本である土台外米と再発冥加米の両者を合わせた額が天保六（一八三五）〜一三年（一八四二）の全収入米額の八〇％近くに達しており、殊に前者が七六％を占めている。金では土

表17　仕法入用米・金の収支

年次	収入				支出	
	米		金		米	金
	前年より繰越	当年収入	前年より繰越	当年収入		
	俵斗升合	俵斗升合	両分朱	両分朱	俵斗升合	両分朱
天保5				172.3.2余		172.3.2余
6		1,279.1.3.7		1,560.2.2余	192.0.8.7	364.0.0余
7	1,087.0.4.9	576.0.5.7	1,196.2.2余	210.3.2余	668.2.8.8	556.1.2余
8	994.2.8.8	1,258.1.2.3	851.0.2余	1,625.2.2余	2,095.7.6.5	1,701.0.0余
9	157.4.2.4	44.0.0.3	775.3.0余	775.2.2余	201.4.2.7	1,531.1.2余
10		1,499.3.4.5		344.1.0余	1,449.4.6.8	498.2.0余
11	49.3.4.6	1,086.3.4.6		149.2.2余	1,055.1.8.9	267.3.2余
12	81.1.5.0	1,723.1.8.8		109.3.0余	1,732.1.5.6	132.2.2余
13	72.1.8.1	1,609.0.5.8		78.2.2余	1,681.2.3.9	43.1.0余

註　・「田畑収納平均外米金請払無尽蔵帳」（『二宮尊徳全集』第23巻、571～583頁）により作成。表18,19も同。
・米の勺以下は切捨。銀高表示の端金は「余」と略。表18,19も同。

台外金の全収入金額に占める比率は一二%余と低く、再発冥加金は天保八年（一八三七）に谷田部領根崎村より五両あるのみである。再発地外からの冥加米・金としては、村々からの上納分（米一一三俵、金一二八両余）の他、「茂木北郷河役冥加金」（四両余）、「茂木水車人共其外諸冥加問屋荷口共」（一四両余）、「茂木片貝・牧野村両所運米冥加金」（四九両余）、「茂木酒造人共冥加金」（一一六両）等の茂木領の諸営業に賦課された冥加金がある。

収入金の中では、桜町領よりの借用金の占める比率が最も高い。この中には、桜町領の報徳金繰り入れの他に、鍬・鋤等の農具、飢饉対策用の米雑穀の借用分を金額に換算したものが含まれている。これは無利息五カ年賦の貸付であり[179]、谷田部藩の初期の仕法および飢饉対策において、桜町よりの援助が大きな比重を占めていたことが知られる。

また、天保六年（一八三五）には御勝手入用米を売り払って、その代金を「無尽蔵」に入れており、仕法開始に当たっての藩の熱意を示している。天保八年（一八三七）には、飢饉対策のために「無尽蔵」米を大量に売り払って、代金を「無尽蔵」金

表 18-1 収入米の内訳(前年よりの繰越分を除く)

年次	茂木平均土台外米	谷田部平均土台外米	茂木再発冥加米	谷田部再発冥加米	冥加米	その他	
	俵斗升合	俵斗升合	俵斗升合	俵斗升合	俵斗升合		俵斗升合
天保6	244.1.4.0	120.1.6.7			1.0.0.0 (茂木)	茂木天保4,5年未納分取立米	913.2.9.9
7						天保6年買入備米	576.0.5.7
8	684.3.7.0	352.2.0.5	13.0.0.0 (馬門村)	10.4.1.0 (小野崎村)	96.0.7.5 (茂木)	茂木御家中推譲米 茂木貸付米上納	30.1.3.6 70.4.2.5
9		44.0.0.3					
10	804.0.8.9	543.1.8.5		88.4.2.0 (境田村 境松村)		茂木貸付米上納	63.1.2.0
11	1,024.1.6.4					同　上	62.2.5.3
12	963.1.8.1	589.1.4.6	40.4.0.2	49.2.7.0	16.0.0.0 (茂　木3カ村 谷田部1カ村)	同　上 谷田部貸付米上納	50.0.4.1 14.1.2.9
13	1,204.0.9.4	343.4.4.1	27.0.1.9			茂木貸付米上納	33.4.4.2
計	4,925.1.0.1 (54.3%)	1,993.2.1.0 (22)	80.4.2.1 (0.9)	149.1.6.0 (1.6)	113.0.7.5 (1.2)		1,815.3.0.2 (20)

註 ・合計欄の比率は総収入米に対するもの。

表 18-2　収入金の内訳(前年よりの繰越分を除く)

年次	茂木平均土台外金	谷田部平均土台外金	冥加金	桜町より借用金	その他	
	両分朱	両分朱	両分朱	両分朱		両分朱
天保 5				172.3.2 余		
6	23.0.0 余	64.2.0 余	74.1.0 余	938.0.2	茂木城山明屋敷年貢	5.2.2 余
					御勝手入用米払代金	454.3.2 余
7		20.3.0 余	38.2.2 余	137.0.2 余	茂木城山明屋敷年貢	7.3.0
					茂木山内村上ヶ地年貢	6.1.2
8		90.3.2 余	11.1.2 余	328.1.0 余	茂木城山明屋敷年貢	(銀3匁7分5厘)
					和泉屋吉左衛門推譲金	100.0.0
					谷田部払米代金	1,064.3.2
					谷田部御林払代金	30.0.0
9	34.0.0 余	98.1.0 余	139.0.0 余	374.3.0 余	茂木城山明屋敷年貢	7.1.0
					茂木山内村上地年貢	4.1.2 余
					谷田部山払代金	46.2.0
					御手元より御下金	50.0.0
10	18.1.2 余	88.1.0 余	20.0.0 余		茂木城山明屋敷年貢	7.0.0
					茂木山内村上地年貢	5.0.0 余
					茂木芳賀大順報徳金上納	1.0.0
					谷田部 300 俵払米代金	204.1.0 余
11	9.3.0 余	99.2.0 余	21.2.0 余		茂木城山明屋敷年貢	13.2.0 余
					茂木山内村上地年貢	5.0.0 余
12		74.1.2 余	25.1.0 余		茂木城山明屋敷年貢	5.0.0
					茂木山内上地年貢	4.3.2 余
13	7.1.0 余	16.0.0 余	42.0.0 余		茂木城山明屋敷年貢	8.1.2 余
					茂木山内上地年貢	4.3.0 余
計	92.3.2 余 (1.9%)	553.0.0 余 (11.0)	372.0.0 余 (7.4)	1,951.0.2 余 (39)		2,036.1.2 余 (40.7)

註　・合計欄の比率は総収入金に対するもの。

に繰り入れ、それをまた活用するという措置もとられている。「無尽蔵」米の払い下げはその後も天保一〇、一二、一三年（一八三九、四一、四二）と行なわれているが（表19―1）、その代金が「無尽蔵」金に繰り入れられているのは一〇年の分のみである（表18―2）。

次に支出についてみよう。農村復興関係の出費で主なものは、荒地開発、窮民救済、用水排水路・道橋等の諸普請、入百姓、褒美等の入用米・金である。その他、天保七、八年（一八三六、三七）には飢饉対策関係の出費が多くみられる。

注目されるのは、天保八年以降、「無尽蔵」米・金を藩の御勝手へ貸し付け（実質的には流用）ていることである。天保八年の貸付については、藩主興徳が死去したため、その葬儀費用に廻した旨注記されている。天保九（一八三八）～一一年（一八四〇）の貸付は、新藩主興建の大坂定番勤務のために藩の出費が増大したためである。先述の如く、尊徳は、この期間中においても「分度」外の収入は御勝手に繰り入れず、農村復興のために用いるよう指示していたのであるが、実際には守られていない。そして、天保一一年、谷田部藩が尊徳に仕法再開を懇願した際、再び「分度」生活に戻すことを約したにもかかわらず、天保一二、一三年（一八四一、四二）も「分度」外の米・金を御勝手へ繰り入れている。殊に繰り入れ米額は、その年次の総支出米額の九〇％を占める。

また、先に指摘したように天保一二、一三年も「無尽蔵」米の払い下げが行なわれているが、その代金は「無尽蔵」金には入れられていないので、御勝手に繰り込まれたものと思われる。

以上の如く、藩財政の「分度」を遵守させ、それを超える収入を救民撫育・荒地開発・人別増加策等に「推譲」させるという尊徳仕法の根幹は、完全に骨抜きにされているのである。そして、この時期には、先述のように、仕法の責任者である中村勧農衛はじめ谷田部藩の役人たちは、尊徳の指図を忌避するようになっている。

表 19-1　支出米の内訳

年次	荒地再発入用	窮民御救	諸普請入用	新百姓取立入用	褒　美	その他	
	俵斗升合	俵斗升合	俵斗升合	俵斗升合	俵斗升合		俵斗升合
天保6	75.0.0.0 （茂木村々、谷田部村々）	72.3.3.7	5.2.1.0			茂木能持院焼失助成米 谷田部台町類焼御救米	21.0.1.0 18.0.0.0
7	112.4.2.0 （茂木村々、谷田部村々）	215.5.0.4		137.3.0.4 （小野崎村）	202.0.0.0		
8	0.0.0.5 （境松村）	347.2.1.1		35.3.6.2 （小野崎村）	88.5.1.7	茂木御救小屋入用 谷田部同断 茂木槻木村焼失人御救米 払　米 御勝手へ貸	54.1.7.0 10.3.4.0 7.2.9.3 1,280.0.1.1 265.0.5.0(13%)
9	4.3.2.5		23.4.1.2 （養育米共）	56.3.9.0 （谷田部村々）	13.0.0.0	谷田部小野崎村類焼人 其外御救米 御勝手へ貸	5.0.0.0 100.0.0.0(50)
10		175.5.2.4	19.1.7.3		147.4.9.1	谷田部払米 御勝手へ貸	300.0.0.0 806.2.1.6(56)
11		38.2.4.9		31.0.2.4 （谷田部村々）		御勝手へ貸	985.3.8.5(93)
12	15.2.1.0 （谷田部村々）	53.7.1.3			15.0.9.0	茂木払米 江戸廻米 御勝手へ貸	6.2.2.3 88.0.0.0 1,552.3.2.7(90)
13			6.0.0.0			茂木払米 御勝手へ貸	27.1.2.4 1,647.5.8.4(98)
計	208.1.6.0 (2.2%)	905.1.9.2 (9.9)	54.3.2.6 (0.5)	261.2.8.0 (2.8)	467.1.5.9 (5.1)		7,177.3.3.3 (79.5)

註　・合計欄の比率は総支出米額に対するもの。
　　・その他の欄の御勝手へ貸米の比率は、その年次の総支出米額に対するもの。

表 19-2　支出金の内訳

年次	荒地再発入用	窮民御救	諸普請入用	新百姓取立入用	褒　美	その他	
	両分朱	両分朱	両分朱	両分朱	両分朱		両分朱
天保5						岸右衛門帰国入用 藩財政非常用意 荒地再発窮民撫育料	2.0.0 100.0.0 70.3.2 余
6	195.3.0 余 （茂木村々、小野崎村）	79.1.2 余			88.3.0余		
7	145.1.0 余 （茂木村々、谷田部村々）	60.1.0 余	161.2.0 余 （高岡村土手普請、谷田部村々道普請）	6.0.0 余 （谷田部）	61.2.2余	茂木村々出生人養育金 窮民施薬料 窮民救稗買上代 茂木無尽蔵米廻米運賃 桜町返金分	3.0.0 4.1.0 余 33.3.0 余 11.1.0 余 68.3.0
8	0.2.2 （台町中山）	20.3.0 余	41.1.2 余 （茂木用悪水普請 谷田部諸普請）		144.3.0余	御救稗買上代 茂木御救小屋入用 谷田部同断 茂木村々出生人養育金 御勝手へ貸	340.1.0 余 3.0.2 余 2.1.2 余 3.0.0 余 1,144.1.0　(67%)
9	47.2.2 （谷田部村々）		103.2.0 余 （谷田部諸普請）	65.0.2 余 （茂木村々、谷田部村々）	211.2.0余	茂木村々施薬料 御勝手へ貸	1.1.0 1,101.0.0 余 (71)
10	224.0.0 余 （茂木村々、谷田部村々）		69.2.2 余 （谷田部諸普請 茂木用水普請）	16.0.0 余 （谷田部村々）	188.2.0余		
11	22.0.0 余 （茂木村々、谷田部村々）			10.0.0 余 （茂木村々、谷田部村々）	162.0.0余	谷田部小払並再発田 耕作入用出役路用手当 茂木村々出生人養育金 御勝手へ貸	62.3.2 余 0.3.0 10.0.0　(3.7)
12			13.0.0 余 （茂木用悪水普請）		11.0.2余	茂木村々出生人養育金 御勝手へ貸	1.0.0 107.1.2 余 (98)
13		0.2.0 余		10.0.0 （小野崎村）	22.1.2余	御勝手へ貸	10.1.0 余 (23)
計	636.1.0 余 (12.1%)	161.0.2 余 (3.1)	389.0.0 余 (7.4)	107.1.2 余 (2)	891.2.0 余 (16.9)		3,080.1.2 余 (58.5)

註　・合計欄の比率は総支出金額に対するもの。
　　・その他の欄の御勝手へ貸金の比率は、その年次の総支出金額に対するもの。

表 20-1　谷田部藩の貢租収納額の推移

区分	年次	茂木領		谷田部領	
		田租	畑租	田租	畑租
		俵斗升合	両分朱	俵斗升合	両分朱
仕法以前	文政12	6, 578. 3. 0. 9	1, 239. 0. 0	1, 907. 4. 1. 0	389. 2. 0
	天保元	6, 320. 2. 9. 4	1, 221. 0. 0	2, 004. 2. 5. 2	383. 0. 0
	2	6, 386. 1. 4. 3	1, 230. 2. 0	1, 977. 1. 1. 7	378. 0. 0
	3	6, 478. 2. 8. 1	1, 227. 0. 0	1, 998. 2. 3. 0	397. 3. 0
	4	3, 593. 1. 6. 0	1, 224. 2. 0	1, 562. 3. 9. 7	356. 1. 0
	5	4, 743. 0. 6. 7	1, 208. 1. 0	2, 129. 4. 0. 8	353. 0. 0
仕法以後	8	6, 454. 2. 4. 2	1, 274. 2. 0	2, 242. 2. 9. 9	417. 0. 0
	10	6, 573. 4. 3. 1	1, 259. 1. 0	2, 418. 3. 3. 1	414. 1. 2
	14	6, 182. 1. 2. 0	1, 241. 1. 0	2, 515. 3. 9. 2	404. 2. 2
	弘化元	5, 555. 0. 7. 3	1, 276. 3. 0	2, 171. 1. 8. 7	427. 0. 0

註　・「荒地開発窮民撫育難村旧復之趣法御土台帳」(『二宮尊徳全集』第 23 巻、592〜594 頁)、「酉米金取捌三箇所差引目録」(同前書 342〜344 頁)、「亥米金三箇所差引目録」(同前書 369〜372 頁)、「御収納米三ヶ所取捌正現見渡帳」(同前書 395〜397 頁)、「辰米金取捌三ヶ所差引目録」(同前書 399〜402 頁) により作成。
・天保 14 年の分は見積もり。

表 20-2 「平均土台」外米・金額

年次	茂木領		谷田部領	
	田租土台外米	畑租土台外金	田租土台外米	畑租土台外金
	俵斗升合	両分朱	俵斗升合	両分朱
天保 8	684. 3. 7. 0	33. 3. 0	352. 2. 0. 5	90. 3. 2
10	804. 0. 8. 9	18. 1. 2	528. 2. 3. 7	88. 1. 0
14	394. 4. 0. 8	9. 3. 0	570. 1. 1. 3	20. 1. 0
弘化元		45. 1. 0	225. 3. 8. 9	40. 1. 0

2　仕法の内容

a　窮民救済―飢饉対策を中心に

窮民を救済し、その潰れ化を防ぐことは、荒地開発と並ぶ尊徳仕法の大きな柱である。

表19をみると、天保六（一八三五）〜一三年（一八四二）の間に、「窮民御救」として、米九〇五俵余（茂木領七〇一俵余、谷田部領二〇四俵余）と金一六一両余（茂木領一二二両余、谷田部領三九両余）が支給されている。地域的には茂木領の方が多く、時期的には仕法が開始された天保六年と、凶作に見舞われた同七、八年（一八三六、三七）が多い。殊に凶作・飢饉は、一挙に人別を減少させ、荒地を増大させる一大契機であるだけに、尊徳は、その対策に非常な力を注いでおり、それゆえ、彼の農政の理念が最も集約的に表現されている。

尊徳の飢饉対策の特徴は、いち早く凶作を予知し、飢饉状態に陥らないように、前もって夫食の確保策を講じ、生活指導を徹底することにある。しかも、綿密な調査にもとづいて対策を立てている。彼は、大凶作をはじめ大災害の六〇年周期説を唱えており、必ずやって来るものである以上、常日頃から凶災に備えて貯穀（将来への「推譲」）をしておく必要性を力説するとともに、凶災時には、領主・富農商の窮民に対する「推譲」の実践を特に強く求めている。[180]

凶作の予知という点では、彼は、農民としての長年の自然現象についての観察の体験から、すぐれた能力を培っていた。天保七年（一八三六）、彼は、春以来の気候不順と、土用に食した茄子の味が秋茄子のようだったことから、いち早く凶作を予知し、当時仕法を依頼されていた諸藩・旗本に対し、早急に備荒対策を講じるよう指示している。[181]谷田部藩へは六月八日に使者を遣わして指示しており、以来、谷田部藩は、尊徳の指導を仰ぎながら飢饉対策を実施に移している。[182]

まず領内の夫食確保を図り、物持ちらへ領外に売穀しないよう申し渡し、また農民たちに、各々所持の有穀、その他菜・大根に至るまで貯えるよう、そして悪地で従来作付けしなかった場所にも蕎麦・菜・大根等を蒔き付けるよう諭した。[183] さらに、一〇月初旬より、尊徳の指示に従って掛り役人が廻村し、茂木領、谷田部領それぞれ一村ごとに人別、必要夫食量、貯穀高、収穫見込み高を調査した。茂木領、谷田部領ともに年貢収納分はすべて領内に払い下げる[184]ことを前提にして夫食量を見積もっているが、前者は一〇一八石余夫食不足の見込みとなり、逆に後者は九二石余の余裕が見込まれている。これは、夫食量の見積もり基準が一人当たり一日に付き茂木領米雑穀六合宛、矢田部領同五合宛と、前者の方が一合多くなっていることにもよるが、基本的には人別の絶対数の差異——前者六七〇二人、後者三五二六人——にもとづく。

茂木領の夫食不足分は、他所より米雑穀を買い入れて補うことにした。尊徳は桜町領物井村の喜左衛門、横田村の久蔵に米・麦を調達して茂木領に送るよう申し付け、両人はこれに応じて、天保七年(一八三六)一〇月下旬より同一一月上旬にかけて、真岡の若松屋慶助・塚田兵右衛門、川崎河岸問屋藤蔵らより米二〇六俵(八六石)、小麦二〇四俵(九一石余)を買い付けて茂木に送った。代金は駄賃・蔵敷銭を合わせて四三八両余となっているが、この分は決済されている。[185] また、桜町領より種籾三二俵(代金一六両)、大麦一五〇俵(同一一二両二分)、その他蕎麦・大根(同五両)を借り入れている。[186]

しかし、「最早八州方より穀留御触有之、買入難届」、夫食の買い入れは思うように進捗しなかった。そこで、天保七年一二月には、夫食を喰い延ばすために、その使用方法を細かく指導している。[187] 先の見積もりでは、一人当たり一日に付き茂木領は六合宛、谷田部領は五合宛として計算していたのであるが、これを二合粥にして、その他菜・大根を用いるか、あるいは三合雑水にして喰い延ばすよう指示している。ただ、現実には、家により夫食の所有量に差がある。そこで、夫食の無い者は銭を稼いで穀持ちの者に無心をするよう、[188]一方穀持ちの者は「貧富一和之以示談」、無利永年賦で貸し出すか、安売りをするよう諭した。[189]「推譲」した者には褒美を与えることにして、その実践を促しているが、現にそれによって各村とも数名表彰されている。[190]

他方、不正を行なって利を得んとした者に対しては、厳罰を以て臨んだ。天保七年一一月、杉田五郎左衛門なる者が他所出穀の禁を犯し、他所へ隠し売りをしていたことが発覚し、中村勧農衛が尊徳にその処罰について相談したところ、彼は、「犯大禁、不束之至、且同人儀は是迄庄屋相勤、農間為稼、穀物売買、質物稼、貪欲非道之心懸にて、数人為致迷惑候族之噂に及候」として、五郎左衛門に入牢を命じ、家屋敷・衣類一通りは残し置き、食料は窮民くらいの分だけ家内の者に渡し、それ以外の米・金等の財産はすべて没収して同村・隣村の窮民に与え、質物は質入れ人に戻すという厳罰に処し、「此上犯大禁、人命保護食道相妨候もの有之間敷」戒めとすべし、と答えている。

また、穀持ちの者で、払い穀したい旨申し出れば、藩が相場よりも三升高に買い上げ、窮民に対し「御救」として相場よりも三升安に払い下げるという措置も講じた。[191]谷田部領では、天保七年一二月二〇日に、三三カ村一九三戸に対し稗三六石八斗（一戸当たり平均一斗九升）、[192]翌年三月一九日に三五カ村二五〇戸一〇三九人に対し米一〇石四斗九升、稗三一石八升（一戸当たり平均米四升一合、稗一斗二升四合、一人当たり平均米一升、稗二升九合）、五月二四日に、三五カ村二八九戸一二五九人に対し麦二三石五斗六升、稗三七石七斗七升、味噌六石二斗九升（一戸当たり平均麦八升一合、稗一斗三升、味噌二升一合、一人当たり平均麦一升八合、稗三升、味噌四合）を下している。[193]茂木領では、天保七年八月一八日に、二七カ村一一一戸に対し米六石八斗四升（一戸当たり平均六升一合）、同年一一月六日に、一九カ村五九戸に対し稗一四石六斗（一戸当たり平均二斗四升）、同年一二月六～八日に、二七カ村二四一戸に対し米一七石七斗九升、稗五二石一斗（一戸当たり平均米七升四合、稗二斗一升）を下している。[194]

天保七年一一月、尊徳は、藩の定用米と家中への渡し米を七割減じ、その分を窮民救済のために差し出すよう指示した。これを受けた重役中村市郎右衛門は、「御同意御尤には御座候へ共、七分減にては家中人気難調に付、私愚案を以、号勧善録、御手前様御諭之旨、茂木家中へ相達し、粥雑水等にて相凌、一日五合之食相減じ、省出し米を以積立、其身之俸祿応分限、出来可致相達し、是を以飢渇之民食致足合候様」にしたい旨、尊徳に諮問している。尊徳も、これを了承し、「是にて上下一和、飢難凌方に可有之旨に付、追々無弛救穀、其外鰥寡孤独之者、粥施専一之旨」諭している。

かくして、同年一二月、藩主自ら定用米を節約して「窮民御救米」を醵出し、家臣および農民・商人にも、余裕のある者は米穀を醵出するよう勧め、これで以て「御救小屋」を設置して、飢渇の窮民を引き取り、粥の焚出をするよう命じた(195)。谷田部領における醵出品目と額は表21の如くである。御救小屋は、茂木領では藤縄村の弥勒院中に、谷田部領では一乗院中に設置され、一人当たり一日二合宛「御救粥」を施与した(196)。

以上、尊徳指導下の谷田部藩の飢饉対策についてみてきた。彼は何よりも合理性を重視する精神の持ち主であり、何事をなすにしても、まず予備調査を徹底して行ない、しかるうえで一つ一つの施策が全体として有機的に機能するよう立案し、実行するという性向を持っている。それは飢饉対策にもよく表れていると言えよう。

表21　救荒用米雑穀・金の醵出（谷田部領の分）

醵出人	醵出品目と額	備考
藩主	米200俵	御定米より
家臣17人	米40俵4斗2升、味噌10貫目 施薬1年分	
商人1人	金100両	和泉屋吉左衛門
農民13人	米2俵5斗8升、稗32俵2斗5升、大麦1俵1斗3升5合、金1両2分	苅間村10人 境田村 1人 境松村 2人

註　・天保7年12月「報徳窮民勧善録」（『二宮尊徳全集』第23巻、655～657頁）により作成。

彼の力説する「救民撫育」の農政の理念、「推譲」の精神は、飢饉という非常事態においてこそ、より徹底して発揮されねばならない。それゆえ、武士階級および富裕農民・商人に対して、窮民への「推譲」の実践を強く諭している。藩としても、尊徳に仕法を懇願し、開始早々直面した難局であっただけに、彼の指導下、積極的に対策に当たっており、尊徳自身、「飢饉の用意を、諸方に通知したる内、厚く信じて能行ひたるは、谷田部・茂木領邑なり」[197]と語っている。また、尊徳の弟子で、谷田部藩の仕法に従事していた大島勇輔も、飢饉対策が効を奏し、極窮の者も無事凌ぐことができた、と述べている。[198]人足の者が「近辺百姓共、茂木領裏山敷存申聞」(羨)と語っていることからも、その飢饉対策は、他領に比べかなり行き届いたものであったことがうかがえる。[199]

b　表彰制度

農村復興を実現する上で原動力となるのは、いうまでもなく、農民の主体的な勤労である。農民の内発的な勤労意欲を喚起し、積極的に仕法に協力させるためには、表彰制度は教化とともに尊徳仕法の中で重要な位置を占めている。ここでは、『全集』第二三巻所収の表彰関係の書類を年次順に分析することによって、各年次の表彰の実態と特徴を考察してみたい。

㈠天保六年（一八三五）八月「谷田部村々出精人御褒美取調帳」

表彰者の選定は、藩役人の見立てと村民の入札の二通りの方法で行なわれている。まず前者について検討しよう。仕法開始後、田畑一筆ごとに耕作者名と反別を記した杭を立てさせ、藩役人が頻繁に廻村して農事を奨励し、その出精度を検分している。[200]それにもとづいて表彰者を見立てた。表22－1に表彰者の名前、表彰理由、褒美の内容を示しておく。

表彰者の性格、表彰理由から、三類型に分けられる。A類型は、一般農民の中から、「農業出精、心掛宜敷年来御

表22-1　天保6年8月　谷田部領出精人表彰(藩役人見立て)

村　名	名　前	理　由	褒美の内容	類型
台　町	弥五郎	農業出精、孝行	青銅1貫文	A
若　栗	久右衛門	荒地再発先祖跡再興	新鎌2挺	A
大　井	庄屋・組頭	役向出精、村方取締行き届き	庄屋鍬1挺、組頭鎌2挺	B
大　井	惣百姓	村方一致出精	鎌1～2挺	B
市ノ台	久　助	農業出精	鎌2挺	A
境　松	直右衛門	農業出精孝行、本家潰れ跡再興	一代上下御免	A
苅　間	孫右衛門	農業出精、御用金差し出し	一代上下御免	C
	釜屋治郎兵衛	御用金差し出し、仕法協力	鋳鍬10挺、新鎌15挺	C
	和泉吉左衛門	御用金差し出し、仕法協力	鋳鍬10挺、新鎌15挺	C
境　松	重左衛門・久平	役向出精、村方取締行き届き	新鎌3挺宛	B
新　町	嘉右衛門後家りい	農業出精、子供養育	鎌2挺	A
百　家	常七妻すい	農業出精、実家潰れ跡再興	新鍬1挺	A
苅　間	伝兵衛	農業出精	新鍬2挺	A
根　崎	吉三郎・六三郎	農業出精、荒地再発	新鎌2挺	A
高　田	義右衛門娘りん	農業出精、子供養育	新鎌3挺	A
小野崎	庄屋・組頭・惣百姓	農業出精、荒地再発	年貢米金3ヶ年免許	B
不動町	政右衛門	農業出精、潰れ百姓跡再興	一代上下御免	A
上横場	伝右衛門	農業出精、潰れ百姓跡再興	一代上下御免	A
中　内	富兵衛	村方小前支配行き届き	新鍬1挺	B
今和泉	四郎兵衛	農業出精	新鍬1挺	A

註　・天保6年8月「谷田部村々出精人御褒美取調帳」(『二宮尊徳全集』第23巻、692～701頁)により作成。

定之通御上納致皆済、親へ孝道相心掛ケ、本家潰跡取立致相続、本末之信義相弁」(境松村直右衛門に対する表彰理由)という、まさに幕藩領主からみた理想的農民像に合致した者を選んで表彰したものである。なかんずく、潰れ跡式を再興した者や荒地再発に力を注いだ者を重点的に選んでおり、彼らを模範農民として表彰することにより、農村復興への内発的意欲を喚起せんとしている。女性では、親と死別、あるいは夫と死・離別した後、女手一つで農業に励み、子供を養育した者が表彰されている。B類型は、役向に出精した村役人、あるいは荒地再発に努めた村の惣百姓に対する表彰である。

C類型は、家業に出精し、藩に御用金を献上した富農商に対する表彰である。

以上の如く、仕法を遂行する上で模範となる農民・村・商人を藩役人が見立てて表彰することにより、全領民の仕法への協力を促さんとしている。

上から見立てて表彰する仕方は、従来幕藩領主が行なって来た伝統的な方式である。これに対し、村民の入札によって選ばれた者を表彰する方式は尊徳仕法に特有のものであり、公平な立場からみて妥当な者が選ばれるようにとの配慮、および村民の自主性、主体性と自己の行為に対する責任感を涵養せんとする意図にもとづく(201)。

この方式で、谷田部領全体で七四名表彰されている。表彰者ごとに入札数と入札者の名前が記されており、誰が誰に入札したか分かるようになっている。表彰された者は当主が大部分を占めているが、悴が選ばれている事例もあり(七名)、入札対象は当主だけでなく、その家族も含めていたことが知られる。ただ、例えば、台町村では弥助悴の繁蔵が入札七枚で選ばれているが、当主の弥助は忠蔵に入札しており、悴の繁蔵は入札者としては名前が出てこない。したがって、入札資格者は当主に限られていたものと思われる。各村の戸数に応じて予め当選定数が決められていたようで(一〜八名)、当選者のボーダーラインは村によって異なっている。褒美は鍬・鎌の農具であり、鍬は各村の高位当選者に与えられており、鎌の数も当選順位によって差が設けられている。

台町村で表彰された者の所持高を調べてみると(表22―2)、入札によって選ばれた者はすべて一〇石以上となっている。持高自体は家族労働による自作規模であるが、表12と照合すると、この村では上層に属する。出精人を選ぶ際、経営の安定という具体的表象が出精度を示すものと判断されたのかも知れないが、村内における力関係も多分に反映していたと思われる。後の天保九年(一八三八)に入札がなされた際も、この年とほとんど同じメンバーが選ばれている(表24)点からしても、その感が強い。したがって、入札方式によって尊徳の意図していたところが実際に

表22-2　台町村で表彰された者の持高

名　　前	入札数	持　　高（天保4年）
		石
忠　　蔵	10	11.175
広 三 郎	7	10.589
弥助悴繁蔵	7	11.497
重右衛門悴栄蔵	4	17.159
忠　　吉	4	14.704
庄　　七	3	11.196
吉 兵 衛	2	10.842
弥右衛門悴兵七	2	11.490
弥 五 郎	藩役人見立	4.077

註　・持高は天保4年「人別并所持高書上帳下書」（今川家文書）による。なお、村外の持高も含めた（表24も同）。

どの程度農民に浸透したか、疑問が残る。逆に、藩役人の見立てでは四石余の弥五郎が選ばれており、表面上の貧富に関係なく、日常の生活態度にもとづいて選んだことがうかがえる。

㋺天保七年（一八三六）一二月「茂木皆済並穀持共御褒美帳」、㋩同八年（一八三七）三月「谷田部窮民御救並村々助成御褒美被下帳」

㋺㋩とも貯穀をした者および窮民助成のために貸穀・売穀した者が表彰されており、飢饉時の表彰の特徴が表れている。各村とも数名表彰されており、褒美として苗

表23　天保7年12月　茂木領年貢皆済村・組の表彰

表彰村・組名	皆済時期区分
藤　縄　村	1番皆済
高岡村前久保組	1番皆済
同 村 添 組	1番皆済
芦　沼　村	2番皆済
石　下　村	1番皆済
坂井村上組	2番皆済
後　郷　村	2番皆済
槻　木　村	1番皆済
檜　山　村	1番皆済
河　井　村	1番皆済
増　井　村	2番皆済
馬　門　村	3番皆済
河　又　村	1番皆済
入　郷　村	1番皆済
小　深　村	1番皆済
山内村戸越組	1番皆済
同 村 甲 組	1番皆済
同村元小沢組	1番皆済
同 村 圷 組	1番皆済
同村鞁石組	2番皆済
同村下平組	2番皆済
同村中郷組	2番皆済
飯　野　村	3番皆済

註　・天保7年12月「茂木皆済並穀物共御褒美帳」（『二宮尊徳全集』第23巻、701～719頁）により作成。

表24 天保9年4月に台町村で表彰された者の持高

名前	入札数	持高(天保4年)
		石
△逞蔵	6	11.196
○忠吉	6	14.704
○忠蔵	8	11.175
○吉兵衛	3	10.842
○兵七	3	11.490
円蔵	2	9.757
○栄蔵	6	17.159
○弘三郎	6	10.589
○繁蔵	3	11.497
源蔵	2	8.794

註 ・○印は、天保6年にも選ばれている者。
・△印は、天保6年に選ばれている庄七の悴。

字・帯刀・上下を免許されるか白銀・鍬・鎌等を下賜されている。

また、㋺では、年貢の早期皆済の村あるいは農民個人に対する表彰も行なわれている。褒賞の基準を役所が詳細に規定しており、要約すると以下の如くになる。㈠皆済期日は一一月二五日で、一一月一五日までを一番皆済、同月一八日までを二番皆済、同月二一日までを三番皆済とする。㈡一番皆済・二番皆済の村には、前者では村上納米高の五%、後者では二・五%を下す。三番皆済の村には、鎌一挺宛各人に下す。そのうち五俵以上の者には新鎌二挺宛、七俵以上の者には新鍬一挺宛を下す。ただし、一〇俵以下の村方皆済は二番皆済の通りに褒美を下す。大村の場合は一組皆済でもよい。㈢一番皆済期日までに一村皆済の無い場合は、皆済した個人ごとに、五俵以上皆済者には上納米高の二・五%を下し、五俵以下の者には上納高に応じて鎌二挺あるいは一挺を下す。また、二番皆済期日までに一村皆済の無い場合は、五俵以上の者には新鍬一挺、五俵以下の者には鎌一挺を下す。

以上の如く、皆済時期によって褒美に差を設けるなど、皆済意欲を引き出すためにかなり細かい配慮をしている。殊に一・二番皆済の村には褒美として年貢米の一部を下すことにして、皆済奨励と同時に飢饉対策をも兼ね合わせているのが、この年の特徴である。これについては、「米にて御褒美被下置候儀は、不御容易儀に付、後年之例に不相成候間、其旨可心得もの也」と、当年限りの特例である旨、役所より申し渡している。

表23をみると、茂木領の大半の村が褒賞資格を得られる期日までに年貢を皆済しており、しかも一番皆済が最も多く、次いで二番皆済で、三番皆済はわずか二村のみである。年貢米の一部が下賜される一・二番皆済が大部分を占めているところからして、飢饉対策を兼ねた年貢皆済奨励策がかなり効を奏したことがうかがえる。また、三番皆済期日までに一村皆済に至らなかった村でも、かなりの農民が個人的に表彰を受けている。

㋥天保九年（一八三八）四月「谷田部農業出精人御褒美帳[202]」、㋭同年一二月「谷田部奇特出精人御褒美並御救被下帳[203]」、㋬同年一一月「茂木奇特出精人御褒美被下帳[204]」

㋥㋬には、最初にこの年の表彰の趣旨について述べた役所よりの「申渡」が記されている。例えば、㋥では、「先般、御入部に付、御巡見被為済候之所、兼て被　仰出置候御趣意、不泥旧弊、誠実に相守、一致之丹誠相連、農業相励・改革之姿押移、追々村柄一際取直し候哉、御見渡　御賢察被為在、御満足に被　思食、出精之族へは、夫々御褒美可被下置御沙汰に付、今般其村々呼出、出精之族へ入札申付、依次第御褒美可被差遣」と述べている。つまり、この年の表彰は、巡見の結果、仕法がかなり成果をあげつつあるとの認識に立ち、仕法の趣旨を守り農業に出精した者を表彰することにより、一層の奮励を促すことを意図したものである。

まず藩役人の見立てによる表彰についてみると、谷田部領では天保九年四月に三名、同年一二月に三〇名、茂木領では同年一一月に九〇〇名近く表彰されている。褒詞をみると、表彰理由は農業出精、潰れ跡式再興、荒地再発、冥加米金上納、貯穀等々であり、仕法趣旨の体現者を藩役人が見立てて表彰し、「弥其気無弛、出精差加永続可致」と、一層の奮励を促している。褒美としては、苗字・上下を免許されるか、酒・吸物あるいは鍬・鎌等を下賜されている。茂木領ではきわめて多くの者が表彰されているが、その大部分は貯穀をしている者、昨年から当年にかけて冥加米金を上納した者である。

村民の入札による表彰は谷田部領のみで行なわれている(三)。天保六年(一八三五)の時は、各村ごとに定数を決めて、入札数の多い順に定数までを表彰者に決定し、褒美の種類・数も村ごとに順位に応じて決めていたのであるが、この年は、入札二枚以上の者をすべて表彰し、褒美も村に関係なく入札数によって一律に決めている。したがって表彰人数もふえ、一番多い内町村では一五人も表彰されている。褒美は鍬・鉄搭・鎌・鋤である。一律に入札二枚以上の者を表彰することにしたのは、少しでも多くの者が表彰されるよう配慮したものと思われる。

台町村では、天保六年時の当選者八名はすべて持高一〇石以上の上層農民で占められていたが(表22―2)、この年には一〇石未満の者が二名、入札二枚を獲得して当選している(表24)。ただ、他の八名のうち七名は天保六年時と同一人物であり、一名は同じ家の者であるので、先に指摘したように、公平化を図り、村民の自主性を涵養するための投票とはいえ、そこには村内での力関係が多分に反映していたであろうことを推測せざるをえない。

㋣天保九年(一八三八)「谷田部田方早皆済御褒美取調帳」[205]、㋠同年一一月「茂木田方早皆済御褒美取調帳」[206]

褒美の内容は鉈・鍬・鎌・唐箕・千石通し・莚など種々の農具であり、これを一番皆済(一〇月二八日迄)と二番皆済(一一月三日迄)とによって差を設けて下賜している。谷田部領、茂木領ともにほとんど全戸数と思われる多数の者が表彰されており、しかも大部分が一番皆済である(茂木領は全員一番皆済)。また、三年連続惣村一番皆済した村には、年貢米の一割を褒美として下している。谷田部領では上横場村・南中妻村、茂木領では河井村・小深村・入郷村・河又村・山内村が、その褒賞を受けている。

農民たちが積極的に年貢を上納し、また冥加米金を献納しているのは、確かに褒賞が効を奏したといえようが、しかし、単にそれだけでなく、納めた米・金が農村復興事業の費用として再び自分たちに還元されることを期待していた面も大きかったに相違ない。さればこそ、廻村した役人が「大方御趣法之御趣意押移、追々可致旧復哉に御見渡被成、御頼母敷被思召候」(への前書)と認識した如く、農民たちは積極的に仕法に協力したのである。

だが現実には、先にみたように、この頃から「無尽蔵」の米・金の大半は藩の御勝手へ繰り込まれ、農村復興のためにはあまり支出されなくなっている。そして、仕法の内容自体も、後述の如く農民に負担増を強いるものに変質していく。それに伴い農民の間に次第に不満がつのり、藩の施策に抵抗する動きもみせるようになる。

(リ)天保一〇年(一八三九)五月「谷田部奇特人御褒美帳」(207)

この年の表彰は、その前文から、藩主が大坂在番で留守をしている間に、これまで仕法によって高まってきた農民の農業への意欲が弛緩するのを防止することを意図したものであることが知られる。小野崎村の庄屋・組頭・惣百姓を農村復興に著しい成果をあげたとして表彰している他、七カ村一一人の農民を藩役人が見立てて、農業出精、荒地再発、入百姓の世話などの理由で表彰している。

(ヌ)天保一二年(一八四一)一一月「御褒美返納願書之写」(208)

茂木領の馬門村他一四カ村の世話方・組頭・庄屋が、昨年まで田方年貢を三年連続一番皆済した褒美として下される予定の上納米の一割を献納したい旨、願い出ている。これは、農民が自発的に願い出たのか、あるいは藩役人の指図に従ったものか断定し得ないが、先にみたように天保一二年には「無尽蔵」米の九割が藩の御勝手へ繰り込まれており(表19―1)、仕法が藩財政再建を第一義とする方向に転換した時期であることを考えると、そこには藩の指示が介在していたことも十分予想できよう。

c　荒地再発

荒廃に帰した土地を再発することは、尊徳の農村復興仕法の根幹をなす。

天保六年(一八三五)四月、まず谷田部領の根崎村・境田村・古館村・境松村・小野崎村・手代木村・松木村、茂

木領の馬門村・飯野村・石下村から荒地再発事業が開始された。小野崎・手代木・松木の三カ村には、桜町仕法に従事した岸右衛門と久蔵が黒鍬人足（雇人夫として編成された流浪の土工技術者）を引き連れて入り、事業に当たっている。また茂木領の三カ村へは小田原藩領栢山村の弁左衛門を荒地再発功者のゆえを以て遣わし、世話人としている。[209]「同年六月に至見渡候所、荒地再発場所植付、作並宜、別て谷田部小野崎村、年来荒廃之場所故、作並一ト際宜、掛役人共は勿論、其余藩民挙て人気引起、御趣法に趣候様に御座候」[210]と中村勧農衛は記しており、藩民挙げて意欲的に荒地再発に取り組んでいた様子がうかがわれる。茂木奉行上田正太郎他三名の天保六年七月三日付の尊徳宛の書翰でも、荒地再発および溜池・堰・道橋等の普請が順調に進捗している旨、報告されている。[211]

茂木領では当初、「安逸無頼人は勿論、其外一同農間見合励勤致し、賃金扶持米を以、暮方を補ひ申度段願出候付、其意に任為取行」ていたが、世話人の弁左衛門より「開発方元より一切不案内之儀に付、呑込候者而已相勤度旨」願い出たため、小田原領より一〇数名、桜町領より数名の開発に慣れた人足を呼び寄せ、天保七年（一八三六）一月より地元の人足と共に開発に当たらせた。[212]

小田原人足は、一月二八日より七月二四日まで馬門村・同村字深作・飯野村・鮎田村高田新田・石下村石ケ坪田・同松山下・牧野村の開発に順次従事しており、延人足八一八人二分、賃金二五両余、扶持米二五俵余となっている。一方、桜町人足は、一月二九日より二月一三日まで馬門村の開発に、六月六日より同月二七日まで牧野村の開発に従事しており、延人足九〇人七分、賃金三両一分、扶持米一石余となっている。

四月晦日付の上田正太郎他三名の尊徳宛の書翰では、開発が一段落ついたので弁左衛門らを帰国させても差し支えない旨、報告されている。また、この年には冷気雨天がちで諸作物が熟さず、日々米価が高騰していたため、豊作になり米価が下がるまで開発は見合わせることにして、七月二四日で開発を休止し、小田原・桜町人足を帰国させた。

表19をみると、天保八年（一八三七）以降も荒地再発入用は支出されている。天保九（一八三八）〜一一年（一八四〇）は藩主の大坂定番勤務のために公式には仕法は中断されていたが、荒地再発事業そのものはこの間も継続されていたことが知られる。ただ、費用の支出額は、天保一〇年（一八三九）の金額以外は同六、七年（一八三五、三六）よりも大幅に減少している。さらに、同一二年（一八四一）に仕法再開を尊徳に依頼した際、藩主は「分度」外の収入を農村復興費用に充てることを約したにもかかわらず、現実には荒地再発入用は同一二年に一五俵余支出されただけとなっている。そして、「分度」外収入の大半は藩の御勝手へ繰り込まれた。

そのうえ再発地よりの冥加米の上納率も引き上げられた。再発地については、尊徳の作成した雛型では仕法期間中は反当たり二斗の割合で冥加米を上納させることになっていたのであるが[213]、しかるに、天保一一年（一八四〇）九月、羽成村の名主・組頭が次の如き願書を役所に差し出している。

乍恐以書付奉願上候

御領分羽成村小前百姓共願出候ニ付、役人共より奉申上候、当村再発田之儀、是迄厚　御慈悲を以、御免合被成下置候処、去ル酉年より弐斗弐升免ニ被仰付、御上納罷在候得共、一体地窮御田地多ニ而、此上御免合登り候而は、中々以出作不行届候場所多、困窮之小前一同難義至極ニ御座候、何卒格別之御慈悲を以、是迄通ニ而御年延被成下置度奉願上候[214]

右の願書によると、酉年（天保八年）に冥加米の上納率が反当たり二斗二升に引き上げられ、さらに同一一年、再度それが引き上げられんとしたため、小前百姓たちが、これ以上引き上げられては「難義至極」であるとして、その年延べを村役人をつき動かして役所に願い出させたことが知られる。

先述の如く、天保八年（一八三七）は、「無尽蔵」の米・金の大半が藩の御勝手に繰り込まれるようになった起点の年である（表19）。しかも、表18―1をみると、再発冥加米自体が「無尽蔵」に繰り入れられていないケースが多い。[215]してみると、藩役人は尊徳の指示に反し、再発地よりの冥加米上納率を引き上げる一方、それを最初から藩財政に繰り入れるか、あるいは一旦「無尽蔵」に入れても、そこから御勝手に繰り込むことにより、藩の財政収入の増加を図ったことが知られよう。こうした藩の方針が小前百姓たちの反発を招いたのである。そして、後述の如く、尊徳からも厳しく非難されることになる。

天保六（一八三五）～一二年（一八四一）の間に支出された荒地再発入用の総額は米二〇八俵余、金六三六両余で（表19）、うち谷田部領一一八俵余、三一五両一分余、茂木領九〇俵、三二〇両三分余となっており、ほぼ同額である。荒地再発に並行して、用水路・排水路・堤防・道路・橋梁等の普請も行なわれた。天保六～一三年の諸普請入用の支出総額は、米五四俵余、金三八九両余である（表19）。うち谷田部領は四八俵余、三六六両一分二朱余、茂木領は六俵、二二両二分二朱余となっており、前者が大部分を占めている。これは、谷田部領は窪地が多いため雨が降ると洪水が発生しやすく、また滞水して作物が腐りがちであったので、治水・灌排水条件の整備に特に力が注がれたからである。

「報徳記」には、谷田部藩領の仕法の成果について、「数百町の開田をなし興復の用財たる分度外の米粟千五百苞を出せり」[216]と記されている。尊徳自身は、仕法前の谷田部藩領の荒地は全領地の六〇％近くで、仕法の結果、そのうち約半分が復旧した、と見積もっている。[217]しかし、まだ半分未復旧の荒地が残っているにもかかわらず、藩側はある程度復旧したことに安心して、農村復興にあまり力を注がなくなり、「分度」外の収入を藩財政に流用していることを、彼は厳しく非難している（この点については後述する）。

d　人別増加策

農村を復興させるためには、荒地再発とともに、減少した農村人口を回復させることが要諦となる。

天保七（一八三六）～一三年（一八四二）の間に、分家・入百姓による新百姓取り立て入用として、米二六一俵余、金一〇七両余が支出されている（表19）。米は全額谷田部領に対するものであり、金の方は谷田部領七七両余、茂木領三〇両余となっている。人口減少の著しかった谷田部領の方に特に力が注がれたことが知られる。新百姓には家作料・農具・生活必需品・夫食等を無利息で貸与し、そのうちより荒地再発賃金を差し引き、残額を返済すれば家屋敷田畑をその者の所持とすることにしている。[218]また、潰れ百姓の跡式を再興して子弟を分家させた者や入百姓のうちで特に出精した者を、積極的に見立てて表彰している。

表19―2をみると、天保七、八、一一、一二年（一八三六、三七、四〇、四一）に「出生人養育金」が支給されている。しかし額は多くなく（総額七両三分）、しかも茂木領のみに限られているので、制度化されたものではなく、特に困窮の者のみに手当が支給されたようである――嘉永五年（一八五二）に小児養育手当支給制度が創始されている――。第二節の㈢でみた如く、尊徳自身は、農民が間引・堕胎をするのは、決して領主の言う如く農民の仁心の欠如によるものではなく、年貢の過重さと民政の不行き届きのために農民の生活が成り立たないからだ、と認識していた。それゆえ、負担を軽減し、撫育に努めて、農民の生活を安定させさえすれば、自然の性情にもとづき必然的に子供を養育するようになる、と考えていたのである。領主の農民教諭では、必ず間引・堕胎の禁止を強調しているのに比べ、彼がとりたててそれについて農民に教諭はしていないのも、そうした考え方にもとづいていたと思われる。

では、谷田部藩領の人口はどの程度回復したのであろうか。うち茂木領については、慶応三年（一八六七）の人口が一万八六人であったことが確認されている。[219]天保七年（一八三六）の同所の人口は六七〇二人であるから、仕法開始後幕末までに三三〇〇人以上も増加したことになる。ただ、享保八年（一七二三）には一万三一三三人であったので、最盛期には大分及ばない。

e　助郷人馬役負担の便法

茂木領の村々にとって日光街道と奥州街道の助郷人馬役は大きな負担であり、農民を疲弊させた一因であった。天保八年（一八三七）一一月、下菅又村権左衛門、藤縄村貞四郎代利右衛門、山内村庄右衛門の三人が一七カ村惣代として出府し、道中奉行へ「年柄難渋に付、宿詰休年歎願」をした。これに対し、谷田部藩側は、「海道(街)人馬継立等之儀は、　東照宮様　御神徳を以　御静謐御治世被為遊、上下子孫末々に至迄安穏に相過候は、全　御神徳故と、一同も難有承知可罷在、右に付ては人馬継立、宿詰等之儀は願出、出精相勤候ても可然程之儀に可有之所、目出度太平之御代を常と致居候故、代助郷適被仰付候ては、難渋迷惑抔歎願申立候様成儀は　御国恩を致亡却候筋にて、其村方之禍とも可相成間、潔相勤候はゞ、却て福に可相成、天然自然之実理候間、皆共徹心魂致承服」と農民を諭して、訴願を中止させている。そして、その代わりに、尊徳の指示により、仕法期間中、再発地よりの上納米を免じ、その分を街道雇人馬賃銭に充て、作徳米は村方に積み置き、飢饉凶荒・難病の備えとするという措置をとっている。(220)

Ⅱ　天保一四年以降の仕法

天保一四年（一八四三）、尊徳と谷田部藩との関係が断たれたことにより、以後の仕法は中村勧農衛独自の指導の下に行なわれることになった（彼は安政五年〈一八五八〉八月に死去している）。それに伴い、仕法の内容自体も、尊徳の指導したところとは大きく変質したものとなっている。以下、この期の重要施策の特質について検討しておこう。

a　日掛縄索代金上納と無利息金貸付制度

天保一四年（一八四三）一一月、茂木領の藤縄村・林村・小深村の庄屋・組頭・惣百姓が、公儀（幕府）より下された日光参詣の際の人馬鉢石宿詰の手当金を、「村柄取直」仕法資金のために献上したい旨、願い出た[221]。これに対し、藩は、この献上金を「報徳善種」に定め、この金高に倍する藩よりの「御下金」を加え、病難困窮難渋者を救済することを目的に無利息金貸付制度を創始し、農閑期（正月より春彼岸迄と秋彼岸より一二月晦日迄）に一夜一軒に付き一房ずつ縄索をさせ、これを積み立てて上納させ、その代銭の倍の「御下金」を「報徳善種金」に加えることによって、この制度を将来にわたって運用していくことにしたい、と農民に申し渡している[222]。

右の趣旨にもとづき藩役人が具体的な雛型を作成している[223]が、資金とされているのは先述した天保一二年（一八四一）の茂木領の村々の褒美献納米の代金である。表25に無利息金貸付の実態を示しておこう。本来、この制度創始の目的は病難困窮者救助にあったのであるが、実際には「精農心掛宜鋪輩、分家取立、新家作潰跡式相続、農馬買入、其外窮民救助、荒地起返、質地田畑取戻、手宛等廉々賞誉、救助等に施」と、仕法全般の進捗を図るために運用されている。無利息七カ年賦であるが、完済後、さらに一年分を「潤如金」として「推譲」させている[224]。雛型では年々の返済分と「潤如金」を貸付資金に加えていくことにしているが、実際には、貸付資金はその年の縄索代上納金のみとなっている。集計欄では、天保一四（一八四三）～嘉永四年（一八五一）の貸付総額一七六七両のうち五九九両余を「是迄良民賞誉・窮民救助・荒地田畑再発料」として引き、残り一一六七両余の年賦返済分は翌嘉永五年より小児養育手当に充てる旨記しているので、嘉永四年までに返済された分は仕法費用に廻したらしい。縄索代上納金を資金とした貸付制度は以後も継続する予定で、その見積もりを作成しているが、返済分は翌年より小児養育手当に廻すことにしている。

日掛縄索制度は本来は、藩が農民から縄を一房四文の割合で買い上げ、その代金を「報徳善種金」に加えるもので

表25　無利息金貸付の実態

年次	貸付金額	左の金額の収入源	1カ年返済金額（無利7カ年賦）
天保14	金223両 永370文5分	茂木勧善寸志上納金	金31両・永910文7分1厘
弘化元	金235両 永713文2毛	救助手当余産品代下金 金41両・永430文2分 勧善縄索代 （茂木　金123両・永692文8分2毛 （谷田部　金70両・永592文	金33両・永673文2分9厘
弘化2	金189両 永643文3分3厘	勧善縄索代 （茂木　金119両・永150文1分3厘 （谷田部　金70両・永493文2分	金27両・永919文4厘
弘化3	金185両 永974文	同上 （茂木　金116両・永371文8分 （谷田部　金69両・永602文2分	金26両・永567文7分1厘
弘化4	金184両 永219文1分	同上 （茂木　金114両・永790文2分8厘 （谷田部　金69両・永219文1分	金26両・永287文5厘
嘉永元	金189両 永969文9分5厘	同上 （茂木　金113両・永222文1分5厘 （谷田部　金76両・永747文8分	金27両・永138文5分6厘
嘉永2	金186両 永324文3分6厘6毛	同上 （茂木　金111両・永730文6分6厘6毛 （谷田部　金74両・永593文7分	金26両・永617文7分6厘
嘉永3	金186両 永324文3分6厘6毛	同上 （茂木　金111両・永730文6分6厘6毛 （谷田部　金74両・永593文7分	金26両・永617文7分7厘
嘉永4	金186両 永324文3分6厘6毛	同上 （茂木　金111両・永730文6分6厘6毛 （谷田部　金74両・永593文7分	金26両・永617文7分7厘

註　・嘉永4年11月「縄索代金積立勧善録」（『二宮尊徳全集』第26巻、871～880頁）により作成。

あったが、実際には、「当年縄索代納、定之通上納遅滞無之様、出精代納可致事[225]」というように、一軒に付き一日四文の割合で代銭納させている。したがって農民にとっては新たな課税となり、嘉永五年（一八五二）一月、台町村清衛門他三人が、次の如く役所に縄索代納の免除を願い出ている。

台町清右衛門外三人之者一同奉申上候、私共義連々困窮差募、諸借金相嵩、家内暮方難相成仕合、無余義去亥十二月中より丸奉公稼ニ罷出、相残り候者は、家内老弱・幼少之子供・厄介多ニ而、漸々其日を相営罷在候儀ニ御座候処、昨亥年迄月々縄索代納無滞相納罷在候処、右体難渋之次第ニ相成候而は、此上難義至極ニ奉在候、無拠今般奉願上候、尤追々取続奉公向引込候節ハ、出精仕、右取立御上納可仕奉存候間、此段被為御聞召訳、当時御宥免被成下置候様奉願上候[226]

縄索代上納という名目の新税が農民を「難義」せしめていたことが知られよう。では、農村復興仕法の本来の資財である「無尽蔵」の米・金は、どのように扱われていたのであろうか。

天保一四年（一八四三）の「御収納米金三ケ所取捌正現見渡帳[227]」をみると、「分度」外の収入を除いて藩の財政を賄うとすると、七一二両余の不足となり、そこで「分度」外の収入を全部藩財政に繰り込むことにして予算を立てている。また、弘化二年（一八四五）の「辰米金取捌三ケ所差引目録[228]」では、谷田部領の「分度」外収入米二二五俵余（茂木領は無し）の全部が「御勝手御借上ケ」となっており、さらに江戸の「無尽蔵」より三五両が御勝手に繰り込まれている。先にみた如く、すでに天保八年（一八三七）より「無尽蔵」の米・金の大半は藩の御勝手に繰り込まれるようになっていたのであるが、仕法が完全に中村勧農衛の指導下に入った天保一四年（一八四三）以降、その傾向はさらに強まったものと思われる。

してみると、日掛縄索代金上納制度は、農村復興仕法の資金を新たに捻出するために創始されたことが知られよう。

つまり、尊徳の設定した「分度」を超える年貢収納分および再発冥加米等も藩財政に繰り入れ、農村復興仕法の方は新たな農民の負担によって推進しようとしたのである。中村勧農衛自身は、「縦令平均内外之規則相崩候共、人別丈之民力相助、及勧農候はゞ、自然と人気精農に進み、何れ之日歟旧復安堵之手寄可相求之時宜可有御座[229]」と考えていた。だが、農民に負担増を強いる方法で、農民の生産意欲を高め復興の実をあげることなど、望むべくもなかった。現実には、農民の反発を招くことになったのである。彼は、「一般之人質惰弱之風俗に流、是非之弁別なく、動れば聊之利非を争、公事公訴を企、……〈中略〉……家株致破滅離散退転および候もの少からず[230]」と、農村復興が思うように進展しないことに苛立ちを示し、それは農民の惰弱・無分別によるとして譴責している。

一方、先にみた如く、藩の借財の方は、天保一二年（一八四一）以降順調に返済が進み、特に天保一四年（一八四三）には未返済額が大幅に減少している（表16）。それは仕法の内実が藩財政再建を第一義とする方向に転換したのに由来することが、以上の検討から知られよう。

b　出産・小児養育奨励

嘉永四年（一八五一）、中村勧農衛は、農民の間引・堕胎の風習を戒めるために、「さとしぐさ」と称する教諭書と地獄絵を村々に配布した[231]。そこでは、間引・堕胎の原因は農民の仁心の欠如にあるという認識に立ち、それを鳥獣にも劣る行為であるとして厳しく批判している。そして、天の冥慮に背いて間引・堕胎を行なうがゆえに、天罰として諸々の災難・不幸がふりかかって来るのだという論理で以て、それをやめさせんとしている。しかるうえで、最後に、以後縄索代金貸付の返済分を小児養育手当に充てるゆえ、子供を育て、農業に励み、年貢をすみやかに納め、上の御恩に報いるようにと、説諭している。「さとしぐさ」の論理は、第一節の㈣でみた領主階級の手になる農民教諭書一般の論理と同様のものであり、間引・堕胎の原因を領主の収奪の苛酷さと勧農の不行き届きにみている尊徳の論理

（第二節(三)参照）とは対蹠的である。

中村勧農衛は、嘉永五年（一八五二）に出産・小児養育手当支給制度を創始した。その雛型[232]をみると、嘉永五年の資金は、谷田部・茂木両領の再発冥加米の代金一〇九両余に先述の縄索代金貸付の返済金を加えて計五六八両余となっている。その支出の内訳は、出生の際一人に金一分ずつ手当を支給することにして、一年に八〇人出生と見積もって計二〇両、出生児一人に付き一カ月四〇〇文ずつ養育手当を支給することにして、一一カ月間で計五三両余、尊徳より借りた報徳金の年賦返済分一〇〇両、残金三九四両余は利金三九両余で「窮民救貸付」、となっている。翌年よりは、前年度よりの繰越金（前年度の「窮民救貸付」の返済元利金）と再発冥加米の代金[234]（年々一〇九両の見積り）、縄索代金貸付の返済金とを資金として、この制度を運用していくことにしている。養育手当は出生後三カ年間支給することになっている。

（233）の注記は「って計」の直前にある。

この制度の名目は出産・小児養育奨励となっているが、実際には、手当の支給対象は四人目以上の出生児に限られ、したがってその支給総額は少なく、各年次の資金の大部分は利付き（利率約一割）の「窮民貸付」に充てられている。しかも、その元利金がすべて翌年の資金として繰り越されることになっているので、一年季の貸付であったことが知られる。したがって、「窮民貸付」という名目に反して、実際には農民よりの高利収奪として機能しかねない性格を持つものであった。村方には利付きの一年季で拝借した証文も残っているので[235]、実施されていたことが知られる。

また、嘉永五年（一八五二）には、領内より分限に応じて献金をさせ、これを利率一割二分の一年季で領民に貸し付け、返済元利金を以て藩の臨時入用の備えとする制度も創始している[236]。これなどは、藩の財政再建を第一義とするこの期の仕法の性格を端的に示すものと言えよう。谷田部領では、嘉永五年より三カ年間、一年ごとに一三五両ずつ献金するよう申し付けられており、嘉永五年の分は一一カ町村一四名に、利率一割二分で貸し付けられている[237]。このうち中妻村の権兵衛は「名主」と肩書きされており、また台町村では、やはり名主であった伝左衛門が貸付を受けている。したがって、貸付対象は名主クラスの富裕農民・商人であったと断じてよく、しかも献金の主体も彼らであるから、実際には名目上の貸付で利子を稼いだものであっただろう。

c　積穀制度

尊徳指導下の仕法においても、備荒貯蓄の必要性はたびたび説かれているが、それはあくまで自発的に節倹に努めて余剰を生み出し、それを貯蓄することを促したもので、制度化はされていなかった。ただ、「無尽蔵」の米は、その一部を順次翌年に繰り越していくことにより、備荒貯蓄としての機能をも果たすべき性格のものであった。それは、表17をみると、「無尽蔵」のうち金の繰り越しは天保一〇年（一八三九）以降全くみられないのに対し、米の方は天保一〇年を除いて繰り越しがなされていることにも示されている。しかし、天保一一年（一八四〇）以降は、「無尽蔵」米の九割以上が藩の御勝手へ繰り込まれているために、繰り越し米の額はかなり減少している。

嘉永三年（一八五〇）に積穀制度が創始されているが、これは、「無尽蔵」米の藩財政への繰り込みによって、その備荒貯蓄としての機能が低下せざるをえなくなったため、これに代替させようとしたものと思われる。この制度は、年貢割引米のうち一割を備荒のために郷蔵に積穀させるものである。[238] しかし、ここでいう年貢割引米は、そもそも荒地・損毛分に相当するもので、藩が新たに減免するという措置をとったものではない。したがって、この制度は、農民にとって実質的には強制的な積穀上納となった。

嘉永五年（一八五二）一〇月二七日、谷田部領内の名主が寄り合い、当年は旱損・風損のため、積穀上納の年延べを願い出ることを決め、同二九日に役所に願書を提出したが、却下されている。[239] 安政四年（一八五七）には、不作のため農民が難渋していたにもかかわらず、藩が積穀上納を強制したため、館（立）野・中内・上原三カ村の小前百姓たちが大挙して江戸の谷田部藩邸に越訴するという騒動も起きている。[240] また、積穀は利付きで貸し出されている。嘉永四年（一八五一）六月の段階では二割の利米を加えて次の収穫時に積み戻すよう指示されている[241]が、安政三年（一八五六）の役所宛の積穀拝借証文[242]はすべて利米一割となっている。おそらく、この間に農民の歎願によって引き下げられたのであろう。

d　その他

弘化三年（一八四六）の「御用向日記[243]」をみると、藩役人がたびたび廻村して荒地再発を指導している記事がみられるので、荒地再発事業はこの期も継続されていたことが知られる。

また、同日記によると、弘化三年より御林（藩有林）の植林に力を入れている。同年一月二三日に「御領内御林有之村方江絵図面認差出候様」通達し、一月二八日には山方諸役人を任命して「御林見分」をたびたび行なっている。茂木領は山林が多く、昔から藩の重要な財源となっていたが、天保初年には「山林竹木迚も、難村困窮、旁以生育難相待、切払売木等にて、平野同様之姿[244]」になっていた。そこで、植林に力を入れて山林を再生し、藩財政に資することを企図したのである。しかし、藩有林はもとより農民の入会地をも囲んで植林したため、特に平地に位置する谷田部領では農民の採草地がますます乏しくなり、彼らの反発を招いた。弘化三年（一八四六）と嘉永四年（一八五一）に谷田部領の一〇数カ村が団結して入会地返還を要求する越訴を起こしており、藩もその返還を認めざるをえなかった。[245]

なお、前出の「御用向日記」および台町村の嘉永元年（一八四八）以降の「御用留」をみると、個別的に藩より表彰された記事は散見するが、制度的に行なわれた形跡はみられない。逆に、農業出精者ではなく、耕地を荒らした者を入札して役所に届けさせる方法にすり代わってしまっている。[246]

(三)　尊徳と谷田部藩との確執

先述の如く、天保一四年（一八四三）、尊徳と谷田部藩との関係は断絶した。そのため尊徳は、これまでの事業報告書の提出と貸し付けた桜町報徳金の返却を谷田部藩に要求した。だが藩側は、全くこれに応じようとしなかった。中村勧農衛に書状を出しても返事がなく、会見を申し込んでも居留守を使われて断られている。尊徳がこの交渉の経緯について記録した書類[247]をみると、こうした相手側の態度に憤激した表現となっている。

先にみたように（表18―2）、尊徳が谷田部藩の仕法のために桜町領より投入した金子および米・雑穀・鍬・鋤等は、金額にして総額一九五一両余にも上っている。これは無利息五カ年賦で返済すべきものであったが、実際には天保一三年（一八四二）段階で二六八両三分しか返済されていなかった[248]。ただし、この貸付には「趣法通取行功験無之、返済難相届候節は、不及其儀[249]」という条件が付けられていたが、彼がその返済を強く求めたのは、その投入によってせっかく農村がある程度復興し、「分度」外の収入も生ずるようになったにもかかわらず、彼の指示通りにそれを繰り返し農村復興仕法に投下することをせず、藩財政に流用していたため、「報徳」の趣旨に背いている、とみなしたがゆえであった。嘉永二年（一八四九）、彼は、谷田部藩政のあり方を次の如く痛烈に批判している。

去ル午年以来、荒地起返し、産出候平均御土台外米金、千五百六拾俵余、其外御本方より多分之軽利金御繰入被下置候余徳を以、凡拾弐万両余之御借財も荒増形付、柳原御上屋鋪始、谷田部御陣屋御普請も出来、次に中郷御下屋敷代地迄相整、去冬は　辰十郎様御乗出しも相済候に付、表向は御高丈相整候得共、先年御困窮相成候其根元を不知もの抔は、十分無此上、立直り候様相心得可申候得共、前々古荒五分九厘弐毛之内、御趣法以来凡半分、弐分九厘五毛八弗起返り候と見積り、都合七分少し余、弐分九厘六毛五弗之御不足、凡三ケ年に壱ケ年皆無同様に罷成候悪種、速に官祿身命を抛て、御子孫永久之為を御開発可被成御身分に候処、案外結構御取立被下置候御恩沢に甘へ、又妻子之愛情にひかれ、先年約諾仕置候発願を翻し、立身出世、身分之為に包置、年々歳々御分内より発行仕候御困窮は、向後御自分始、仮令何程名人智者並出るといえども、是を防事不叶、古歌に、田子の浦に、うち出て見れば、白砂の、富士の高根に、雪はふりつゝ、とかや、眼前当方より繰入候御土台米金、御返済之儀は勿論、御本藩より多分之御助成を以、御世話被進候其甲斐も無御座相成り、忽素之如く荒地と罷成、家数人別御収納等相減、御困窮に罷成候段、残念至極奉存候[250]

仕法によって荒地もかなり起き返り、「分度」外の米・金も産出し、借財整理も進捗したが、しかし、これで十分立ち直ったと判断するのは間違いである。もしこれで安心するとしたら、それは以前に困窮した根元を知らないからである。まだ領内には三割近くの荒地が残っている見込みで、すぐさまその開発に力を注ぐ必要がある。しかるに、先年、「分度」を守り、それを超える米・金収入を農村復興仕法に投入することを約したにもかかわらず、違約してそれを自分のためだけに抱え込み、復興仕法をなおざりにしている。このままでは領地はたちまち元の如く荒廃に帰してしまい、当方より米・金を繰り入れて援助した甲斐もなくなってしまう。

以上の如く批判したうえで、「去ル午年以来拾五カ年之間起返り、産出候平均御分台(土カ)外米金、其外以前と違ひ、所々起返り候趣法米金も、多分有之候間、一作未四月、御伺相済居候雛形之通、年々繰返し、尺寸之廃地無之様起返、為作立、其潤沢を以、借財返済、窮民撫育、潰退転式取立、御仁徳を左右に布候はゞ、御領中而已に不限、詰り御国益にも相成可申候[251]」と、「分度」外米・金を年々繰り返し農村復興仕法に投入していくよう要請し、それは領分中の益のみに限らず、つまるところ「御国益」にもなるのだ、と説いている。ここには、単に個別領分の富裕化のみを目的としていたのではなく、日本全体の「興(富)国安民」の実現を企図して各地の復興仕法を指導していた尊徳の視野も示されている。

　これに対して、谷田部藩側は、尊徳との約束に背き「分度」を守らなかったことを認め、それを詫びながらも、「第一上経済不相立候ては、下領民撫育不相届」[252]と弁解している。すなわち、谷田部藩は、藩財政が再建できてこそ領民の撫育もできるのだと、前者を優先させる論理で以て尊徳に返答しているのであり、ここに、農村復興こそを何よりも優先すべきだとして、領主階級に「分度」内での緊縮財政の実践を厳しく要求する尊徳の論理との相異が、端的に示されている。[253]

　桜町報徳金返済問題は結局、嘉永四年（一八五一）にとりあえず三〇〇両を故大久保加賀守菩提所麻布教学院へ回向料として献金し、翌年より五カ年間で残りを年賦返済していくことで示談が成立している。[254]

おわりに

　農村の荒廃化は、農民にとっては何よりも、自らの生産・生活、かつ先祖祭祀の場である「家」、およびその存続を支える社会的基盤である「村」共同体の崩壊の進行にほかならなかった。それに対する危機意識が、農民をして主体的に自力更生を図る思想的・実践的営為へと駆り立てた。そこに、勤労・倹約を基本とする禁欲的な生活倫理思想、一定の科学性・合理性に基礎づけられた農法が生み出されるところとなった。それを支えたのは、自らの体験と観察にもとづき自然界と人間世界の理を「自得」する精神であった。

　尊徳の思想も、この期の農民の直面した課題に立脚しており、かつその精神構造に原基を有していた。ただ、農民の思想的・実践的営為は、あくまで自家・自村の復興・存続を目的としたもので、したがって、「家」「村」の論理的枠内にとどまっていたのに対し、尊徳は、それを基礎としつつ、かつそれを超えて社会的思想・事業様式にまで高め、体系化した。彼が目指したのは「興（富）国安民」の実現であり、その原理として「報徳」道を提唱した（「至誠」「勤労」「分度」「推譲」を綱領とする）。

彼の思想もまた「自得」の精神に支えられており、自らの農民としての体験にもとづいて自然と人間との関係を原理的に考察することにより、「天道」と「人道」とをそれぞれ「自然の道（法則）」と「作為の道」として区別するに至っている。また、人間社会の成立と構造についても唯物論的に認識し、農民の人間としての主体的営為の意義を理論的に根拠づけた。そして、合理的な自然観・人間観・社会観に立脚して、観念的な「天道」論に基礎づけられている幕藩制的な身分制を原理的に批判し、人間の価値を、身分・格式を基準としてではなく、個人の能力・徳性にもとづいて評価すべきことを、強く主張している。尊徳の思想は、幕藩制という所与の歴史的枠組を前提としながらも、その内部には近代的な人間観の萌芽、人間平等・ヒューマニズムの観念の成長もはらまれているのである。

彼は、「人道」論に立脚して、農民に自律的・主体的な人間としての自覚、自発的な勤労意欲を促す一方、領主に対しても、それを理論的根拠として、「仁政」を不断に実践すべきことを強く要求した。彼は、農村荒廃の根因は領主の聚斂誅求と勧農の不行き届きにあり、その聚斂は、領主が自らの財政に「分度」を確立していないため、その不足を補おうとすることに起因している、と認識していた。それゆえ、彼の仕法は、まず領主財政に「分度」を設定して恣意的な収奪強化を規制したうえで、財政再建は緊縮化によって「分度」内で行なわせ、それを超える収入は農民の生産・生活の安定、農村復興のために繰り返し「推譲」させることを原則としていた。

農民の生産・生活安定のための為政者の施策と、農民自身の主体的勤労および公共の福利への奉仕とが相和することによって、はじめて「興（富）国安民」を実現することができる。これが尊徳の基本的な考えであった。彼は、第二節㈢でみたように、政道の担い手である武士の職分は、「国土安穏、平安無事の政」を行ない、農民をして、安心して「田畑山林を作り立、妻子眷族養」い得るようにすることにある、とみなしていた。これは、尊徳のみならず、幕藩制下における「公儀」＝国家公権の担い手であった武士の職分についての、当時の一般的認識でもあった。だが現実には、幕藩領主は「公儀」としての責務を果たさず、農民をして塗炭の苦しみに陥れている。

尊徳は言う。「我道者。天子之任也。幕府之任也。諸侯之任也。固非卑官小吏所任焉。何也。興国安民経営天下之道也」[255]と。小田原藩さらには幕府の役人に登用された彼は、天子・幕府・諸侯の任を自ら代わって担うという気概をもって、領主の行財政を指導し、「興（富）国安民」を実現せんとした。一方、農村荒廃によって貢租収納量が激減し、深刻な財政難に陥っていた諸領主も、農村復興と財政再建の妙法として尊徳仕法に期待を寄せ、その施行を依頼した。だが、尊徳の仕法が現実の政治過程に組み込まれた時、「安民」こそが「興（富）国」の基礎であり前提であるという考えから、農民の生産・生活の安定、農村復興を第一義とする尊徳の論理と、収入増加による財政再建を第一義とする領主側の論理との矛盾が顕在化するのは必然であった。

谷田部藩では、天保六年（一八三五）に尊徳仕法が発業されている。最初のうちは、藩側も尊徳の指示に従って農民の撫育、農村の復興に力を注ぎ、天保七年の凶作も凌ぐことができ、農村も回復に向かった。尊徳仕法の要諦は、農業生産力回復の成果を繰り返し農村復興事業に投下して、その進展を図るところにあり、その成果が領主財政に吸収されてしまうのを阻止するために、「分度」外の収入は「無尽蔵」と称する特別会計に繰り入れることにしていた。しかし、ある程度復興が進み、「分度」外の収入も増加してくると、藩側はその大半を自らの財政に繰り込み、財政再建の方を急ぐようになっている。そして、それを批判し、緊縮財政による「分度」の遵守を強く要求する尊徳を、次第に忌避するようになった。結局、尊徳と谷田部藩との関係は天保一四年（一八四三）に断絶し、以後、仕法の内容は農民の負担増を強いるものに大きく変質していっている。そのため、農民の抵抗を招き、また尊徳からも、まだ農村が完全に復興していないにもかかわらず、「分度」外の収入を藩財政に流用し、復興事業をおろそかにしていることを、「報徳」の趣旨に反するものだとして厳しく非難され、尊徳が繰り入れた桜町領の報徳金の返済をめぐって対立が生じている。

烏山藩、小田原藩における尊徳仕法においても、領主階級は次第に尊徳を忌避するようになり、結局、仕法は撤廃に至っている。[256]尊徳の仕法が主として領主行政の一環として施行された点を以て、彼の思想と仕法の性格を領主階級の立場に立つ封建的・反動的なものと規定する見解も存するが、しかし、彼の思想・仕法が領主階級の立場から構想されたものならば、両者の論理の矛盾・対立が生ずることもなかったであろう。

本稿で考察してきた如く、彼の思想・仕法は徹底して農民の立場に立脚して構想されている。下館藩家老奥山小一兵衛は、尊徳の仕法の性格について、「御趣法之儀、上より開ケ候儀御座候得ば、御万代御別条無御座、御永続之儀奉存候、下より開候得ば、万々一上之思召被為違候節は、忽国乱れ、御趣法及崩……〈中略〉……二宮氏へ一村御任被成候得ば、大道を以窮民を救、国起候事故、民は誠成者故、同人を慕て一村は不及申、外村迄も取直申候、其節上々少之御不徳被為在候時は、大成過と成、国民乱れ候儀と奉存候」[257]と指摘している。

すなわち、尊徳の仕法は、領主が自ら財政の緊縮化に努めて「分度」を守り、余剰を以て救民撫育・農村復興の「仁政」を不断に実践することを前提にして、農民に対し禁欲的な自己規律と「報徳」の道の実践を要求するものであるだけに、領主が不断に「仁政」を実践しない限り、農民が領主の「不徳」を指弾する論理に転化することになり、「国民乱れ候」契機となる危険性を内包している、と認識しているのである。領主階級が尊徳仕法を危惧したのは、まさにこの点にあった。事実、小田原藩では、尊徳の飢饉対策と農村復興仕法が成果をあげたことによって、領民の間に尊徳の人気が高まり、「報徳様」と称して彼を慕う動きが沸き起こったことに、かえって「国民乱れ候」危機感を抱き、尊徳と縁を切り、尊徳と領民との接触を禁止する措置さえとっている。(258)

尊徳の思想は、「天道」論に基礎づけられた幕藩制的な身分制の下で、農民は、自律能力のない、道徳的にも劣った受動的な存在として蔑視されてきたのに対し、「人道」論にもとづいて農民の存在およびその経済営為の社会的意義を強く主張し、そのことによって、農民の心に自らの経済営為に対する信念を呼び起こし、人間としての覚醒、自律的主体性の確立を促した。それゆえ、彼の思想・仕法が農民に主体的に受容され、実践されたとき、強靭な生命力を発揮することになった。(259)

明治以降、報徳運動が広汎な民衆運動として展開していった背景には、それなりの歴史的な社会条件が存在したことはもちろんであるが、(260)尊徳の死後一〇〇年以上たった現在もなお、人々をしてその実践に駆り立てている、思想としての真の生命力の根源はどこにあるのかということも、我々は改めて考えてみる必要がある。一言でいえば、それは人間の生き方についての根源的な問いかけにある、と思われる。尊徳の理論は、まさにその点を基礎に成立している。そして、そのことによって、田畑の荒廃と精神の荒廃という物心両面にわたる農村の荒廃を克服せんとしたのである。この点こそが、尊徳のみならず、この期の多くの農民・農村指導者たちの思想的・実践的営為の特質であった。

尊徳や老農の理論の限界性を、今日の自然・社会科学の理論を尺度にして指摘することはたやすい。現に、そういう論法で以て、彼らの理論をいともあっさりと切り捨ててしまう論者も少なからず存する。だが果たして、近代科学は、彼らが提起したところを真に超克しているのであろうか――。近代の高度な自然科学の理論・技術、社会科学の理論によって、確かに物質的貧困の問題は克服された。しかし、反面、精神の貧困、人間疎外の問題が深刻化しつつある。さらに、公害、自然破壊という新たな「荒廃」をも生み出している。(261)

註

（1）関東農村の荒廃に関する論稿は数多いが、なかでも、関東農村における商品生産・流通の展開と荒廃化の進行のメカニズムを、地域市場の構造的特質の解明を通じて統一的に把握し、ブルジョア的発展＝両極分解か貧窮分解かという二者択一論的理解（前者では木戸田四郎『明治維新の農業構造』御茶の水書房、一九六〇年、七八年増補再版、同『維新黎明期の豪農層』塙書房、一九七〇年。後者では芝原拓自『明治維新の権力基盤』御茶の水書房、一九六五年）を止揚せんとする、長倉保氏と須永（現、阿部）昭氏の研究が注目される。長倉「関東農村の荒廃と豪農の問題」（『茨城県史研究』第一六号、一九七〇年）、同「北関東畑作農村における農民層の分化と分業展開の様相」（『商経論叢』第七巻第四号、一九七二年）、須永「近世後期北関東の農業構造」（『関東近世史研究』第八号、一九七六年）、同「幕末維新期の農業構造」（津田秀夫編『近世国家の解体と近代』塙書房、一九七九年）、同「天保期の農村」（『講座日本近世史6　天保期の政治と社会』有斐閣、一九八一年）等（長倉氏の二論文は同『幕藩体制解体の史的研究』吉川弘文館、一九九七年、再収。須永氏の前二論文は阿部昭『近世村落の構造と農家経営』文献出版、一九八八年、再収）。

なお、乾宏巳「荒廃期農村の諸特質」（『地方史研究』第一四二号、一九七六年）、長谷川伸三『近世農村構造の史的分析』（柏書房、一九八一年）第一部第一章「関東農村の荒廃と農民層」で、関東農村の荒廃をめぐる論点整理がなされている。

（2）幕藩制解体——近代化の過程における民衆の主体性形成のダイナミズムについては、安丸良夫『日本の近代化と民衆思想』（青木書店、一九七四年）第一・二章で考察されており、通俗道徳的自己規律論が提起されている。

（3）ただし、歴史学の分野に限定しなければ、尊徳に関する論稿は、明治以来きわめて数多く発表されている（二宮尊徳百二十年祭記念事業会編『二宮尊徳研究文献目録』龍溪書舎、一九七八年、内山稔「二宮尊徳研究の手引」、同事業会編『二宮尊徳と現代』理想社、一九七八年、所収を参照）。その多くは、報徳運動の指導者や哲学・倫理学・教育史の研究者の手になるもので、尊徳の伝記的研究、あるいは人間論的・哲学的研究に主眼が置かれている。こうした観点からの研究としては、佐々井信太郎氏と下程勇吉氏が多大な業績をあげられている。佐々井『二宮尊徳研究』（岩波書店、一九二七年）、同『二宮尊徳の体験と思想』（一円融合会、一九六三年）、同『二宮尊徳伝』（日本評論社、一九三五年。経済往来社より七七年復刻）、下程『天道と人道』（岩波書店、一九四二年。龍溪書舎より七八年改編復刻）、同『二宮尊徳の人間学的研究』（広池学園出版部、一九六五年）等。

歴史学の分野では尊徳が等閑視されてきたのは、戦前、少年時代の金次郎が帝国小臣民の理想像として国家によって喧伝されたことに対する心情的な反発にも起因していたようである。戦後、歴史学の分野における尊徳についてのまとまった著書としては、僅かに奈良本辰也氏の『二宮尊徳』（岩波書店、一九五九年）、と守田志郎氏の『二宮尊徳』（朝日新聞社、一九七五年）しかないのが現状である。しかも、前者は新書版、後者は評伝として一般向けに書き下ろされたものであり、そこには歴史家ならではの知見も散見するものの、尊徳の人間像への肉迫度という点では、佐々井氏や下程氏の著書に比べて希薄な感は否めない。近年ではもっぱら幕藩制解体期における尊徳仕法の意義について論じられるようになっているが、尊徳が何よりも理論と実践の一致を重視した人物である以上、仕法の基礎となっている思想、さらには彼の人間像についても、歴史学の分野でも本格的に研究がなされる必要がある。

（4）本書Ⅰ第一章を参照されたい。
（5）秋山高志「谷田部藩領安政四年積穀騒動」（植田敏雄編『茨城百姓一揆』風濤社、一九七四年）一六〇～一六一頁、大木茂『茂木の歴史』（昭和五四年度宇都宮大学内地留学報告書、一九八〇年）一〇九～一一五頁を参照。
（6）本稿で用いる谷田部藩細川家文書は、茨城県歴史館所蔵の写真版による（原文書は、栃木県芳賀郡茂木町茂木一六〇九番地、八雲神社所蔵）。
（7）大木・前掲書（註5）一二三頁。
（8）「旧復趣法記録草稿」（『二宮尊徳全集』第二三巻、龍溪書舎、一九七七年復刻、一八〇～一八一頁。以下、『全集』と略す）。
（9）「趣法発端記録草稿」（『全集』第二三巻、三頁）。
（10）同前六頁、秋山・前掲論文（註5）一六二頁、大木・前掲書（註5）一四二～一六四頁、須永・前掲「天保期の農村」（註1）八九～九一頁を参照。
（11）須永・同前論文八九～九一頁。
（12）例えば、筑波郡の小田村は、慶長七年（一六〇二）には村高一六七八石余で戸数は一五〇戸であったが、その後新田開発の進展に伴い戸口も増加し、寛文七年（一六六七）の旗本横山氏による検地の結果、六六七石が打ち出されて二三四五石余となり、戸口も二九四戸となっている。土浦藩領となった元禄一一年（一六九八）には、さらに三七八戸にまで増加している（『筑波町史史料集』第三篇、筑波町史編纂委員会、一九八〇年、所収「おたまき」の解説参照）。小田村に限らず、新田開発に伴い、本百姓の家の傍系親や隷属農民の新百姓への取り立て、他所よりの入百姓などによって農業人口の増加が図られた。「世事見聞録」(『日本庶民生活史料集成』第八巻、三一書房、一九六九年、六六八頁)でも。「今彼辺(常陸・下野)の古老に問に御入国の頃より御四代様の頃(家綱将軍の寛文期前後)迄は随分豊饒の地にて、段々人数沢山になりて新田畑も出来たる程の事也」(傍点、大藤。以下、註欄引用史料の傍点は同)と記している。

(13) 「趣法発端記録草稿」(註9前掲書三頁)。

(14) 金井 円校注『土芥寇讎記』(新人物往来社、一九六七年)五七二頁。

(15) この点については、長野ひろ子氏も農村荒廃の歴史的前提条件として指摘されているが(「水戸藩の農村構造」『茨城県史研究』第二九号、一九七四年。同『幕藩制国家の経済構造』吉川弘文館、一九八七年、再収)、新田開発と農村荒廃との関係を考える場合、後述する第二、第三の点も見落とすことはできない。

(16) 日光街道は将軍・大名等の日光参詣のため通行量が多く、享保(一七一六~一七三六年)以降助郷村の範囲が拡大され茂木領も含められた(大木・前掲書一七一~一八一頁)。日光街道の助郷村範囲の拡大、農民の負担の実態と北関東農村の荒廃化との関連については、河内八郎氏が下記の諸論文で詳細に検討されている。「日光街道における宿駅と農村」(『栃木県史研究』第二号、一九七一年)、「日光街道助郷制の展開」(同前第三号、一九七二年)、「助郷制の崩壊と宿駅制の変容」(同前第五号、一九七三年)、「日光社参と下野農村」(同前第九号、一九七五年)、「宝永五年日光社参と下野農村」(同前第一六・一七合併号、一九七九年)。「世事見聞録」(註12前掲書六六八頁)でも、国役と伝馬人足役負担の重さが農民を難儀せしめ、「堪へ兼て段々離散し荒地潰家出来る」と指摘している。殊に、荒地があっても村高を基準に賦課するため、その過重性が倍加することを強調している。

(17) 例えば、熊沢蕃山は、「新田畑は古地の害になるもの也。となりの害になるもあり。国には不毛の野山多は牛馬を養ふにたよりよく、薪をとるに足者也。新田これらの害となるものあり」(「集義和書」〈補〉、『日本思想大系30 熊沢蕃山』岩波書店、一九七〇年、四〇一頁)、「下に新田を発し水をかけんとする故に、多くの古地を損ずるなり。新田の多きは国の為よろしからず。おこさゞるにはしかじ」(「大学或問」、同前書四二〇~四二一頁)と、新田開発が既存の耕地の生産条件を圧迫するところとなることを指摘している。

(18) 須永氏は、北関東農村では寛文~元禄(一六六一~一七〇四年)に小農経営が成立するが、新たに自立してきた小農にとって耕地・林野・用水をめぐる条件は劣悪であり、そのことが小農経営を金肥導入に執着させることになった、と指摘されている(註1

前掲「近世後期北関東の農業構造」)。

(19)　この点については、宝暦九年（一七五九）に常州人の真壁用秀が記した地方書「地理細論集」(『日本経済大典』第二一巻、史誌出版社、一九二九年、二一八〜二一九頁）でも指摘されており、特に関東における大規模な新田開発が、この地方の水害を甚だしいものにしたことが強調されている。

なお、笠谷和比古氏は、享保期の国役普請制度成立の背景には、新田開発による水害激発状況が存在したことを指摘されている（「近世国役普請の歴史的位置」『史林』第五九巻第四号、一九七六年。同『近世武家社会の政治構造』吉川弘文館、一九九三年、再収)。だが、この制度は、先の「世事見聞録」の指摘のように（註16参照)、荒地の存在にもかかわらず村高を基準に賦課する国役が、農民をますます疲弊させる因ともなる、という矛盾をも内包していた点に留意する必要がある。

(20)(21)「趣法発端記録草稿」(註9前掲書三頁)。

(22)　大木・前掲書（註5）二〇二頁。

(23)　今川家文書（旧台町村名主）は、茨城県歴史館所蔵。

(24)　大木・前掲書（註5）一三六〜一三九頁。

(25)　下菅又村の旧名主文書は、栃木県芳賀郡茂木町大字下菅又四八九番地の山納武雄家と、同下菅又四九六番地の山納　博家に分割所蔵されている。

(26)　大木・前掲書（註5）一四一頁。

(27)　幕府の年貢収納量も一八世紀後半以降下落しているが（古島敏雄「幕府財政収入の動向と農民収奪の画期」『日本経済史大系』近世下、東京大学出版会、一九六五年)、特に北関東農村では、支配領域を問わずその傾向が顕著であったことは、すでに多くの論稿で明らかにされているところである。

(28)　寛政七年については大木・前掲書一三一頁、文化元年、文政一三年については、それぞれ「下菅又村人別御改帳」、「宗門御改帳」(山納武雄家文書）による。

(29)　谷田部藩の「五人組帳」でも、身体不自由なもの、離村した農民があれば、庄屋・五人組で助け合い、その分の年貢を納めるべきこと、という規定がみられる（大木・前掲書一三五頁)。

(30)　「下野国芳賀郡村々相続筋永定免並取下場無年季定免之儀相伺候書付」(『全集』第二一巻、九五頁)。

(31)「趣法発端記録草稿」(註9前掲書六頁)。
(32) 須永・前掲「近世後期北関東の農業構造」(註1)。
(33) 大木・前掲書(註5)一五五～一五七頁。
(34)「茂木夫食見積中勘土台帳」(『全集』第二三巻、六三四～六五三頁)。
(35) 大木・前掲書(註5)一五七頁。
(36) 広瀬隆久「農村荒廃過程と中層農民の動向」(『歴史学研究』第四三六号、一九七六年)、須永・前掲「近世後期北関東の農業構造」(註1)。
(37) 乾・前掲「荒廃期農村の諸特質」(註1)では、従来の研究成果にもとづき正鵠を得た整理がなされているが、ここで上層農民の没落事例をいくつかあげられ、「質地集積は小農没落による未回収金の増加という商業高利貸経営の破綻を示す指標であり、小作収益は期待できないため大高持のまま絶家する上層農も出現する」という指摘がなされている。
(38) この点については、須永・前掲「近世後期北関東の農業構造」(註1)で具体的に分析されている。
(39) この点については、広瀬・前掲論文(註36)で論じられている。
(40) 常州・野州の諸藩・旗本の近世後期における財政について分析した論稿には、以下のものがある。竹中端子「天保改革の片鱗—下館藩の場合—」(『お茶の水史学』第四号、一九六一年)、林　玲子「下館藩における尊徳趣法の背景」(『茨城県史研究』第六号、一九六六年)、植田敏雄「麻生藩の財政」(『茨城史林』第一号、一九七二年)、伊東多三郎「水戸藩財政収支の検討—享保と文政—」(地方史研究協議会編『茨城県の思想・文化の歴史的基盤』雄山閣、一九七八年)、鈴木光夫「牛久藩の幕末財政改革」(同前書)、小室　昭「笠間藩の化政改革—家中対策を中心として—」(『茨城史林』第三号、一九七四年)、鷹見安二郎「古河藩の財政難と藩政改革」(『古河市史研究』第二号、一九七七年)、須永　昭「黒羽藩の藩政改革」(『栃木県史研究』第六号、一九七三年)、奥田謙一「近世後期における旗本井戸家の財政と改革」(同前第一三号、一九七七年)、同「弘化四年旗本高田家の家政改革と村」(『教育とちぎ』第二八九号、一九七六年)、白川部達夫「近政後期、一旗本の家政改革と農村の動向」(『佐野市史近世編論文集』、一九七六年)等。
(41)「趣法発端記録草稿」(註9前掲書三、四頁)。
(42) 谷田部藩同様二万石の小藩である常州下館藩でも、この時期には財政難が深刻化し、尊徳仕法を導入しているが、それでも天保九年（一八三八）時の借財総額は三万五千両余であり（林・註40前掲論文）、谷田部藩の借財総額一三万両余というのはいかに多額であったかが分かろう。

(43)　『全集』第二三巻、二七九～二八二頁。

(44)　例えば、釜屋治郎兵衛の場合、天保七年（一八三六）段階で、領内村々への貸付金残高は一三三一両余、領外へのそれは八九九両余にも上っている（「家株有物取調書上帳」、『全集』第二三巻、九七一頁）。

(45)　「趣法発端記録草稿」（註9前掲書四頁）。

(46)　林氏は前掲論文（註40）で、下館藩の尊徳仕法導入および実施に当たって、藩上層部を動かしたのは、城下町下館の御用達商人であったことを指摘され、それは、彼らが農村の晒木綿生産に買次商人として吸着していたことから、農村荒廃による自らの経営基盤の崩壊を食い止めるために、農村復興による本百姓体制の立て直しの必要性を痛感したからだと説明されている。

(47)　『栃木県史』史料編・近世三（栃木県史編纂委員会、一九七四年）、八五四～八五八頁。

(48)　「間引禁令につき農民共へ教諭書」（同前書八五八頁）。

(49)　二宮尊徳の場合は、後述する如く、ただ「天道」に委ねて生きていたのでは、自然の法則によって田畑は荒地と化し、「家」は潰れる、それゆえ、農民は人間として自律的・主体的に生きなければならないとして、「天道」と「人道」とが対置されている。

(50)　高橋　実「旗本支配と知行所法の特質」（『茨城県歴史館報』第六号、一九七九年）で、常州茨城郡上安居村・下安居村・上飯沼村に知行地を有する旗本小菅氏が寛政六年（一七九四）に農民に下した「為申聞候趣」の全文が紹介されているが、そこでも、農村荒廃によって弛緩していた「家」と「村」の秩序を立て直すことを意図した倫理規範が説諭されている。

(51)　岩波文庫本『宇下人言・修行録』（岩波書店、一九四二年）一一三～一一六頁。

(52)　こうした農村荒廃観は、幕府の法令にも、以下の如く、あらわに表現されている。「近来在方村々之もの共、耕作を等閑ニいたし、却て困窮等之儀申立、奉公稼ニ出候もの多、所持之田畑を荒置候類有之由相聞、不埒之至ニ候」（安永六年五月、『御触書天明集成』三〇一四号）、「百姓之風儀も近世栄耀かましく、おのつから業ニも怠り候様ニ相成候ニ付、手余地等出来いたし、手入等閑ニ付、作方も多分不宜様成行候事、甚以不可然候」（天明七年八月、『牧民金鑑』上巻、西田書店、一九六九年、四七頁）。

(53)　『宇下人言・修行録』五六頁。

(54)　両書とも、『栃木県史』史料編・近世八（一九七九年）に収載されている。

(55) 同前書解題参照。なお、茂木領下菅又村の旧名主山納武雄家にも、「農喩」の写が伝存している。
(56) 同前書七五八頁。
(57) 『日本農書全集』第一三巻（農山漁村文化協会、一九七八年）、三六〇〜三六一頁参照。
(58) 同前書三二三〜三二四頁。
(59) 同前書三二〇頁。
(60) 『栃木県史』史料編・近世八、七七三頁。
(61) この点からすると、「『余稼』『余業』に冠されている余は、原理的には『御百姓』の年貢米づくりの『本業』『家職』からはずれているという価値観を明瞭にふくむものであった」という深谷克己氏の指摘は（「江戸時代の兼業農家」『現代農業』第二一一号、一九七九年、一一九頁）、正鵠を得ていると思われる。
(62) 須永・前掲「黒羽藩の藩政改革」（註40）。
(63) 『御触書天保集成』六〇三七号。
(64) だが、商品貨幣経済が進展している段階での主穀強制は、現実にそぐわなかった。黒羽藩でも化政期の改革では、領内の特産物生産を奨励し、商品貨幣経済へ積極的に対応する方向へ転じている（須永・註40前掲論文）。幕府の寛政以降の農村復興仕法においても、本文に示した松平定信の農村荒廃観にもかかわらず、現実に仕法を実行する代官のレベルでは、現実的な認識から、利益になる換金作物があれば積極的に作り試すよう指示している（須永 昭「寛政期における幕府代官の地方支配の展開」『栃木県史研究』第一六・一七合併号、一九七九年）。
(65) 『栃木県史』史料編・近世八、七五九頁。
(66) 関東の幕府領の復興策について具体的に分析した論稿としては、秋本典夫「北関東の荒廃とその復興策」（『北関東下野における封建権力と民衆』山川出版社、一九八一年）、須永・前掲「寛政期における幕府代官の地方支配の展開」（註64）があり、両者とも野州の幕府領を対象としている。諸藩の復興策について分析したものには、小室 昭「笠間藩の化政改革―農村対策を中心として―」（『茨城県史研究』第七号、一九六七年）、須永・前掲「黒羽藩の藩政改革」（註40）、『水戸市史』中巻(二)（水戸市役所、一九六九年）等がある。
(67) 山納武雄家文書。

(68)　『日本農書全集』第二一巻（農山漁村文化協会、一九八一年）、二二四～二二五頁。
(69)　近世においては、上層農民だけでなく、一般の小農民もこうした「家」意識を持つに至っていた点が特徴である。なお、「家」意識の一般的な成立過程とその特質については、拙著『近世農民と家・村・国家』（吉川弘文館、一九九六年）第一部第一章第二節および第二部第一章を参照されたい。
(70)　例えば、野州桜町領東沼村の幾右衛門は、文政一〇年（一八二七）、欠落の罪で入牢を申し付けられたが、彼は尋問に対し以下のように答えている。「私儀、元来家内多にて暮方難渋御座候処、近来分て困窮相嵩必至と差詰候に付、不得止事纔之所持田畑之儀も質入致し候て漸御年貢諸役相勤居候処、近年内外ともに差詰候て中々取続兼極々難儀仕居候之処、為取続綿打日雇稼罷越候之処、……〈中略〉……家内之者共計にては日々之営等も差支候に付、当惑あまり妻子共迄右稼先へ不計罷越居候、……〈中略〉……素より一同離散抔仕候中々心底にては毛頭無御座候、全く困窮に迫り当座為稼不計他村へも罷越候」（『全集』第三巻、一一六頁）。
(71)　また、「家」の崩壊、農村の荒廃の根本原因であった領主と商業・金融資本の収奪を抑制せんとする農民闘争も、一八世紀後期以降激発している（常州における事例については、植田敏雄編『茨城百姓一揆』〈註5〉の巻末に詳しい年表が付されているので、参照されたい）。谷田部藩領でも、一八世紀後半以降、領主に対し年貢減免を要求する一揆や村役人・特権商人の不正を糾弾する騒動が頻発している（大木 茂『茂木の歴史』〈註5〉一九三頁、二〇九～二一七頁参照）。また、茂木領下菅又村の文政期の「諸事御触書覚帳」（山納武雄家文書）をみても、年貢減免や夫食・種貸を要求する願書が多く書き留められている。
(72)　『栃木県史』史料編の近世の部に農家の家訓・遺訓が数多く収載されている。
(73)　『日本農書全集』全三五巻（農山漁村文化協会）に、農民の著した農書が数多く収められている。
(74)　石川 謙『日本庶民教育史』（玉川大学出版会、一九七二年）二六七～二七一頁の「寺子屋開業数年代別調査表」、三六七～三七九頁の「庶民教育のための郷学一覧」参照。
(75)　高橋 敏「江戸時代の民衆教育とその思想」（『史潮』第一一三号、一九七四年。同『日本民衆教育史研究』未来社、一九七八年、再収、二一三頁）。駿河国駿東郡の村々では、近世後期に、村役人を務める村落の指導者が寺子屋師匠となって、最下層農民までも包摂する教育運動が展開している。
(76)　下蒲生村の構造および田村家の経営については、須永 昭「幕末維新期における手作地主経営の存在形態」（『栃木県史研究』第一八号、註1掲載の著書再収）に詳しい。

(77)「吉茂遺訓」（註68前掲書二一二頁）。

(78)『日本農書全集』第二一巻、七頁。

(79) 同前書八頁。

(80) 熊代幸雄『校註農業自得』（栃木県、一九五一年）の解題。なお、「農業自得」に関しては、その他以下の論稿で様々な視角から検討・論究されているので、詳細についてはこれらに譲る。古島敏雄「学者の農書と百姓の農書」（『古島敏雄著作集』第五巻、東京大学出版会、一九七五年）、同『日本農業技術史』（同前第六巻、一九七五年）、島崎隆夫「関東地方一農村に成立をみた農書」（『三田学会雑誌』第四九巻第二号、一九五六年）、長倉保「『農業自得』の成立とその時代的特質」（『栃木県史研究』第一五号、一九七八年）、同「田村吉茂の生涯とその思想」（註68前掲『日本農書全集』第二一巻解題）、稲葉光国「『農業自得』における稲作の技術的特質」（同前）、須永・前掲「幕末維新期における手作地主経営の存在形態」（註76）、今井敏行「北関東に成立した百姓の農書『農業自得』」（飯沼二郎編『近世農書に学ぶ』日本放送出版協会、一九七六年）。

(81)『日本農書全集』第二一巻に収載。

(82) 同前書一五八頁。

(83) 同前書一五七頁。

(84) この点を吉茂の農法の後進性を示すものとする見解もあるが（例えば、註80前掲島崎氏の論稿）、幕末期の農業生産力の発展がかかる特質を持っていることは、この地方のみならず一般的な傾向であり（海野福寿「農業生産力発展の特質について」、堀江英一・遠山茂樹編『自由民権期の研究』第四巻、有斐閣、一九五九年、参照）、むしろ、その生産力的脆弱性から近世中期以降の農村荒廃化の中で一度破綻に帰した家族労作経営を再建する過程で、集約化という近世的農業技術の延長線上ではあるが、そこに一定の科学性・合理性を持ち込み、土地生産力の向上をもたらした点を、評価せねばならない。この集約的・合理的な栽培管理技術が幕末・維新期の小商品生産を支えたことは、須永氏によって指摘されているところである（註76前掲「幕末維新期の手作地主経営の存在形態」）。

(85)『日本農書全集』第二一巻、二二五頁。

(86) 同前書二二六頁。

(87)　同前書二二四頁。
(88)　同前書二二三頁。
(89)　同前書二二三頁。
(90)　同前書二二三頁。
(91)　同前書二二四頁。
(92)　吉茂の思想には尊徳の思想と共通している点が多いが、「吉茂遺訓」の最後に熟読すべき書物として挙げているのは、貝原益軒の「冥加訓」と「養生訓」、水野南北の「相法抜萃」のみであるから、直接の影響はなかったと思われる。彼の思想は、基本的には自らの人生体験のなかで「自得」したものである。
(93)　日本においては、民衆の主体性は「家」意識を媒介にして形成された点が、特徴である。「家」は人々にとって、それを存続させることが絶対的な規範であるだけに、人々の主体性形成のバネとなり得ると同時に、それだけに逆に人々の意識・行動を規制する力も強く、自我意識にもとづく真の意味での近代的な主体性の確立を抑止する方向にも機能したと思われる。
(94)　下野の農村では、「農家捷径抄」を著した芳賀郡小貫村の名主小貫万右衛門（宝暦一二～天保八年）が、田村吉茂と並んでよく知られている。
(95)　福住正兄（ふくずみまさえ）「二宮翁夜話」二四（『日本思想大系第52　二宮尊徳・大原幽学』岩波書店、一九七三年、一三二頁。以下、「夜話」と略）。
(96)　荒村下の諸運動を総論的に述べたものとしては、安丸良夫『日本の近代化と民衆思想』（註2）第一・二章、宮田登「農村の復興運動と民衆宗教の展開」（『岩波講座　日本歴史』第一三巻、岩波書店、一九七七年）、鎌田道隆「荒村復興の農民運動」（林屋辰三郎編『幕末文化の研究』岩波書店、一九七八年）等がある。また、秋山高志「近世常総地方の民衆運動について」（『茨城県歴史館報』第五号、一九七八年）では、常総地方に即して諸運動の展開、およびその相互交渉について述べている。
(97)　石門心学については、石川謙氏が多大な研究業績をあげられており、その大著『石門心学史の研究』（岩波書店、一九三八年初版、七五年第三刷）では、心学を人間学としてとらえ、梅岩の思想体系とその門流の思想変遷、および心学教化の普及の具体相について詳細に跡づけられている。氏の研究の系譜を引くものとしては、竹中靖一『石門心学の経済思想』（ミネルヴァ書房、一九六二年）、柴田実『梅岩とその門流』（ミネルヴァ書房、一九七七年）がある。これらに対し、津田秀夫「教育の普及と心学」

(『岩波講座　日本歴史』第一二巻、一九七六年)では、心学思想はその発生期から、近世国家の危機回避の体制安定化講策に応じての、町人層側からの順応論としての性格を持っていたとして、石川氏らの研究を非歴史的方法論に立つもので、心学思想発生の社会的基盤を解明し得ない、と批判されている。だが、石川氏をはじめとする如上の諸氏にあっては、封建的抑圧下で庶民が人間として目覚め、主体的に生きる道を追求したところに、その意義を見出だされているのであり、津田氏のように近世国家支配の秩序への順応論として一面的に決めつけてしまったのでは、封建社会において心学が提起した意味を理解し得なくなり、まさに心学思想発生の社会的基盤を見落としてしまうことになる。

(98)「都鄙問答」巻之二(岩波文庫本『都鄙問答』岩波書店、一九三五年、五一頁)。

(99)石川　謙氏は、「形に由る心」という考え方を梅岩の思想の核心をなすものとみなされ、彼の思想の体系把握を試みられている(註97前掲『石門心学史の研究』七四〜八一頁)。

(100)「都鄙問答」巻之二(註98前掲書六一頁)。

(101)「斉家論」下(『日本思想大系42　石門心学』岩波書店、一九七一年、二七頁)。

(102)梅岩は、貞享二年(一六八五)に丹波国桑田郡東懸村に生まれ、幼少より京都の商家に奉公に出ており、彼の思想は、商人としての自己存在の意味を徹底的に問いつめたところに生まれた。梅岩のみならず、近世中期以降展開した民衆的諸思想は、儒教によって封建的ヒエラルキーが道徳・人間性のヒエラルキーとして擁護され、それが社会的通念となっていたもとにおいて、民衆の産業活動の道徳的正当性を強く主張するという特徴を持っており、そのことによって、民衆の日常的生活活動に限りない信念や積極性を引き出した点に大きな意義を有していたことは、安丸氏がつとに指摘されているところである(註2前掲書三三〜三四頁)。

(103)「都鄙問答」巻之一(註98前掲書二六頁)。

(104)特に梅岩の職分等価値論は、それを徹底すれば幕藩制的身分制を内から克服する可能性も秘めていたといえよう。だが、石門心学はその後、身分制秩序を克服するという方向には思想内容は深められず、領主権力の民衆教化政策の一翼を担ったことにより、秩序維持のイデオロギーとしての性格を強めることになった。

(105)石川・前掲『石門心学史の研究』(註97)一六八〜一七〇頁に、心学者の道話にきわめて多くの聴衆が集まった事例が列挙されている。常州筑波郡小田村の尽心舎における文政一三年(一八三〇)初夏の道話でも、五晩で三六八人が出席している(斎藤　茂「石門心学活動の経済背景—常陸国尽心舎の場合—」『茨城史林』第四号、一九七五年)。いかに当時、人々が心学に期待を寄せていたかがうかがえよう。

(106)　「斉家論」(註101前掲書二六頁)。

(107)　石川・前掲『石門心学史の研究』(註97)一二一一〜一二一三頁。

(108)　以下、斎藤・前掲論文(註105)参照。

(109)　長島尉信の農政論については、斎藤茂「幕末期村落指導者の農政思想―長島尉信の場合―」(『地方史研究』第一六〇号、一九六九年)を参照されたい。また、彼の生涯について知るには、鈴木常光『長島尉信』(崙書房、一九七九年)が便利である。

(110)　以上、長谷川伸三「文政期下館町における石門心学の青少年教育の実際」(『茨城県史研究』第一六号、一九七〇年)、林・前掲「下館藩における尊徳趣法の背景」(註40)参照。

(111)　以上、高橋・前掲論文(註75)参照。

(112)　石川・前掲『石門心学史の研究』(註97)第二編第五章参照。

(113)　『いまいち市史』通史編・別編I(今市市役所、一九八〇年)、七九〜八一頁に、主要な仕法実施地の一覧表が掲載されているので、参照されたい。

(114)　この観点から、尊徳は、儒者・僧侶・神職らを、単に高邁な理論をもてあそんでいるだけで、荒廃下で苦しんでいる多くの人々を眼前にしながら何らそれを救済する実践的意欲と力を持っていないとして、痛烈に批判している。そして、真に「経世済民」の学たらんとするならば、「雖レ読二聖経一。而不レ行二其実一。則不レ能レ知二其味一」(斎藤高行「二宮先生語録」三五一、『全集』第三六巻、四四〇頁。以下、「語録」と略)と、机上の勉学だけでなく、それを実行に移して、その理の正当性を証明してみる必要性を説く。また彼は、単なる眼前の利害のみにとらわれた実行も厳しく排している。彼の説く実践主義は、一理を究めたうえでの実行である(尊徳の実践主義の特質については、内山稔『尊徳の実践経済倫理』高文堂出版社、一九七八年、第一章で、倫理学的観点からの考察が試みられている)。

(115)　尊徳は通称「金次郎」の名で世に知られているが、当時は名前に同音の異字を当てることは珍しくなく、小田原藩に登用される以前においては、彼自身、「金次郎」と「金治郎」を混用している。しかし、文政六年(一八二三)に小田原藩に登用されて以降は、任用の公文書に「金次郎」と記されたためか、自身も「金次郎」と記すのが通例となる。そして、弟子の富田高慶の著述した著名な伝記『報徳記』にもその名が用いられ、小学唱歌や修身の教科書にそれが踏襲されたため、もっぱら「金次郎」の名で世に知られるようになったのである。ちなみに「尊徳」という名乗は、天保一三年（一八四二）の幕府登用の翌年、数え五七歳の時より用いている。これも正式には「たかのり」と読むのだが、後世の人々に「そんとく」と号のような感じで読み習わされ、語感的にも彼の唱えた「報徳」に対応していることもあって、それが定着してしまった。

(116) 二宮金次郎「日光御神領仕法に付き上申書」（註95前掲『日本思想大系52　二宮尊徳・大原幽学』一〇一頁）。

(117) 「夜話」一（同前書一二二頁）。

(118) 「夜話」一五（同前書一二九頁）。

(119) 奈良本辰也氏は、廃田が免租地であったため、そこでの収穫が全部金次郎の手に入った経験から、彼はそこに封建社会の盲点があることを自覚したのであり、「積小致大」の言葉には、そうした盲点をついて成果を自分のものにしていく考え方が含まれている、と主張されている（註3前掲『二宮尊徳』二七～二九頁）。だが、廃田を開墾した場合、一定期間免租にするのは、その開墾奨励のために領主がとった政策であり、封建的農政と何ら矛盾するものではない。尊徳の思想は、決して封建社会の盲点をついて富を蓄積する生き方をして形成されたものではなく、あくまで現実の政治的・社会的条件を正面から受けとめ、その下で農村を復興するにはどうしたらよいかという課題を、一貫して追求したことによって形成されたものであり、奈良本氏の解釈はうがちすぎの感がある。

(120) 尊徳の人生体験と思想形成との関係については、下程勇吉『二宮尊徳の人間学的研究』（註3）第七章第一〇節で深い考察がなされている。

(121) 弘化二年一月二三日「二宮金次郎より山内総左衛門宛書状」（『全集』第七巻、三八二頁）。

(122) 同前。

(123) 富田高慶「報徳記」（『全集』第三六巻、七七頁）。

(124) 同前七七～七八頁。

(125) 「夜話」一〇（註95前掲書一二七頁）。

(126) 上杉允彦「報徳思想の成立―桜町仕法を中心にして―」（『栃木県史研究』第一四号、一九七七年）では、「旧来も指摘のあるとおり、それ以前の彼の全財産を処分し、一家をあげて桜町の地に移住して、文字通り身命を賭してその再建に当ろうとしたが、ここで特に強調しなければならないのは、それが旧説のように、最悪の地に仕法を行うためという理由のみならず、その対象である農民に対する徹底した愚民感（観カ）を背景にしていたことである」（七一頁、傍点、大藤）と、述べられている。当時の農民にとって、先祖に対する最大の責務であった「家産」の保持を放棄してまで、他家の再興に乗り出した内発的な契機を、何故、農民に対する徹底した愚民観ということで説明し得るのか、全く理解に苦しむところである。上杉氏は、後の天保期に尊徳が書翰の中で述べた野州農村の荒廃状況およびそのもとでの農民の生活状況に関する文言を取り上げて、尊徳が農民に対して徹底した愚民観を抱いていたと断定される。だが、その文言は、尊徳が荒村下の農民の状況をどのように認識していたかを示すものではあっても、彼が社会における農民という存在についてどのように考えていたのかを示すものではない。彼の思想形成と実践の立脚点を理解するためには、後者こそが、彼の社会観とのかかわりで、注意深く考察されねばならない。

彼がどのような農民観を持ち、そして現実の農村荒廃の原因をどのように認識していたかについては後述するが、決して愚民観と決めつけ得るようなものではない。彼が現実の荒村下における農民の生活の紊乱を問題にしていても、根本的に批判しているのは、農民の生活を破壊し、そうした状況に追いやった領主の収奪の苛酷さなのである。上杉氏のような一面的な決めつけでは、尊徳の思想形成についても、結局、領主的立場に立ち、農民に対する愚民観にもとづいて行なった農民統制としての本質を持つ桜町第一仕法が挫折し、それに対する反省から、領主対農民の矛盾を止揚し、領主の体制再建に農民を主体的に協力させる巧妙な詭弁として報徳思想が成立したという、階級関係論をきわめて図式的に当てはめただけの理解に結果せざるをえないのは必然である。

だが果たして、当時の農村荒廃の状況は、単なる詭弁で解決し得るほど生易しいものであったのであろうか。否、そのすさまじい状況は、人々をして、人間の生き方や社会・政治のあり方について原理的に内省させずにはおかなかったのであり、それゆえ、尊徳の「報徳」思想をはじめ、多くの特質的な思想がこの時期に生まれるところとなったのである。それを単に一面的に性格規定していたのでは、そうした思想を生み出した社会的背景、およびその思想の特質について、深くアプローチすることはできまい。我々は、この時期の人々の諸営為の意味を、深く掘り下げて考察する必要がある。

（127）　尊徳は、先述した如く（註114）、神職・儒者・僧侶らの実践的意欲・能力の欠如を批判しているが、しかし神・儒・仏の三道そのものを否定しているわけではなく、「予は高尚を尊ばず、卑近を厭はず、此三道の正味のみを取れり、正味とは人界に切用なるを云、切用なるを取て、切用ならぬを捨て、人界無上の教を立つ、是を報徳教と云ふ、戯に名付けて、神儒仏正味一粒丸と云」（「夜話」二三一、註95前掲書二三三頁）と述べているように、実践に移して有用と思われるものは積極的に摂取している。

したがって彼の著作には神・儒・仏の典籍からの引用が多くみられるが、それは単なる受け売りではなく、自らの生活体験のなかで「自得」した真理をその言辞を借りて表現したものである。「金毛録」でも神・儒・仏の典籍の言辞が多く用いられているが、彼がそれをどのような意味に用いているかについては、『日本思想大系52　二宮尊徳・大原幽学』で、奈良本辰也氏が適確な解説を加えられている。また、彼が自己の思想を完成する上で、不二孝の指導者小谷三志の思想から少なからず影響を受けているが、両者の交渉については、秋山・前掲「近世常総地方の民衆運動について」(註96)、内山・前掲『尊徳の実践経済倫理』(註114)第八章を参照されたい。

(128) 「一円空」「一円仁」の概念については、下程・前掲『二宮尊徳の人間学的研究』(註3)第七章ですぐれた考察がなされている。

(129) 「金毛録」一二六(註95前掲『日本思想大系52　二宮尊徳・大原幽学』三五〜三六頁)。原文は漢文であるが、ここでは奈良本辰也氏による読み下し文を引用する。

(130) この点については、近代的思惟様式の萌芽として、丸山真男氏(『日本政治思想史研究』東京大学出版会、一九五二年、三〇八〜三〇九頁)や奈良本辰也氏(註3前掲書『二宮尊徳』一三九〜一四一頁、『日本思想大系52　二宮尊徳・大原幽学』の解説四三二〜四三四頁)をはじめとする諸氏によって、近世思想史上、高い評価が与えられている。

(131) 二宮金次郎「万物発言集草稿」(『全集』第一巻、三九三頁。以下、「発言集」と略)。

(132) 丸山・前掲書(註130)参照。

(133) 同前書三〇〇頁。

(134) 「夜話」二(註95前掲書一二三頁)。

(135) 「夜話」五(同前書一二四頁)。

(136) この点、先に検討した如く、領主階級が農民に対し、ただひたすら「天道」に即して生きてこそ、「家」の永続が保障される、と説いているのとは対蹠的である。

(137) 「夜話」一四一(註95前掲書一九二頁)。

(138) 前節でみた石田梅岩の場合、商人の立場から社会におけるその役割の意義を強く主張しているが、尊徳はそれを農民の立場から行なっているのである。身分制秩序の下で卑賤視されて来た農・工・商民の社会的役割の意義を積極的に主張するのは、民衆的立場に立つ諸思想の大きな特徴である。ただ、梅岩は、身分制秩序自体は「天道」にもとづく自明ものとしてとらえているのに対し、尊徳は、唯物論的な社会観から、それを原理的に相対化してしまっている。

(139) 尊徳は、士・農・工・商、その他儒者・書家・医者・数学者等がそれぞれの職業に勤めることによって社会は有機的に機能することを述べているが（「金毛録」二九、註129前掲書三九〜四〇頁）、それを尊卑の秩序としてとらえているわけではないことは、本文で述べた彼の認識論の特質から理解し得よう。彼は、「官禄家格ありて世に知られ、人に用ひらるゝは、それは官禄家格あるが故なり。之なくして世に知られ、人に用ひらるゝ者は、賤業の者といへども侮るべからず。是は生れつき勝れたる者なればなり。六尺、手廻の頭、雲助の頭など是なり。……〈中略〉……斯ゝる賤民にても、其の変りたる所、いちじるし、賤民とて侮るべからず、賤業とて賤むべからず（「夜話」続篇四、『全集』第三六巻、八三二〜八三三頁）、「徳ハ根本勤苦也」（「報徳訓」一八、『全集』第一巻、五五五頁）、「徳と貴とは本末にして古今の差ひのみ、古しへ徳を積候ものは今貴し、今徳を積候もの後世貴し、勤めて徳を積み、子孫に与へ、今を勤めて後世を楽み可申候」（「報徳訓」一九、同前書五五五〜五五六頁）と述べている如く、人間の価値を、身分・家格を基準としてではなく、個人の能力・徳性にもとづいて判断すべきことを、強く主張している。

つまり彼は、身分制的な固定的人間観にとらわれていないのであり、それゆえ、士・農・工・商にかかわらず、勤労の徳を積む限りにおいて人は皆貴いのであり、その徳によって社会生活は成り立っているのであるから、お互いその徳に報い助け合わなければならない、と説くのである（「報徳訓」一、同前書五三六頁）。尊徳の人間観はその価値基準において、近代的人間観に近づいている、と言えよう。尊徳の士・農・工・商がそれぞれの職業に出精し、社会に寄与すべきことを説いた道歌を取り上げて、それは封建社会本来の「分」の思想を強調したものであると決めつける見解もみられるが（例えば、奥谷松治『二宮尊徳と報徳社運動』高陽書院、一九三六年、一九四頁、上杉・前掲論文〈註126〉八二頁）、それは、使用されている言葉のみに着目して、そこにこめられている尊徳独自の意味内容を理解しない、全く皮相な見解にすぎないことは、以上述べてきたことから明らかであろう。

(140) だが、人民をも作為主体としてとらえたことは、理論的には、人民が主体的に社会を変革する可能性の端緒を開いたことになる点は、思想史上の画期として評価せねばなるまい。

(141) 「夜話」二一（註95前掲書一二三頁）。

(142) 「夜話」六（前掲書一二四頁）。尊徳は、「天道（理）」と「人道」を単に自然界と人間界の関係としてのみとらえているのではなく、人間自身の中にも「天道（理）」部分と「人道」部分との相克が内包されている、と考えている点が特徴である。彼の仕法において、荒地開発が自然界に対する人間主体の働きかけであるなら、教化は人間の内なる「天道」部分＝私欲への働きかけと言えるであろう。彼がしばしば「心田の開発」の必要性を説くのも、そのためである。

(143)「発言集」一（註131前掲書三三九頁）。

(144)尊徳は、「帝威の厳重(げんちょう)なれば四海安寧せず。帝威の厳重によつて四海安寧をなす。四海の安寧は帝威の厳重にあり。武威の政道なければ国家平治せず。武威の政道によつて国家平治をなす。国家の平治は武威の政道にあり」（「金毛録」二九、註129前掲書三九頁）と、帝威（天皇の権威）の厳重と武威（武家の権威）の政道によって天下国家は安寧に平治するのだ、と主張している。つまり、現実の幕藩制国家の権威・権力のあり方を肯定しているのである。彼は、天皇の権威の源泉を、農の先務をなしたこと（「金毛録」二六、前掲書三六頁）、および法を定めて人民を導き法界を確立したこと（「発言集」一、註131前掲書三三九頁）に求めている。一方、武家については、「耕作農業をなして五穀を作り出す者を守護し、横道のものを懲しむ、是則武門の根元なるべし」（「発言集」一、前掲書三三九頁）と、横道を掣肘し、農民を守護すべき役割を担った存在として認識しており、まさにこの点において武家による政道を肯定しているのである。

(145)「金毛録」一三（註129前掲書三二頁）。

(146)「聖人も聖人にならむとて、聖人になりたるにはあらず、日々夜々天理に随ひ人道を尽して行ふを、他より称して聖人といひしなり、堯舜(ギヤウシュン)も一心不乱に、親に仕へ人を憐み、国の為に尽せしのみ、然るを他より其徳を称して聖人といへるなり」（「夜話」三二、註95前掲書一三六頁）と述べている如く、尊徳は、聖人を天命を受けた超越的権威者とはとらえていない。つまり彼は、儒教のように、聖賢の道というものは天道であり、それは永世動かすことができない絶対的なものだとは考えていないのである。彼が聖人による政道を説いたとしても、それはあくまで人道である。「天理は万古変ぜず」、だが「人道は一日怠れば忽ちに廃す」（「夜話」六、前掲書一二五頁）、それゆえ、為政者たる者、常に徳を積んで聖人たるよう心がけ、仁政を実践しなければ、国は亡んでしまうと、その責任の重大さを力説するのである。これが、彼が為政者に仁政の不断の実践を要求する理論的根拠となっている。

(147)「金毛録」二四（註129前掲書三三頁）。

(148)「夜話」一三六（註95前掲書一九〇頁）。

(149)(150)二宮金次郎「宇津釩之助様知行所村々へ申渡書」（註95前掲『日本思想大系52　二宮尊徳・大原幽学』五三頁）。

(151)安丸氏は、尊徳は貧困の原因を民衆の生活態度に求めており、そのことによって、荒廃の根源が封建権力と商業高利貸資本のすさまじい収奪にあったことがおおいかくされてしまっている、と論断される（註2前掲書一九頁）。だが尊徳は、決して荒廃の原因を農民の生活態度のみに求めているのではなく、領主の収奪の苛酷さと勧農の不行き届きこそが、農民の生活を破壊し、紊乱させた根因である、と認識しているのである。それゆえ、彼の農村復興仕法は、後述するように、まず領主の農政を救民撫育を基調としたものに改めさせ、農民の生活が成り立つ条件を体制的に整えることを第一要件としており、しかる上で、農民の人間としての主体性の確立と内発的な勤労意欲を促すのである。安丸氏の論稿は、現実の社会的諸問題を生活態度＝倫理性の問題としてとらえる民衆的諸思想の、精神主義論のイデオロギー的意味を追究することが主題の一つとなっているため、全体的に氏の主題に引き付けすぎた尊徳解釈になっているきらいがある。

（152）「天下有天下之秩。一国有一国之秩。一郡有一郡之秩。一村有一村之秩。一家有一家之秩。是自然之天分也。因天分以制用度。是謂分度。叔世趁奢侈。而守分度者鮮矣。苟不守分度。則有大国。猶且不足。況於不知分度者乎。有四海。亦不能補其不足也。何也。天分有限。而奢費無窮也」（「語録」六、註114前掲書三四三頁）。農業を主たる基盤としている社会においては、一家・一村・一郡・一国それぞれの生産総量＝収入は天地自然の理によって自ずから限度がある。これが、尊徳の言うところの「自然之天分」である。この「天分」を超えて消費すれば、一国といえども衰弊するのは自然の理であり、そこで「天分」に応じて支出に限度を設け、計画的に財政を運営していく必要がある。これが人道である。尊徳が仕法を行なうに際し、まず領地の生産力を調査し、その上で領主財政の「分度」を設定するのは、そのためである。

（153）（154）「語録」一五（註114前掲書三四七頁）。

（155）「語録」六（同前書三四四頁）。

（156）（157）「夜話」七九（註95前掲書一六六～一六七頁）。

（158）「夜話」七七（同前書一六六頁）。

（159）尊徳は、それぞれの村の生産力には、天地自然の理によって自ら限界（「天分」）があり、したがって特定の者が富裕化しようとすれば、他人を貪らざるをえなくなるのは必然の理である、と説明している。したがって、「天分」をわきまえず「富貴を求めて止る事を知らざるは」、結局、他人の「家」を滅ぼし、村は衰弊し、自らの「家」も没落することになる、と説いている（「夜話」八〇、同前書一六七頁）。農民の間でも、こうした事態に対する自覚的な反省から、経済と道徳の一致が主張されるようになっていたことは先述したところであるが、尊徳の場合、それを「分度」の法則と「推譲」の法則によって実現せんとしているのであり、かつ「家」「村」の成り立ちの原理にとどめず、社会・国家の成り立ちの原理にまで高めている。

(160)「語録」三七三(註114前掲書四四五頁)。

(161) 尊徳は、年貢は、そうした武士の職分に対する報恩として位置づけている(「報徳訓」七九、『全集』第一巻、五九六頁)。

(162)「語録」二一八(註114前掲書三五〇頁)。

(163) その代表的なものは、戦前に出された奥谷氏の前掲書(註139)であり、尊徳および報徳運動に対する徹底した批判的立場から論述したものであるが、マルクス主義の歴史理論を機械的に適用しすぎている。最近の研究者のなかにも、奥谷氏の視点と見解を継承している人が多い。例えば、上杉・前掲論文もそうであるし(註126参照)、川又英一『幕末の農村計画』(茨城県田園都市協会、一九七六年)でも、尊徳仕法は本質的に領主のための封建的農村更生計画であり、尊徳の性格も封建権力の一端を担う下級役人である、と規定している。竹中・前掲「天保改革の片鱗」(註40)は、尊徳仕法を導入した下館藩の改革を、財政改革を中心に分析したものであるが、その結論は、支配階級のむなしいあがきにすぎず、それは領主財政を、かたくなに勤倹と生産物地代原則の強化によって救おうとする改革指導者=尊徳の限界がもたらしたものである、という平板なものに終わっている。

尊徳の仕法の第一義的な目的は領主財政の再建ではなく、農村復興にある。前者は後者を実現するための前提であり、それゆえ、年貢搾取の強化によって再建させるのではなく、「分度」内で計画的に財政運営させることによって再建させ、「分度」外の年貢収入は救民撫育・荒地再発等の資財に充てさせる点に、特徴があるのである。しかもこれは単に仕法期間中だけでなく、仕法が終わった後でも「富国安民」を維持していく上での行財政の基本として説いているところである。したがって、実際の政策分析に当たっては、尊徳の論理と領主側の論理とがどのように絡み合い、また対立しているかに留意する必要があるのであるが、竹中氏の論稿は、政策の実態イコール尊徳の構想として性格規定してしまっている。

安丸氏も、奥谷氏の見解に依拠して、「尊徳仕法は、封建社会末期における苛酷な収奪をおおいかくして、いやがうえにもきびしい労働や倹約を民衆に強制するものであり、民衆支配のための若干の新味をもったイデオロギーだった、ということになる」(註2前掲書二〇頁)と述べられている。ただし、氏の場合は、一面的な性格規定に終えることなく、尊徳の思想をまったくの虚偽意識(支配のためのイデオロギー的装置)と解したのでは、その思想の独自性も、明治以降に広汎な民衆運動として報徳社運動が展開したことも、まったく理解できないとして、現在の貧困から逃れるためには、何よりも現在の生活習慣を変革して新たな禁欲的な生活規律を樹立しなければならない、というのが尊徳の一貫した立場であり、こうした見解は、一面ではたえず強制という契機を伴いながらではあるが、その時代の広汎な民衆の自己形成——自己鍛練の要求にそったものだった、と結論されている。氏の論考では、一見通俗的・前近代的にみえる幕藩制解体――近代化過程の様々な民衆的諸思想にこめられている意味内容に執拗にアプローチされており、氏の論考の生命力はまさにこの点にある。

ただ、氏は、その諸思想の性格を「精神主義論」で一括されすぎているきらいがある。心学は別にして、先の田村吉茂のようなこの期の老農や尊徳の思想には、自らの観察・体験にもとづいて自然・人事の理を「自得」する精神に支えられて、科学的・合理的な思考の成長も顕著にみられるのであり、こうした側面も考慮して、民衆思想の成長を跡づけていく必要があろう。尊徳の場合、そうした思考様式にもとづいて、幕藩制的な身分制を原理的に相対化しているのである。また彼は、仕法を行なうに際し、領地の生産条件、生産力、農民の生活状態、領主財政の状態等について、過去から現在に至るまで綿密に調査し、その上で仕法の計画を立てている。その仕法の計画書（雛形）は数値で以て表現されているところに特徴があり、それは、「此帳簿は計算書と見るべからず、是皆一々悟道にして天地自然の理なり……〈中略〉……是を理論にて云ふ時は種々の異論ありて面倒なれば、予は算術をかりて示せるなり」（「夜話」続編四七、『全集』第三六巻、八五二～八五三頁）と説明しているように、自らの観察・調査・体験によって「自得」した真理を数学的に定式化し、客観的に示すことが、他人を納得させる上で有効である、という確信にもとづく。そこには、近代科学の真理の表現方式に通ずるものがあろう。

(164)　当時、周知の如く、農民たちは、百姓成り立ちのための「仁政」を要求して、度々一揆に立ち上がった。尊徳の場合、下からの要求という方法ではなく、自らが領主の行財政を指導して「仁政」を施さんとしたのであり、方法は異なるとはいえ、当時の農民の一般的な要求に立脚していた、と言えよう。

(165)　以上、「中村氏岸右衛門問答聞書」（『全集』第二三巻、一九～二〇頁）による。

(166)　以下、中村勧農衛「趣法発端記録草稿」（同前書三～一一頁）による。

(167)　以下、特に註記しない限り、同前一一～一九頁による。

(168)　「趣法発端記録草稿」には、「文政元寅より午迄五ケ年」の平均貢租収納高にもとづいて決定したと記されているが、尊徳のもとに提出された資料は文政一二年より天保四年までのものであり、「為政鑑御土台帳」（『全集』第二三巻、八二～九九頁）、「荒地開発窮民撫育難村旧復仕法五ケ年平均御土台帳」（同前書五九六～五九九頁）では、「文政十二丑より天保四巳迄五ケ年平均」となっている。なお、その後、文政八年より天保五年までの資料が提出されているが、「分度」の額自体は変更されていない。

(169)　家中の俸祿・役料も減額している（天保一一年「家中分限帳」、『全集』第二三巻、一五八～一七三頁）。

(170) 『全集』第二三巻、五四〜五六頁。

(171) 以下、「口演覚書」(同前書二〇一〜二〇八頁)による。なお、佐々井信太郎氏は、幕府の命である以上、たとえ領邑衰弊すといえども職務を全うするのが君臣の大義である、と尊徳が論したとされている(註1前掲『二宮尊徳伝』一八九頁)。また、奥谷松治氏は、この点を以て尊徳の思想の反動性を示す根拠とされる(註139前掲『二宮尊徳と報徳社運動』一九七〜一九八頁)。両氏とも「報徳記」の記事をそのまま信用されているが、しかし、谷田部藩の役人波多晃八郎・上田正太郎が尊徳の説諭および往復書翰を書き留めた「口演覚書」では、本文の如く指示している。

(172) 天保一四年八月「細川長門守様より水野越前守様へ御仕法向取行方御伺書写」(『全集』第二三巻、二一七〜二一八頁)。

(173) 「御趣法筋二宮金次郎殿御断並返答書控」(同前書二〇九頁)。また尊徳は、「借財は利費多、高利之借財軽利に払替、利違之分元済に差廻取計候はゞ、借財は借財之備を以返済相届可申」(「御仕法御取纏方御内談御答書」、同前書二三九頁)とも言っている。

(174) 『全集』第二三巻、五七〜五八頁。

(175) だが、釜屋治郎兵衛の場合、農村荒廃によって農民への貸付け金が回収不能となり、経営が悪化していた上に、藩への貸金を帳消しにし、さらに荒地再発費用を差し出したりしたため、結局、倒産している(同前書九七〇〜一〇九七頁)。

(176) 「御仕法御取纏方御内談御答書」(同前書二三九頁)。

(177) 第一節(二)で述べた如く、谷田部藩領では村ごとに等級別の年貢取高が定められており(この基準は仕法開始後も変更されていない)、したがって、土地生産力が回復し、引分が少なくなれば、年貢収納額も必然的に増加する。

(178) 尊徳の作成した雛形では、仕法期間中、再発地よりは反当たり二斗の割合で冥加米を上納させることになっている(「御趣法御土台金荒地起返冥加米弐斗繰返積立雛形」、『全集』第二三巻、四四一〜四五一頁)。

(179) 「御趣法御土台金無利五ケ年賦準縄帳」(同前書四八六〜四九五頁)。

(180) 「夜話」一九四(註95前掲書二一六頁)。

(181) 「夜話」一九六(同前書二一七頁)。

(182) 以下、特に註記しない限り、「旧復趣法記録草稿」(『全集』第二三巻、一七八〜一八七頁)による。

(183) 飢饉時には、一般的に領主は領民に対し、草根等まで食するよう指導しているが、尊徳は、それらを食することは病を生じる因となるとして、厳に否定している(「夜話」一八九・一九〇、註95前掲書二一三〜二一四頁)。彼に言わせれば、領民が草根等を食べなくてもすむよう、米雑穀を確保し、窮民救済を万全にすることこそが、飢饉対策の要諦なのである。

(184) 江戸へは、桜町・水海道辺で買米して廻すことにしている。
(185) 「茂木領極難飢民撫育米麦雑穀買入付送り方取調帳」（『全集』第二三巻、六五三～六五五頁）。
(186) 「田畑収納平均外米金請払無尽蔵帳」（同前書五七四頁）。
(187) 「窮民御救穀取調帳」（同前書六七〇～六九一頁）。
(188) 同前。
(189) 天保七年一二月「報徳貧富融通録」（『全集』第二三巻、六五五頁）。
(190) 天保七年一二月「茂木皆済並穀持共御褒美帳」（同前書七〇一～七一九頁）。天保八年三月「谷田部窮民御救並村々助成御褒美被下帳」（同前書七一九～七三八頁）。
(191)(192) 註（187）前掲「窮民御救穀取調帳」。
(193) 前掲「谷田部窮民御救並村々助成御褒美被下帳」
(194) 註（187）前掲「窮民御救穀取調帳」。
(195) 「報徳窮民勧善録」（『全集』第二三巻、六五六頁）。
(196) 「窮民御救取扱手続取調帳」（同前書六六八～六六九頁）。
(197) 「夜話」一九六（註95前掲書二一七頁）。
(198) 「随身以来書取申候書付」（『全集』第二三巻、一一五〇頁）。
(199) 尊徳が飢饉対策を指導した小田原藩領でも、これを契機に、農民の間に「報徳様」と称して尊徳を慕う動きが沸き上がった（長倉保「小田原藩における報徳仕法について」、北島正元編『幕藩制国家解体過程の研究』吉川弘文館、一九八七年、五一五頁。註1前掲『幕藩体制解体の史的研究』再収）。
(200) 「趣法発端記録草稿」（全集第二三巻、一四頁）。
(201) 入札褒賞制度の意図については、内山・前掲『尊徳の実践経済倫理』（註114）八六～八九頁参照。
(202) 『全集』第二三巻、七三九～七四八頁。
(203) 同前書七四八～七五一頁。

(204) 同前書七六七～七八七頁。
(205) 同前書七五二～七〇七頁。
(206) 同前書七八七～八一三頁。
(207) 同前書八一四～八一六頁。
(208) 同前書八一六～八一八頁。
(209)(210) 「趣法発端記録草稿」(同前書一四頁)。
(211) 同前書一一二〇頁。
(212) 「茂木領荒地開発用悪水道橋普請人足取調帳」(同前書六一一～六一八頁)、「茂木領荒地開発桜町人足取調帳」(同前書六一八～六三〇頁)。
(213) 註(178)と同。
(214) 天保一一～一三年「台町御用留」(今川家文書。以下、ここで引用する「御用留」はすべて今川家文書)。
(215) ただし、茂木領の助郷村の分については、再発冥加米上納を免除している(後述)。
(216) 『全集』第三六巻、一六七頁。
(217) 嘉永二年五月「細川長門守様御領分荒地起返御領邑再復之趣法仕上取纏方御内話申上候下按書」(『全集』第二三巻、一三七頁)。
(218) 「申歳新百姓諸入用渡方取調帳」(同前書九三七～九五七頁)。
(219) 大木　茂『茂木の歴史』(註5)二〇二頁参照。
(220) 以上、天保八年一一月「御国恩報徳無尽蔵根元帳」(『全集』第二三巻、五八三～五九二頁)による。
(221) これは、日光参詣の際の助郷人馬費用を、再発田畑取穀代金および「農間稼金銀融通商余業之輩」よりの出金によって賄うという措置を藩がとったことに対する「報恩」として「推譲」したものである。
(222) 以上、「村柄取直筋聞済達書受書留」(『全集』第二三巻、八三六～八四一頁)による。
(223) 「村柄取直五箇年賦報徳金貸付雛形帳」(同前書八五四～八六三頁)。
(224) これは尊徳が考案した無利息金貸付制度の特徴であり、無利息金借用によって生活が立ち直ったことに対する「報徳」としての意味を持たせている。そして、これで以て、さらに多くの窮民を救済していくことを趣旨としている。ただし、彼の案では、「報徳冥加金」を差し出させるのは無利息金借用によって立ち直った場合であって、その証拠がない限り差し出させないよう指示している（「日光御神領仕法につき見込上申書」、註95前掲『日本思想大系52　二宮尊徳・大原幽学』一一七頁）。尊徳の報徳金の運用方法は、一つの実から草木が生じ、それが成長してさらに多くの実を結び、草木を繁殖させていくという自然の摂理の観察からヒントを得ている。彼の農村復興仕法の原理自体も、こうした自然の摂理に、その根拠が置かれていた。

(225) 弘化三年「御用向日記」（旧谷田部藩士三岡家文書。茨城県歴史館所蔵写真版による）。

(226) 嘉永五年「台町御用留」。

(227) 『全集』第二三巻、三九五～三九七頁。

(228) 同前書三九九～四〇二頁。

(229) 嘉永四年一一月「縄索代金積立勧善録」（同前書八七一頁）。

(230) 同前。

(231) 前掲『谷田部の歴史』（表1の註）一〇八～一一二頁に、「さとしぐさ」の全文が載せられている。

(232) 嘉永四年一一月「未生小児養育勧善録」（『全集』第二三巻、八六三～八七一頁）。

(233) 嘉永四年一二月五日の農民への申渡では、四人目以上の出生の場合に限定されている（嘉永四年「台町御用留」）。また、「御用留」をみると、四人目以上出生の場合のみ、名主が役所に届け出ている。してみると、手当の支給対象は四人目以上の出生児に限定されていたと断定してよかろう。

(234) この雛形では、再発冥加米を再び仕法資財に充てることにしているが、これは、嘉永二年に尊徳から、谷田部藩が「分度」外収入を農村復興仕法のために用いなくなっていたことを、厳しく非難されたためと思われる（これについては後述）。

(235) 今川家文書。

(236) 嘉永五年「谷田部献納金諭達帳」（今川家文書）。

(237) 嘉永五年「台町御用留」。

(238) 嘉永三年「町柄取直永安諭種」（今川家文書）。

(239) 嘉永五年「台町御用留」。

(240) 秋山・前掲「谷田部藩領安政四年積穀騒動」（註5）一七二～一七四頁。

(241) 嘉永四年「台町御用留」。
(242) 今川家文書中に安政三年の積穀拝借証文が数通残っている。
(243) 三岡家文書。
(244) 「趣法発端記録草稿」(『全集』第二三巻、六頁)。
(245) 秋山・前掲論文(註5)一七七～一七八頁。
(246) 同前一七六頁。
(247) 嘉永二年五月「細川長門守様御領分荒地起返御領邑再復之趣法仕上取纏方御内話申上候下按書」(『全集』第二三巻、二二四～二三八頁)。
(248) 「田畑平均外米請払無尽蔵帳」(『全集』第二三巻、五八三頁)。
(249) 「趣法発端記録草稿」(同前書一〇頁)。
(250)(251) (247)と同二三七頁。
(252) 嘉永五年「御仕法御取纏方御内談御答書」(『全集』第二三巻、二四一頁)。
(253) 尊徳の「分度」論自体にも限界がなかったわけではない。彼の「分度」はあくまで米・金の量を基準に立てたものであるが、しかし、現実の財政は商品貨幣経済に深く巻き込まれており、米・金の価値は変動する。殊に領主財政に対しては、一〇カ年間にわたって量的に固定させるだけに、現実の経済変動との間に乖離が生ずることは必然であった。それが財政再建を第一義とする領主の論理と相俟って、「分度」が破棄される因となった。谷田部藩も、「分度」が守れなかった理由として、臨時出費が嵩んだことと、「豊年之年には米穀多、価賤、凶歳には米穀少、価貴、平均定数高にては、金数過不及難極」(同前二四一頁)ということを挙げている。
(254) 嘉永五年「御仕法筋御取纏御治定御答書」(『全集』第二三巻、二四六～二五七頁)。先述の如く、嘉永五年に創始された小児養育手当支給制度の運用雛形の中に、尊徳への報徳金返済のために毎年一〇〇両ずつ計上されている。
(255) 「語録」二六(『全集』第三六巻、三四九～三五〇頁)。
(256) 烏山藩・小田原藩における尊徳仕法の発業と撤廃の経緯については、長倉 保「烏山藩における文政・天保改革と報徳仕法の位置」(『日本歴史』第三三八号、一九七六年。註1前掲『幕藩体制解体の史的研究』再収)、同「小田原藩における報徳仕法について」（註199）で、諸階級・諸階層の動向に留意しつつ的確に分析されているので、参照されたい。氏の論考は尊徳仕法に関するもののなかでは出色の好論であるが、尊徳仕法の性格自体については、強烈な復古的野望に支えられたもの、という規定に終わっている。尊徳の仕法は荒廃した農村の復興を目指したものである以上、確かに復古的性格を持つことになるが、しかし領主階級が唱えるところの復古主義とは同質ではない。単に一面的に規定しさってしまったのでは、彼の思想・仕法が当該の時代状況に対して提起しているところの意味、およびその内部にはらまれている新たな契機を見落とすことになる。

(257)　『全集』第六巻、八九八頁。

(258)　長倉・前掲論文（註199）。また烏山藩でも、「分度」の未確立、仕法の停滞に対し、農民の批判が高まっていた（註256前掲論文）。

(259)　近代報徳社運動の拠点となった遠州地方での報徳主義の成立、および仕法の展開については、海野福寿氏のすぐれた論考があるので、参照されたい。「遠州報徳主義の成立」（『駿台史学』第三七号、一九七五年）、「報徳仕法の展開」（中村雄二郎・木村　礎編『村落・報徳・地主制』東洋経済新報社、一九七六年）。

(260)　日本の近代化の特質と報徳運動との関係については、筆者も今後検討してみたいと思っている。

(261)　近代科学の理論自体が人間を疎外したものになってきていることへの反省が、最近、自然科学者、社会科学者の間でも高まりつつある。社会科学の分野では、大塚久雄氏が、社会科学の理論において人間をどのように位置づけ、扱うかという問題を、人間類型論として提起されている（『社会科学における人間』岩波書店、一九七七年）。歴史学の分野でも、この問題提起を真剣に受けとめ、検討する必要があるのではなかろうか。

第三章　二宮尊徳の飢民救急仕法と駿州駿東郡藤曲村仕法

はじめに

近世に生きた農民たちの生産・生活と死後における魂の安穏（供養祭祀）は、家と村共同体によって基本的に保障されていた。家長たる者は、先祖よりの預かり物である「家産」を保ち、家内を統括して「家業」をつつがなく営み、家のメンバーを保護・扶養し、家を永続させて先祖の祭祀を絶やさない責務を負っていた。また村役人も、村民の生産・生活を保障し、村内の百姓の家の存続をはかることを村政の基本課題としていた。したがって、一八世紀半ば頃より関東とその周辺農村で進行した荒廃化のごとき家と村の崩壊の危機は、農民たちの内面に言い知れぬ恐怖を与えるところとなった。そしてそれは、家と村の復興に向けての思想形成、新たな農法の創造とその実践の契機となった。近世後期には、荒村の中で家と村の立て直しに奮闘した篤農が各地に輩出している。

二宮尊徳（一七八七〜一八五六年）が自らの一家再建の経験を踏まえ、それを社会化して考案した報徳仕法は、当時の農民たちが直面していた課題に即し、自然と人間、そして家と村と国家の関係を原理的に省察したところに生まれた、「興（富）国安民」を実現するための具体的な方策であった。その特質については前章において検討したところであるが、本章での行論の前提として、いま一度その要諦を整理しておこう。

①報徳仕法の原理をなすのは「分度（ぶんど）」と「推譲（すいじょう）」である。「分度」は、各々の経済力＝「分」に応じて支出に限度を設け——すなわち予算を立て——、その範囲内で財政を運営する合理的な計画経済を意味する。収入より支出を少なめに見積もって「分度」を設け、倹約によってその「分度」を守れば余剰が生じる。そして勤労して収入をふやせば、余剰も増大する。この余剰を、自己の将来のため、子孫のために譲る——すなわち貯蓄——、また親類・朋友のため、郷里のため、さらには国家のために譲るのが、「推譲」である。このうち「自譲」は容易に実践しうるものの、自己の勤労・倹約の成果を他に譲る「他譲」は実践するのが難しい。そこで、教化によって人々の「心田」を開発することが必要となる。報徳仕法にあっては、荒地の開発とともに、この心田を開発することに眼目がおかれる。

②尊徳は、自己の富のみを追求して他人を貪るならば、他人の家を滅ぼし、村は衰弊し、結局はそれを基盤とする自らの家も滅ぼすところとなり、社会と国家は衰廃に帰す、と警告を発している。近世後期には農民の間でも、現実に進行するそうした深刻な事態に対する自覚的な反省から、経済活動と道徳を一致させ、地域社会における「公利公益」をはかり、共存共栄を実現すべきことが主張されるようになり、それが地域社会における規範ともなりつつあった。そして、「私利私欲」に走り地域住民の生活を危殆におとしいれた者は、打ちこわしなどの制裁を受けた(1)。尊徳にあっては、社会の公共の福利を「分度」の法則と「推譲」の法則によって実現せんとしたのであり、単に家と村の存続の原理にとどめず、それを基礎にした社会・国家の福祉と繁栄——彼の言う「興（富）国安民」——を実現する原理として定立したところに、大きな特徴がある。のみならず、日本の富国を実現したならば、海外へも「推譲」の徳を及ぼしてゆき、世界の繁栄と平和をはかるべきことまで説いている(2)。

③尊徳は、「興（富）国」の基礎は「安民」にあるとして、為政者たる領主に対し、民衆生活安定のための政策を施すことを強く要求した。それは、まずもって行政によって民衆の生産と生活を成り立たせる条件を体制的に整備し

なくては、いくら民衆が勤倹自助努力に努めても効果はない、という考えに立っている。それゆえ彼は、仕法を引き受けるにあたり、領主が自らの財政に「分度」を設けて経常支出をその枠内に抑え、それを超える収入は救民撫育、荒地開発などのために「推譲」することの確約を条件として迫った。

④尊徳の農村復興仕法は、「荒地は荒地之力を以起返」[3]ことを理念としている。つまり、荒地開発、救民撫育、人別増加策などによってもたらされた農業生産力回復の成果を、繰り返し農村復興のために投下していくことにより、その進展をはかるのである。そこで、その成果が領主財政に吸収されてしまうのを防ぐために、「分度」を設け、それを超える年貢収入は「無尽蔵」と称する特別会計に繰り入れる措置をとっている。そして、領主の財政再建は緊縮生活と低利の借金でもって高利の借金を返済していくことによって達成させようとした。他方、農民に対しては内発的な勤労意欲を促し、富裕な農民・商人には「私欲を抑え公益をはかる」べきことを説き、余剰を仕法資金に「推譲」することを勧めた。農民の生産・生活安定のための領主の施策と、農民自身の主体的な勤労および公共の福利への奉仕とが相和することによって、はじめて「興（富）国安民」を実現しうる――これが報徳仕法の論理であった。

⑤尊徳の事業の特徴は、合理的な計画性に立っているところにある。彼は仕法を始めるにあたり対象となる村々の生産条件、農民の生活状態、領主の財政状態などを綿密に調査し、そのうえで計画を立てている。そして、事業の進捗状況を逐一記録して報告させ、それにもとづいて指導した。それゆえ、仕法の策定・施行の過程で膨大な書類が作成されている。

ところで近年、平川新氏は、一八世紀半ば以降の経済社会化の進展に伴う諸社会集団間の利害の対立と、自己利益の実現をはかる政治へのアプローチの活発化を前に、それを調整して政策を立案する幕藩官僚の役割が増大する点に着目し、近世国家が武士集団＝領主階級の利害から分離した公共国家としての内実を獲得してゆき、その蓄積のうえに近代国家が建設された、という見解を提示されている。(4)平川氏が分析の対象とされているのは市場経済にかかわる利害の対立とその調整による政策立案であるが、その面ではたしかに、経済社会化の進展に伴い「公儀」権力の担い手である幕藩官僚の役割は増大するだろう。しかし、その面のみからただちに幕藩官僚の公共機能の拡大＝近世国家の公共国家化という結論を導くのは、はたして正鵠を得ているであろうか。

近世後期の社会の現実が求めていた公共機能はそれのみにとどまるものではない。救貧、農村復興、治安の維持等々、人々の生存を保障するうえで公共の行政として取り組まなくてはならない社会問題は山積していた。そうした現実を前にして、近世後期の幕藩領主はむしろ財政逼迫から自らの出費の伴う政策は極力控え、村・町およびその連合体、あるいは地域の有力者に行政の多くを請け負わせる方針をとっていたことが、近年の当該期の地域社会に関する諸研究で明らかにされたところではなかろうか。(5)本稿の対象とする小田原藩領においても、藩主大久保忠真(ただざね)が文政元年（一八一八）より本格的に着手した民政改革は在地の負担に依拠する方向に明確に転換し、それを政策基調としていたことが、馬場弘臣氏によって指摘されている。(6)

さて、同時代に生きた尊徳自身は、農村荒廃の根因を貢租の過重と民政の不行き届き、および博奕の流行による風俗退廃にみていた。そして、政道の担い手である武士は「国土安全、平安無事の政」を行ない、農民が安心して田畑を耕作し、妻子眷属を養いうるようにすることを職分としているにもかかわらず、その責務を果たしていない、と批判していた。(7)福祉を家と地域社会に担わせる基本方針は近代天皇制国家にも引き継がれ、日露戦争後、軍事大国化を支える社会基盤の創出を目的に地方改良運動が推し進められたとき、国民に勤倹自助努力と相互扶助を強要するイデオロギーとして報徳主義が大々的に鼓吹されたのであるが、尊徳自身は国家が福祉機能を果たすべきことを最も強調していた。それゆえ、近世の国家公権を担っていた幕藩領主の行政を自ら指導することにより、民衆の生産・生活安定のための政策を施さんとして苦闘したのである。

しかし、尊徳の仕法が現実の政治過程に組み込まれたとき、尊徳の論理と先のような方針をとる領主側の立場との矛盾が顕在化するのは必然であり、彼の指導した仕法はたいていの場合、途中で領主側との間で確執を生じ、両者の関係が断絶している。前章で分析した谷田部藩の仕法にあっても、最初のうちは藩側も尊徳の指示に従って救民撫育と難村の復興に力を注いでいたのであるが、ある程度復興が進み、「分度」外の収入が増加してくると、藩当局はその大半を自らの財政に繰り込んで財政再建を急ぐようになり、それを批判する尊徳との関係を断ったあとは仕法の内容は農民に負担増を強いるものに大きく変質している。

小田原藩の仕法でも、本文で述べるようにやはり尊徳と藩当局との間で確執を生じ、両者の関係の断絶に至っている。尊徳は、小田原藩主大久保忠真によってその才能を見出だされ、同藩に登用された人物である。忠真は、小田原藩家老服部家の財政再建や同藩の斗桝の改良、同藩士救済策などでみせた尊徳の手腕を見込んで、当時三〇万両にものぼる負債を抱えていたとされる藩財政の再建策と、その基礎となる農村復興策を講じさせようと考えた。[8] 武家政治のゆきづまっていた当時、民間から有能な人材を幕府や藩の役人に抜擢することはめずらしいことではなかったが、[9] しかし、一介の農民に藩の行財政の指揮権を委ねることには、藩士たちの反発が強かった。そこでとりあえず、まず分家の宇津(うづ)家の知行所、下野国芳賀郡桜町領(現、栃木県芳賀郡二宮町・真岡市)の復興を命じた。天保七年(一八三六)、小田原藩領も大凶作・飢饉に見舞われ、藩当局は、文政六年(一八二三)に着手した桜町領の復興仕法で成果をあげていた尊徳を小田原に呼び戻し、飢民救済にあたらせることを決定する。翌年春、尊徳は小田原藩領を廻村して飢民救急仕法を施し、大きな成果をあげるとともに、その際の報徳の道についての教諭は村落の指導者たちに大きな感化を及ぼし、村々が自発的に難村復興仕法を導入し実践する契機ともなった。

天保九年（一八三八）正月、小田原藩より報徳金取扱を命ぜられた尊徳は根本的な難村復興仕法に乗り出すが、行政を通じて報徳仕法を施すうえで前提となる藩財政の分度の確立は、尊徳がいくら要求してもついに藩当局には受け入れられなかった。のみならず、地方（じかた）の行政を自分に一任することを求める尊徳に対し、藩当局は報徳仕法を郡（こおり）奉行ら地方役人の取り扱いとする方針を打ち出した。また、小田原藩領域にかかわらない報徳金の運用や、発業時の飢民救済の際の窮民撫育手当米の下げ切りと藩の村々への貸付金の帳消しなどを尊徳が求めたのに、藩当局は難色を示し、両者の溝は深まった。その結果、天保一二年（一八四一）正月、小田原藩は尊徳から離脱した領内限りでの一村仕法の実現を改革方針として決定し、弘化三年（一八四六）七月一六日には仕法の撤廃を尊徳に通告して、領民と尊徳の往来を禁止する措置さえとっている。小田原藩領の仕法においては、村民たちの主体的な取り組みによりある程度の成果をあげた村々もあるものの、尊徳の切望した、藩財政の分度を確立したうえでの行政を通じた全藩領にわたる仕法の施行は結局、実現をみなかったのである。

以上の点を踏まえて、本稿では、尊徳の小田原藩領における飢民救急仕法と、同藩領の一村仕法のうち駿州駿東郡藤曲村（ふじまがり）（現、静岡県駿東郡小山町藤曲）の仕法について、具体的な分析を加えることにする。藤曲村の名主・組頭・百姓代と惣百姓たちは、天保一一年（一八四〇）正月に尊徳に村柄取直仕法の実施を願い出て受諾され、小田原藩仕法が公式には尊徳の手を離れた翌年正月以降も、尊徳と連絡をとりながら安政二年（一八五五）六月まで仕法を継続している。

藤曲村の仕法は、当時にあっても、また後世においても一村仕法の模範とされた名高いものである。しかしながら、その実態はいまだ詳らかにはされていない。『二宮尊徳全集』第一九巻には尊徳のもとに提出された藤曲村仕法書のいくつかが収められているが、これのみでは仕法の全貌を明らかにはしえない。幸い筆者は静岡県駿東郡小山町（おやまちょう）史編纂の過程で、藤曲村の名主を代々務めていた藤曲家に、仕法当時の名主平四郎がその指導者であった関係で仕法書が系統的に保管されて伝存していることを確認しえた。そこで本稿では、その全面的な分析を行なってみたい[10]。

報徳仕法に関する研究論文は相当数にのぼるが、史料の摘み食い的な分析や、仕法の諸施策のうちの特定施策の分析のみから仕法全体の性格を規定してしまう傾向が目につく[11]。一つの仕法の全体像は、その策定・施行の過程で作成された諸文書をひとまとまりの有機的な連関性をもつ史料群として把握し、系統的に分析しなければ、明らかにしえないのである。本稿は、そうした方法的見地から、一村仕法分析の一つのモノグラフの提示を試みるものである。

ところで、先に述べたように、近世後期の地域社会においては公共の福利への奉仕が規範として自覚されつつあったのだが、報徳主義はそれに理論的なよりどころを与えたことが予想される。そこで、尊徳は農民に報徳の道をどのように教諭したのか、そして村落指導者をはじめとする農民たちはそれをどのように受けとめ、新たな村づくり、地域社会づくりに取り組んだのか、にもかかわらず、経済社会化の進展という現実の中にあってどのような矛盾・難題に逢着せざるをえなかったか、という点の考察も本稿の主題の一つとしたい。

第一節　天保の飢饉と二宮尊徳の救急仕法

(一)　天保七年の大凶作と駿州駿東郡御厨地方

駿河国駿東郡藤曲村は今日では静岡県駿東郡小山町の大字（おおあざ）の一つとなっているが、同町は静岡県（旧駿河国）の北東端に位置し、東は神奈川県（旧相模国）、北西は山梨県（旧甲斐国）に接している。北西端部分は富士山頂であり、それに連なる三国山系が町の北壁をなしている。そして、北東側は丹沢山地、東南側は箱根外輪山と足柄山嶺に取り囲まれている。東西二六キロメートル、南北一三キロメートルと東西に長く伸びた地形をなし、面積は一三六・一三平方キロメートル、静岡県の町村では六番目の広さである。集落は、富士山麓から東南の箱根・足柄山系に向かって広がる海抜八〇〇～二五〇メートルの傾斜面と山麓に開かれている。

山間の高地であるため気温は全般的に低く、ことに一二月頃から一、二月にかけて富士颪(おろし)が吹き降りてくるので、厳しい寒さとなる。とりわけ富士山登山道の入口に位置する須走(すばしり)地区では降雪も多い。また、数十キロメートル先の駿河湾からは水蒸気がたちのぼるために湿度も高い。そのうえ、数万年間にもわたって断続した富士山噴火によって火山灰や砂の降り積もった地層は、生産力の低い痩地である。当地域にあっても近世には開発が進んだものの、他地域に比べると耕地には恵まれていない。平地部の村々は比較的田地の比率が高いが、山麓に位置する村々は畑がちであった(12)(以下、註記しない限り小山町域の村々)。

ところで、今日の小山町から御殿場市、裾野市北部にかけての地域には、平安時代末か鎌倉時代の初め頃に伊勢神宮の荘園である大沼鮎沢御厨(あゆさわみくりや)が設定されたために、それにちなんでこの地域を「御厨領」と呼ぶようになり、地名として長く生きつづけ、人々の心性に地域的な一体感を形づくっていた。近世においても御厨領の村々は「郡中(ぐんちゅう)」としての結束をみせている。

当地域の村々は生産条件にあまり恵まれていないところに、宝永四年（一七〇七）、富士山噴火による砂降りに襲われ、甚大な被害をこうむった。加えて、一八世紀半ばからは自然災害に相次いで見舞われ、慢性的な疲弊状態におちいった。御厨地域の村々の大部分は近世後期には小田原藩領に属していたが、同じく同藩領の相模国足柄上郡栢山(かやま)村（神奈川県小田原市栢山）に生まれた二宮尊徳は、「御領中一同」が困窮し、大百姓の大半が潰れとなってしまった根元は、「寛政之度、一反に付一斗ヅ、御免揚ケ被　仰付候故之儀と申伝候」と述べている。[13] 実際、宝暦五年（一七五五）から天保七年（一八三六）までの小田原藩領全体の年貢収納高と、そのうちの駿河・伊豆・相模三国の同藩領の年貢収納高の変遷を分析された松尾公就氏の論稿[14]によれば、両者ともに寛政期（一八八九〜一八〇一）半ばより米納分の収納高が急増している。こうした年貢増徴は当然、それ以前から疲弊状態にあった御厨地域の村々にも大きな打撃を与えたに相違ない。

そうしたところに、天保の大凶作・飢饉が襲った。すでに文政八年（一八二五）と同一一年（一八二八）にも御厨地域は凶作に見舞われていたが、[15] 天保に入ると天候不順と異常気象がつづき、同四年（一八三三）と七年（一八三六）には異常低温、日照不足による冷害に風水害が重なり、大凶作となった。凶作・飢饉は全国的なものであったが、ことに奥羽（東北地方）と関東では多くの餓死者を出し、惨状を呈した。[16] 御厨地域における異常気象の様相、凶作・飢饉の状況と農民の動向については、現在は御殿場市に属しているが小山町域の村々とは隣接している山之尻（やまのしり）村の世襲名主家、滝口家の日記[17]にうかがい知ることができる。天保七年の条をひもといてみよう。

この年、五月に入ってから雨が降りつづいた。そこで、同月一七、八日ころ、村人たちは終日、村内の教蔵寺に集まって題目を唱え、日和りごいをした。だがその効果は現れず、同月二一日朝には大雨となり、近年にない大水が出た。翌二二日には、村中一同相談のうえ、隣村清後（せいご）村の久成寺（山之尻村の大多数がその檀家となっていた）に山之尻村の者たちが納めていた「朝日・月夜見・生天」の三幅一対の御本尊を借り出して、名主の家に掲げ、久成寺の隠居僧と山之尻村の妙典寺・教蔵寺の僧合わせて五人を招き、山之尻村と宝永の砂降り以降その預かりとなっていた隣村山尾田（やまおだ）村の村人全員が出席して信心した。

こうした日和りごいの祈禱は、他の村々においても行なわれていたことだろう。しかしながら、天候は回復するどころか、六月に入ると雨天はますます悪化し、新暦では七月に相当する夏だというのに寒気がはなはだしかった。夏に収穫される大麦・小麦はまったく実らず、夏の食料が不足して「一同難儀」する状態となった。秋収穫の米をはじめとする他の農作物の大凶作ももはや誰の目にも明らかとなり、値段が高騰しはじめた。また、山崩れによる家屋や人身の被害も出た。七月六日夕方、坂下組合の藤曲村では大雨のためついに山崩れが発生し、権左衛門宅が半潰れになったほか、二軒が押し落とされ、人が土中に埋められて発見されないという惨事となった。

同じ七月六日には、「郡中」（御厨領に相当）の村役人一同が相談をし、須走村西の大日様に郡中のすべての家々から一軒につき薪三本ずつ持参させてかがり火をたき、他の寺社および村々においても朝夕、施餓鬼（せがき）や祈禱をすることを取り決めている。郡中あげて日和りごいの祈願をすることにしたのである。山之尻村でも隣村の久成寺と村内の林昌寺で施餓鬼を行なった。その効果があったのであろうか、翌七日には久々に晴天となった。そこで、八日は臨時の正月休みとし、教蔵寺でお礼の題目を唱え、若者一同も出席してお礼を申し上げた。臨時正月は、災厄の多い年に、年が明けて平穏無事な世の中となるように、という世直りの願いをこめて行なった民俗行事である。

だが七月下旬から再び雨が降りつづき、七月二二日には早くも富士山の六、七合目くらいにまで雪が降った。同月二三日には、東田中村（御殿場市）の山中のさぶ沢という所に大日如来と不動尊を勧請（かんじょう）し、郡中一同休日として参詣した。八月上旬から御殿場の米相場はますます高騰したが、それでも売り米はまったくなかった。おそらく米穀商人たちが売り惜しみをしたのであろう。「誠ニ米ハ一切郡中ニ無御座候」という状態となったため、山之尻村と山尾田（やまおだ）村では、役人たちが相談し、なるだけ各組において困窮者に麦や粟を与えるなどの世話をさせ、組のみの力では困難なときは村役人に願い出させて村として世話をすることを取り決めている。

八月下旬にさしかかるころ、御厨地域と峠を隔てて向かい合う甲州都留郡（郡内地方）では、穀物価格の急騰に窮した農民たちが米商人たちに米価引き下げを求めるために立ち上がり、一揆を結んだ。これはやがて穀物流通のルートに沿って米商人たちを次々に打ちこわしていく、甲府盆地一帯に及ぶ大騒動に発展していったが、この甲州騒動は山之尻村の名主のもとにも甲州の知人からの書状によっていち早く伝えられ、日記にその様相が詳しく記されている。籠坂峠を越えて甲州郡内地方に通じる街道の登り口に位置する須走村では、打ちこわし勢が御厨地方にも押し寄せてくるのではないかと危機感をつのらせ、村役人が小田原へ通報した。九月二日、小田原より大目付・郡奉行・代官・手代以下一五〇人が須走村に派遣されたが、その頃にはすでに騒動は鎮圧されていたので、同五日には小田原に引き揚げた。この間、一行が滞在した須走村ではその賄いで米が不足したため、組合村から米六俵を送り、南筋の村々からも米の援助をしている。

一〇月一日と二日には、小田原より派遣された小検見奉行代官・助役以下六人による作柄の検分が行なわれ、その結果、同月一八日、村役人が小田原役所に呼ばれて、これまでにない大幅な年貢減免を申し渡された。そこで、小前百姓一同の申し出により、二一日を臨時正月とし、教蔵寺に祝い酒を献呈し、山之尻村と山尾田村一同にて酒祝いを行なった。小田原藩の大幅な年貢減免は大凶作のためのやむをえざる措置であったが、そこには、隣国の甲州で発生した大騒動に支配者として恐怖を感じていたことも、多分に作用していただろう。それは村役人たちとて同様であった。「当申ノ年別段凶作ニ付、小作方六ツケ敷御座候」と窮迫した小作人たちが不穏な動きをみせはじめたので、彼らに「段々申聞」かせる一方、「一同村方相談之上」、小作料の減免についてはそれぞれの地主と小作人の相対相談で決めるように指示している。村役人が小作人たちの動向に神経をとがらせたのは、天保四年（一八三三）の凶作の際にも、小作人たちが教蔵寺で寄合を開いて小作料について協議し、その三割減免の要求を村役人に突きつけ、認められなければ小田原に出訴すると威嚇した前例があったことに加え、甲州騒動の風聞に接したことによろう。

一一月に入ると、「村々ところをほり、又ハかろしにん之根をほり、又ハ山ノいもほり、色々山物之ねヲ取」ったり、藁を粉にして食したりして、露命をつなぐ状態となった。一二月になると、郡中一帯で火事と盗みが多く発生し、不穏な状況が一帯を覆うようになった。火事はおそらく放火によるものであろう。そこで郡中の村役人たちが集まって対策を協議し、一二日、郡中の村々で無宿人の取り調べを行なった。それは、家の中だけでなく、山畑にまで人足を出して捜索するという徹底したものであった。一二月下旬、「小田原殿様」（大久保忠真）よりの極難儀の者を調べるようにとの命を受けて、奉行が御厨の村々を廻り、困窮者の家に立ち入って生活状態を調査した。これにもとづいて米が与えられたが、その記録である天保七年（一八三六）一二月「両山家筋・登筋・御厨筋窮民撫育割賦帳」[18]によれば、一村当り多くて一石余、ほとんどが数斗程度という、まことに微々たるものでしかない。一方、村方にても飢人対策にせまられ、富裕者たちが米・大豆や金を出し合って「小前難渋之者」へ施与する措置をとっている。

(二)　小田原藩の尊徳召還

その頃、二宮尊徳は下野国芳賀郡桜町の陣屋にいた。文政六年（一八二三）に着手した桜町仕法は紆余曲折はあったものの、天保初年にはかなりの成果をあげるにいたり、天保飢饉の際、周辺の村々では餓死者が続出したにもかかわらず桜町領では一人の餓死者も出さず、逆に周辺村々に食料を融通できるほどに回復していた。

一方、小田原藩では農村の荒廃がますます深刻化し、藩財政も窮迫の度を増していた。そうした事態を前に、小田原藩の勘定奉行鵜沢作右衛門、御番頭格三幣又左衛門、大金奉行吟味役兼桜町仕法係の横沢雄蔵ら親尊徳派の者たちは、同藩への報徳仕法の導入を企図するようになった。その経緯については松尾公就氏が詳しく検討されているが[19]、それによると、天保四年（一八三三）に始まった飢饉を機に彼らは仕法導入の準備を進めはじめ、同五年八月より鵜沢と横沢はたびたび桜町の尊徳のもとを訪れている。藩主大久保忠真も彼らからの上申を受けて仕法導入を決心したものの、藩の重臣たちは小田原評定を重ねるのみで、藩論は容易に定まらなかった。藩当局がようやくにして仕法導入を決定したのは、飢饉状況が深刻の度を深めつつあった天保七年（一八三六）一〇月末になってであった。

同年一一月二日、横沢雄蔵はさっそく尊徳に書状を発し、殿様の思し召しにより近々江戸表にお呼び出しになる予定であることを伝えた[20]。そして同月二六日、横沢は御用人中より、二宮金次郎に小田原表の御用筋を仰せ付けるので、桜町での御用向きが片付きしだい早々に出府するよう申し達すべしとの命を受け、同日付けの書状でもって尊徳に報じた[21]。だが、尊徳からは何の返答もない。横沢は一二月一三日、再度書状を出し、殿様も待ちかねておられ、重役中からは早く出府させるよう日々申し聞かされているゆえ、早々に出立するよう督促した[22]。これに対し尊徳もようやく同月二〇日、横沢に返書を出し、桜町領の百姓たちが飢渇におちいらないよう夫食の手配を早急にしなければ、再び亡所となってしまうので、それが一段落つきしだい早々に出府する心づもりであると返答した[23]。

たしかに尊徳は、桜町領および仕法を依頼されていた常州真壁郡青木村、茂木・谷田部藩領、烏山藩領などの飢饉対策に追われていた。しかし、小田原藩の出府命令になかなか応じようとしなかったのは、そのためばかりではなかっただろう。小田原藩の重役中には尊徳に反感をいだく者も多いことは彼の耳にも入っていた。彼は、小田原藩が仕法導入に煮え切らない態度をとりつづけていたことに、腹立たしい思いをつのらせていた[24]。したがって、帰藩したとして、はたして藩の役人たちは自分の指示どおりに動くのか、彼は疑念をもっていたに相違ない。そこで、意図的に藩命を無視することにより、本当に自分を必要としているのかどうか反応を探り、仕法を待望する機運が高まったところでやおら乗り出すという、彼一流の駆け引きに出たのではなかろうか。二宮尊徳という人物は、政治的駆け引きには人一倍たけていた。仕法を依頼されても簡単には引き受けない。依頼側が報徳仕法の趣旨を理解し、本当にそれをやり遂げる意志があるのかどうか見極めたうえで、ようよう受諾するのが常であった。

尊徳がようやくにして出府したのは、暮れもおしつまった一二月二六日のことであった。[25]しかし、小田原藩領内への報徳仕法施行が正式に発令されるまでにはなお曲折があったらしく、尊徳が江戸の藩邸に到着してから一カ月以上もたった翌八年（一八三七）二月七日にようやく、殿様の御手許金より一〇〇〇両を授けるので、これに桜町仕法の善種金を加えて小田原藩領内へ「報徳金貸付之道」を存分に取り計らい、「御安堵之道を生候様」にとの藩命が下っている。[26]当時、藩主忠真は病の床に臥し、余命いくばくもない状態におちいっていた。

尊徳が小田原藩領内に救急仕法を施行するまでのいきさつとその方針については、彼が記した天保八年（一八三七）二月付けの「大凶荒飢饉に付極難窮民撫育取扱手段帳」[27]から知られる。この帳簿にはまず桜町領での救急仕法の様式が記されている。それによると、「一村限り暮方、大小貧富、米麦雑穀、内外微細に取調」、A「暮方無難」、B「暮方中難」、C「暮方極難」に分けて、それぞれの生活状態に合わせた救済策を施している。Aは家内一人につき雑穀五俵以上の貯えのある家、Bは家内一人につき雑穀四俵から一俵の貯えのある家、Cは夫食の貯えのない家である。Bに対しては、一人につき四俵の貯えのある家には一俵ずつ、三俵の貯えのある家には二俵ずつ、二俵の貯えのある家には三俵ずつ、一俵の貯えのある家には四俵ずつそれぞれ貸し付け、Cに対しては家内一人につき五俵ずつ無利息五カ年賦、七カ年賦、一〇カ年賦、特に困窮のはなはだしい場合は返済期限なしで貸し付け、露命をつなげるように取り計らっている。

つまり、それぞれの家ごとに経済状態を微細に調査し、家内一人につき夫食五俵を基準にして、それと貯蓄量との差額分を貸し付ける方針をとっていたわけである。先に小田原藩が自領に行なった救済策に比べれば、はるかにきめ細かで行き届いている。

尊徳は、桜町領では高四〇〇〇石のところ飢民救済に一〇〇〇両余、一〇〇〇石につき二五〇両余かかったことから、小田原藩領の場合、高一〇万石と見積もって、そのうち遠国の飛び地領と豊饒の地を除いて残高五万石としても、およそ一万二五〇〇両必要で、蔵米一万俵余もなければ取り計らいはできかねる、と申し立てた。これに対し藩当局は、その儀については殿様も「深き思召被成御座、被差出候儀に付」、委細は勝手方頭取辻七郎左衛門が承知しているゆえ懸念せず、片時も早く小田原に赴くよう命じた。

尊徳は二月一一日に江戸を立った。小田原に着いた彼はまず、御手許金を種として、これに天保二年（一八三一）に差し出しておいた冥加米四二六俵、前々貸付金の年賦返納金、前年八月よりの自己の給扶持、その他の用意米などを加えて、城付き村々の窮民に撫育を施した。その頃、駿州駿東郡の村々からも嘆願があったので、尊徳は江戸表にて申し立てておいた撫育料の下付を藩当局に求めたが、辻は藩主忠真が重病におちいっていたためいまだ帰藩しておらず、忠真の命は小田原には伝わっていなかった。尊徳の催促にもかかわらず、藩の重役たちは江戸より正式の命令がいまだ届いていないことを理由に腰をあげようとせず、延々と評議をくり返すばかりであった。その間にも飢民の窮状は深刻の度を増しつつある。藩の役人たちの態度に業を煮やした尊徳は、「各々も御承知の通り、大凶作のため民は飢渇に及び命を失わんとしておる。かかる急難の時節であるので、大小上下賢愚の差別なく御役人ども御一統、昼食弁当無用にて昼夜詰め切り、飢民と苦しみをともにしながら対策を協議されたならば、直ちに決するであろう」と大喝した。この尊徳の剣幕にたじろいだ役人たちは、さしあたり御蔵米一〇〇〇俵を下げ渡すことを決議せざるをえなかった。

尊徳が飢民救済のために調達しえた米金は表26のとおりである。米では小田原藩よりの拝借米が大半を占め、このほか小田原表で買い入れ、自己の給米も充当している。金の方は藩主忠真の御手許金より下された一〇〇〇両が中心

表 26　救急仕法の元手

小田原藩より拝借米	1,769 俵
小田原表にて買入米	284 俵余
二宮金次郎の給米	62 俵余
御厨下郷組合拝借米を代金で渡し、米を元本繰入	67 俵余
報徳米栢山村代蔵方預り米村々貸付に取計分	112 俵
栢山村俊助報徳加入金にて米買入	12 俵余
元　手　米　合　計	2,308 俵余
小田原藩主御手許金	1,000 両
桜町御趣法米を天保 7 年に売払った代金	250 両
御殿場日野屋惣兵衛より借用金	150 両
村々有志・藩士有志の報徳加入金	163 両余
藩士よりの報徳返納金	127 両余
払米代金	16 両余
貸付大豆買入ニ付払米に取計分	230 両余
その他	3 両余
元　手　金　合　計	1,941 両余

・典拠　天保 8 年 3 月改「駿相村々報徳貸付米金本払差引帳」(『二宮尊徳全集』第 15 巻、494〜503 頁)。

で、桜町領の趣法米を前年に売り払って得た二五〇両と、小田原藩士に貸し付けていた報徳金の返納金一二七両も繰り入れている。また、御殿場の豪商日野屋惣兵衛が一五〇両融通しているほか、領内の豪農商と鵜沢作右衛門・豊田正作ら報徳方役人たちが報徳金に出資している。

(三)　尊徳の小田原藩領廻村と飢民救済

天保八年(一八三七)三月二日、尊徳は領内の巡廻に出発した。[28] まず廻村したのは、領内でも最も水田が少なく飢渇の憂慮された箱根山中の仙石原通と駿東郡の村々である。駿東郡七八カ村については、まず組合単位に極難組合を入札で選ばせて一番札組合より見分し、組合内部では極難村を入札させて巡廻順を決めている。須走村米山右仲の「天保八年丁酉日記」[29] の三月九日条には、「小田原より二宮金治郎殿ト申仁」が「御領分村々極難之もの相救方趣法」

を施すため、御厨筋村々に巡廻にやって来たと記してあるが、同時に、「金治郎」が相州栢山村の出身で、家老服部家の勝手向を立て直した手腕を殿様に見込まれ、「御分家大久保半之助様（宇津釩之助）御知行所」の復興を命ぜられて成功を収めたことにも言及している。「二宮金治（次）郎」の名声は小田原藩領内の農民の間にもある程度知れ渡っていたのだろう。

さて尊徳は、殿様より下された御仁恵金を領内の各村に配分するとともに、村内のそれぞれの家ごとに夫食の貯蓄量と困窮度を調査して、夫食拝借を必要としない「暮方無難」「暮方中難」「暮方極難」の三ランクに分け、中難・極難の者には麦作の実る五月上旬まで米を無利息五カ年賦で貸与した。そして、貯穀のある家に対しては、麦秋まで家内一人につき一日米五合分を残し、余穀は値段の高下にかかわらずその土地の時相場で買い上げるので提供するよう申し渡した。(30)

駿東郡御厨の各組合のランク別戸数・人数は表27のようになっている。救済を要する中難・極難を合わせた戸数はいずれも過半を占め、とりわけ坂下・南筋両組合以外は七割前後から八割近くにも達している。また、ランクが下がるのに比例して一戸あたりの平均家内人数が減少し、しかも奉公稼ぎに出ている人数がふえている。特に極難層にあっては、奉公出の者を含めても平均家内人数は四人に満たない。このことは、この層は生活を維持するために産児制限を恒常的により強く加えざるをえないほど、慢性的な貧窮状態にあったことを物語っていよう。尊徳が小田原藩領の飢民救済のために貸与した米の総額は二一四六俵余であるが、そのうち御厨村々への正米貸付分が一一六一俵余、下郷村々への石代での貸付分（米の代わりに金を貸付）が六七俵余で、(31)両者を合わせると六割近くにも達し、当地域の窮迫度がひときわ深刻なものであったことがうかがえる。

ちなみに、小山町域のうち当時小田原藩領だった村々の困窮状況と夫食米の支給量、および御仁恵金の下付金額は

表27　天保八年三月　駿東郡御厨の小田原藩領組合の困窮状況

組合名	無難戸数(戸)	無難人数(人)	平均家内人数(人)	中難戸数(戸)	中難人数(人)	平均家内人数(人)	極難戸数(戸)	極難人数(人)	平均家内人数(人)
坂下	211〈44〉	1,199〈53〉	5.7	123〈26〉	563(13)〈25〉	4.6(4.5)	141〈30〉	520(31)〈22〉	3.7(3.5)
北筋	102〈28〉	527〈35〉	5.2	93〈26〉	359(3)〈24〉	3.9(3.8)	169〈46〉	648(26)〈41〉	3.8(3.7)
中筋	124〈32〉	702〈42〉	5.7	144〈29〉	524(26)〈30〉	4.6(4.4)	152〈39〉	534(55)〈28〉	3.5(3.2)
八ケ郷	105〈32〉	505〈38〉	4.8	89〈28〉	404(23)〈29〉	4.5(4.3)	130〈40〉	480(50)〈33〉	3.7(3.5)
南筋	275〈43〉	1,315〈48〉	4.8	154〈24〉	624(4)〈23〉	4.1(4.0)	214〈33〉	849(51)〈29〉	3.9(3.7)
原方	225〈28〉	1,166〈35〉	5.2	302〈38〉	1,317(45)〈38〉	4.4(4.2)	273〈34〉	1,038(138)〈27〉	3.8(3.3)
下郷	125〈21〉	678〈28〉	5.4	180〈31〉	816(13)〈34〉	4.5(4.4)	281〈48〉	944(52)〈38〉	3.4(3.2)

・典拠　天保8年3月「御領分駿州駿東郡窮民撫育家数人別取調帳」（『二宮尊徳全集』第15巻、427～453頁）、天保8年3月「小田原夫食取調帳」（同前453～465頁）。
・中難・極難人数の（　）内の数字は奉公に出ている者の数。同平均家内人数の（　）内には奉公出の者を除いて算出した数値を示した。
・〈　〉内には各組合ごとの総戸数・総人数に対する比率を示した（奉公出人数を除いて算出）。

表28のとおりである（一色村と大胡田村は小田原藩領と旗本領に分かれていたが、調査の対象となったのは前者の分のみである）。菅沼村三三四石分の全戸数と上野新田村の一軒は無難であるが、それ以外の村々の多くは中難・極難の戸数・人数が大半を占めている。そのうち竹之下・新芝両村の中難・極難者には夫食米が貸与されていない。これは、村役人たちが、村内の夫食に余裕のある者からの融通でしのげるので夫食拝借には及ばない、と尊徳に申告したためである[32]。そのほかの村の中難・極難の者たちに対しては、五月上旬まで一人につき中難は一日米一合ずつ、極難は一

日米一合五勺または二合ずつ支給している。支給開始は極難は一律に三月下旬からであるが、中難は三月下旬からと四月上旬からの二通りとなっている。後者は貯穀の有無や村内で当面の融通が可能かどうかによって区別したものと思われる。

貸付米は無利息五カ年賦で返済することになっているが、小山町域に残る村々の夫食米拝借証文[33]ではいずれも金一〇両につき米六俵三分替えの換算で代金納することを約束している。これは尊徳が小田原で米を購入したときの相場と同じである。[34] 彼は返済の方法について、それぞれの家が経済力に応じて日々銭一文から三文ずつ積み立て、それを村役人がとりまとめて藩の役人に納めるよう指示している。[35] それに従って藤曲村が返納手段の明細を記して天保八年(一八三七)三月付けで「二宮金次郎」に提出した帳簿[36]によると、天保八年三月二〇日より同一二年(一八四一)まで暮方無難の者は一軒につき一日に銭六文ずつ、中難の者と極難の者は同じく五文ずつを積み立てておき、毎年一〇月二〇日までに上納することを約している。暮方無難の者は夫食は拝借していないものの返納の連帯責任は負っており、しかも実際に夫食を拝借した中難・極難の者よりも多く銭を出すことになっている。

古沢村(御殿場市)にあってもやはり、天保八年から同一二年までの五年間、暮方無難の家は一二文ずつ、中難・極難の家はそれぞれ八文、四文ずつ日々銭を積み立てて返済することにしている。[37] 日掛け銭の額を藤曲村と比べると、暮方無難と中難の家のそれは古沢村の方が多く、逆に極難の家のそれは少なくなっている。これは古沢村では極難の家の占める割合が高かったためであろう(表3参照)。

これらの事例から、夫食は中難・極難の家単位に家内人数に応じて貸し付けられているものの、返済は村中がそれぞれの家の経済力に応じて協力して行ない、富者による貧民扶助としての性格を備えていたことが知られる。村々に残る報徳米拝借証文をみると、天保一二年(一八四一)一〇月付けで無利息五カ年賦返済の約束どおり米代金を皆済

表28　天保8年3月　小山町域村々の困窮状況と夫食米支給・御仁恵金下付
（当時小田原藩領だった村のみ）

村名	村高	戸数	人数	無難戸数	無難人数	中難戸数	中難人数	1人当り1日支給夫食米量と期間	極難戸数	極難人数	1日当り1日支給夫食米量と期間	御仁恵金下付金額
〔坂下組合〕小山	石余 200	戸 44	219人 (2)	14戸 〈32〉	90人 〈41〉	16戸 〈36〉	78人 (2) 〈35〉	1合〔4月上旬～5月上旬〕	14戸 〈32〉	51人 〈24〉	1合5勺〔3月下旬～5月上旬〕	2両2分2朱 永9文5分余
生土	94	27	120 (4)	6 〈22〉	38 〈33〉	8 〈30〉	32 (1) 〈27〉	1合〔4月上旬～5月上旬〕	13 〈48〉	49 (3) 〈40〉	1合5勺〔3月下旬～5月上旬〕	1両2分1朱 永18文2分余
中島	65	22	89 (11)	5 〈23〉	28 〈36〉	4 〈18〉	15 (1) 〈18〉	1合〔3月下旬～5月上旬〕	13 〈59〉	46 (10) 〈46〉	2合〔3月下旬～5月上旬〕	1両1分 永37文9分余
湯船	118	26	122	6 〈23〉	30 〈25〉	9 〈35〉	45 〈37〉	1合〔3月下旬～5月上旬〕	11 〈42〉	47 〈38〉	2合〔3月下旬～5月上旬〕	1両2分2朱 永14文2分余
藤曲	257	65	299 (4)	15 〈23〉	88 〈30〉	32 〈49〉	141 〈48〉	1合〔3月下旬～5月上旬〕	18 〈28〉	70 (4) 〈22〉	2合〔3月下旬～5月上旬〕	3両3分3朱 永43文5分余
菅沼（役人代持）	258	38	217 (3)	9 〈24〉	79 〈37〉	12 〈31〉	65 (30)	1合〔4月上旬～5月上旬〕	17 〈45〉	73 (3) 〈33〉	1合5勺〔3月下旬～5月上旬〕	2両3朱 永37文2分余
菅沼（御代知）	334	80	447	80 〈100〉	447 〈100〉							4両2分2朱 永58文5分余
所領	83	25	102 (2)	6 〈24〉	38 〈38〉	8 〈32〉	35 (2) 〈33〉	1合〔3月下旬～5月上旬〕	11 〈44〉	29 〈29〉	2合〔3月下旬～5月上旬〕	1両1分3朱 永26文1分余
桑木	97	26	121 (1)	7 〈27〉	42 〈35〉	7 〈27〉	37 〈31〉	1合〔4月上旬～5月上旬〕	12 〈46〉	42 (1) 〈34〉	1合5勺〔3月下旬～5月上旬〕	1両2分 永22文1分余
竹之下	408	95	422 (17)	55 〈58〉	269 〈66〉	20 〈21〉	83 (7) 〈19〉		20 〈21〉	70 (10) 〈15〉		5両2分 永61文7分余
新柴	98	27	124	8 〈30〉	50 〈40〉	7 〈26〉	31 〈25〉		12 〈44〉	43 〈35〉		1両2分2朱 永14文2分余
〔北筋組合〕下小林	52	11	46 (1)	4 〈36〉	19 〈42〉	3 〈27〉	15 〈33〉	1合〔4月上旬～5月上旬〕	4 〈36〉	12 (1) 〈24〉	1合5勺〔3月下旬～5月上旬〕	2分2朱 永18文9分余
一色	263（小田原藩領分）	52	213 (1)	11 〈21〉	57 〈27〉	11 〈21〉	43 〈20〉	1合〔4月上旬～5月上旬〕	30 〈58〉	113 (1) 〈53〉	1合5勺〔3月下旬～5月上旬〕	3両2朱 永36文4分余

用　沢	317	73	304 (5)	35 〈48〉	168 〈56〉	18 〈25〉	63 (3) 〈20〉	1合〔4月上旬～5月上旬〕	20 〈27〉	73 (2) 〈24〉	1合5勺〔3月下旬～5月上旬〕	4両2分 永7文9分余
上古城	77	10	42 (3)	3 〈30〉	19 〈48〉	3 〈30〉	10 〈26〉	1合〔4月上旬～5月上旬〕	4 〈40〉	13 (3) 〈26〉	1合5勺〔3月下旬～5月上旬〕	2分1朱 永22文9分余
古　沢	414	75	307 (10)	13 〈17〉	70 〈23〉	21 〈28〉	79 〈27〉	1合〔3月下旬～5月上旬〕	41 〈55〉	158 (10) 〈50〉	2合〔3月下旬～5月上旬〕	4両1分3朱 永11文9分余
中日向	88	18	68	5 〈28〉	27 〈40〉	5 〈28〉	13 〈19〉	1合〔4月上旬～5月上旬〕	8 〈44〉	28 〈41〉	1合5勺〔3月下旬～5月上旬〕	1両 永53文8分余
棚　頭	53	26	111	13 〈50〉	66 〈60〉	5 〈19〉	18 〈16〉	1合〔4月上旬～5月上旬〕	8 〈31〉	27 〈24〉	1合5勺〔3月下旬～5月上旬〕	1両2分1朱 永17文5分余
下古城	107	15	72 (1)	3 〈20〉	15 〈21〉	6 〈40〉	31 〈44〉	1合〔4月上旬～5月上旬〕	6 〈40〉	26 (1) 〈35〉	1合5勺〔3月下旬～5月上旬〕	3分2朱 永3文1分余
上　野	115	42	190 (7)	8 〈19〉	47 〈59〉	12 〈29〉	51 〈28〉	1合〔3月下旬～5月上旬〕	22 〈52〉	92 (7) 〈46〉	2合〔3月下旬～5月上旬〕	2両3分 永1文6分余
上野新田	10	1	5	1 〈100〉	5 〈100〉							永58文5分余
大胡田	258 (小田原藩領分)	41	196	6 〈15〉	34 〈19〉	9 〈22〉	36 〈21〉	1合〔3月下旬～5月上旬〕	26 〈63〉	106 〈60〉	2合〔3月下旬～5月上旬〕	2両1分 永25文
〔中筋組合〕下古城	10	1	6			1 〈100〉	6 〈100〉	1合〔4月下旬～5月上旬〕				永58文5分余
須　走	64	77	295 (12)	17 〈22〉	91 〈32〉	20 〈26〉	60 〈21〉	1合〔3月下旬～5月上旬〕	40 〈52〉	144 (12) 〈47〉	2合〔3月下旬～5月上旬〕	4両2分 永7文9分余

・典拠　天保8年3月「御仁恵御下金割賦頂戴帳」(『二宮尊徳全集』第15巻、415～427頁)。
　　　　天保8年3月「御領分駿州駿東郡窮民撫育家数人別取調帳」(表27前出)。
　　　　天保8年3月「小田原夫食取調帳」(表27前出)。
・(　)内の数字は人数のうち奉公に出ている者の数。〈　〉内には各村の総戸数・総人数に対する比率を示した(奉公出人数を除いて算出)。
・古沢村は現在は御殿場市に属す。

した証明とともに、同一三年一〇月もしくは同一四年四月付けでさらに一カ年分の返済額に相当する報徳金を確かに受け取った旨の、「二宮金次郎」の裏書きがなされている。元金を皆済したのちにさらに一カ年賦分の金額を上納させるのは、無利息米金の借用によって生活難をしのげたことへの「報徳」としての意味をもたせており、この点が尊徳の考案した報徳米金融通制度の特徴で、これでもってさらに多くの窮民を救済していくことを趣旨としている。こうした報徳米金の運用方法は、一つの実から草木が生じ、それが成長して多くの実を結び、さらに草木を増殖していく、という自然の摂理の観察からヒントを得ていた。

だが、返済に窮する村もあった。古沢村では、報徳米を拝借しながら返済不能となった当人の名前と拝借米およびその代金の額、それに当人の属する五人組構成員の名前を取り調べて、天保一二年（一八四一）一二月付けで尊徳に報告している[38]。それによると返済不能者は七人で、天保八年（一八三七）三月段階ではいずれも極難の者たちであった。不能となった理由としては、死潰れ、あるいは老衰に及びながら扶養する子供が一人もいない、という事情をあげている。つまり、当人が死亡して跡継ぎがいなく絶家となったり、老衰した当人に代わって返済する家族がいなかったりした例である。報徳米代金の返済は村中が協力して行なうことになっていたのであるが、当村は極難戸数が過半を占め、中難を合わせると八割を超えるような難村であったため、他の家々で補塡して皆済するだけの村としての経済力がなかったのであろう。また、返済にあたっての米金の換算率が高かったことにも、問題があったのではなかろうか。換算率は天保八年（一八三七）初頭の小田原での米価にもとづいているが、それは大凶作で米価が通常の四倍にも高騰していた時のもので、平常の米価に戻れば返済に際しての農民の負担が大きくなるからである。

尊徳は小田原藩領を廻村して困窮者に夫食を貸与したのであるが[39]、それとともに殿様の御仁恵金を各村に配分した。一村あたりの金額は二〇両近くから一朱までかなり開きがある。小山町域の村々への下付金額は表28のとおりであり、戸数に応じて配分したことが知られる。御仁恵金の賜与に対し、各村は請書を藩に提出させられた。小山町棚頭区有文書の中に残っているその請書の下書[40]をみると、村役人たちが感謝の意を表し、子々孫々にいたるまで御高恩を忘れず本業（農業）に出精することを誓約するとともに、その使途についても記している。それによると、当村では村役人と小前一同の相談のうえ、まず難渋者に配分し、そのほかの村役人・小前一同も「御守同様ニ少々宛頂戴仕」、残金一分二朱は村役人が預かり、これを基金として、それに初穂と自用の稼ぎなどの一部を積み立て、さらに経済的余裕のある者は相応の加金をして、永く村民一統の助けとなるよう運用していくことに決めている。難渋者以外もお守りとして少々ばかりの配分に預かっている点、殿様よりの下賜金には領民を守護する呪力が秘められていると観念されていたのだろう。[41]

さて、小田原藩領の飢民救急仕法を終えた尊徳は天保八年（一八三七）四月二五日に桜町に帰着したが、同年八月二四日付けで鵜沢作右衛門が尊徳に発信した書状[42]では、尊徳の軒別巡廻と報徳米の貸付によって多くの飢民が救済された西筋の御厨と相州登筋組合の村々、および相州西山家組合をはじめとする中筋の村々では、「貴公様之御事は報徳様と申しとなへ」（傍点、大藤。以下、同）、人気が沸騰していることを伝えている。そして、この恩を忘れないため農民たちは一同申し合わせて稲の作付けに励み、八月初旬頃より小前百姓たちの間から、「作初穂として、報徳様へ相備」えたいと焼き米を小袋に入れて名主宅や鵜沢ら報徳方役人のもとに持参する者が相次いだという。また、相州足柄上郡金手村（神奈川県大井町）の名主郡治の天保八年六月二六日付け「二宮金次郎」宛書状[43]でも、御厨地域では金次郎のことを「郡中一同挙て神仏之様に申成居候」人気ぶりである、と伝えている。

尊徳の夫食貸付は麦の収穫時までであった。しかし、麦秋後にあっても飢民は少なからず存在した。次に課題となったのは、米の収穫時まで彼らを扶助することである。そこで立ち上がったのは、竈新田村の平兵衛、深沢村の要蔵、御殿場村（以上、御殿場市）の戎屋藤吉、同永田屋孫兵衛、同油屋久兵衛、同日野屋惣兵衛たちである。そのいきさつについては山之尻村名主家の日記に記録してある(44)。それによると、村々の極難渋人たちが組合村々に無心し、少々ずつの合力を請うたのをきっかけとして前記の者たちが立ち上がり、郡中＝御厨領村々を廻って難渋人への施しを呼びかけている。これに応じて郡中の各組合の責任者である取締人たちが集って相談をし、組合ごとに世話人を定めて有志から撫育金を募ることにした。

(四)　御厨領有志による飢民救済

この時の醵出者それぞれの名前と金額、村・組合ごとの合計金額、および村単位に難渋の家と家内人数を記した天保八年（一八三七）七月付けの「御領分御厨村々窮民撫育取調帳」は、『二宮尊徳全集』第一五巻に収められているので、尊徳にも報告されたことが知られる。しかも、この帳簿は前記の発起人たちの連名で提出されている。このことは、発起人たちの行動が、尊徳が当年三月に廻村した際に教諭した報徳の趣旨に共鳴してのものであったことを示唆していよう。

実際、竈新田村の平兵衛と御殿場村の日野屋惣兵衛は、のちにそれぞれの村に報徳仕法を導入し、中心となって活動した人物である。また、御厨全体で約六八〇人もの者たちが醵金に応じ、しかも表30のように自村には難渋人が皆無にもかかわらず醵出している者も多いのも、尊徳廻村時に推譲の実践を教諭されていたことが社会的素地となっていたのではなかろうか。各家の当主のみならず、その妻や隠居父母も自己の小遣いのなかから醵金している例が少な

表29　天保8年7月　御厨各組合の窮民撫育金醵出と施与

組合	醵出金額	支出
坂下	金8両1分2朱・銭6貫24文 （組合村々有志より）	難渋人33人へ施与金4両2朱（1人に金2朱宛） 須走村へ助合金1両 八ケ郷組合へ助合金1両 南筋・原方両組合へ廻す金2両1分・銭6貫24文
北筋	金7両3分・銭4貫932文 （組合村々有志より） 金1両 （御殿場村日野屋兵右衛門より） 金1分2朱 （大御神村伝右衛門より） 金2分 （発起人より） 計　金9両2分2朱・銭4貫932文	難渋人188人へ施与金9両1分・銭4貫932文 南筋組合へ廻す金1分2朱（棚頭村惣右衛門分金1分、中日向村次郎右衛門分金2朱）
中筋	金11両2分2朱・銭6貫748文 （組合村々有志より） 金1両 （御殿場村日野屋兵右衛門より） 金1分2朱 （大御神村伝右衛門より） 金2分 （発起人より） 金1両 （坂下組合より須走村へ助合） 計　金14両2分・銭6貫748文	難渋人163人へ施与 （須走村へは1人に銭572文宛、他村々へは1人に金1朱・銭16文宛）
八ケ郷	金9両3分3朱・銭300文 （組合村々有志より） 金1両 （御殿場村日野屋兵右衛門より） 金1分2朱 （大御神村伝右衛門より） 金2分 （発起人より） 金1両 （坂下組合より） 計　金12両3分1朱・銭300文	難渋人213人へ施与
南筋	金31両3分3朱・銭130文 （内、竈新田村平兵衛より1分、大御神村伝右衛門より1分2朱、用沢村忠左衛門より2朱、中日向村治郎右衛門より2朱、棚頭村惣右衛門より1分、一色村勘右衛門より1分）	坂下組合よりの廻し金2両1分・銭6貫24文を加えて、難渋人576人（南筋198人、原方378人）に施与（1人に銭672文宛）
原方	金21両1分・銭4貫文 （組合村々有志より） 金2両 （御殿場村日野屋兵右衛門より） 金1分1朱 （大御神村伝右衛門より） 金2分 （発起人より） 計　金24両2分3朱・銭230文	（南筋と共通）

・典拠　天保8年7月「御領分御厨村々窮民撫育取調帳」（『二宮尊徳全集』第15巻、470〜493頁）。
須走村と他の中筋組合村々の難渋人への1人あたり施与金額は『山の尻村の「名主日記」』311頁による。

・帳簿では北筋組合の棚頭村惣右衛門分と中日向村次郎右衛門分の醵金は原方へ廻した旨記されているが、実際には南筋の御殿場村への醵金者として名を連ねている。

くないことも、注目される点である。前記日記では、「殊之外合力出来申候」と記している。(45)報徳の精神が民衆の間に広まりつつあったことは、先の鵜沢作右衛門の書状に、「御厨筋にては、日野屋惣兵衛、心学者隠居（竈新田村の小林平兵衛のことであろう）両人にて深申合、報徳之道を申諭し、相応之仁より多分之金子集金いたし、盆前之凌に付老若之無差別銭五百文つゝ御厨中に施し候由、其外にも報徳之道相弘り候故、自然と人気も穏に納り」と記されている点からもうかがえる。

御厨各組合ごとの醵金額は表29のようになっている。御厨地域のうち醵金しているのは現在は小山町域と隣接の御殿場市域に属している組合村々で、裾野市に属する下郷組合はみえない。呼びかけに応じなかったのか、当初から除外していたのか定かではない。あるいは地域的まとまりという点で、下郷は他の組合村々とは疎遠であったのであろうか。

発起人たちは自己の属する組合以外の各組合にも醵金している。また、御殿場村の日野屋兵右衛門は所属の南筋組合に三両、他の各組合にも一両ずつの大口醵金をし、幕府領大御神（おおみか）村の（天野）伝右衛門も各組合に一分余を醵出している。両者とも当地域有数の富裕者であり、広く地域全体の公共のために推譲を実践していたことが知られる。窮民への施しは組合単位で行なうことを原則としているものの、窮民の少なかった坂下組合では難渋度の高い中筋組合の須走村、および八ケ郷・南筋・原方の各組合にも援助し、また南筋へは他組合の者からの個人的な推譲もなされている。

また、小田原藩の施策として行なわれた天保八年（一八三七）三月段階での夫食貸与と御仁恵金下付はあくまで小田原藩領のみを対象としていたのに対し、表30をみると、今回は荻野山中藩領の吉久保・柳島両村および旗本山岡氏知行所の阿多田新田（あだのしんでん）村も坂下組合の村々に名を連ね、醵金している。しかも、これら三村は自村には難渋人は皆無であった。なかでも吉久保村では役人中・村中として醵金おり、村としての総意にもとづくものであったことがうかがえる。幕府領の大御神村は名を連ねていないが、当村の役人であった天野伝右衛門は御厨の各組合に個人的に推譲していたこと、先述のとおりである。

以上のことから、天保八年（一八三七）七月段階での飢民救済は、村・組合や支配関係を越えて御厨領という地域ぐるみで行なっていたことが知られる。こうした地域の公共の福祉のための推譲の実践には、報徳精神の浸透もあずかって力が大きかったことは疑いなかろう。ちなみに、山之尻村名主家日記をひもとくと、天保四年（一八三三）の大凶作の際には郡中として米の他出を禁じる議定をしたり、(46)翌年には郡中一同の無尽を催す(47)など、郡中としての対策もとられていたことが知られるが、同八年七月段階のよう

表30　天保8月7日　小山町域村々の困窮状況と撫育金の醵出

村　　名	難渋戸数	難渋人数	醵出人数	醵出金額
〔坂下組合〕小　山	戸	人	人 8	金3分・銭200文
生　土	1	2	5	3朱・550文
中　島	3	5	3	3朱
湯　船			5	3朱・1貫100文
藤　曲			11	2分3朱・900文
菅　沼			9	1分3朱・600文
所　領	3	6	2	1分
桑　木	7	20	6	1分3朱
竹之下			20	2両3分・400分
新　柴			3	2分
吉久保			役人中・村中	1分
柳　島			5	1分・600文
阿多野新田			5	1分2朱・300文
〔北筋組合〕下小林			3	1朱・600文
一　色	12	47	22	2両1分1朱・400文
用　沢	7	13	10	1両2分3朱・500文
上古城		19	3	2分2朱
古　沢	11	40	12	1両1朱・400文
中日向			10	1分・900文
棚　頭	3	15	15	2分3朱・832文
下古城	3	12	3	1分1朱
上　野	9	18	7	2朱・900文
大胡田	6	25	13	2分2朱・400文
〔中筋組合〕須　走	19	53	19	1両3分・200文 米2斗

・典拠　表4と同。
・柳島村と吉久保村は荻野山中藩領、阿多野新田村は旗本山岡氏知行所。

表31　天保８年７月　御厨各組合の家内人数別難渋戸数

家内人数＼組合名	坂　下	北　筋	中　筋	八ケ郷	南　筋	原　方	計	比　率
６人以上	戸	6	2	3		2	13	2.6%
5	1	4	2	4	3	5	19	3.8
4	2	12	7 (1)	9 (2)	4	11 (2)	45 (5)	9.1
3	1	10 (1)	19 (4)	19	10 (1)	24 (2)	83 (8)	16.8
2	5	14 (2)	17	35 (7)	34 (4)	55 (11)	160 (24)	32.3
1	5	5 (2)	15 (5)	13 (3)	60 (12)	77 (14)	175 (36)	35.4
計	14	51 (5)	62 (10)	83 (12)	111 (17)	174 (29)	495 (73)	100.0

・典拠　表４と同。
・(　) 内は女当主の戸数。

な広範な醵金による地域としての組織的・積極的な飢民救済が施された形跡はみえない。

ところで、天保八年三月段階での生活程度の調査では、そのランクが下がるに従い家内人数が減少していたのであるが、同七月にあっても難渋家の六七％余が家内に一人ないし二人しか存しないのが目をひく（表31）。また全難渋戸数の一五％が女当主の家であり、しかも八二％が家内人数一、二人である。武家の当主は主君と主従関係を結び、武士としての務めを果たす義務を負っていたので、女当主は認められていなかった。それに対し庶民にあっては、領主の経済的基盤の維持のため、当主死亡時に家内に男子がいないか、いても幼少の場合は後家や母あるいは娘が中継ぎとして当主になることが認められていた。貧窮の家では生活費を切り詰める必要に迫られて、産児制限を強めざるをえない。ために女当主の発現率も高まった。彼女たちは自身の労働でもって自己の生命と家を維持するしかなく、飢饉で体力が弱まっても、代わって労働して扶助してくれる成人男子は家内にはいなかった。したがって容易に飢民化したのであり、村および地域の扶助がなければ飢えをしのぐことが困難な状況下にあったのである。[48]

なお、難渋人は山麓に位置する坂下組合の村々では少なく、平地部の村々で多かったことも注目される。山間には野畑が開かれ、また非常食となる植物を採取する便にも恵まれていた。そうした条件とも関係していたのであろうか。

第二節　小田原藩における報徳仕法の推移

㈠　小田原藩と尊徳の確執

まず、小田原藩における報徳仕法の全体的な推移について概観しておこう。[49] 最初に述べたように、報徳仕法は、農民の生産・生活安定のための領主の施策と、農民自身の主体的な勤労および公共の福利への奉仕とを有機的に結び合わせることによって、「興（富）国安民」を実現することを論理としていた。しかしながら、領主が報徳仕法を導入しても、尊徳の要求が領主側に受け入れられるとは限らず、むしろ両者の論理が対立して複雑な経緯をたどるのが常であった。それは小田原藩の仕法においても同様であった。同藩の仕法は藩当局と尊徳の確執から紆余曲折を経てお り、報徳仕法の論理が藩政に反映されることはなかった。したがって、個別の一村仕法を検討する場合には、仕法をめぐる全体的な動向と領主行政の基調を押さえ、それがどのような体制的な条件のもとに実施されたのかを、前提として踏まえておくことが求められる。全体への目配りを欠落させて個別の仕法の分析に終始し、その成否のみを問題にしたり、あるいはそこからただちに報徳仕法一般の性格を論じたりしても、生産的な議論とはなりえないだろう。[50]

さて、尊徳が飢民救済のために小田原藩領の巡廻に出発して間もない天保八年（一八三七）三月九日、彼の最大の理解者であった藩主大久保忠真が死去した。小田原藩士の中には尊徳に反感をいだく者も多かった。同藩への報徳仕法の導入は、忠真という人望あつく藩論統一の求心力を備えた藩主が存在してはじめて可能であったのである。仕法開始早々その求心点を失ったことは、その後の小田原藩の報徳仕法の展開を複雑なものにした。

先に紹介したように、天保八年（一八三七）八月二四日付けの鵜沢作右衛門の尊徳宛書状では、飢民救済により領民の間に尊徳を「報徳様」と称して慕う動きが澎湃として沸き起こっていたことを述べていたのであるが、同時に同書状は、小田原藩士の間では報徳仕法推進派と反対派の対立が早くも生じていたことも伝えていた。すなわち、「頭取始御用人中にも、報徳之道是非とも押立申度趣」を主張する者がいる一方、地方役人の中にはそれを好む者も嫌う者もおり、「小田原名物にて今以聢と御評議も不相極」状態であった。

小田原藩領の飢民救急仕法を講じた尊徳は天保八年（一八三七）四月二五日に桜町に帰っていたが、これは同所の仕法を宇津家に引き渡す仕事が残っていたからである。同年一二月一三日にそれを終えると、いよいよ小田原藩に根本的な難村復興仕法を施すべく、当時桜町に来ていた鵜沢とともに同月二四日に小田原に向けて出発した。翌年正月元日、小田原着。同月二〇日には、郡奉行から御用人に昇進していた松下良左衛門を報徳金御用向取扱の責任者に任じ、鵜沢作右衛門を同御用向取扱とし、尊徳に対し、松下良左衛門に属して報徳金取扱の儀を相勤めるようにとの藩命が下された。(51) その際、宇津家知行所桜町領よりの冥加米を代金で下し置くとともに、前藩主の御手許金を藩の台所に入れた分三七〇〇両を去る天保八年から二〇カ年賦で報徳金に下げ渡す旨、通達されている。また、報徳仕法推進派の小田原藩士や富裕な農商民からの報徳金への加入もあった。このほか尊徳は公私から借用して資金の調達に努めている。

報徳金は主として債務償還や田地請け戻しのために村や百姓個人および藩士に貸し付けられた。天保八年（一八三七）一〇月から同九年六月にかけての報徳金の貸付総額は四五七九両余に達し、そのうち債務償還用の貸付が八四・八％、田地請け戻し用の貸付が四・五％で、両者合わせて約九〇％を占めている。(52)また、天保九年（一八三八）二月から足柄下郡の上新田村・中新田村・下新田村（小田原市）の仕法が開始されている。このいわゆる三新田の仕法は広く評判を呼び、これ以降の村々の仕法の手本となり、その仕法書は他村に写し回された。とりわけ、仕法開始にあたって尊徳が村民に報徳仕法の何たるかを理解させるために作成し交付した「日掛縄索手段帳（ひがけなわないてだて）」と「難村取直相続手段帳」は、報徳仕法の教本として世上に流布している。

しかし、小田原藩の仕法は根本的な欠陥を抱え込んでいた。それは藩財政の分度が確立していなかったことである。いくら農民たちが村ぐるみで復興仕法に取り組んでも、領主財政の分度が確立していなければ、財用の不足を年貢増徴によって補おうとするため、復興の成果が領主に吸収されて、村々は再び衰弊に帰してしまう危険性がある。尊徳の仕法は、まず領主の財政に分度を設けて恣意的な年貢収奪を防止し、復興に伴う分度を超える自然増収分は「無尽蔵」と称する特別会計に繰り入れ、繰り返し農民の生産・生活安定のために投下することを基本としている。だが、小田原藩は仕法資金を村自身に捻出させる方針をとった。(53)最初に述べたように、同藩は文政初年以来、在地の負担への依拠を政策基調として民政改革を進めており、その方針を報徳仕法を導入したのちも引き継いだのであろう。それゆえ、尊徳がいくら分度の確立を要求しても受け入れなかった。

結局、報徳仕法の前提となる藩の行財政の基本を欠いたまま、もっぱら自主的な一村仕法や個別の家政改革仕法に終始し、尊徳の切望した、藩財政の分度を確立したうえでの行政を通じた全領にわたる仕法の施行はついに、実現をみなかったのである。また、尊徳の究極の目的が日本全体の「富国安民」を実現することにあり、小田原藩領域を越えて報徳金の運用（領外からの報徳金への加入引き受けと領外への貸付）を行なっていたことも、領内限りの仕法を主張する家中の批判を浴びるところとなった。(54)

さて、天保九年（一八三八）九月二六日、尊徳は下新田村の出張所となっていた名主宅を立って桜町へと向かった。その際、彼は諸帳面・仕法雛型と報徳金を残らず藩に差し出し、「地方引受」、すなわち地方の行政を自分に一任することを認めるか、さもなくば報徳仕法の「御趣意相開ヶ候迄」報徳金の貸付を見合わせるよう申し渡している。(55)桜町仕法もその前半期にあっては、村方支配向の取り扱いがたびたび入れ替わる小田原藩よりの出張役人の手に握られ、尊徳の指導面と齟齬をきたし、仕法の進捗を妨げられた。文政一二年（一九二九）の尊徳失踪事件を機に小田原藩も地方支配向の取り扱いを尊徳に認めざるをえなくなり、桜町仕法は大きく進展した。(56)そうした経験から、小田原藩仕法にあっても、尊徳は「地方引受」を強く要求したのであろう。これに対抗して郡奉行たちは、独自の難村復興案をまとめて藩当局に具申した。(57)

(二)　仕法の撤廃

天保九年（一八三八）一二月一七日、小田原藩当局は、報徳仕法を地方役人の取り扱いとすることを郡奉行に下達し、鵜沢作右衛門には地方役人たちと話し合いながら仕法の御用向を取り扱うように命じた。そして、地方支配の単位である西筋・東筋・中筋の各筋ごとに報徳方肝煎と世話人を任命した。御厨の属する西筋では、肝煎に茱萸沢村（御殿場市）の八右衛門ら七人が、世話人には御殿場村惣次郎、藤曲村平四郎、竈新田村平兵衛の三名が、それぞれ任ぜられている。(58)この世話人の置かれた三村はいずれものちに自村に報徳仕法を導入している。小田原藩はこのような措置を決定したのち、鵜沢と東筋・中筋それぞれの代官を桜町に派遣して尊徳の同意を得ようとしたものの、尊徳は藩の重役中へ仕法お断わりを申し入れたいと鵜沢らに伝えるなど、小田原藩と尊徳の関係は抜き差しならない事態におちいった。

そうした最中、天保一〇年（一八三九）九月から一〇月にかけて、相州足柄上郡曽比村（小田原市）組頭広吉、同郡竹松村（南足柄市）組頭幸介、竃新田村名主平兵衛ら、報徳方肝煎あるいは世話人につらなる一行六人が、桜町の尊徳のもとを訪れ滞在した。この時、広吉と幸介の二人は村方の借財返済方法について教示を願い、尊徳の教諭に感銘した両人は、自己の貸付米金のすべてを帳消しにし、そのうえ仕法年限中は家株田畑を差し出し、極難の者たちの生活が立ち直るまで彼らに作り取りさせ、自分は小作人同様に暮らし向きを切り詰めることを約し、難村復興仕法の指導を申し入れた。藩の役人たちの説得には聞く耳をもたなかった尊徳も、この両人の改心には心を動かされ、三度目の小田原行きを決心する。

同年一二月一〇日に下新田村の報徳方出張所に到着した尊徳はさっそく、曽比・竹松両村の復興仕法に着手した。仕法の内容を要約すれば、次のようなものである。(1)村役人三人が差し出した田地を、中難・極難者のうちから毎年村民の入札で選ばれた耕作出精人に耕作させ、年貢その他の諸税は田地差出人が負担し、収穫はすべて耕作人に取得させる。(2)無利息の報徳金貸付による債務整理。(3)用水・排水施設の増設・修理などによる生産基盤の整備。

両村の仕法が成果をあげはじめると、たちまち領内外に大きな反響の渦を巻き起こし、村々から仕法の見学や尊徳に仕法の依頼をするために訪れる者が日に日にふえていった。天保一〇年（一八三九）一二月から翌年七月までの「小田原出張中日記」[59]には、一日に少なくても数人、多い日は一〇〇人を超える訪問者の名が記されている。この間、尊徳は自己の存慮を藩当局に具申する一方、郡奉行・代官たちと折衝を重ねていたが、①分度の確立、②発業時の飢民救済の際の窮民撫育手当米の下げ切りと藩の村々への貸付金の帳消し、③小田原藩領域に限定しない報徳金の運用、などを求める尊徳と、それに難色を示す藩側との溝は深まるばかりであった。また、藩内部においても、尊徳擁立派と反尊徳派の対立があった。当局は藩の権力意志の分裂を抑えるため、天保一一年（一八四〇）五月下旬、報徳派の指導者鵜沢作右衛門の大勘定奉行の本役と報徳方御用取扱、桜町御頼御用取扱などの兼役をすべて解任し、さらに八月五日には尊徳と親しかった辻七郎左衛門に代えて大久保武太夫を家老職に就け、勝手方頭取を兼ねさせた。

小田原藩が尊徳からの離脱の意向を固めつつあるなか、彼は天保一一年（一七四〇）七月二日に桜町へと立ってしまう。翌一二年正月、地方役所の上申を受けて藩当局は、尊徳から離脱した領内限りでの一村仕法の実現を藩の改革方針として決定した。天保一三年（一八四二）一〇月三日には尊徳は公儀御普請役格として幕府に召し抱えられたが、これについても小田原藩が彼を敬遠して幕府に推挙したのではないか、という推測もなされている。真偽のほどは定かではないが、幕府からの尊徳登用の打診に対し小田原藩が本人の名誉を名目に承諾を与えたのも、その背景に彼と縁を切る絶好の機会とする思惑が働いていただろうことは十分に考えられよう。

天保一二年（一八四二）正月以降は小田原藩の仕法は公式には尊徳の手を離れ、藩の役人が管轄していたのであるが、仕法の指導を求めて尊徳のもとを訪れる同藩領民は跡を絶たなかった。そして、尊徳と接触し指導を受けるなかで、「報徳連中」と称する全藩的な指導者層の一団が形成され、会合を催すようになっていた[60]。天保一三年（一八四二）六月九日、彼らは報徳役所に、七四カ村の役人連名による嘆願書を提出している[61]。

それは、これまでは各村の代表が野州桜町陣屋の尊徳のもとに「片時も早く御趣法に基き一家一村立直り仕度候儘、我勝に御願申上」に赴いていたが、それは自己の村の立ち直りのみを考えた「全以私欲之至り」の行為であり、かつ別々に頻繁に尊徳のもとを訪れたのでは繁忙をきわめている先方にも迷惑をかけることになるゆえ、「此度は是非とも　御上様にて御出張被為在、御趣法御組立被下置……〈中略〉……一統之助りに相成」よう嘆願したものであった。

すなわち、藩の役人が代表して尊徳のもとに出張して仕法組立を依頼し、藩の政策としてそれを村々に施すことを要望したのである。

この嘆願書には藤曲村の名主・組頭・百姓代計六名も名を連ねている。その中で、尊徳より「一家立直りは一村之鏡、一村之立直りは一国之鏡、一国之立直りは亦々後世之鏡に可相成儀之御趣法」と教諭されたことを述べている。つまり、一家・一村の立ち直りが一国の立ち直りの基礎であるとしているのであるが、しかし尊徳にあっては決して一国の立ち直りのためにそれぞれの家・村が自力復興に努めるべきことを一方的に説いたのではなく、国の為政者にも家と村の成り立ちのための施策を求めた。だが、小田原藩が報徳仕法に期待を寄せたのは領民の自力復興のための手段としてであり、藩の行政として仕法を施すことは拒否する姿勢を貫いた。

一方、尊徳は、弘化元年(一八四四)四月五日、幕府より日光神領村々の荒地を見分し、復興仕法の見込みを上申するように命ぜられ、以来三カ年にわたって日光神領復興仕法雛型の作成に精魂を傾けた。それは、「富国安民」を実現する報徳仕法の様式を、これまでの幾多の仕法経験を踏まえて集大成せんとした大作業であった。その完成の近づいた弘化三年(一八四六)二月から六月にかけて、尊徳はこの雛型によって小田原藩領に仕法を施さんと同藩の江戸詰め留守居に書状でもって掛け合っている。[62]

ところが小田原藩は突如、同年七月一六日、「報徳之儀、故障之次第有之候付、畳にいたし候」と仕法の撤廃を尊徳に通告した。[63] その際、領内村々から「依存(異)」のない旨の請書をとっていた。尊徳は「故障之次第有之」の内容を追及したが、小田原藩は、「全政事に差障り候儀有之」というのが仕法撤廃の理由であるとはねつけた。[64] そして、領民と尊徳の接触を禁止する措置さえとった。小田原藩の仕法撤廃の決定は、天保八年(一八三七)の発業から一〇カ年目の仕法期限にあたっていたこともあろうが、尊徳が幕臣としての立場から再び小田原藩の仕法指導に乗り出す姿勢をみせたことが、直接の引き金になっていたのではなかろうか。

第三節　藤曲村の難村復興仕法導入と二宮尊徳の教諭

(一)　難村復興仕法の導入

家と村を立て直すためには、何よりもまず農民自身が禁欲的な生活態度を身につけ、きびしく自己を規律して自らの主体性を確立しなくてはならない。そうした生活課題に思想的な裏付けを与えてくれるものとして、近世後期には農民の間にも石門心学が広く受容されたことは周知のところである[65]。御厨地域においても一八二〇年代の末頃から村落指導者たちが心学の導入を積極的にはかり、掛川の心学講舎「止敬舎」の菊池良貞と近藤平格を招いて巡回道話をしてもらっている[66]。その中心人物は竈新田村の小林平兵衛であった。

だが、天保の大凶作・飢饉により農村の疲弊がきわまるとともに、心学にもとづく精神主義的な教化運動の限界を人々は自覚せざるをえなくなった。天保の飢饉を機に心学運動に取って代わって、精神面の教化と具体的な復興策を組み合わせて組織化、体系化した二宮尊徳の報徳仕法が広まったが、それは御厨地域においても同様であった。天保八年（一八三七）三月、尊徳が駿東郡の村々を巡回し、飢民救済の手だてを講じるとともに報徳の教えを説いたのを機に、当地域の村落指導者たちの多くも報徳主義の熱心な信奉者となり、心学運動から転じて報徳仕法の推進主体となっていった[67]。先の竈新田村の小林平兵衛も、そうした軌跡を描いた人物の一人である[68]。

ただ、心学と報徳とは決して矛盾・対立したものではなく、両者の間には密接なつながりがあり、良き心学の徒は良き報徳運動の実践者ともなったことが、高橋 敏氏によって指摘されている。[69] おそらく、心学が御厨地域に浸透していたことが、報徳主義受容の思想的素地ともなっていたものと思われる。また、心学、報徳主義ともに当地域の寺子屋教育にも大きな影響を及ぼしており、村落指導者による寺子屋教育は報徳思想の根幹をなす「推譲」の実践として意識されていた。[70]

さて、御厨地域では、飢民救急仕法から進んで難村を根本的に立て直す復古永安仕法を導入し、実施した村々も少なくない。[71] なかでも藤曲・御殿場・竈新田三村の仕法は世上に名高いものであるが、[72] とりわけ藤曲村の仕法は当時にあっても、また後世においても一村仕法の模範とされた。藤曲村の名主を代々務めていた藤曲家には、当時の名主であった平四郎が仕法の主導者であった関係で仕法書類が系統的に保管されて今日に伝わっており、[73] これによって同村が仕法を導入した経緯と仕法の内容を知ることができる。

同村の仕法導入に関する諸文書は「御趣法願向被仰渡書并証文控帳」と題する冊子[74]に書き留められている。それによると、天保一一年（一八四〇）正月一四日付けで、藤曲村の名主平四郎と組頭四名、百姓代一名、および惣百姓五九名の連名でもって尊徳に村柄取直仕法の実施を願い出ている。尊徳の「小田原出張中日記」の天保一一年正月一三日条には「藤曲村平四郎・同小前之者三人着」と記されているので、[75] この時、願書を当時相州足柄上郡曽比（そび）・竹松両村の仕法の指導にあたっていた尊徳のもとに持参したのであろう。この願書には、生産条件、家数、および困窮状況と天保八年（一八三七）三月の尊徳廻村の際の教諭内容などが記されている。それによれば、田畑反別は二三町、村高は二五七石四斗七升八合である。ちなみに、正保四年（一六四七）の検地帳[76]では田畑・屋敷の反別は二四町九反七歩で、うち田地が一七町四反余を占めている。小山町域の村々のなかでは田地に恵まれていたほうである。願書提出時の家数は名目上は六八軒であるが、うち三軒は潰れとなっており、実質は六五軒であった。

さて、願書によると、「当村之儀は前々不仕合打続、致困窮田畑他村江売渡、無田同様」となって、小作で生計を立てざるをえない状態におちいったという。ちなみに天保一〇年（一八三九）一一月の調査では、藤曲村の総高のうち三割近い約七六石が村外の一五名の手に渡っている。表32に村内外の所持人の所持高別分布を示しておいたが、村内では六割余が二石未満層に属しており、五石未満層となると八割にも達する。したがって、願書の表現も決してオーバーなものではないことが知られる。なお、村内最大の一九石余を所持しているのは名主の平四郎である。

村民の多くが貧窮化していたところに、天保四年（一八三三）以来凶作がつづき、同七年（一八三六）の「大凶荒飢饉」には藁・干葉を食い尽くし、また木の根、草の根まで掘り尽くして、飢渇状態におちいった。天保八年（一八三七）三月時の調査では無難一五軒、中難三二軒、極難一八軒で、中難と極難家数が全家数の七〇％を占めていた（表28参照）。それが尊徳の救急仕法によって救済されたのであるが、その節、尊徳に次のように「終夜鶏鳴ニ至ル

表32　天保10年11月　藤曲村の土地の所持人分布

所持高	村内所持人	村外所持人
19石台	1人	人
15石台	1	
13石台	1	
12石台		1
11石台		1
9石台	1	
8石台	3	1
7石台		1
6石台	4	2
5石台	3	
4石台	3	1
3石台	1	2
2石台	7 (1)	1
1石台	20	2
1石未満	21 (2)	3
無　高	2	
計	68 (3)	15
報徳地	12石2斗2升4合	

・典拠　天保10年11月「駿州駿東郡藤曲村高帳」。
・村内所持人のうち寺堂所持分は除いている。
・村内所持人数のうち潰れとなっている数を（　）内に示した。
・潰れ家の確認は天保11年4月「暮方取直日掛縄索手段帳」による。

迄」懇々と諭された。

「当藤曲村が前々より困窮難渋致しておる根元は、土地柄がよろしく年々作物も熟成して事足りていたので、知らず知らずのうちに驕奢に流れ分度を失ったことにある。そのため借財を生じ、つまるところ田畑を他村へ売り渡して困窮におちいるはめになったのだ。まことにもったいないことである。当村は郡中七八ケ村のうちでも田畑・用水の便に恵まれた稀なる村柄である。だが、決してそれは自然になったものではない。初発は木を伐り草を刈り、道を築き橋をかけ、用水路・排水路を掘り、石を積んで畔を立て、土を運び田となし畑となしたのだ。こうした祖先の丹精を思い出し、速やかに驕奢を省いて節倹を尽くし、相互に譲り合えば、借財を返済して田地を請け戻すことができるようになり、困窮を免れ、古の村柄に立ち直り、子々孫々まで飢渇の憂いもなくなるであろう」と。

藤曲村は駿東郡の中でも稀なる生産条件良好な村柄であるが、それは自然になったものではない、祖先が丹精して造成したものである――と強調することにより、それを忘れて驕奢に流れている生活態度を改め、「分度」「推譲」を生活規範として確立し、村民一同が村柄取り直しに主体的に取り組むよう促しているわけである。これに村民一同感服し、その後「報徳講」を結成して、飢民救済のために尊徳から貸与された夫食米の返納手段を講じるとともに、用水・悪水排泄施設や道橋の普請を行なったり、山で草を刈り取り干して束ねて置き、それを難渋人や病人など肥にさしつかえている者たちに与え、種蒔き耕作の手入れを手伝ったりするなど、村柄取り直しのために励んだものの、数年来の難村は容易には復興できなかった。そこで、村柄取直仕法の依頼に及んだのである。

これに対し尊徳は、村の「前々の姿」を具体的に知りたいとして、次の事柄について調べ提出するよう命じた。①天保八年（一八三七）三月に殿様の御仁恵金を頂戴した者および夫食を拝借した者の名前。②拝借金（藩からの借用金）と内借金（民間の借用金）の元利、そのうち他村よりの借入と村内での貸借関係。③頼母子講の一人ごとの掛け金と手取り金。④火難・水難・病難などで潰れとなった家数、そのほか身寄りのない独り者の極困窮人、家作や屋根の葺き替えのできかねる難渋人。⑤前々所持していた田畑のうち洪水・川欠（かわかけ）や山崩れなどで荒地となった分の反別、悪水排泄施設などで大破しているにもかかわらず困窮のため修理のできかねているもの。

難村復興仕法を施すためには、まず村の現状をつぶさに認識しておかなくてはならない。そのための調査を命じたうえで、尊徳は、「廻村止宿の節、村柄取直仕法について演説しておいたところ、その後一同農業に出精し、相互に助け合い、実意を示し、なおまた村を根本的に立て直し永遠の安寧を実現しようとする志は奇特の至りである」とたたえ、仕法土台金として一〇〇両を村柄が立ち直るまで無利息据え置きで貸与した。尊徳は、仕法を依頼されても、相手がその趣旨を理解し成就しうるだけの熱意をもっているとの確信が得られないかぎり、引き受けないのが常であった。報徳金貸付の申渡書と拝借証文は仕法願書と同じ天保一一年（一八四〇）正月一四日付けであるが、「小田原出張中日記」の同日条にも藤曲村名主平四郎に報徳金一〇〇両を渡したことが記されているので[77]、実際この日に貸し付けられたことが知られる。つまり仕法の依頼にただちに応じているのであり、尊徳廻村の際に教諭した村柄取直仕法の趣旨をくみ実践に移していることに、確かな手応えを感じ取ったのであろう。

それに対し藤曲村の名主一名、組頭四名、百姓代一名と「御趣法世話人」八名の連名で尊徳に差し出した報徳金拝借証文は、仕法成就の誓約書を兼ねたものとなっている。一方、村方においても、尊徳より教諭された報徳の趣旨を守り、村を立て直すべくなおいっそう勉励することを村民一同が申し合わせ、同年正月付けで議定書を作成している[78]。そして、同年四月には、天保八年（一八三七）三月の飢民救済措置の厚恩に報いるため、村民たちが山稼ぎ、縄ない、沓（くつ）・草鞋（わらじ）作りなどに励んで得た金四両を上納したい旨、尊徳に願い上げ、受理されている[79]。尊徳はのちに、この上納金四両を藤曲村の仕法土台金に下げ渡している（後述）。

なお、小山町域では竹之下村の名主を務めていた湯山権左衛門が天保九年（一八三八）に家政立て直し仕法の指導を依頼し、ついで一村仕法に及んだらしく、その関係の書類が『二宮尊徳全集』第一九巻に若干収められているが、[80]現地には伝存していないので、詳しくは知りえない。また、菅沼村が同一二年（一八四一）に報徳仕法の基金として、同村組頭太郎左衛門から一両一分、同村藤兵衛から二分、御殿場村兵右衛門から五両、阿多田新田村名主長右衛門から一両一分を、それぞれ無利息五カ年賦で借用した証文四通が残っている。[81]これら証文には「村方借財相嵩、此儘差置候ハヽ、往々建潰ニも相成候外有之間敷と、近村御役人中江相歎候処、格別之以御勘弁ヲ、報徳御趣法ニ御取立被成下置候ニ付、各々様江御無心申上候えば、早速御承諾被下、前書之金子御加入被下」とあり、かつ他村の者からの借用については、組頭・百姓代が借主代表として連署したうえで、菅沼村名主とともに、すでに報徳仕法を導入していた藤曲村名主と竹之下村名主も保証人として奥書・加判している。また藤曲村の仕法においても、他村の者が報徳加入金を差し出している例もみられる。吉久保村の要七の場合は、文政四年（一八二一）に藤曲村治兵衛から代金二五両で買った田地を、天保一一年（一八四〇）正月に藤曲村の役人から報徳仕法を立てるので請け戻したいと申し込まれた際、「御報徳之道承り、誠ニ感服仕」として、代金のうち半分の一二両二分のみ受け取り、残り半分を仕法金に助成している。[82]

以上の事例から、仕法自体は村単位に行なわれても、それを支援する村を越えた地域的ネットワークが形成されていたことがうかがえよう。その社会的素地となっていたのは、先に御厨地域でのみたように報徳精神の浸透であったことは疑いなかろう。

㈡　報徳の道の教諭

天保一一年（一八四〇）四月、尊徳は、先に三新田仕法実施に際して与えたのと同様の、「難村取直相続手段帳[83]」と「暮方取直日掛縄索手段帳[84]」を藤曲村にも交付した。この両書は報徳の道と難村復興の具体的方策をわかりやすく説いたものであるため、報徳仕法の教典のようにみなされて広く流布した。藤曲家に伝わる両書のうち「難村取直相続手段帳」には昭和一一年（一九三六）九月付けの「蘇峰老人（徳富蘇峰）」の直筆の文も添えられており、それには、蘇峰が閲覧した時、虫損が甚だしかったので表装して返却した旨記されている。かの徳富蘇峰も同書を日本の貴重な文化遺産と認識していたのである。

「難村取直相続手段帳」では、日常の卑近な事象および藤曲村の生産条件に即して、人としての生き方を懇々と説いている。その言わんとするところは、「天命」をわきまえて「分度」を立て、「節倹」「勤労」に励み、余剰を自己の将来のため、子孫のため、他人のために「推譲」することである。これが尊徳の説くところの「人道」である。

「天命」とは、「自然ニ生れ得たる処」「又或は自然ニ受得たる処之分限」である。例えば、「菜の葉に生れたる菜虫ハ、菜の葉に生れたる処則天命」「山に生れたる猿・熊・猪・鹿は、山に生れたる処則天命」「海に生れたる鯨・鮫・魚貝は、海に生れたる処則天命」である。同様に、「人も亦異国に生れたる時ハ、異国に生れたる処則天命」「天朝に生れたる人は、天朝に生れたる処則天命」「藤曲村に生れたる者ハ、藤曲村に生れたる処則天命」である。だが、禽獣虫魚は「其受得たる処の力量ニ任セ、己か口腹を養ふ而已にして、譲り施す心なき故に」、「其齢ひ薄情にして、賤き事難述言語」。それに対し、人間が人間たるゆえんは、天命すなわち「自然に受得たる処之分限」をわきまえ、生活に「分度」を立て、度外の余剰を譲り施すところにある。

藤曲村の自然の分限は田畑二四町三反歩、高二五七石四斗七升五合である。これでもって家数六八軒の永続をはかっていかなくてはならない。当村は駿東郡の村々のなかでも生産条件に恵まれた「稀成村柄」であるが、しかしこの「土地之幸ひ」は勤労して耕すことによってはじめて生かされ、豊かな実りをもたらしてくれるのだ。もし「土地之幸ひを常之事に心得」（良好な土地柄が常に恵みをもたらしてくれるものと思い違いをして）、「驕奢に募り、弊風に流れ」たならば、「終に自然と本業に怠り、田畑麁作に罷成、年々歳々米麦雑穀実法相減し、致困窮候」ところとなる。

また、一村の生産力には天地自然の理によっておのずから限界（「天分」）があるのであるから、自己の富の増大のみを追い求めたならば他人の財を奪うことになるのは必然の理であり、結局、他人の家を滅ぼし、村は衰退し、みずからの家も滅ぼすところとなる。したがって、それぞれの家の「分限」（経済力）に応じて「分度」（支出の限度）を設け、余剰を「相互ニ譲合」、「一村無事平安ニ治り可申候」ように心がけなくてはならない。このように、尊徳は説く。[85]

尊徳は、天地およびその間に生成する人間をはじめとする万物には、それぞれ固有の「徳」（長所）が備わっている、と認識していた。己の「徳」を発揮し、また他者の「徳」を引き出して、人間社会のために役立て、万民の幸福と社会・国家の繁栄に貢献するのが、彼の言うところの「報徳の道」であった。たとえば、「人糞、馬糞、惣而人の悪む不浄之肥しを引受、人の好む清浄之米麦雑穀にかへ」、「荒地を引受開発致し、無尽之余徳を以入用ニ替、耕田となし」というごとくである。[86] つまり、人糞、馬糞、荒地など人の忌み嫌うものであっても、それぞれ固有の「徳」を秘めているのであり、その「徳」を人間の勤労と創意工夫によって引き出し、役立てることが肝要なのである。人間もまた同様にそれぞれ独自の「徳」を備えているのであるから、それをお互いに尊重して生かし合い、また自身の「徳」を発揮するよう努めなくてはならないのである。

報徳の道は過去・現在・未来の三世を一貫するものである。家にしろ村にしろ国家にしろ、自然に出来たものではなく、先祖が丹精して興したものであり、そのおかげで現在の生活が成り立っているのである。したがって、先祖の恩徳に報いる気持ちをもって勤労に励み、子孫にも先祖代々および自己の「徳」を及ぼさなくてはならない。尊徳は、人間は先祖から子孫へという流れの中に位置づけられた存在であることを強調することによって、家・村・国家を存続・繁栄させるべき責任の自覚を促す。「親先祖より譲り受たる家株・田畑居屋敷迄致分散、子孫永久に憂ひを残す」ことは、人道に背く「浅間敷事」なのである。同様に、藤曲村が生産条件に恵まれているにもかかわらず困窮しているのは、先祖の丹精を忘却して「驕奢ニ募り、弊風ニ流れ、終ニ自然と本業ニ怠」っているからである、と断じる。(87)

日本国に関しては、尊徳は天祖である天照大神が豊葦原を自ら鍬をもって開墾したことにより開闢したのだと考えており、荒地を開き「富国安民」を実現することはその開闢原始の道の実践であり、天祖の「徳」に報いる道であるゆえんを、至る所でたびたび説いている。「難村取直相続手段帳」に載せてある「故道に積る木の葉をかきわけて、天照神の足あとを見む(88)」という道歌は、そうした彼の思想を表現したものである。

(三)　難村復興仕法の策定

こめ蒔ば米草はへて、米の花咲きつつこめの実のる世の中。
蒔米と生ひ立こめは殊(異カ)なれど、みのればもとの米となりぬる。
こめ草は、根も米なれば種もこめ、枝も葉もこめ、はなも実も米。
米の実はまた来る年も米はへて、おいまかるとも米はこめなり。
去年の実は今年の種となりにけり、ことしの実のり、来る年の種。

まく種の直に其儘おい立て、はなと見る間に実のる種々。

「難村取直相続手段帳」と「暮方取直日掛縄索手段帳」には、米・麦・稗などの穀物や種々の野菜・果樹を例にとった道歌が配列されているが、これは「百種百草の歌」と呼ばれる尊徳の代表的な道歌である。あらゆる草木は小さな一粒の種から成育し、やがて多くの実を結び、それからさらに多くの草木が生い立っていく。そうした繰り返しによって草木の生命は増殖しながら永遠に受け継がれていく。この自然の摂理を種々の草木を例に表現したのがこの道歌である。尊徳は、草木の観察から、人間もたとえ小さなことでもよいから善き行ないを積み重ねていけば、それが「善種」となってやがて大きな成果を生み出し、子孫に繁栄をもたらすことができる、と悟る。

しかし、自然に繁殖する雑草とは違い、穀物や野菜・果樹の種が多くの実を結ぶまでには蒔き育てるという人間の行為が介在しなくてはならない。「先ツ米を取んと欲る時は米の種を蒔、麦を取んと欲る時は麦の種を蒔、多く蒔ハ多く生し、少く蒔ハ少く生へ、良農は実法（みのり）多く、惰農は実法少し、耕す時ハ田畑となり、耕されハ荒野となる」[89]（「難村取直相続手段帳」）のである。だが、「良田豊熟して実法を得るといへとも、譬ハ一反歩の実法を一人にて喰ひ、十反之実法を十人にて喰ひ、百反之実法を百人にて喰ひ、譲り施す心なけれハ」[90]（同前）、来年のために蒔く種がなくなってしまう。したがって、「分度」を立て、来年のために「推譲」しなくてはならないのである。

このように、「善種」なるものは決して手をこまねいていて自然に得られるものではなく、「勤労」「分度」「推譲」という「人道」の実践によって生み出され、実りがもたらされるのである。こうした考えに立って尊徳が考案したものの一つに日掛縄ないの法がある。これは報徳仕法の特質をよく示している施策の一つである。誰にでも容易に行なえる縄ないの勤労を日々少しずつでも積み重ねていけば、その「善種」がやがて大きな実を結ぶことになる。それを具体的な数値を示しながら説いたのが「暮方取直日掛縄索手段帳」である。

そこでは、一日に一軒あたり縄を一房から五房ずつなった場合について、その代銭が一村全体では一日、一月、一年でどのくらいの額になるか、逆に縄ないを怠るかその代銭相当額を浪費すればどれだけの損失となるか、その得失の明細を計算して損益の金額を具体的に示している。そうすることによって、「小を積んで大を為す」という報徳仕法の原理を理解させようとしたのである。この日掛縄ないの法は、やる気さえあれば誰にでも容易にできる平生日用の手仕事に励ませることにより、難村復興仕法を実施したとしてはたして成就しうるだけの勤労意欲があるのかどうかを試すと同時に、その代銭を積み立てさせて仕法の資金とすることを意図したものであった。

「難村取直相続手段帳」には、藤曲村の難村復興仕法開始に際し「善種」として準備されていた資財について記されている(91)ので、それを表33に示しておいた。先に述べたように、天保八年（一八三七）三月の尊徳廻村時の教諭を機に藤曲村の村人たちは「報徳講」を結んで難村の復興に着手したのであるが、天保一〇年（一八三九）六月一五日には「村方一同相談」して、その善種とするため「作徳初穂、其外手業相励、売捌代銭差出、御土台金に御加入」することを決めている。これに従って五七名が金一分から銭四八文あるいは米二斗から五合ずつを推譲している。これを金銭に換算した額がCである。そのなかには潰れ百姓の分をその組の者が代わって差し出している例も一例みられる。

注目されるのは、どのくらい推譲するかは「不限多少、銘々任存慮為致入札」「天地之奉備神明、澄煩心致開封」ことを取り決めている点である（天保一一年正月「藤曲村議定書」）。つまり、他人に左右されることなく、あくまで自発的に推譲の額を決めうるように配慮しているのである。こうして村人たちが自発的に推譲した米金を積み置き、「田畑請戻、報徳御田地と名付置、永久村為ニ相成候様仕」（同前）ことを申し合わせたのであるが、これに応じてD・Eのように、五カ年の期限付きではあるが田地や作徳米を差し出した者たちもいた。各々の推譲額、村内所持高（天保一〇年一一月時点）、役職（同一一年正月時点）は次のとおりである。

表33　天保11年　藤曲村仕法開始時の善種たる資財

A	御仁恵金仕法組入	金1分3朱・銭44文7分2厘7毛	天保8年3月に殿様より頂戴した御仁恵金を村民に配分し、残金を天保11年まで利回しした分を仕法土台金に組み入れ。
B	報徳金拝借	金100両	天保11年1月14日、二宮金次郎より拝借。
C	報徳金加入	金2両3分3朱・銭106文	天保10年6月15日、村方一同相談の上、銘々存寄次第額を入札致し、作徳初穂、そのほか手業に励んで売り捌いた代銭を差し出す。差出人57名。
D	田地作徳米加入	2反6畝24歩	天保10年6月15日の取り決めにより、同11年秋より5ヵ年、田地差し出し、その作徳米を加入。差出人3名。
E	作徳米加入	4俵	天保10年6月15日の取り決めにより、同11年秋より5ヵ年分加入。差出人4名、各1俵ずつ。
F	報徳冥加金差出	金1両・銭231文	天保11年1月19日、各主・組頭・惣百姓が銘々存寄次第額を入札致し、差し出す。差出人41名。
G	同	金3両	天保11年1月19日、部屋住の者共一同申し合い、用意金残らず差し出す。
H	同	金2両2分2朱・銭306文	天保8年3月に拝借した夫食の同8, 9, 10年分の年賦返納の過金を、同11年3月、仕法土台金に加入。
I	同	金12両2分	吉久保村要七より田地請け戻しの際、元金の半額を勘弁してくれたので、その分を天保11年3月に仕法土台金に加入。
J	御仁恵金加入	金3両2分・銭121文	天保11年2月14日、同28日、休日を見合わせ、銘々手業に励んで売り捌いた代銭を仕法土台金に加入。155口。

・典拠　天保11年4月「難村取直相続手段帳」。

○八左衛門	一反五畝一二歩	一五石八斗一升余	御趣法世話人
○善左衛門	三畝一七歩	八石二升余	御趣法世話人
○藤左衛門	七畝二五歩	四石五斗九升	組頭
○安兵衛	米一俵	二石七升余	組頭
○角右衛門	同	六石二斗二升余	
○要左衛門	同	八石三斗余	御趣法世話人
○平四郎	同	一九石一斗八升余	名主

所持高は藤左衛門と安兵衛以外は当村ではいずれも上層に属する（表32参照）。藤左衛門と安兵衛は所持高はさして多くはないものの、双方とも組頭である。また、角右衛門以外はいずれも名主・組頭・御趣法世話人などに就いている。したがって、田地・作徳米を推譲した者たちは村内の上層あるいは指導層であったことが知られる。

天保一一年（一八四〇）正月一四日付けで村柄取直仕法の実施を尊徳に願い出て受諾され、同日付けで報徳善種金一〇〇両を仕法土台金として貸与されるや、さっそく同月一九日、「名主・組頭・惣百姓銘々存寄次第為致入札」、「報徳冥加金」を差し出し、土台金に加えた（F）。差出人は四一名で、そのなかには藤曲村に奉公に来ていた用沢村の者一名も含まれている。また「部屋住之者共」も一同申し合わせ、三両を差し出している（G）。「部屋住」とはいまだ当主になっていない男子であり、実態は若者である（「三才報徳現量鏡」では「部屋住若者共」と表記している）。彼らも仕法に協力することを決議し、実践したのである。後述するように、若者たちはその後も独自に報徳加入金を差し出している。

さらに天保一一年二月一四日と同二八日の休日には、銘々が自らの手業に合った縄・筵・草履・沓・下駄緒作りや山稼ぎ、駄賃稼ぎなどに励み、代銭を仕法土台金に加えた（J）。全一五五口で、二ないし三、四口加入している者も三七人おり、そのほとんどが各家の当主である。注目されるのは、加入者が「家内」と記されているのが九例、「女房」が八例、「女房小供」「女房娘」が五例、「小供」が五例、「倅」「次男」が三例、「父」「隠居」「母」が五例、「奉公」が二例みえることである。この事実から、村の老若男女がこぞってそれぞれのなしうる仕事に励んで推譲し、とりわけ家の代表者として村の運営に参画する当主は村の復興に積極的に貢献し、その責任を果たそうとしていたことがうかがえよう。また、先に指摘したが、Iのように他村の者も仕法の土台金に推譲している。

尊徳は「難村取直相続手段帳」の中で、以上のような自らの貸与した報徳金や村民および他村の者が推譲した米金・田地を善種として、田畑の請け戻し、善人の表彰、窮民救済などに年々くり返し運用し、「村柄取直、御百姓相続」をはかるよう説く[92]一方、「暮方取直日掛縄索手段帳」では報徳善種金の運用の仕方を次のように具体的に指示している。

「極貧の者に対しては、自力ではできかねる家・小屋の普請や屋根の葺き替えの費用、食料・種穀・農具・肥料の費用、あるいは水難・火難・病難などの不慮の災難時の出費などをまかなわせるため、無利息の五カ年賦、七カ年賦、一〇カ年賦で貸し付け、とりわけ困窮が著しければ暮らしが立ち直るまで無利息の返済猶予で貸与し、一人も困窮艱(かん)難(なん)の憂いなきように取り計らうべし。また、農業に精出し心がけよろしく村のためになる人物を、村中一同の判断でもって少しもえこひいきなく入札で選び、多くの票を集めた者から順次無利息金を貸し付けて、質入れの田畑を請け戻させるか、あるいは新たに購入させ、また荒地開発や借財返済を行なわせ、家政を立て直し、御百姓として無事に相続できるように計らうべし[93]」と。

報徳仕法では弱い下層民が切り捨てられた、という見解も出されている[94]。しかし、右のように尊徳は決してそのような指示はしていない。藤曲村仕法の実際においても、後でみるように、耕作出精人選定の入札に際して女・老人・病人・独身者の当主はその対象から除かれているものの、助成を要する者に対しては入札によらず米金を与えているし、報徳米金の貸付についても尊徳の指示に従って下層民に配慮を施している。したがって、特定施策のみの分析からただちに仕法全体の性格を規定するのは危険である。報徳仕法は種々の施策を有機的に組み合わせて体系的に構築されているのであるから、仕法全体を考察しなければその性格は把握できないのである。(95)

尊徳はまた、「名主・村役人・重立候者共」が米金の収支勘定で不正を行なったり、村民に対する世話が行き届かないなど、何らかの非分の取り計らいがあれば、「小前之者共」は仕法に協力しなくなるとして、村の指導的立場にある者たちの責任の自覚を強く促している。(96)

第四節　藤曲村仕法の内容と結末

(一)　仕法の財政的土台の確立

先に述べたように、天保一二年（一八四一）正月以降、小田原藩の報徳仕法は公式には二宮尊徳の手を離れ、藩の奉行が「報徳」の名のもとに仕法行政をつかさどっていた。そして、弘化三年（一八四六）七月一六日に突如、尊徳に仕法撤廃を通告し、領民と尊徳の往来を禁止する措置をとった。しかし、藤曲村では尊徳の没する前年の安政二年（一八五五）六月まで仕法を継続している。(97) 仕法の最高責任者だった当時の名主平四郎の子孫である藤曲孝明氏宅には、七月から翌年六月までを一年度とした仕法に関わる収支明細の調査報告書である「三才報徳現量鏡」が系統的

表34　藤曲村仕法の収支の推移

年　度	収　入		支　出	
	金 両分朱	銭 文分厘毛	金 両分朱	銭 文分厘毛
天保10年7月～ 同 11年6月	136.3.3,	61.0.4.0	136.1.0	98.0.8.9
同 11年7月～ 同 12年6月	32.0.2,	36.7.9.4	27.3.2	37.1.5.3
同 12年7月～ 同 13年6月	261.2.0,	108.3.8.4	91.1.2	14.2.3.3
同 13年7月～ 同 14年6月	250.0.2,	105.3.8.4	222.1.2	112.2.6.3
同 14年7月～弘化元年6月	83.0.0,	132.5.9.5	46.2.0	115.6.0.0
弘化元年7月～ 同 2年6月	165.3.2,	47.3.8.9	141.2.2	114.7.6.9
同 2年7月～ 同 3年6月	100.3.0,	50.8.6.9	87.0.0	11.8.7.2
同 3年7月～ 同 4年6月	115.0.0,	65.3.7.3	110.0.2	122.5.2.3
同 4年7月～嘉永元年6月	72.1.2,	46.8.2.4	64.2.2	45.5.0.0
嘉永元年7月～ 同 2年6月	80.0.0,	73.8.3.8	60.0.0	57.6.0.0
同 2年7月～ 同 3年6月	117.1.2,	100.4.3.3	90.0.0	12.6.0.0
同 3年7月～ 同 4年6月	169.2.2,	75.5.5.8	149.3.0	20.4.5.8
同 4年7月～ 同 5年6月	159.2.0,	102.4.3.3	125.1.2	18.8.3.3
同 5年7月～ 同 6年6月	223.1.2,	19.0.2.3	172.3.2	170.7.0.0
同 6年7月～ 同 7年6月	196.3.2,	54.0.4.3	160.3.0	53.2.2.0
嘉永7年7月～安政2年6月	239.2.2,	68.6.2.3	203.2.0	67.8.0.0

・典拠　各年度の「三才報徳現量鑑」。

に伝存しているが、その宛名は藩の報徳方役所ではなく、すべて「二宮金次郎様」となっている。そのほかの仕法の個別事項に関する調査報告書も同様である。したがって、名主のもとに控として管理されたのと同じ仕法書類が尊徳に提出され、仕法の進捗状況が逐一彼に報告されていたことが知られる。(98) のみならず、「三才報徳現量鏡」には、名主平四郎と百姓代利右衛門が下野国桜町陣屋の尊徳のもとに、「御趣法歎願」のため天保一三年（一八四二）二月二四日より同年六月二七日まで出張した時の諸経費が計上されているので、小田原藩仕法が公式には尊徳の手を離れたのちも彼に直接面会していたことが判明する。

さて、各年度ごとの収支は表34のようになっている。初年度の収入一三六両余のうち一〇〇両は天保一一年（一八四〇）一月に尊徳から拝借した報徳金である。天保一二年（一八四一）七月～同一三年六月の収入は一挙に二六一両余に増加しているが、これは、先に拝借した報徳金でもってさっそく田地を請け戻して「一村取直之御土台」に備え、さらに「御趣意」にもとづき村方一同が申し合わせて驕奢弊風を改め、農業その他の仕事に励んでいるのを奇特とし、尊徳が「御趣法御土台金」として天保一三年（一八四二）五月にさらに二〇〇両を貸し付けたためである。ただ、前者は無利息かつ村柄が立ち直るまで返済猶予であったのに対し、後者は「年三分五厘」の利息付きであった（天保一一年正月～同一三年五月「御趣法願向被仰渡書并証文控帳」）。これは浦賀報徳金より回したためであろう。この時代の文書に利率が「分」と表記されているのは今日の「割」に相当するのが通例であるが、そうだとすると三割五分となり、かなりの高利である。しかし、各年度の「三才報徳現量鏡」をみると、この時の拝借金の利息として毎年七両ずつ上納しているので、文字どおり今日の「三分五厘」に相当し、極低利であったことが知られる。

表35は仕法全期間の収入総決算を示したものである。ただ、各年度の「三才報徳現量鏡」では村民その他に貸し付けた仕法金の返納金や諸方よりの借入金も収入に加えているが、総決算では報徳金返納分六二八両余と借入金返済分四六両は除き、報徳冥加金と借入金残り分しか総収入に計上していない。報徳冥加金とは元金を年賦で皆済したのちに冥加としてさらに一年賦相当額を納めたものである。また報徳加入金も返済分一〇両余は総収入から除いている。貸付金の年々の返納分を合算すれば最も高額となるが、それを除いて算出した総収入では土台田地作徳米代金（D）が半分近くを占める。

これは、仕法土台金でもって請け戻したり買い入れたりした田畑を「御趣法御土台田地」（以下、仕法土台田地と表記）とし、それを小作に出して納入契約した米額から年貢・諸掛りと不作分を差し引いた、実際の収入米（作徳米）の販売代金である。村内の有志が差し出した田地も実質は仕法土台田地であるが、これからの収益は別個に計上されている（E）。

表35　天保8年〜安政2年　藤曲村仕法の収入総決算

A	御仁恵金頂戴(天保8年)	金3両3分3朱・銭39文6分1厘1弗
B	同上配分残金利廻し天保8年より同11年まで利息分	銭88文5分8厘7毛
C	報徳金拝借(天保11, 同13年)	金300両
D	土台田地作徳米代金分	金627両2朱・銭45文4分2厘
E	差出田地作徳米并加入米代金分	金22両1分・銭32文9厘
F	田地差戻代金受取分	銭159両3分2朱・銭6文3分8厘
G	報徳冥加金受取分	金15両1分・銭58文3分3厘3毛
H	報徳加入金受取分	金83両・銭16文7分9毛
I	借入金残り分	銭73両2分
計		金1285両2朱・銭99文6分2厘9毛1弗

・典拠　「天保八年〜安政二年　御趣法金十九ヶ年現量惣差引正金取調帳」(『小山町史』第2巻496番)。

表36　仕法土台田地反別・作徳米・代金の推移

年　次	反　別	作　徳　米	代	金
年	町反畝歩	俵斗升合勺	金　両分朱	銭　文分厘
天保11	7. 1. 29	25. 1. 9. 9. 0	9. 3. 0	56. 7. 3
同12	7. 1. 29	26. 2. 0. 7. 0	11. 3. 2	16. 3. 3
同13	1. 0. 5.　5	49. 3. 0. 5. 0	18. 2. 2	40. 4. 0
同14	2. 4. 7.　4	74. 3. 2. 1. 5	36. 1. 2	114. 6. 4
弘化元	2. 5. 7.　8	107. 3. 0. 4. 6	55. 1. 0	12. 3. 6
同2	2. 9. 8.　2	60. 3. 2. 7. 7	38. 0. 0	12. 0. 3
同3	3. 0. 3.　1	91. 3. 2. 9. 5	45. 3. 2	36. 8. 8
同4	3. 1. 2. 14	98. 0. 3. 0. 0	42. 2. 2	17. 7
嘉永元	3. 6. 2.　2	115. 2. 8. 0. 0	50. 1. 0	55. 1. 1
同2	3. 6. 2.　2	112. 3. 4. 7. 0	57. 3. 2	5. 8. 9
同3	3. 6. 2.　2	80. 1. 3. 8. 0	57. 1. 2	15. 5. 2
同4	3. 6. 9. 21	118. 1. 2. 8. 0	56. 1. 0	93. 5. 7
同5	3. 7. 9. 11	99. 0. 0. 2. 0	49. 2. 0	2. 8. 9
同6	3. 7. 8.　4	112. 3. 0. 5. 0	53. 2. 2	71. 7. 2
安政元	3. 7. 8.　4	91. 3. 0. 0. 0	43. 1. 0	119. 2. 8

・典拠　「天保十一年〜嘉永七年　趣法田地作徳米并買入代金取調帳」。

表36は差出田地を除いた仕法土台田地の年々の反別と作徳米・代金の一覧である。まず天保一一年（一八四〇）正月に尊徳から拝借した報徳金一〇〇両でもって田畑七反一畝余を請け戻し、さらに同一三年（一八四二）五月に追加融資を受けた二〇〇両を資金に田畑一町三反七畝余を請け戻し、また田地の買い入れも行なっている（表39・41参照）。その結果、天保一四年（一八四三）には仕法土台田地は二町四反七畝余に一挙に増加し、以降、これよりの収益が恒常的な仕法の主要財源となっている。尊徳の報徳金融資が藤曲仕法の財政的土台の確立にいかに大きな意義をもっていたかが知られよう。なお、仕法金で請け戻しないし買い入れた田畑は元の所持人が請け戻しを希望すれば差し戻しており、その代金が総額一五九両余にのぼっている（F）。

(二)　田地と米金の差し出し

一方、村内有志からの差出田地の年々の反別・作徳米および加入米と両者の代金は表37のようになっている。先述のように、難村復興仕法の開始に当たり八左衛門、藤左衛門、善左衛門の三名が、計二反六畝二四歩の田地を天保一一年（一八四〇）より弘化元年（一八四四）までの五カ年間差し出し、仕法の土台に備えることを約していたのであるが、天保一四年（一八四三）には八左衛門がさらに一反九畝二六歩を追加し、計四反六畝二〇歩となった。そして、当初の差出契約の五カ年が過ぎたのちは追加差出分のみとなり、これも弘化四年（一八四七）にはなくなる。加入米の方は、仕法発業に当たり天保一一年より弘化元年まで年々一俵ずつを差し出すことを約していた平四郎、要左衛門、角（覚）右衛門、安兵衛の四名に加え、天保一二年（一八四一）からはその他に一～五名の百姓も加入しているが、弘化二年（一八四五）以降はみられなくなる。

また、村民一同が申し合わせて休日や夜間に箒（ほうき）・縄・草鞋（わらじ）・筵（むしろ）作りなどの手仕事に励んで得た販売代金、あるいは諸事倹約によって生み出した余剰金を仕法の土台金に加入した「報徳加入金」が、総額九三両三分二朱余にのぼっている。この加入金は希望すれば返済してもらえ、返済総額一〇両三分二朱は収入総決算では除かれている。したがって、報徳金加入制度は、仕法のために村が主宰した預金制度としての性格も備えていたといえる。

先述のように天保一一年（一八四〇）正月、名主・組頭・惣百姓が申し合わせて銘々存じ寄りしだいに土台金に加入した際、部屋住の若者どもも自発的に三両を差し出していたのであるが、その後も彼らは、①同一二年（一八四一）正月金一分、②同年六月銭一五四文余、③同一三年（一八四二）正月銭九六文余、④同一四年（一八四三）二月銭八四文余を独自に加入している。「三才報徳現量鏡」によれば、①は、部屋住の若者どもが村柄取直仕法の趣意に感服して、驕奢を省き、また神事祭礼や物見遊山などで他村に行って浪費することを慎み、一同農業に出精しているので、奇特として氏子安全、五穀成就の祈願祭礼の際の御神酒(おみき)二斗五升を贈ったところ、残酒を売って代金を仕法金に加入したものである。②・③・④は若者ども一同が申し合わせ、休日と夜間に草鞋・縄作りに励み、その販売代金を加入したものである。近世後期には全国的に若者たちの秩序を逸脱した振る舞いが目立つようになり、各村ともその対策に苦慮していたのであるが、報徳主義は彼らの教導にも大きな力を発揮していたことがうかがえよう。

表37　差出田地反別・作徳米・加入米・代金の推移

年　次	差出田地反別	作　徳　米	加入米総額	差出田地作徳米・加入米代金	
年	反畝歩	俵斗升合勺	俵斗升合勺	金　両分朱	銭　文分厘
天保11	2.6.24	3.0.9.5.5	4.0.0.0.0	2.2.2	162.8.8
同 12	2.6.24	2.1.3.1.7	6.2.5.8.9	3.3.0	150.4.6
同 13	2.6.24	2.1.7.6.0	6.0.0.0.0	3.1.0	5.9.0
同 14	4.6.20	2.2.0.8.0	5.0.0.0.0	3.2.0	159.3.2
弘化元	4.6.20	6.1.3.7.3	5.0.0.0.0	5.3.0	67.0.6
同 2	1.9.26	2.0.4.1.9		1.1.0	65.4.7
同 3	1.9.26	2.0.3.4.0		1.1.2	50.0.0

・典拠　表11と同。

尊徳も、藤曲村の仕法土台金に備えるために報徳金を貸与したのみならず、それに加入してもいる。天保八年（一八三七）の飢民救済措置の厚恩に報いるため、藤曲の村民たちが山稼ぎ、縄ない、沓・草鞋作りなどに励んで得た金四両を「報徳冥加金」として上納したい旨、同一一年（一八四〇）四月に尊徳に願い上げ、受理されたことは先に述べたところであるが、同一三年（一八四二）五月にはそれを藤曲村の仕法土台金に下げ渡している（天保一二年七月～同一三年六月「三才報徳現量鏡」）。同年同月、藤曲村民たちが仕法の趣意をわきまえて村柄取り直しに熱意をもって取り組んでいることを奇特として、二〇〇両を追加融資しているので、これも同様の趣旨によるものであろう。また、弘化二年（一八四五）正月二四日の江戸の大火で尊徳の旅宿が類焼した際、名主平四郎と平七が見舞いの品を尊徳のもとに持参したところ、心得違いであると諭され、その品代として金二朱・銭一〇九文を下されたので、これも仕法土台金に加えている（弘化元年七月～同二年六月「三才報徳現量鏡」）。

ところで、各年度の「三才報徳現量鏡」を通覧すると、年々計上されていた報徳加入金が弘化四年（一八四七）正月を最後にみられなくなる。いっせいに加入を中断しているので、村として決定したのであろう。各々が手仕事に励んで得た金銭や倹約した金銭を仕法土台金に加入するのは、単に仕法資金の調達というだけでなく、勤労と節倹を促す意味ももっていた。同じく勤労意欲促進のための入札による出精人表彰も、あとでみるように弘化四年以降は中断しているので、この面での所期の目的は達せられたと判断したのであろうか。しかし、それのみならず、同年以降は田地の差し出しもみられなくなっていることを考えあわせると、この時期が藤曲村仕法全体の転換期であったともみなせる。同村の仕法は安政二年（一八五五）まで継続しているとはいえ、公式には小田原藩は弘化三年（一八四六）七月に仕法の撤廃を決定している。あるいはこれとも関連しているのかもしれない。

表34をみると、弘化四年（一八四七）七月から嘉永二年（一八四九）六月の二年度は収入がかなり落ち込んでいる。その後は回復していくが、これはあとでみるように貸付金の増加に伴い、その返済金や冥加金が増えたためである。

とりわけ嘉永元年（一八四八）より開始された、春に無利息で貸し付けて秋の収穫時に返済させる短期貸付金が急増していったのに比例してその返済金が増え、それが仕法土台田地よりの作徳米の販売代金とならんで各年度の収入の主体となっている。つまり、土台金の短期循環運用が仕法の基軸をなすようになっているのである。また、弘化四年（一八四七）より諸方からの資金借用もたびたびなされるようになっているのも仕法後期の特徴である。

ところで、領主の行政を通じた報徳仕法の基本は、その財政に分度を設け、それを超える収入をくり返し農村復興事業の資金として推譲させるところにある。天保一一年（一八四〇）四月に尊徳が藤曲村に与えた「暮方取直日掛縄索手段帳」においても、「殿様も夫食・種籾代その他のために金子を貸し与え村の復興を援助するとの御趣意を示されているので、勤労に励むように」と諭していた。[99]だが現実には、小田原藩は尊徳の分度確立の要求を受け入れず、天保一二年（一八四一）正月には彼との関係を絶って一村仕法の実現を藩の方針とし、藩の行政を通じた全領規模の大々的な仕法はついに実現しないまま、弘化三年（一八四六）七月には仕法の公式撤廃を決定した。藤曲村の仕法にあっても、尊徳の存慮で天保一一年、同一三年に報徳金を貸与されたほかは、藩よりの資金援助は受けていない。

(三) 支出の内訳

次に仕法の出費についてみてみよう。表38に支出の総決算の内訳を示しておいた。Bの報徳冥加金は天保八年（一八三七）三月に無利息五カ年賦で拝借した夫食米を皆済したのち、一年賦相当の金額を冥加として上納したものである。Cは天保一三年（一八四二）五月に年三分五厘の利付きで拝借した報徳金の年々の利払いの総計である。ただし元金は未返済であった。また天保一一年（一八四〇）正月に無利息無期限返済猶予で拝借した報徳金一〇〇両も返済されていない。小田原藩仕法の撤廃後は報徳金の取り扱いは小田原藩に引き継がれたので、嘉永五年（一八五二）正

表38　天保8年～安政2年　藤曲村仕法の支出総決算

A	御仁恵金配分	金3両2分1朱・銭20文9分7厘1弗
B	報徳冥加金上納	金10両3分・銭83分3分3厘3毛
C	天保13年拝借報徳金の利息上納	金87両2分
D	三筋仕法手段金繰入分	金5両
E	三筋仕法手段金八朱利息分	金1両1分2朱・銭129文
F	借入金口々利済分	金56両・銭73文
G	借入金口々八朱利済分	金6両
H	耕作出精人賞与助成分	金42両2朱・銭73文6分2厘
I	口々助成金分	金19両1分・銭6文5分
J	堰道橋普請并地震荒畔崩に付人足その外入用分	金9両2分・銭33文2分
K	野沢川橋掛ヶ入用高掛り、田地川荒諸色代、人足賃金分	金1両3分・銭117文4分
L	山論入用高掛り割合分	金10両2朱・銭21文8分
M	仕法板蔵普請諸入用并地代共	金11両・銭73文
N	仕法米売捌年々駄賃払分	金4両2分2朱・銭25文2分
O	野州并江戸・小田原・塔之沢へ仕法用罷出諸雑費分	金12両3分・銭61文
P	仕法帳箱その外諸品代共	金1両1分2朱・銭35文7分
Q	仕法帳取調衆飯料、紙墨筆代、筆執料その外諸雑費分	金22両2分2朱・銭72文6分
R	当安政2年春割諸掛り高反別割合分	金3両3分
S	田地請戻并買入代金分	金719両3分・銭18文6分6毛
T	当分無利置据貸付分	金39両2分2朱・銭15文6分
U	秋済貸付金の内、当時返納手段なきに付、当分置据に今般取計	金25両2分・銭18文1分
V	無利年賦貸付返納残り追々取り立てるべき分	金38両1分・銭50文
W	秋済貸付金、来る安政3年より年賦貸付に取計返納致すべき分	金126両1分2朱・銭89文
計		金1259両2分・銭51文3分2厘9毛1弗
残　　金		金25両2分2朱・銭48文3分

・典拠　「天保八年～安政二年　御趣法金十九ヶ年現量惣差引正金取調帳」。

月に尊徳はその処理方法を立案して小田原藩に提出した。この書類は天保一一年に尊徳が藤曲村に交付した「難村取直相続手段帳」の末尾にも添付されている。

仕法に直接かかわる出費は次のように大別できる。

(1)仕法に要する施設建設費、用具購入代、事務費、出張費、仕法米売り捌き駄賃、その他諸雑費……M、N、O、P、Q

(2)生産・生活基盤整備のための費用……J、K

(3)田地請け戻し・買い入れ代……S

(4)出精人表彰および諸助成費用……H、I

(5)米金貸付……T、U、V、W（総決算では未返済分しか計上していない）

(1)では仕法帳箱（文書では「御趣法帳箱」と表記）を作っていたことが注目される（P）。つまり、仕法書類は通常の村の運営にかかわる文書とは別個に管理されていたのである。これは、仕法は藤曲村の事業として行なわれたとはいえ、通常の村政とは別個の独自の事業として認識されていたことを示していよう。それは、仕法土台金が独自に管理され、その収支も通常の村の財政収支とは別個に記録され決算されていたこととも関連している。

ところで、農村復興をはかる報徳仕法では荒地の開発に最も主眼がおかれるのが通例であるが、藤曲村仕法にあっては(2)の費用は一一両余で他の費目に比べてかなり少ない。当時藤曲村では荒地をどの程度抱えていたのかは史料的に確認しえないが、当村は天保八年（一八三七）三月の尊徳廻村の際に「土地柄宜敷、……郡中七拾八カ村之内稀なる村柄」（「御趣法願向被仰渡書并証文控帳」）と指摘されていたことからして、他の村々に比べれば荒地は少なかったのではなかろうか。

ただ当村は水利には恵まれていなかった。それを解消したのは藤曲仕法の一環として施設された藤曲用水路であった。この工事を指導した藤曲村慶林寺の和尚は尊徳に私淑していた人物で、天保年間、六五歳の時に相模国大住郡田中村（神奈川県伊勢原市）の耕雲寺から慶林寺に移った和尚は、藤曲村の水利の便をはかるため大久保集落の滝分けから金桜山の下まで用水路として約二七〇メートルの隧道（ずいどう）を通し、灌漑・飲料用水を供給した。彼は嘉永六年（一八五三）に没している。[100]「三才報徳現量鏡」を通覧すると、弘化三年（一八四六）から安政二年（一八五五）まで毎年、堰路普請の人足（多い年で四三人、少ない年で二三人）の賃金を支払っている。[101]これにはおそらく藤曲用水路施設費用も含まれているだろう。

さて、先述したように、藤曲村は天保八年（一八三七）三月の尊徳廻村時に、当村が土地柄がよいにもかかわらず困窮難渋しているのは、知らず知らず驕奢に流れて分度を失った結果、借財を生じ、先祖が丹精して造成した田畑を他村に売り渡すはめになったからだ、と指摘されていた。当時、藤曲村は村高の三割近い田畑が他村の者の手に渡っていたのであるが、尊徳に言わせれば、それも当村の土地生産力が高いがゆえに「他領他村より出金致し買求」るのであって、まず「土地之貴き所以を知り」、「先祖之丹精を思ひ出し」、速やかに驕奢を省いて節倹に努め相互に譲り合えば、借財を返済して田地を請け戻すことができるようになり、古の村柄に立ち戻り、子々孫々まで飢渇の憂いもなくなるであろう、と教諭された。これを受けて実施された藤曲村の仕法にあっては、村人の生活態度を改めて勤労意欲を高めることと、他村の者の手に渡っていた田畑を請け戻すことに主眼がおかれた。

(四)　田畑の請け戻しと買い入れ

仕法方による田畑の請け戻しは表39のようになっている。天保一一年（一八四〇）一二月と同一三年（一八四二）

一二月に請け戻しが集中しているが、これは両年に尊徳より報徳金をそれぞれ一〇〇両、二〇〇両貸与されたためである。村内の者からの請け戻しは天保一一年一二月に二人・四筆がみられるのみで、他はすべて他村の者からである。渡辺尚志氏によれば、村共同体にあっては村民の個別的土地所持の背後に「村の土地は村のもの」という観念が存在しており、それゆえ村の復興に際しては、村外に流出した土地を請け戻すとともに、村外への流出を防止することが重要課題の一つとされたという[102]。それは藤曲村仕法にあっても同様であった。

天保一一年正月〜同一三年六月「報徳御田地受戻証文控帳」には、この間に請け戻した田畑を、文政四年（一八二一）一二月から天保一〇年（一八三九）一二月にかけて売り渡しあるいは質入れした時の証文一〇通が書き留められているが、そのうち質入証文は二通のみで他はすべて売渡証文であり、両者ともに年季は限っていない。近世には質入れ・売り渡しから何年経過していようとも元金を返済しさえすれば請け戻すことのできる在地法的慣習が広く存在していたが[103]、ここでの請け戻しもそうした慣行に支えられていたのだろう。また、御厨地域の有力者は仕法を実施する村には積極的に援助する姿勢をみせていたので、請け戻し要求にも容易に応じていたものと思われる。先述したように、吉久保村の要七などは、代金二五両で買い取った田地の請け戻しを藤曲村役人から申し込まれたのに対し、「御報徳之道承り、誠ニ感服仕」として代金の半分で差し戻し、残り半分を仕法の資金に推譲している（「報徳御田地受戻証文控帳」）。

仕法方が請け戻した田畑は仕法の土台田地に繰り込まれ、それからの作徳米が仕法の主要な財源となったのであるが、村内の元の持主が請け戻しを要求すれば差し戻している。表40は田畑差し戻しの一覧であるが、このなかには後述の買い入れ田地の差し戻しも二件含まれている（嘉永四年、同六年）。差し戻しの代金は仕法方が請け戻しあるいは買い入れた際の代金と同額である。請戻人がそれ以前に仕法金の貸付を受けていた例は嘉永四年（一八五一）の仁左

表39　田畑請け戻し一覧

No.	年　　月	筆　　　数	反別総計	代金総計	
			町反畝歩	金 両分朱	銭 文分厘毛
1	天保11年12月	11(1)〔村内4、他村7〕	7.1.29	121.1.2	50.7.5.6
2	同 12年3月	1　〔他村〕	1.0. 8	13.1.2	16.3.2.0
3	同 12年12月	4　〔他村〕	1.9. 4	31.0.2	41.5.0.0
4	同 13年12月	22(5)〔他村〕	1.3.7. 3	194.2.3	34.1.3.0
5	弘化元年12月	4　〔他村〕	3.1.26	32.2.2	
6	同 2年12月	1　〔他村〕	3.0. 0	30.0.0	

・典拠　各年度の「三才報徳現量鏡」と各年度の「御趣法御土台田地反別作徳米取調帳」。
・(　) 内は畑の筆数。

表40　田畑差し戻し一覧

No.	年　　月	筆数	請け戻し人数	反別総計	代金総計	
		筆	人	反畝歩	金 両分朱	銭 文分厘
1	天保12年12月	1	1	1.0. 8	13.1.2	16.3.2
2	弘化元年12月	6(4)	3	2.7.23	56.3.2	15.0.6
3	同 2年12月	3	3	2.5. 1	28.0.0	
4	同 3年12月	2	2	2.22	13.2.0	
5	嘉永3年12月	1	1	1.5. 0	10.0.0	
6	同 4年12月	2	2	4.20	12.2.0	
7	同 5年12月	1	1	2.15	5.0.0	
8	同 6年正月	3	1	2.7. 1	20.2.0	100.0.0

・典拠　各年度の「三才報徳現量鏡」。
・(　) 内は畑の筆数。

衛門のみで、彼は田地一畝五歩を代金二両二分で請け戻しているが、天保一四年（一八四三）一二月に二両を無利息五カ年賦で借用していた。ただ間隔がかなりあいているので、借用金が請け戻しの直接の資金となっていたのではなかろう。これ以外の請戻人は事前の仕法金貸付は受けていないので、仕法方で請け戻した田畑を元の持主がさらに請け戻すための資金援助を行なって、それを促進する方針はとっていなかったとみてよい。それは仕法方の田畑請け戻しが仕法の財政的土台の形成を主たる目的としていたためであろう。

天保一一年（一八四〇）から弘化二年（一八四五）年までの仕法方による田畑請け戻しのうち、他村からの請け戻し高は約二六石にのぼる。他村の者の所持高は天保一〇年（一八三九）一一月の「藤曲村高帳」では約七六石であったが、嘉永五年（一八五二）一一月の同帳では約三七石に減少しており、この間、他村から約三九石が請け戻されたことになる。そのうち仕法方による請け戻し高が占める割合は六割六分余であるので、残りは個人的に請け戻したのであろう。あとでみるように仕法金の貸付自体は頻繁に行なっており、これは個人的な田畑請け戻しの資金援助も目的の一つとしていたと思われる。仕法方の請け戻しは弘化二年（一八四五）を最後にみられなくなる。あるいは弘化三年七月の小田原藩の仕法撤廃決定とも関連しているのかもしれないが、仕法金の貸付はこれ以降も活発に行なっている。表36をみると弘化二年（一八四五）には仕法の土台田地が一定度形成されており、しかも田地の買い入れにより以後も漸増していっている。これらの事実からすると、仕法方の請け戻しによってこれ以上土台田地の拡大をはかる必要はないと考え、資金援助による個人的な請け戻し奨励策に転じたものと推察してもよいのではなかろうか。

仕法方の田地買い入れは表41のようになっている。すべて藤曲村内所在で、しかも村内の者から買い入れている。請け戻しの方は、他村の者の手に渡っていた土地を取り戻して仕法の財政的土台を形成する、という積極的な意図をもって行なわれたのに対し、買い入れは、借金がかさんで窮迫した者を救済するとともに土地が村外に流出すること

表41　田地買い入れ一覧

No.	年　月	筆数	反別総計	代金総計	
		筆	反畝歩	金 両分朱	銭 文分
1	天保13年5月	4	1.4. 2	43.0.0	
2	同 13年12月	1	4.26	5.0.0	
3	同 14年12月	2	1.0. 4	12.2.2	20.0
4	弘化元年12月	9	3.6.21	59.0.0	43.7
5	同 3年12月	7	2.3.12	28.3.2	53.7
6	嘉永3年12月	4	2.3.24	38.2.2	83.2
7	同 4年12月	5	1.5.20	37.0.0	
8	同 5年12月	1	7. 3	10.0.0	
9	同 6年正月	2	1.7.26	23.0.2	111.8

・典拠　表14と同。
・田地はすべて藤曲村内所在で、同村内の者から買い入れ。

を阻止するためになされたようである。No.1は名主の平四郎より買い入れたものであるが、天保一二年（一八四一）七月〜同一三年六月「三才報徳現量鏡」には、「是は名主平四郎追々借財出来、此度致皆済候ニ付、村方御趣法田地ニ買受申候」と記されている。つまり、借金を皆済させるために仕法金でもって田地を買い入れたのである。No.2・3はそれぞれ伝右衛門、八左衛門よりの買い入れで、ともに「追々借財出来」のためとしている。

このほかで難渋のためという理由が明記されているのは一件のみであるが、他も多くは同様の理由によっていたと思われる。売渡人は計一九名であるが（うち二回以上売り渡している者が四名）、天保一〇年（一八三九）一一月と嘉永五年（一八五二）一一月の「藤曲村高帳」で各々の所持高を調べてみると、一石台ないし一石未満の者が八人も含まれている。一方、大高持であっても、決して余裕があったがゆえに仕法土台田地に売り渡したわけではない。「借財出来」を理由に所持地の一部を売った先の平四郎と八左衛門は天保一〇年（一八三九）一一月時点では、それぞれ一九石余、一五石余と村内一、二の所持高を誇っていた。とりわけ八左衛門は天保一四年（一八四三）、弘化元年（一八四四）、嘉永四年（一八五一）と仕法方に売り渡しており、嘉永五年一一月には所持高は四石余と大幅な減少をみている。また彼は種々の名目の仕法金貸付を頻繁に受けており、総計五三両にのぼる。この仕法金借用高は村民のなかでも飛び抜けて大きい。

彼ら大高持の経営内容は不明であるが、所持地の多くは小作に出していたと思われる。小作暮らしの下層農民の窮迫は、小作料納入の滞りという形で地主の経営をも圧迫することになる。また、上層農民は金融活動も行なっているのが常であるが、農村の疲弊は貸付金の回収を困難にする。したがって、この時期には、上層農民も中・下層農民との共存共栄をはからなければ、自己の家の安定的存続も期しえない状況にたちいたっていたのである。[104] そうした課題に直面していたからこそ、村落の指導者たちは二宮尊徳に教諭された報徳の道に共鳴し、自ら「推譲」を実践して農村の復興に努めたのである。先の平四郎と八左衛門もそれぞれ名主、御趣法世話人として藤曲仕法を指導していた人物であり、既述のように、仕法開始に当たってその土台づくりのために自己の所持地や作徳米を差し出していた。

仕法金による田地買い入れは本人の願い出により救済措置としてなされていた面が大きく、それは同時に土地の村外への流出を阻止する措置でもあった。一方で彼らに対しては仕法金を無利息年賦返済または返済猶予で貸し付けており、田地売渡人一九名のうち一一名が仕法方より貸付を受けている。仕法方に売り渡した田地は、その代金と同額の金額を支払えば請け戻すことができた。しかし、仕法期間中に請け戻した件数は二件のみであり、しかもうち一件は仕法方に売り渡した本人ではなく、元の所持人が願い出て請け戻したものである。難渋によってやむなく売り渡したものだけに、その請け戻しは容易ではなかったことがうかがえよう。

(五) 出精人表彰

報徳仕法にあっては、勤労意欲を促すとともに生産・生活を助成するために農業出精人を表彰するのが常であるが、領主の表彰が上から見立てて行なうのに対し、村民の入札で選ばれた者を表彰するところに、その特徴がある。これ

表42　出精人表彰一覧

No.	年　月	表彰人数	褒　美
1	天保11年7月～同12年6月	部屋住若者共	鎮守参詣の御神酒として酒2斗5升(1分2朱)
2	同12年12月	3	1番札―新鍬1枚(3朱・14文3分)、2番札―新鎌1枚(35文7分)、3番札―新鎌1枚(28文6分)
3	同13年12月	7	1番札―2反5畝作り取り、2番札―2反同、3番札―1反5畝同、4・5番札各2人―新鎌1枚宛(各44文8分)
4	同14年	7	1番札―米10俵2斗5升(5両2分・57文)、2番札―8俵2斗(4両2朱・21文3分)、3番札―米6俵1斗5升(3両・109文)、4～7番札各1人―新鎌1枚宛(各45文4分)
5	弘化元年3月	6	1番札―米12俵2斗(6両1分2朱・35文2分6厘)、2番札―米10俵(5両2朱・3文2分1厘)、3番札―米7俵2斗(3両3分・96文1分5厘)、4番札―新鎌1枚(37文9分)、5番札2人―新鎌1枚宛(各37文9分)
6	同2年5月	3	1番札―米9俵2斗1升7合(5両3分・89文6厘)、2番札―米7俵2斗6升(4両3分・42文1分9厘)、3番札―米5俵3斗1升6合(3両2分・118文7分5厘)
7	嘉永6年2月	御趣法世話人共	御趣法世話人として万端出請につき褒美として金1両2朱・銭25文

・典拠　各年度の「三才報徳現量鏡」、「耕作出精人入札帳」。
・(　)内は代金。

は、誰が最も勤勉で、かつ助成を必要としているかは村民が一番よく知っている、という考えに立っているが、同時に自ら選ばせることにより自主性と責任意識を涵養する意図もあった。二宮尊徳は、天保一一年(一八四〇)四月に藤曲村に与えた「暮方日掛縄索手段帳」の中で次のように指示している。「農業に精を出し心がけがよく村のためになる者を、村中一同の判断でもって少しもえこひいきなく入札で選び、多くの札を集めた者から順次無利息金を貸し付け、質入れしている田畑を請け戻させるか、あるいは新たに田畑を購入させ、そのほか荒地開発や借財返済を行なわせるなどして家政を立て直させ、御百姓として無事に家を存続できるよう取り計らうように[105]」と。

藤曲村仕法において実際に行なわれた表彰は表42のようになっている。No.1は、部屋住の若者どもが村柄取直仕法の趣意に感服して、驕奢を慎み一同農業に出精していることを奇特として表彰したものである。仕法開始に当たりまず最初に若者たちの表彰を行なったのは、主要な労働力の担い手で、かつ将来の村の担い手でもありながら、当時その行状がとかく問題視されていた彼らを仕法に協力させることが、仕法を成功に導くうえで鍵となると、村の指導者たちが考えたからであろう。実際、先に述べたように、若者たちは仕法のために独自に「推譲」を実践しているし、褒美として与えられた御神酒も、その残りを売って代金を仕法土台金に加入している。No.7は仕法終了の二年前に行なわれており、仕法のために尽力してきた世話人たちを慰労する意をこめてのものであっただろう。

右二例の他はすべて村民の入札による表彰である。入札の結果はそのつど「耕作出精人入札帳」に記録しているが（ただし天保一二年一二月の分については残っていない）、これには被投票者名のみならず投票者の名前も記されており、記名投票であったことが知られる。入札の対象者は各家の当主であるが、①暮らし向きのよい者（「可成相暮居候者」）、②村外に奉公に出ている者、③潰れ家、④女・老人・病人・独身者の当主、は除かれている。④については、後でみるように、助成を要する者に対しては入札によらず米金を与えている。入札対象から除かれても、②・③以外は入札はしているが、注目されるのは後家が当主の場合は自身の名前ではなく、前家長の夫の名前で行なっていることである。庶民の場合、当主が死亡した時、家内に男子がいないか、いても幼少の場合は後家や娘が中継ぎ的に当主となることは認められていた。しかし、村の公式の場には、女名前ではなく、その家の本来の当主名である男名前で出席し、行為していたのである。

入札による表彰の褒美については尊徳は無利息金の貸与を指示していたのであるが、藤曲村の実際は新鍬・新鎌あるいは米の支給、もしくは田地の作り取りである。No.2はすべて新鍬ないし新鎌の支給であるが、一、二、三番札については、No.3では田地（仕法土台田地であろう）の作り取り、No.4・5・6では米の支給となり、生活扶助としての性格を強めている。

表43は入札による表彰当選者の一覧である。天保一二年（一八四一）一二月の入札については「耕作出精人入札帳」が残っていないので、暮らし向きのよい者が入札対象からあらかじめ除かれていたのかどうか不明であるが、六石余を所持し村内では上層に属する伊助が第二位で選ばれている。ただし彼は、この年以外の入札に際しては「可成相暮居候者」一五軒に含まれ、対象から除外されている。他の当選者は大部分、所持高が一石台もしくは一石未満の下層農民たちである。したがって、田畑に恵まれていないにもかかわらず真面目に農業に励んでいると村人たちに評定された者が選ばれ、生活を助成されたことが知られる。それは下層民たちの頑張りいかんが村の復興の原動力と判断されていたことを示していよう。

下層民には無利息金の貸与も行なっているが、表彰された一七名のうち、天保一〇年（一八三九）一一月～嘉永五年（一八五二）一二月の間に所持高を増加させている者は三名にすぎない。逆に減少させている者が二名、他は同じである。所持高からみて、当選者の大部分は小作も行なっていたと思われるが、本人が出精し、村の助成を受けても、自作経営に復することは容易ではなかったことがうかがえよう。ところで、当選者一七名のうち二、三回当選している者が九名もいることも目を引く。なかでも七兵衛は天保一二（一八四一）、一三、一四年と三回連続一位当選している。また、天保一三、一四の両年では一、二、三位当選者がまったく同じ人物である。そのため、弘化元年（一八四四）には前回の三位までの当選者、同二年には、前々回と前回の三位までの当選者をあらかじめ入札の対象から除外する措置をとっている。

表43　入札による表彰当選者一覧

No.	年　　月	当選順位	当選者名	天保10年11月持高	嘉永5年11月持高	当選回数
				石斗升合	石斗升合	
1	天保12年12月	1	清九郎	4.4.6	4.4.6	
2	同上	2	伊助	6.2.6.3	6.2.6.3	
3	同上	3	平左衛門	3.7	○ 7.7.2	
4	天保13年12月	1	清九郎			2
5	同上	2	七兵衛	5.2.1	5.2.1	
6	同上	3	重左衛門	2.4.8.1	× 3.3.1	
7	同上	4	清七	1.2.1.5	1.2.1.5	
8	同上	4	惣四郎	1.2.2.8	× 8.3.0	
9	同上	5	平左衛門			2
10	同上	5	佐治右衛門	無高	○ 2.1.3.4	
11	天保14年	1	清九郎			3
12	同上	2	七兵衛			2
13	同上	3	重左衛門			2
14	同上	4	善吉			
15	同上	5	治助	1.6.4	1.6.4	
16	同上	6	惣四郎			2
17	同上	7	藤兵衛			
18	弘化元年3月	1	要助	1.1.6.5	1.1.6.5	
19	同上	2	惣左衛門	4.8	4.8	
20	同上	3	清七			2
21	同上	4	丹蔵	2.0.7.1	2.0.7.1	
22	同上	5	治助			2
23	同上	5	半三郎	1.6.2.4	○ 3.4.5.5	
24	弘化2年5月	1	忠左衛門	2.5.5	2.5.5	
25	同上	2	平七	3.0.9	3.0.9	
26	同上	3	惣四郎			3

・典拠　各年度の「三才報徳現量鏡」、「耕作出精人入札帳」、天保10年11月と嘉永5年11月の「藤曲村高帳」。
・当選回数は2回目以上のみを記した。
・天保10年11月〜嘉永5年11月の間に所持高の増加している場合は○印を、減少している場合は×印を付した。

表彰としての助成のほかに、助成を要する者に対しては米金を施与していた。表44—No.1の佐平は老齢にもかかわらず農業に出精したので、奇特として老育金を与えられている。彼は天保一三年（一八四二）以降の「耕作出精人入札帳」では、老人当主のゆえに入札の対象から除外されている。同一二年の同帳は残っていないが、おそらくこの年の入札においても同様の措置がとられていたと思われる。そうだとすると、入札を要せずして助成を受けていたわけである。No.2の覚右衛門母は村柄取直仕法の趣意に感銘し、朝夕何事によらず出精したゆえ奇特として銭を与えられているが、覚右衛門は天保一〇年（一八三九）一一月段階で六石余を所持し、出精人入札においても「可成相暮居候者」としてその対象から除かれているので、これは生活助成というよりも表彰としての性格の強いものであったといえよう。金額の少ないのもそのためであろう。

㈥　難渋人への助成

このほかの村内の者に対する助成は、No.11以外はいずれも生活難渋者に年取米（年越し用の米）や夫食米、生活資金、あるいは家作普請の手当て金を施与したものである。そのうちNo.3の磯八とNo.4の治助は独身あるいは病人という理由で入札の対象から除外されていた人物であり、彼らも先の老齢当主佐平と同じく入札による選出という手続きを経ることなく助成を受けていたのである。ただし治助は、天保一四年（一八四三）と弘化元年（一八四四）にあらかじめ入札から除かれていたにもかかわらず、ともに五位で選出されて褒美をもらっている（表43参照）。

助成は他村に対しても行なっている。No.5は、相州足柄下郡酒匂（さかわ）村の奇特人への助成金の村々割合分を出したものである。弘化二年（一八四五）には、御厨の重立（おもだち）の者どもが御殿場村に会合して、難村方へ年々八朱の利息（年利八%）で貸し付け、その元利を年々繰り回すことを決議し、その基金として藤曲村は一〇両を醵出している（No.6）。

表44 助成一覧

No.	年月	助成米金額	対象者	助成理由
1	天保12年12月	金1分	佐平	年齢が60有余年となったにもかかわらず農業出精、奇特につき老育として遣わす。
2	同上	銭28文2分	覚右衛門母	村柄取直仕法の趣意に感銘し、朝夕何事によらず出精、奇特につき。
3	同13年7月～同14年6月	米2斗(3朱)	磯八	困窮につき年取米として助成。
4	同上	同上	治助	怪我のため農業できかね、毎度入札からも除いているので年取米として助成。
5	同14年10月	金2分・銭12文2分	酒匂村奇特人	相州足柄下郡酒匂村奇特人への助成金、村々割合差出。
6	弘化2年	金10両	御厨筋難村	御厨筋郷中重立の者共御殿場村にて会合相談の上、難村方へ年々8朱の利息で貸し付け、年々繰廻すことを決議したので、基金として差し出す。
7	嘉永元年4月	金2朱・銭87文8分	七兵衛	極難困窮人につき助成。
8	同2年4月	金2朱・銭45文5分	重郎左衛門	極難困窮につき家作諸普請手当助成。
9	同上	同上	茂左衛門	同上
10	同上	同上	伊兵衛	同上
11	同上	金2分	安兵衛	御趣法向万端厚く世話致したので給料として遣わす。
12	同3年12月	米1俵(1分2朱・101文1分)	吉左衛門	極難困窮につき夫食助成
13	同4年4月	米2斗(1分・107文6分)	清左衛門	同上
14	同上	同上	平七	同上

・典拠　各年度の「三才報徳現量鏡」。
・(　) 内は代金。

先に述べたように、天保八年（一八三七）の飢饉時にも、当地域の有力者の呼びかけで有志から撫育金を募り、村・組合村や支配関係を越えて御厨という地域ぐるみで飢民救済に当たっていた。また、難村復興仕法を導入した村に対しては地域の有力者たちも資金の融通を行なっていた。こうした社会的素地に立って御厨地域は、弘化二年（一八四五）には、単なる臨時の救済措置、あるいは個人的な融通にとどまらない、恒常的な難村助成仕法を創出するにいたったのである。藤曲村仕法の支出総決算を示した前掲の表38をみると、借入金口々八朱利済分として六両が計上されている（G）。おそらくこれは御厨の八朱利付き融資を受けたものであろう。

表38には三筋仕法手段金繰入分五両もみえる（D）。相模国、伊豆国と駿河国駿東郡にわたる小田原藩領は中筋・東筋・西筋に三区分されていたので（御厨は西筋に属す）、三筋仕法手段金とは小田原藩領全体の仕法資金を意味している。その資金も村々が醵出していたのである。小田原藩は自らの財政に分度を確立せず民間資本に依拠する方針をとっていたので、おそらくこれは藩の指示によるもので、醵出金は藩の報徳方で管理していたものと思われる。同表には三筋仕法手段金八朱利息分一両一分二朱・銭一二九文が計上されているので（E）、藤曲村もその融資を受けていたことが知られる。

(七)　報徳米金の貸付

報徳仕法の重要施策の一つに報徳金の無利息貸付がある。領主や村にも貸し付けられたが、村内においては生活難に陥っている個々の家に貸与して、その立て直しをはかった。二宮尊徳は、「暮方日掛縄索手段帳」の中で次のように指示している。「極貧のため家屋・小屋や屋根葺き替えの普請を自力ではできかねる者、食料・種穀・農具・肥料などの購入にも窮している者、あるいは水難・火難・病難など不慮の災難によって出費を余儀なくされている者には、無利息の五カ年賦、七カ年賦、一〇カ年賦で貸し付け、とりわけ困窮が著しければ暮らし方が立ち直るまで無利息の返済猶予で貸与して、一人も困窮艱難（かんなん）の憂いのないように取り計らうべし」[106]と。

窮迫度に応じて返済期間に差を設け、また無期限の返済猶予の措置も講ずるなど、きめ細かな配慮をしていたことが知られる。なお、報徳金融は、無利息ではあるが、年賦で皆済したのちにさらに一年賦相当額を冥加金として納めさせる点に特徴がある。こうして元手金（これを「報徳元恕金」という）を増やし、これでもってさらに多くの者を救済していこうとしたのである。五カ年賦で皆済したのち一年賦相当額の冥加金を納めた場合、この冥加金を利息に見立てたとしても年利に直せば五分五厘位であり[107]、当時の一般的な利率である年利一割五分～二割に比べてはるかに低利であった[108]。しかも、この冥加金は必ずしも納入を義務づけられていたわけではない。御厨地方の報徳運動の指導者の一人であった、竈新田村の小林平兵衛が弘化元年（一八四四）に二宮尊徳に随身した折の日記には、「報徳冥加米金を納めたいと願い出ても、仕法によって自分が助かったという証拠を持参しない者には一切取り合うな」という尊徳の教諭が記されている[109]。

では、藤曲村仕法における貸付の実態はどうであったのだろうか。表45はその一覧である。貸付の方式は、(a)無利息年賦貸付（五カ年賦、七カ年賦、一〇カ年賦）、(b)当分無利息置据貸付、(c)利付当座貸付、(d)年中仕付夫食諸入用秋済貸付に分類できる。(a)と(b)は尊徳から指示された方式であり、年賦返済の期間も指示どうりである。(a)のうちNo.8のみは夫食米の貸付であり、この年は凶作だったのであろう。他は方式を問わずすべて金子の貸付である。利息付きの貸付は(c)のみで、しかもNo.20だけであるので、あくまで例外的な措置であったといえる。

(d)は、春に仕付け用の種籾や夫食その他の諸費用を賄うために無利息で貸し付け、その年の秋の収穫時に一括返済させる短期の貸付である。この方式は嘉永元年（一八四八）に開始され、以後仕法終了まで毎年行なわれ、借用人数

表45　報徳米金貸付一覧

No.	年　月	種　目	借用人数	貸付米金総額
1	天保12年4月	無利5ヵ年賦貸付	2　人	金3両1分2朱
2	同 13年12月	同　上	3	金9両2分
3	同　上	無利7ヵ年賦貸付	1	金9両
4	同 14年12月	無利5ヵ年賦貸付	3	金7両2分
5	弘化元年3月	同　上	1	金3両
6	同 元年12月	同　上	4	金9両2分
7	同 2年12月	当分無利置据貸付	6 (他村1)	金13両2朱・銭15文6分
8	同 3年12月	夫食無利5ヵ年賦貸付	38	米50表(代金23両3分・59文5分2厘余)
9	同　上	無利5ヵ年賦貸付	3	金9両
10	同 4年12月	同　上	2	金5両3分
11	嘉永元年春	年中仕付夫食諸入用当秋済貸付	8	金10両3分2朱・銭30文5分
12	同 元年12月	無利5ヵ年賦貸付	3	金14両
13	同 2年春	年中仕付夫食諸入用当秋済貸付	15	金16両・銭66文4分
14	同 2年12月	当分無利置据貸付	1	金5両
15	同　上	無利5ヵ年賦貸付	6	金16両2分
16	同　上	無利10ヵ年賦貸付	1	金20両
17	同 3年春	年中仕付夫食諸入用当秋済貸付	22	金36両2分・銭35文3分
18	同 3年12月	無利5ヵ年賦貸付	2	金5両2分
19	同 4年春	年中仕付夫食諸入用当秋済貸付	24	金54両1分・銭101文5分
20	同 4年12月	利付当座貸付	1	金2両2分
21	同 5年2月	無利5ヵ年賦貸付	1	金2両
22	同 5年春	年中仕付夫食諸入用当秋済貸付	27	金63両2分2朱・銭22文3分
23	同 5年12月	無利5ヵ年賦貸付	2	金10両
24	同　上	無利7ヵ年賦貸付	15	金26両2分
25	同 6年春	年中仕付夫食諸入用当秋済貸付	34	金83両2分2朱・銭59文
26	同 7年春	同　上	36	金96両2分・銭76文9分
27	安政2年春	同　上	38	金151両3分2朱・銭107文
28	同 2年5月	当分無利置据貸付	13	金19両

・典拠　各年度の「三才報徳現量鏡」。

も年を追って増えつづけ、同三年以降は村内総戸数の三分の一から半数が貸付を受けている。そのなかには所持高上層の者も多く含まれている。この方式は名目的には農業経営の再生産維持のための短期貸付であり、開始当初は現実にその再生産が困難な状態におちいっていた者を融資対象にしていたと思われるが、仕法の終了が近づくにつれ、それ以外の者にも融資枠を広げていったのではなかろうか。ただ、仕法の終了に際して、この方式の貸付を受けていた者のうち一八名、金額にして計二五両余が、「当時返納之手段無之ニ付」当分返納猶予の措置を講じられているので(「御趣法金十九カ年現量惣差引正金取調帳」)、仕法終了時にあっても経営の不安定な家も少なからず存在していたことがうかがえる。

表46は当秋済借用と夫食米借用を除いた報徳金の借用人の一覧である。No.15は甲州郡内小沼村の者に融通したものであるが、郡内地方と御厨地方とは社会経済上の交流が密で、この融通もそうした結びつきによるものであろう。他はすべて藤曲村内の者で、実数は四七名である。彼らは各家の当主であるから、村内総戸数のうち七二%余の家々が、利付当座貸付の一例を除いて報徳金の無利息貸与を受けていたことになる。当秋済借用を含めると、その比率はさらに高くなる。また、秋済借用を除いても、複数回融資を受けていた者が一四人いる。

天保一二年(一八四一)~嘉永四年(一八五一)においては、融資の対象は所持高の少ない層におかれていたようで、この間の村内の借用延べ人数三八名のうち天保一〇年(一八三九)段階での所持高が二石未満であった者は二三名、六割余を占め、三石未満だと二七名、七割余にも達する。しかもこれは、借用延べ総人数に所持高不明の者三人を含めての割合である。ことに天保一四年(一八四三)までの融資対象はすべて二石未満である。これは、下層の者に無利息の報徳金を年賦返済もしくは当分返済猶予で貸し付けることにより、生活を扶助するとともに土地を請け戻したり買い入れたりすることを援助しようとしたものであろう。嘉永四年(一八五一)以前に融資を受けた実人数三

No.	年　月	種　目	借用人	借用金額	天保10年11月持高	嘉永5年11月持高		借用回数
37	同 4年12月	利付当座	佐平	2.0.0	1.5.6.7	×	7.6.3	
38	同 5年2月	無利5ヵ年賦	作右衛門	2.0.0	2.2.8.4	×	1.6.2.8	
39	同 5年12月	無利5ヵ年賦	半右衛門	5.0.0	6.6.2.4	×	4.0.1.4	
40	同　上	同　上	利右衛門	5.0.0	5.1.1.4		5.1.1.4	
41	同　上	無利7ヵ年賦	要左衛門	12.2.0	8.3.0.6	○	12.2.1.5	
42	同　上	同　上	茂左衛門	1.0.2余	1.1.7		1.1.7	2
43	同　上	同　上	清九郎	同　上	4.4.6		4.4.6	2
44	同　上	同　上	仁三郎	同　上				
45	同　上	同　上	久左衛門	同　上				
46	同　上	同　上	伝右衛門	同　上	1.1.2.3		1.1.2.3	
47	同　上	同　上	佐七	同　上	5.7.8.4	×	4.7.9.0	2
48	同　上	同　上	半左衛門	同　上	4.4.7.3	×	5.8.3	4
49	同　上	同　上	半三郎	同　上	1.6.2.4	○	3.4.5.5	2
50	同　上	同　上	半兵衛	同　上	2.7.7.6		2.7.7.6	
51	同　上	同　上	市郎右衛門	同　上	1.1.0.0	○	3.1.4.0	2
52	同　上	同　上	伊右衛門	同　上	3.4.7.4	○	3.7.0.8	2
53	同　上	同　上	伊左衛門	同　上	7.0.1.0	×	6.7.6.6	
54	同　上	同　上	又右衛門	同　上				
55	同　上	同　上	平四郎	同　上	19.1.8.3	○	19.9.2.3	
56	安政2年5月	当分無利置据	惣右衛門	1.0.0	13.1.7.2	○	13.4.4.5	
57	同　上	同　上	覚右衛門	1.0.0	6.2.2.1	×	6.0.2.1	
58	同　上	同　上	八左衛門	1.0.0	15.8.1.1	×	4.1.1.4	3
59	同　上	同　上	幸助	1.0.0	1.2.4.2	○	2.0.7.1	2
60	同　上	同　上	伊右衛門	1.0.0	3.4.7.4	○	3.7.0.8	3
61	同　上	同　上	吉五郎	1.0.0	6.1.5	×	4.1.5	2
62	同　上	同　上	市郎右衛門	1.0.0	1.1.0.0	○	3.1.4.0	3
63	同　上	同　上	善左衛門	1.0.0	8.0.2.6		8.0.2.6	
64	同　上	同　上	仁左衛門	1.0.0	1.6.4.3	×	1.5.2.7	2
65	同　上	同　上	半三郎	1.0.0	1.6.2.4	○	3.4.5.5	3
66	同　上	同　上	惣四郎	1.0.0	1.2.2.8	×	8.3.0	2
67	同　上	同　上	茂左衛門	1.0.0	1.1.7		1.1.7	3
68	同　上	同　上	源左衛門	1.0.0	5.9.0	○	1.0.1.1	

・典拠　各年度の「三才報徳現量鑑」、天保10年11月と嘉永5年11月の「藤曲村高帳」。
・「余」を付したのは金の他に銭も借用していることを示す。
・借用回数は2回目以上のみを示した。
・所持高の確認できない場合は空欄にしている。
・天保10年11月～嘉永5年11月の間に所持高の増加している場合は○印を、減少している場合は×印にした。

表46　報徳金借用人一覧（当秋済借用と夫食借用を除く）

No.	年　月	種　目	借用人	借用金額	天保10年11月持高	嘉永5年11月持高	借用回数
				両分朱	石斗升合	石斗升合	
1	天保12年4月	無利5ヵ年賦	与兵衛	2.2.0	1.1.6.5	1.1.6.5	
2	同　上	同　上	要　助	3.2	1.4.5.3	○　2.6.7.9	
3	同 13年12月	同　上	半三郎	2.0.0	1.6.2.4	○　3.4.5.5	
4	同　上	同　上	伊兵衛	5.0.0	8.3.0	×　4.3.0	
5	同　上	同　上	要　助	2.2.0	1.4.5.3	○　2.6.7.9	2
6	同　上	無利7ヵ年賦	吉五郎	9.0.0	6.1.5	×　4.1.5	
7	同 14年12月	無利5ヵ年賦	清　七	2.2.0	1.2.1.5	1.2.1.5	
8	同　上	同　上	仁左衛門	2.0.0	1.6.4.3	×　1.5.2.7	
9	同　上	同　上	幸　助	3.0.0	1.2.4.2	○　2.0.3.9	
10	弘化元年3月	同　上	半左衛門	3.0.0	4.4.7.3	×　5.8.3	
11	同 元年12月	同　上	清兵衛	2.2.0	2.7.3.4	2.7.3.4	
12	同　上	同　上	丹　蔵	2.0.0	2.0.7.1	2.0.7.1	
13	同　上	同　上	茂左衛門	2.2.0	1.1.7	1.1.7	
14	同　上	同　上	忠　助	2.2.0	1.6.8.3	1.6.8.3	
15	同 2年12月	当分無利置据	志兵衛	7.1.0余	（甲州郡内小沼村）		
16	同　上	同　上	佐　七	2.0.0	5.7.8.4	×　4.7.9.0	
17	同　上	同　上	半左衛門	2.0.0	4.4.7.3	×　5.8.3	2
18	同　上	同　上	茂兵衛 他2人	1.3.0余			
19	同 3年12月	無利5ヵ年賦	甚兵衛	5.0.0	8.7.4	8.7.4	
20	同　上	同　上	富　八	3.0.0	9.1.3.0	9.1.3.0	
21	同　上	同　上	市郎右衛門	1.0.0	1.1.0.0	○　3.1.4.0	
22	同 4年12月	同　上	勝左衛門	2.3.0	5.6.1	○　5.6.2	
23	同　上	同　上	八左衛門	3.0.0	15.8.1.1	×　4.1.1.4	
24	嘉永元年12月	同　上	幾右衛門 （伊右衛門）	5.0.0	3.4.7.4	○　3.7.0.8	
25	同　上	同　上	要　助	1.0.0	1.4.5.3	○　2.6.7.9	
26	同　上	同　上	好右衛門	8.0.0	1.4.4.4	1.4.4.4	
27	同 2年12月	同　上	佐次右衛門	2.0.0	無　高	○　2.1.3.4	
28	同　上	同　上	惣四郎	3.0.0	1.2.2.8	×　8.3.0	
29	同　上	同　上	嘉右衛門	3.0.0	2.7.8.1	2.7.8.1	
30	同　上	同　上	平左衛門	1.2.0	3.7	○　7.1.2	
31	同　上	同　上	太兵衛	2.2.0	1.2.1.5	1.2.1.5	
32	同　上	同　上	重郎左衛門	2.2.0	2.4.0.5	2.4.0.5	
33	同　上	無利10ヵ年賦	八左衛門	20.0.0	15.8.1.1	×　4.1.1.4	2
34	同　上	無利置据	半左衛門	5.0.0	4.4.7.3	×　5.8.3	3
35	同 3年12月	無利5ヵ年賦	清九郎	2.2.0	4.4.6	4.4.6	
36	同　上	同　上	忠　助	3.0.0	1.6.8.3	1.6.8.3	2

一名のうち八名が、天保一〇年（一八三九）一一月～嘉永五年（一八五二）一一月の間に所持高を増加させている。しかし、逆に所持高を減少させている者も八人いる。注目されるのは、嘉永四年以前の借用人で天保一〇年段階に四石以上を所持していた四人のうち三人が高を減じていることで、とりわけ減少幅の大きい半左衛門と八左衛門はそれぞれ二回、三回の融資を受けている。

以上の点から、天保一二年～嘉永四年においては融資の主対象は所持高下層におかれ、中・上層でも経営不安定の場合はその対象とされたことが知られる。

嘉永五年（一八五二）以降の仕法末期には同年に無利五・七カ年賦貸付、最後の安政二年（一八五五）に当分無利置据貸付がなされたのみであるが、この時には融資枠が広げられ、中・上層の者も多く融資を受けている。両年の借用人延べ人数三〇名のうち嘉永五年の所持高三石以上の者が一七名と過半を占め、しかも一〇人が四石以上層に属している。しかし、一人あたりの融資額は以前に比して少なく、No.38～No.41を除けば、嘉永五年一二月の無利七カ年賦貸付は一四名が一両二朱余ずつ、安政二年五月の当分無利置据貸付は一三名全員が一両ずつである。一方、嘉永五年（一八五二）～安政二年（一八五五）には、毎年総戸数の半数近くもしくは半数以上が当秋済貸付を受けている。その一人あたりの借用額は概して一両前後の小額であるが、なかには数両ないし一〇数両も借用している者もいる。

以上の事実から、仕法の仕上げ期においては階層を問わず融資の対象枠が広げられ、小口の無利息年賦貸付と無利息置据貸付、および半年期の無利息貸付が広くなされたことが判明する。

(八)　仕法の結末

慶応四年（一八六八）七月の「藤曲村明細帳[110]」では、藤曲村の家数は六八軒（名主一軒、与頭（くみがしら）四軒、本百姓五二軒、無田一一軒)、人数は三五二(三カ)(男一七八人、女一七五人)である。天保八年(一八三七)三月、二宮尊徳が小田原藩領の飢民救済のために廻村した際の藤曲村の家数と人数は六五軒、二九九人であった(天保八年三月「夫食米無利五カ年賦御拝借証文之控」)。天保八年当時、潰れ家が三軒あり、これを含めると六八軒である。慶応四年時の家数六八軒はこの潰れ家を含めてのものか、それとも再興されていたのかは不明であるが、人数の方は天保八年に比べ五〇余名の増加をみていたわけである。安政二年(一八五五)の仕法終了から一三年たっているが、人口の面では当村の復興はかなり進んでいたことを示す。

藤曲村仕法の最大の課題は他村に流出していた土地を請け戻すことにあった。したがって、仕法土台金でもって村として請け戻し、それを仕法土台田地に繰り込む一方、個人的な請け戻しも進めるために仕法金を無利息で貸し付けて資金援助をした。その結果、すでに指摘したように、他村の者の所持高は天保一〇年(一八三九)一一月時点で約七六石もあったのが、嘉永五年(一八五二)一一月には約三七石に減じている。では、村内の土地所持の構成はどのように変化したのだろうか。

表47は嘉永五年一一月時の土地所持人の分布を示したものである。これを天保一〇年一一月時点のそれ(表32参照)と比較すると、村外所持人は一五人から一〇人に減じている。一方、村内所持人の分布は、八

表47　嘉永5年11月　藤曲村の土地の所持人分布

所持高	村内所持人	村外所持人
19石台	1人	人
13石台	1	
12石台		
9石台	1	
8石台	1	1
7石台		2
6石台	3	1
5石台	2	1
4石台	4	
3石台	3	1
2石台	13	2
1石台	10	
1石未満	29	2
計	68	10
御趣法田地	42石6斗3升	

・典拠　嘉永5年11月「駿州駿東郡藤曲村高帳」。
・村内所持人のうち寺堂所持分は除いている。

石以上七人↓四人、四石~六石台一〇人↓九人、二・三石台八人↓一六人、一石台二〇人↓一〇人、一石未満二三人(うち無高二人)↓二九人という変化をみせている。八石以上と一石台が半数に減じ、二・三石台が倍増しているのが目立つが、一石未満は六人ふえている。無高はいなくなったとはいえ、一石未満の極零細の土地所持層が総戸数の四二%余を占めている。

村外流出高は半分に減少したものの、村内の極零細層の解消には結びついていないのである。それは、その請け戻しが主として仕法方によって行なわれ、仕法土台田地に組み込まれたことも一因をなしていよう。嘉永五年一一月時の「御趣法田地」は四二石六斗三升で、村高の一六%余を占めている。この土地は仕法方の請け戻し代金と同額の代金を払えば村内の元の所持人に差し戻したのであるが、これからの作徳米が仕法の主要財源をなしていたこともあって、それを促進するための資金援助を行なった形跡は先述のようにみられない。そこに、仕法の財政的土台の形成という課題と、個々の農家経営の再建課題との間の矛盾を見て取ることもできよう。

嘉永五年(一八五二)一一月「藤曲村高帳」の「御趣法田地」の箇所には、「亥之節　高三十弐石三斗八升九合」と記された付箋が貼付してある。「亥」は文久三年(一八六三)であるので、嘉永五年以降の一一年間に一〇石二斗余減じたことが知られる。これは元の所持人に差し戻したものであろう。その後の藤曲村の土地所持の構成がどのように変化したのかを知りうる史料はないが、慶応四年(一八六八)の「藤曲村明細帳」には「無田」すなわち無高の家が一一軒と記載されている。これは総戸数の一六%余を占める。嘉永五年の「藤曲村高帳」には無高はみえなかったのであるから、以後一六年間に所持地を失う者が多く発生したことが知られる。

報徳仕法は、農民の生産・生活安定のための為政者の施策と、農民自身の主体的勤労および公共の福利への奉仕とが相和することによって、「興(富)国安民」を実現できる、という考えに立っていた。たとえ農民たちが村ぐるみで復興仕法に取り組んでも、領主財政の分度が確立していなければ、財用の不足を年貢増徴によって補おうとするため、復興の成果が領主財政に吸収されて、村々は再び衰弊に帰してしまう。そこで尊徳は、まず領主の財政に分度を設けて恣意的な年貢収奪を防止し、復興に伴う分度を超える自然増収分は「無尽蔵」と称する特別会計に繰り入れ、くり返し農民の生産・生活安定のために推譲させることを仕法の基本として最重視した。

だが、小田原藩は、尊徳がいくら分度の確立を要求しても受け入れなかった。また、日本全体の富国安民の実現を究極の目的とする尊徳が、支配領域に拘泥せずに小田原藩領域を越えて報徳金の運用（領外からの報徳金への加入引き受けと領外への貸付）を行なっていたことも、自藩のみの富強をめざし領内限りの仕法を主張する家中からの批判を浴びるところとなった。天保一二年（一八四一）正月、小田原藩は尊徳から離脱した領内限りでの一村仕法の実現を方針として決定した。

小田原藩領の仕法は基本を欠いたままもっぱら一村仕法や個人仕法に終始し、藩の行政を通じて全領に仕法を施すことは実現せず、弘化三年（一八四六）七月一六日には仕法の撤廃を尊徳に通告した。藤曲村が難村復興仕法の導入を尊徳に願い出て許されたのは天保一一年（一八四〇）正月。その一年後には小田原藩仕法は公式には尊徳の手を離れていたのであるが、藤曲村はその後も尊徳との関係を持続しており、下野国桜町陣屋の彼のもとに名主らが赴いて直接指導を仰ぐ一方、仕法の進捗状況を逐一記録して尊徳に報告していた。そして、小田原藩の仕法撤廃宣言後も藤曲村仕法は継続され、尊徳の死去する前年の安政二年（一八五五）に終了している（ただ、藤曲村仕法の終了が尊徳の病と関係があったのか、それとも村内の事情によっていたのかは明らかではない）。

資金面では、天保一一年（一八四〇）と同一三年（一八四二）に尊徳の存慮で報徳金をそれぞれ一〇〇両、二〇〇両貸与されたほかは、藩よりの資金援助は受けていない（藤曲村よりの年貢収取がどの程度だったのかも仕法の前提条件として重要であるが、年貢割付状が残っていないので不明である）。藤曲村仕法は、尊徳から拝借した報徳金でもって村外への流出地を仕法方が請け戻して設定した、仕法土台田地よりの作徳米が主要財源をなしていた。これに、村民有志が差し出した田地からの作徳米と加入米、および村民一同が申し合わせて休日や夜間に箒・縄・草鞋・筵作りなどの手仕事に励んで得た販売代金と諸事倹約によって生み出した余剰金を推譲した報徳加入金、それに報徳金借用者が納めた報徳冥加金などが加わった。

藤曲村の仕法は、これらを資金として運用しながら、藩の行政との有機的な結びつきを欠いたまま自力でもって種々の復興策を講じたのである。それは一村仕法の模範として当時から評判の高いものであった。たしかに、村の老若男女がこぞって仕法に協力しているし、施策も体系だっており、困窮者への救済措置にも細かな配慮がなされている。しかし、先にみたように、仕法終了三年前の嘉永五年（一八五二）一一月に改められた当村の高帳では、極零細規模の土地所持人もいまだかなりの比重で存在しており、自作地にもとづく安定的な百姓経営の再建という課題は達成されていたとは認められない。そして、以後の幕末維新期の社会経済の変動のなかで、土地を失って無高に転落した農家も慶応四年（一八六八）までに一一軒発生している。

尊徳の説く「分度」論は一定期間支出を量的に限定するものだけに、日本も資本主義的世界システムの一環に組み込まれ、物価が激しく変動した幕末期には、その有効性は大幅に低減せざるをえない。また、小生産者がいくら禁欲的に勤労に励んだとしても、市場原理の浸透するなかにあっては、おのずから限界があっただろう。

無高の者や零細土地所持者は他人の土地を小作せざるをえない。藤曲家文書中には、安政五年（一八五八）、藤曲村の役人たちが村内の小前たちに小作寄合と無尽を以後休会にするよう命じたのに対し、小前百姓六二人が連判して同年二月一九日付けで「村役人衆中」に差し出した請書がみえる。これによると、小前たちがみだりに寄合を致すのは不届きであるとして、以後それを禁じ、小作に関することは地主と相対で熟談することを命じ、それでも両者の合意に達しないときは村役人が仲裁に入ることにしている。したがって、当時、小作人たちが連携して地主に小作料の引き下げを強要するような事態がたびたび発生していたことがうかがえる。小作寄合のみならず無尽という金融のための会合も禁じているのは、それが小前たちが密議をこらす場にもなっていたからであろう。

しかし、その禁止措置にもかかわらず、小作人たちは再び騒動を起こしたらしく、万延元年（一八六〇）九月には、「小作一条ニ付小前一統心得違ニ付、御村役人中様江種々御心配相掛、一言之申訳無御座候」として、五三名が連判して「御村役人中様」宛に侘書一札を差し出している。この時は近隣の村々の寺の住職や名主・組頭が仲裁に入っているので、かなり大きな騒動だったのであろう。そして、五三名という連判人数から、藤曲村の総戸数の約八割もの家々が小作せざるをえない状態にあったことが知られる。仕法の実施に際しては村民相協力して村の復興に取り組んでいたかにみえた藤曲村も、幕末期の社会経済の変動のなかで階層分化が進み、階層間の対立が激化していたことが、以上の事例からうかがえよう。

おわりに——尊徳の墓碑建立と近代における変転

二宮尊徳は、嘉永六年（一八五三）二月一三日に幕府から日光神領の復興を命ぜられ、以後、今市（栃木県今市市）の陣屋にあって、病の床に臥しながら最後の力をふりしぼって仕法の指導に当たっていた。その間、嘉永六年七月七日には、前年八月に高弟の富田（とみた）高慶（たかよし）に嫁いだばかりの長女ふみを失うという悲運にも襲われている。安政二年（一八五五）の大晦日、尊徳は日記の末尾に次のように書きつけた。

予が足を開ケ。予が手を開ケ。予が書簡ヲ見よ。予が日記ヲ見よ。戦々兢々深淵に臨むが如く、薄氷をふむが如し(三)

これは、領主と農民の間に立って、まさに薄氷を踏む思いで農村の復興に後半生を捧げてきた自らの感懐を、孔子の弟子、曽子の言に託して表現したものである。悲痛な白鳥の歌を遺して、その一〇カ月後、彼は足掛け七〇年の人生を閉じた。

今日、藤曲の浅間(せんげん)神社境内には二宮尊徳の五層からなる墓碑が存在する。この墓碑はもともとは、藤曲村の慶林寺の境内に安政四年（一八五七）一〇月、尊徳没後一周忌に当たって、名主の鈴木平四郎以下一七名が「企人世話人」となって建立したものである。現在の墓石に刻まれている企人世話人の氏名は昭和一〇年（一九三五）の修復時に改刻されたものであるが、彼らのほとんどが仕法実施当時、村役人や「御趣法世話人」を務めていたことが仕法書と照合して確認できる。

彼らが尊徳の墓碑を建立したのはもちろん、天保の大飢饉の際に救済措置を講じてもらい、さらに難村復興仕法のために報徳金の融資を受け、それを指導してもらったことへの、報恩の念を表すためであったことは疑いない。ただ当時、藤曲村では階層間の対立が著しくなり、村の指導層がその対策に苦慮していたことを考えると、尊徳から教諭された勤労と一村一和の精神を村民たちに思い起こさせる意図も、そこにはこめられていたのではなかろうか。尊徳の墓碑の一番上の墓石は円形をしている。円形は尊徳の一円融合の思想を表現するもので、彼の著作にはしばしば描かれているが、この円形の墓石をながめていると、一村一和の精神の象徴とせんとする建立者たちの心意が、そこに投影されているように思えてならない。

しかし尊徳は、一村一和を実現するうえで小前たちの村役人・重立層への随順を一方的に説いていたわけではない。

彼が最も強調したのは、村役人・重立層が私欲に走らず公正に村政を行なうことと、「推譲」によって窮民を撫育し公益の実現をはかることであった。したがって、報徳の論理は、村役人・重立層がこの規範に背いたならば小前たちが彼らを指弾する根拠ともなる性格を備えていた。地主・小作間の対立が激化していくなかで、報徳の論理が階層間の関係においてどのような機能を果たしていたのか。この点は、近代化過程における報徳主義の役割を考えるうえで重要な問題の一つである。

ところで、慶林寺境内に建立された尊徳の墓碑も、近代の歩みのなかで転々とその場所を変えていった。まず、明治初年の廃仏毀釈運動によって慶林寺が廃寺に追い込まれ（現在は観音堂となっている）、尊徳の墓碑は共同米穀倉庫前に移転された。この倉は仕法の折に建設されたもので、尊徳ゆかりの施設であった。ところが、その倉庫も年月がたって取り壊され、墓碑は宮原集落の掲示場敷地に移された。その後、大正四年（一九一五）に八幡神社境内、さらに昭和一〇年（一九三五）一二月には旧藤曲村の中央に位置する浅間神社の境内へと移転し、今日にいたっている。昭和一一年（一九三六）四月一二日、二宮尊徳翁碑遷座の式典が盛大に催されたが、その折に朗読された「工事報告書」(112)には、次のような一節がみえる。

国家文教ノ進展ニ伴ヒ、思想界混乱セントスルノ秋(とき)、国体ヲ明徴ニスルノ急務ナルハ、国民ノ異口同音ニ紹(唱カ)糾スル処ナリ。此ノ道ハ敬神祖崇忠孝ノ本義ヲ徹底的教導シ、古昔聖賢ノ教ヲ尊重シ、其実行力ヲ国民ノ脳裡ニ深感セシムルヨリ他ナシ。是レ実ニ非常時文教ノ本源ナリ。二宮先生逝テ八十年、国家ハ国民教育指導ノ為メ、将タ敬神思想普及ノ為メ、忠孝友愛、勤倹貯蓄、財政経済ノ大先輩トシテ国民教育亀鑑タル偉人ノ為メ、先生ノ瞑目タル昭和十年十月二十日前後ヲ以テ一斉ニ祭ニ記念ニヲ挙行セン事ヲ奨メラル

この文章から、国体明徴運動の一環としての国民教育のために二宮尊徳がその模範的人物として祭り上げられ、彼

の没後八〇年の記念祭挙行が政府によって奨められたのに応じて、藤曲の尊徳墓碑の遷座とその式典が行なわれたことが知られる。二宮尊徳自身は「富国」の基礎は「安民」にあると考え、そのためには国家が福祉機能を十全に果たさなくてはならないことを最も強調していた。だが、日露戦争後、軍事大国化が進められるなかで、報徳主義は国民に勤倹自助努力を促し、それを通じて国家に奉仕させるためのイデオロギーに変質させられていった。藤曲の尊徳墓碑も昭和一〇年代には国体明徴のシンボルと化してしまったのである。

註

(1)　近代の市場経済が自由競争を原理としているのに対し、伝統的な共同体社会にあっては、経済行為は共存を原理とし、私的利益の追求は規制される。これは、E・P・トムソンにより、近代社会のポリティカル・エコノミーに対する伝統社会のモラル・エコノミーとして概念化されたところである。日本の近世後期には市場経済化が進み、人々の生存が脅かされるようになった。それゆえ、それまで慣行として存在していたモラル・エコノミーが地域社会の規範として自覚され、生存を求めて立ち上がった民衆の実力行使を支える正統性原理となったのではなかろうか。モラル・エコノミー論を日本の近代化過程における民衆運動史研究に導入した安丸良夫氏は、もし豪農が自己の利益のみをあこぎに追い求めて地域住民の生活を破滅におとしいれたならば、貧民大衆の実力行使によってモラル・エコノミーの回復がはかられた、とされる(「困民党の意識過程」、『思想』第七二六号、一九八四年)。

(2)　斎藤高行『報徳外記』巻之下第二五(『二宮尊徳全集』第三六巻、一九七七年復刻、龍渓書舎)。『二宮尊徳全集』については、以下、『全集』と略記。

(3)　『全集』第二三巻、二三九頁。

(4)　平川　新『紛争と世論』(東京大学出版会、一九九六年)。同「幕府官僚と利益集団」(『歴史学研究』第六九八号、一九九七年)。

(5)　久留島　浩「百姓と村の変質」(『岩波講座　日本通史』第一五巻、岩波書店、一九九五年)で、その総括がなされている。なお、地域有力者による広域行政請け負いに関する最近の事例研究としては、籠橋俊光「御用留に見る水戸藩大山守・山横目の御用」(『茨城県史研究』第七九号、一九九七年)が注目される。この論文は、本来藩有林の管理を主たる職掌としていた水戸藩領の大山守・山横目が一八世紀後期以降、社会の変化に応じて種々の広域行政機能を果たすようになった過程を御用留の文書学的分析によって明晰に跡付けており、方法論の面でも新機軸を打ち出している。

（6）馬場弘臣「小田原藩における近世後期の改革と中間支配機構」（『おだわら―歴史と文化―』第八号、一九九五年）。

（7）本書Ⅰ 第二章第二節㈢参照。もちろん農村荒廃の原因は尊徳の指摘した諸点にとどまるものではなく、商品貨幣経済のメカニズムが大きく作用していたことは従来の研究で明らかにされているところである（本書Ⅰ 第二章の註1掲載の諸論稿参照）。尊徳の農村復興仕法にあっては、その面での積極的な対応策はとられていない。彼の「分度」論も一定期間支出の限度を量的に定めるもので、その間の米金の価値変動は顧慮されていない。

（8）『全集』第一五巻、三七九頁の解題参照。

（9）平川 新氏は、一八世紀半ば以降、幕藩領主は、民衆への献策の求めや民衆側からの自発的な献策の受け入れ、あるいは民間人の幕藩役人への登用などを通じて「民意」の吸収と「民衆知」の活用をはかる、新しい政治運営の形態を採用するようになっていたことに注目し、二宮尊徳の献策と小田原藩・幕府の彼の登用もその一事例としてあげられている（前掲書〈註4〉第七章）。氏の論考は近世後期の政治史に新たな視野を開いたもので、高く評価できるが、ただ「民衆知」が現実の政治過程に組み込まれたとき、領主側の論理との間でどのような矛盾・葛藤をはらむことになるか、という点にも留意しなくてはならないだろう。氏にあっては、民間における「世論」の分裂と幕藩官僚によるその調整という点に眼が向けられているため（もちろんこの点も重要な論点であるが）、領主階級の論理と民の論理の関係について突っ込んだ分析がなされていない。

（10）本稿は、『小山町史』第七巻・近世通史編（一九九八年）の筆者執筆になる第一二章「二宮金次郎と報徳仕法」を、補訂あるいは削除して論文の体裁に改めたものである。同町史については、以下、『町史』と略記。

（11）本書Ⅰ 第一章参照。

（12）『町史』第三巻・近世資料編Ⅱ―村絵図・村鑑集―（一九九四年）に各村の概況を記しているので、参照されたい。

（13）『全集』第一四巻、三三三頁。

（14）松尾公就「小田原藩政の展開と報徳仕法（一）」（『かいびゃく』第四六巻第六号、一九九七年）。

（15）同前論文（二）（『かいびゃく』第四六巻第七号、一九九七年）。

（16）近世の飢饉に関する最新の研究に、菊池勇夫『飢饉の社会史』（校倉書房、一九九四年）、同『近世の飢饉』（吉川弘文館、一九九七年）がある。
(17) 御殿場市史史料叢書二『山の尻村の「名主日記」』として同編さん委員会より刊行（一九七七年）。
(18) 『全集』第一五巻、四〇六〜四〇九頁。
(19) 松尾公就「小田原藩政の展開と報徳仕法（三）」（『かいびゃく』第四六巻第八号、一九九七年）。
(20) 『全集』第六巻、一八八頁。
(21) 同前書二〇〇頁。
(22) 同前書二〇七頁。
(23) 同前書二一二頁。
(24) 天保七年一〇月六日付の鵜沢作右衛門より二宮金次郎宛書状には、「当春以来申立候御沙汰無御座候に付、御腹立之趣、御尤千万奉存……〈中略〉……貴様より御腹立之上は、最早時節致到来候事と相歎罷在候」（同前書一五八頁）とある。
(25) 『全集』第一五巻、四〇五頁。
(26) 同前書三九八頁。
(27) 同前書三九八〜四〇六頁。
(28) 「大凶荒飢饉に付極難窮民撫育取扱手段帳」では三月二日とあるが（同前書四〇五頁）、天保八年三月朔日付の二宮より小島音右衛門・豊田正作宛書状では「明後三日朝出立」の予定としている（『全集』第六巻、二六五頁）。
(29) 小山町須走　米山豊彦氏所蔵。
(30) 『全集』第一五巻、四〇六頁。
(31) 「駿相村々報徳貸付米金本払差引帳」（同前書四九四〜五〇三頁）。
(32) 「小田原夫食取調帳」（同前書四五三〜四六五頁）。
(33) 『町史』第二巻・近世資料編Ⅰ（一九九一年）、№四八七、五〇三、五〇五、五〇七。
(34) 『全集』第一五巻、四九四頁。
(35) 同前書四〇六頁。
(36) 『町史』第二巻、№四八八。

(37) 同前書No.五一〇。
(38) 同前書No.五一一。
(39) 「御仁恵御下金割賦頂戴帳」(『全集』第一五巻、四一五～四二七頁)。
(40) 『町史』第二巻、No.五〇一。
(41) 落合延孝『猫絵の殿様』(吉川弘文館、一九九六年)は、新田岩松氏の日記の分析を通して、領主が呪術的機能を果たし、民衆もそれに狐憑き封じ、鼠除け、疫病除けなどを託していた事実を明らかにしている。岩松氏は上野国新田郡下田島村の館に居住しており、在地社会に密着した領主であった。これに対し小田原藩は大藩であり、官僚制的統治機構を整えていたが、それでも領民は領主を呪力を備えた存在とみなし、それによる守護の機能を期待していたことが、本文の事例からうかがえよう。
(42) 『全集』第六巻、三三一～三三四頁。
(43) 同前書三四五頁。
(44) 『山の尻村の「名主日記」』三一一～三一二頁。
(45) 同前書三一一頁。
(46) 同前書二八八頁。
(47) 同前書二九五頁。
(48) 地域社会が人々の生存保障にどの程度の機能を果たしていたか、またそのためにどのような慣行やシステムを創り出していたか、という点を具体的に明らかにすることは、地域史研究にとって重要課題の一つである。この課題を自覚的に追究した最近の研究成果に、柳谷慶子「日本近世における家族・地域の扶養介護」(岩本由輝・大藤 修編『家族と地域社会』早稲田大学出版部、一九九六年)、松本純子「近世の子供と老人の扶養」(『歴史』第八八輯、一九九七年)がある。
(49) 小田原藩における報徳仕法については当初は個別の一村仕法の分析に力が注がれていたが(本書Ⅰ第一章参照)、長倉 保「小田原藩における報徳仕法について」(北島正元編『幕藩制国家解体過程の研究』吉川弘文館、一九七八年。長倉 保『幕藩体制解体の史的研究』吉川弘文館、一九九七年、再収)は、藩政との関係で仕法の推移を追究し、新たな地平を拓いた。また、宇津木三郎「二宮尊徳の思想の特質と仕法」(『紅葉坂』第四号、一九七七年。『かいびゃく』第二七巻六、七、八号転載、一九七八年)は、尊徳の論理と領主階級の論理の関係を小田原藩の仕法に即して明瞭に析出している。最近では、松尾公就氏が「小田原藩政の展開と報徳仕法」（『かいびゃく』第四六巻第六～九、一一号、第四七巻第一、二、三、六、七号連載、一九九七、九八年）において、藩政の展開との絡みで仕法を段階的に把握することを試みている。

(50)　本書I第一章参照。
(51)　『全集』第一五巻、五二三頁。
(52)　長倉・前掲論文（註49）。
(53)　宇津木・前掲論文（註49）。
(54)　長倉・前掲論文（註49）。
(55)　『全集』第一五巻、五四一頁。
(56)　宇津木・前掲論文（註49）。
(57)　以下、特に断らない限り、長倉・前掲論文（註49）による。
(58)　『全集』第一五巻、五四六～五五五頁。
(59)　同前書五五〇～六〇三頁。
(60)　宇津木・前掲論文（註49）。
(61)　『全集』第六巻、一一四一～一一四六頁。
(62)　『全集』第一九巻、一一一二～一一一六頁。
(63)　同前書一一一六頁。
(64)　同前書一三三〇頁。
(65)　石川　謙『石門心学史の研究』（岩波書店、一九三八年。一九七五年復刊）、安丸良夫『日本の近代化と民衆思想』（青木書店、一九七四年）第一章。
(66)　御厨地域の心学受容については、高橋　敏『日本民衆教育史研究』（未来社、一九七八年）第三、四章参照のこと。
(67)　同前書第三、四章。
(68)　『御殿場市史』第八巻（一九八一年）、四八一～四九二頁、仁木良和「報徳思想の受容について―小林平兵衛を事例として―」（『立教経済学研究』第四七巻第二号、一九九三年）。

(69) 高橋・前掲書（註66）一七〇頁。
(70) 同前書第四章。
(71) 『全集』第一九巻に御厨地域の村々の仕法書が収められている。
(72) このうち御殿場村と竈新田村の仕法については、内田哲夫「報徳仕法と御殿場村」（『御殿場市史研究』第四号、一九七八年）、『御殿場市史』第八巻第一〇章、仁木良和「小田原藩竈新田村の報徳仕法について」（『立教経済学研究』第四五巻第三号、一九九二年）で分析されている。
(73) 小山町藤曲　藤曲孝明氏所蔵。以下、藤曲家文書については註記を省くが（表も同）、『町史』第二巻収録のものについては史料番号を示す。
(74) 『町史』第二巻、№四八九。『全集』第一九巻、一〜五頁。
(75) 『全集』第一五巻、五五九頁
(76) 小山町藤曲　杉崎保長氏所蔵。
(77) 『全集』第一五巻、五五九頁。
(78) 『町史』第二巻、№四九〇。
(79) 同前書№四九二、四九三。
(80) これについては高橋・前掲書（註66）一九九〜二〇三頁で分析されている。
(81) 『町史』第二巻、№五一二、五一三、五一四、五一五。
(82) 「報徳御田地受戻証文控帳」。
(83) 『全集』第一九巻所収。本稿での引用は藤曲家伝来本にもとづき、『全集』での同箇所の頁を示す。
(84) 同前書に抄録。なお、藤曲家伝来本を筆者が翻刻して『日本農書全集』（以下、『農書』と略記）第六三巻（農山漁村文化協会、一九九五年）に収録し、解説を加えている。
(85) 以上、『全集』第一九巻、四八〜四九頁。
(86) 同前書三五頁。
(87) 同前書四八頁。

(88)　同前書三一頁。

(89)　同前書三四〜三五頁。

(90)　同前書三五頁。

(91)　同前書三六〜四七頁。

(92)　同前書四九頁。

(93)　『農書』第六三巻、二六一頁。

(94)　佐々木潤之介氏は、尊徳は高利貸・地主の立場に立っており、彼の仕法は収奪に堪えうる農民経営を作り出すところに眼目があり、それゆえ貧農は切り捨てられた、という見解を示されている（山口啓二・佐々木潤之介『体系・日本歴史4　幕藩体制』日本評論社、一九七一年、四一三頁）。報徳仕法の性格づけとの関連でニュアンスの相違はあるが、貧農切り捨てとみる点では以下の論稿も共通している。管野則子「天保期下層農民の存在形態」（『歴史学研究』第三五六号、一九七〇年）。大塚英二「近世後期北関東における小農再建と報徳金融の特質」（『日本史研究』第二六三号、一九八四年。同『日本近世農村金融史の研究』校倉書房、一九九六年、再収）。

(95)　桜町仕法における報徳金融の実態を村落構造に立ち入って分析された大塚英二氏の同前論文では、最下層の農民への融資例が少ないことをもって、彼らが仕法から切り捨てられたと結論づけられている。しかし、同じく桜町仕法を対象とした舟橋明宏氏の「村再建にみる『村人』の知恵」（『新しい近世史④　村落の変容と地域社会』新人物往来社、一九九六年）では、仕法全体を視野に入れれば、下層民切り捨てという結論は導きがたいとして、大塚氏の見解に疑義を呈している。

(96)　『農書』第六三巻、二六二頁。

(97)　同じ御厨地域に属する御殿場村の報徳仕法は、天保一〇年（一八三九）に始まり弘化二年（一八四五）に終了しているが（内田・前掲論文〈註72〉）、竈新田村では、報徳仕法が弘化三年以降しだいに終息に向かうようになると、仕法導入前から結成されていた相続講がそれを引き継ぐ形で仕法を継続している（仁木・前掲論文〈註72〉）。

(98)　仁木良和氏が紹介されている御殿場市竈小林家伝来の「村々惣代江」という文書（註72前掲論文一五三頁）によると、小田原藩は仕法撤廃にあたり、以後村役人・小前が尊徳のもとを訪れることはもちろん、村方より「紙面」を尊徳に差し出すことすら禁じているが、藤曲村ではその後も仕法書類を尊徳に提出していたわけである。

(99)『農書』第六三巻、二五五頁。
(100)『小山町文化財のしおり』第一集（小山町教育委員会、一九六五年）、七〇頁。
(101) 舟橋・前掲論文（註95）は、報徳仕法では村方人足とともに、「破畑」「黒鍬」などと呼ばれた流浪の土工技術者が開発や普請に従事する雇人夫として編成されていた点に着目し、そのような「破畑」たちの存在形態と位置づけ、役割を明らかにすることを通じて報徳仕法の特質に迫っている。この論文は、報徳仕法研究に新生面を切り開いているのみならず、近世後期の社会状況と社会の流動化に伴う新たな社会集団の形成を考えるうえでも興味深い事実と論点を提示しており、注目される。ただ、藤曲村仕法における普請に「破畑」が雇用されていたかどうかは史料的に明らかにしえない。
(102) 渡辺尚志『近世の豪農と村落共同体』（東京大学出版会、一九四二年）第七章「村落共同体による村域の土地保全」。
(103) 白川部達夫「近世質地請戻し慣行と百姓高所持」（『歴史学研究』第五五二号、一九八六年。同『日本近世の村と百姓的世界』校倉書房、一九九四年、再収）。神谷 智「近世中期における高請地把握と質地慣行の変化」（『日本史研究』第三六二号、一九九二年。同『近世における百姓の土地所有』校倉書房、二〇〇〇年、再収）。なお松尾公就氏は、小田原藩領地域の「有り合せ売渡し」慣行（土地の売渡し代金を売主が買主に払えば何時でも土地を請け戻せるという慣行）が、この地域で土地の請け戻しが容易にできた社会的基盤をなしていたのではないか、と想定されている（「小田原藩政の展開と報徳仕法（八）」『かいびゃく』第四七巻第三号、一九九八年）。
(104) 竃新田村和新田地区には、天保八年（一八三七）一〇月より小林平兵衛が中心となって本格的な難村復興仕法が導入されているが、小林家は当時、小作米収入の減少と貸付金の焦げ付きによって経営危機におちいっていた。そのため、平兵衛の指導した仕法では、和新田住民の生活の安定と小林家の経営の再建・維持とが一体としてはかられている（仁木・前掲論文〈註72〉）。
(105)『農書』第六三巻、二六一頁。
(106) 同前書二六一頁。
(107) 大塚・前掲書（註94）二六四頁。
(108) 仁木・前掲論文（註72）。
(109)『御殿場市史』第八巻、四九一頁。
(110)『町史』第三巻所収。

(111)　『全集』第五巻、一一〇四頁。
(112)　小山町藤曲　浅間神社所蔵。

〔付記〕
「はじめに」では、通説に従い、小田原藩主大久保忠真は当初、小田原藩の財政再建と農村復興策を尊徳に講じさせるつもりであったが、藩士たちの反発が強かったため、とりあえず、まず分家の宇津家の知行所である桜町領の復興を命じた、と述べた。この通説については、松尾公就氏が最近の論考「小田原藩政の展開と二宮尊徳―藩主大久保忠真の酒匂河原での表彰の意義をめぐって―」(『地方史研究』第二八三号、二〇〇〇年)で疑義を呈し、小田原藩が多額の米金を援助しても好転しない宇津家の財政を根本的に立て直すために、桜町領の復興策を酒匂河原での表彰人の中から選んだ数人に献策させたところ、尊徳の案が採用されて、同領の復興仕法を命ぜられることになった、という新見解を示されている。

第四章　維新・文明開化と岡田良一郎の言論

——日本の近代化と報徳主義・序説——

はじめに

昨今、行政改革の名のもとに国家の福祉予算が削減され、他方、軍事予算は年々膨張の一途をたどっている。そして、国家の福祉機能の減退を補うものとして国民の自助努力、民間の相互扶助が喧伝され、その精神として、二宮尊徳の唱えた報徳主義が再び脚光を浴びはじめている。こうした状況に戦前をダブらせ、危惧の念を抱く人は少なくあるまい。

ところで、報徳主義というと、戦前、勤倹自助努力、相互扶助の精神として国家によって大々的に喧伝されたせいか、いまだにそうした報徳主義理解を前提にして、二宮尊徳の思想や報徳運動の性格が論じられる傾向が強い。尊徳や報徳運動に関する研究論文はかなり発表されてはいるものの、その内在論理を理解したうえで運動の生成・展開の過程を具体的かつ系統的に明らかにするまでには至っていない。したがって、報徳運動自体の内在論理と、国家がどのような側面において報徳主義を自らの論理に取り込もうとしたのかの関係が不分明である。

報徳主義が再び恣意的に国家に利用されるのを防ぐためには、この点を学問的に究明しておくことが肝要であろう。報徳運動が当該の歴史的条件のもとで何を課題にし何を提起していたのかを内在的に理解しないまま、一面的に保守的・反動的と性格規定したところで、それは主情的な報徳賛美論と表裏をなすものでしかない。二宮尊徳や報徳運動の実像が学問的に充分明らかにされていないことこそ、様々な立場からの恣意的な報徳主義の利用を許す条件になることを、我々は自覚せねばならないだろう。

ところで、筆者の問題関心は、幕藩制解体――近代化過程における報徳運動の生成・展開を、思想と運動の実態の両面から実証的に考察し、その歴史的意義を明らかにすることにある。そのため、まず報徳主義の創唱者である二宮尊徳の思想と仕法の性格を検討し、先に論文として発表した(1)。そこでは、近世後期の農村荒廃を克服し「富（興）国安民」を実現するための条件として、尊徳が何よりも国家が民衆の福利を図る必要性を重視し、それを前提にして民衆の主体的努力を説いている点に注目して、こうした尊徳の論理と領主階級の論理との絡み合いを軸に尊徳仕法の具体的分析を行なった。

明治以降の報徳運動と国家の政策およびイデオロギーとの関係を考察するにあたっても、この「富国安民」の理念が基軸に据えられるべきだと考える。なぜなら、「富国」を目指している点では両者は共通しているものの、報徳主義ではそれはあくまで「安民」を基礎としているのに対し、国家のそれは「強兵」と結びつき、民衆生活の犠牲の上に遂行された点で、両者の論理は根本において対立する契機をはらんでいるからである。明治後期における報徳主義の国家の論理への編成の問題を考えるに際しても、国家の側がこの点の矛盾をどう調整し、換骨奪胎したのか、そして報徳運動の側ではそれにどう対応したのか、ということが当然焦点にならざるをえないだろう。しかし、従来の報徳運動の研究にあっては、報徳主義が本来、国家の「安民」に対する責任こそを強く求めていた点を見落とし、報徳主義をもっぱら民衆に対し勤倹自助努力、相互扶助を強制するイデオロギーとしてのみ理解して論が展開されたため、右のような問題点が考察の対象として自覚されえなかった。総じて、研究者自身、明治後期以降国家の論理に適合的に変質させられた報徳主義にとらわれ、無意識裡にそれを立論の前提にしてきた感が強い。

ところで、報徳運動は明治以降、遠州地方を中心に民衆の自主的な結社を基盤にして発展していった。明治期の報徳社運動を強力に指導したのは遠江国報徳社（のちの大日本報徳社）の社長・岡田良一郎（一八三九〜一九一五年）であり、この期の運動の性格を考察するためには、まず彼の思想を押さえておくことが不可欠である。

良一郎の思想については、これまでもっぱら、刊行された著作に依拠して論じられてきた。[2] しかし、刊行著作自体についても、かなりの数にのぼり、かつ主題も多岐にわたっているにもかかわらず、論者のテーマに応じてその一部が取り上げられたにとどまっており、いまだ全面的には分析されていない。加えて良一郎は刊行著作以外にも時務論や建言を数多く草しており、大日本報徳社（静岡県掛川市掛川）所蔵の岡田家文書には、その草稿やそれらをまとめた未刊の文集が残っている。[3] これらには、その性格上、現実の時代状況との緊張関係がより直截的に表現されている。

そこで筆者は、刊行物だけでなく未刊の言論文書も全面的に分析して、日本の近代化過程において良一郎が、地主・豪農としての階級的立場、地域社会のリーダーとしての政治的・社会的立場から、報徳主義の論理をどのように展開させたか、またそれに立脚して近代日本のあり方をどう構想したか、そしてそれは現実の時代状況、国家の政策とどのような関係にあったのかを、歴史段階的かつ系統的に追究してみたいと思う。国家の政策との関係については、当然、先に指摘した点に焦点を絞ることになる。

本稿ではまず、明治元年（一八六八）から同八年（一八七五）までの間の彼の言論について分析しよう。同九年以降は、民会を設立し、それを拠点に地租改正をめぐる官民の紛争の解決に挺身するなど新たな活動を展開しているので、他日の考察に譲りたい。本稿の対象とする時期では、当然、維新と文明開化を良一郎がどのように認識し、対応したか、ということが主題となる。報徳主義は近世末以来の民衆的思想の一つであるので、在来思想に立脚した文明開化への対応のパターンを探る一つの具体例ともなろう。

なお、良一郎が著作を刊行するようになるのは明治一〇年代に入ってからであるので、それに依拠した従来の研究では明治初期の彼の思想は空白部分をなしている。しかし、この時期の彼の思想の全体像を明らかにしておくことは、その後の彼の思想展開を考察する上で不可欠の前提となるので、未刊の文書を駆使して、この期の彼の思想構造に迫ってみたい。

第一節　幕末期の岡田家と良一郎の動静

本論に入る前にまず、岡田良一郎の生い立ちと幕末・維新期の動静、岡田家の状態、そして遠州地方における報徳主義の受容と展開などについて概観し、明治以降の良一郎の言動と遠州の報徳社運動の性格を考える上での前提をいくつか指摘しておきたい。

良一郎（実名・清行、号・淡山）は、天保一〇年（一八三九）、遠江国佐野郡倉真（くらみ）村（現、静岡県掛川市倉真）に七代目岡田佐平治の長男として生まれた。

岡田家は代々にわたって倉真村庄屋や掛川藩御勝手御用達を務めた家柄で、持高も元禄一五年（一七〇二）四六石余、享保七年（一七二二）一〇五石余、宝暦一一年（一七六一）二七九石余と近世中期には増加の一途をたどっていた。しかるに、六代目佐平治（清光）の代、文化年間頃から家運は急速に衰退に向かい、庄屋・御勝手御用達も辞するに至っている。(4) 良一郎の父・七代目佐平治（清忠、号・無息軒）は「われまさに勤勉必力して、大いに家産を恢復し、門塀府庫を修め、白壁いらかをつらね王候（侯）の居に比せん」(5) という決意のもとに家政立て直しに努めたが、経営危機は回避されなかった。それは、農民層一般の窮乏化により、岡田家の地主経営における小作米収入が低下をきたしていたことが根因をなしていた。それゆえ、岡田家の家政再建のためには、疲弊した農村自体を復興せねばならないという課題に迫られることになったのである。こうしたときに佐平治は報徳仕法を知るところとなる。

遠州地方に報徳仕法を伝えたのは安居院（あごいん）義道庄七である。(6) 彼は尊徳の正式の門人ではなく、穀物商いに失敗し、尊徳に金を無心する目的で天保一三年（一八四二）七月初旬に下野国桜町陣屋に尊徳を訪ねたものの面会を許されず、しかたなく風呂番として陣屋の厄介になっているうちに、尊徳が門人や来訪者に話す報徳の教えを耳にして感化され、報徳の教理の会得に努めたと伝えられる人物である。帰郷後、報徳主義を商売に適用して家政再建に成功し、報徳仕法が良法であることを確信した彼は、やがて家郷を捨て、報徳主義の伝道者として各地を流浪し、生涯を民衆の中で過ごした。いわば彼は世間師として報徳主義を民衆の間に広めたのであり、その際、各地を巡り歩くなかで見聞し会得した農業技術や諸々の知識を報徳主義に加味して民衆に浸透させていった点に特徴がある。

遠州で最初に報徳主義を受容したのは長上郡下石田村（現、浜松市下石田）の神谷与平治であり、弘化四年（一八四七）に彼を重世話人とする下石田報徳社（社員一一人）の結成をみている。翌嘉永元年（一八四八）には岡田佐平治も庄七に面会して報徳の教義と仕法について伝授を受け、「修身斉家、財を興し、国を富す、蓋しこの道にこゆるものなしと感服心酔、誓つて志をここに尽さんと欲」(7) し、倉真村下組に報徳社を結成した。海野福寿氏の研究(8) によると、結社当時の報徳連中は三〇人であったが、安政五年（一八五八）には一一五人と倉真村下組の住民の大部分を組織するに至っている。しかも、安居院庄七の教えを受けた報徳連中の活動によって遠州各地に報徳結社が簇生し、嘉永六年（一八五三）には、遠州の報徳連中は二七カ村にわたり四二四人に達している。運動を主導したのは村役人クラスの地主たちである。

次に安居院庄七によって種がまかれた遠州の報徳運動の特徴を挙げておこう。

第一に、「難村復興、家政改革」を目的とする尊徳の仕法に、庄七が畿内を巡歴中に会得した新しい農業技術――種籾の淡水選法、稲の正条植え、薄蒔き、短冊形苗代、深耕、疎植、畦畔改良等々――を結びつけたことである。庄七の伝えた農業技術は労力多投と肥培管理の周密化によって増収を図る集約的農法であり、それは「勤労」の実践を説く報徳主義に基礎づけられた。それゆえ、農業技術の改良と報徳主義の実践は不可分のものとして展開されるところとなった。そして、そのことによって報徳運動は、日本の近代化過程において農業生産力の発展に大きな力を発揮すると同時に、零細小作経営を支える機能をも果たしたのである。

第二に、庄七が大和国で加入した太々万人講の勧誘と報徳主義の伝道とを一体的に行ない、天照皇大神宮信仰と報徳主義とを結び合わせたことである。遠州の報徳組織は万人講の組織と重なり合ってもいた。弘化四年（一八四七）三月に制定された下石田報徳連中の規約[9]の第三条には、「天照皇大神宮様並氏神様無懈怠拝参の事」とうたわれている（この規約は後に遠州各村の結社規約の範となった）。ここで留意すべきは、尊徳の説く報徳主義自体が内在的に天照大神信仰に結びつく要素をもっていたことである。すなわち尊徳は、報徳の原理を体系的に著述した「三才報徳金毛録」の中で、「倭朝」は「天照大神」が自ら「耒耜（らいし）」を作って「一円無田」の荒蕪を開き、「農の先務」をなしたことによって開闢（かいびゃく）した、と述べている。[10]そして、彼はこれを「開闢元始の大道」あるいは「神国開国の大道」と名づけ、仕法書や書状で、荒地を自力で開発する報徳仕法はまさにこの大道の実践であり、「国祖（天祖）天照大神」の徳に報いる道であるゆえんをたびたび力説しているのである。[11]

もちろん尊徳は単に天照大神を信仰することを説いているわけではないが、しかしこうした教説が天照大神信仰と報徳主義とを内在的に結びつけることを容易ならしめたのは否めないように思われる。そして、そのことが、明治以降、折柄の天皇制イデオロギーに報徳主義が結びついていく契機ともなったのである。

第三に、尊徳やその高弟たちが関東・東北地方で行なった仕法は主として領主行政の一環としてのものであったのに対し、安居院は民衆に自主的な結社を促し、これを報徳仕法推進の主体としたことである。遠州の報徳仕法も後には領主行政と結びついて展開されているとはいえ、もともと下から盛り上がった運動であるがゆえに、廃藩置県後も継続、発展してゆくところとなった。

遠州の報徳連中は各結社ごとに「推譲」した報徳善種金を基金として自治的に難村復興仕法を実施し、また個別の家政立て直し仕法を指導していたが、一方で嘉永五年(一八五二)頃から支配領域を越えて連繋する動きが活発になり、同年七月二九日、下石田村神谷与平治宅に岡田佐平治をはじめとする遠州一円の報徳世話人が参集した大参会が開かれるに至っている。この大参会では、それぞれの仕法の進捗状況の報告や農事に関する意見の交換がなされた。こうした報徳主義という一つの信条を媒介に支配領域を越えた民衆の自律的・自治的な広域的結合が幕末期に形成されていたことが、明治以降の広範な報徳社運動発展の基盤となったのである。明治八年(一八七五年)一一月に設立された遠江国報徳社は、この大参会を母体としたものであった。

だが、幕末期においては、支配領域を越えて仕法が組織化されるまでには至らなかった点にも、留意しておかねばならない。報徳仕法はもともと官民の協調によって「富国安民」を実現することを論理としており、したがって結社式仕法として出発した遠州の報徳仕法も必然的に行政との結びつきを強く志向するようになったのであるが、その場合、幕藩制的な分轄統治の下においては、それぞれ個別領主の行政に結びつかざるをえなかったのである。しかるに、維新によって統一的な国家体制が創出されると、全国的規模で統一的に仕法を実施することが可能となる。良一郎が維新後、政府や県当局にたびたび建議しているのも、まさに国や県の行政を通じて報徳仕法を実施せんとの意図に発していた。

ところで掛川藩領では、安政以降、藩行政の一環として報徳仕法が実施され、岡田佐平治が仕法の責任者に任ぜられている。これより以前、彼は天保一〇年（一八三九）に倉真村下組庄屋、翌年には地方用達（じかたようたし）（大庄屋）に任ぜられており、すでに藩の農村支配機構の末端に位置していた。新たに仕法の責任者ともなった彼は、安政元年（一八五四）、窮民救済・荒地開発の資金＝報徳金として毎年米五〇俵ずつ、六〇年間藩に上納することを願い出て許可され、また別に一〇〇両を献金している。佐平治が指導した仕法は幕末で一〇数カ村に及んだ。[12] 倒幕後、掛川藩主太田備中守が上総国柴山に転封され、駿河・遠江両国は徳川宗家の領地となり、慶応四年（一八六八）五月に駿府藩（翌年、静岡藩と改称）が成立すると、佐平治は藩庁の命により、ひきつづき廃藩置県まで仕法を行なっている。

佐平治が報徳仕法を導入した直接の動機は家政立て直しにあったが、多額の金品を推譲して領内の復興に挺身してからの彼の行動は、もはや自己の家の利害を超えるものがある。おそらく、私欲を抑え社会の福利と国家の繁栄に献身することを説く報徳の教義に感ずるところがあったのであろう。[13] しかし、そのために資金を推譲するためには、まず地主としての経営の安定化が前提となる。この点は後でみる良一郎の思想と行動を根底で規定しているところでもある。

次に維新に至るまでの良一郎の動静について簡単にみておく。[14] 彼は、安政元年（一八五四）、数え一六歳で二宮尊徳の門に入り、仕法に従事して訓誨を受けた。そして、尊徳没後二年、安政五年（一八五八）に二宮塾を退学して、父佐平治とともに農事に従事している。文久三年（一八六三）、「外交開けて、国内ようやく多事」という状況下で、掛川藩は「地方団」なるものをつくり、農商の有志者を募集して武術を講ぜしめたが、良一郎は「銃槍の技、まさに戦国必要の術なり、然れども経国の才は砲弾の下に立つべからず」と考え、難局を乗り切るに足る「経国の才」を養うべく藩校「徳造書院」に入学し、五年間、ここで漢学を学んだ。この武力よりも「経国の才」を重視する考え方は、その後の彼の言論・実践活動の基本的立場となっている。これより先、万延元年（一八六〇）には倉真村下組の庄屋に就任しており、堤堰・道路の改修、勧農に努めた。

良一郎は掛川駅の鈴木陸老なる人物と親交があり、陸老の佐幕の志に共鳴して、戊辰の変に際しては出でて幕兵に従わんと欲したが、父佐平治に「汝もまた腐儒の徒のみ、支那の三代以降の革命の歴史を知るのみ、神武以降二千五百余年、皇統連綿の尊を知らず、今や王政復古の機至る、徳川氏になにかある」と諭されて、思いとどまった。良一郎は自伝の中で次のように語っている。

道人深くその過ちを悔ゆ、人に語りて曰く、「後世洋学を修むるもの、皇学を顧みることなくんば、必ず吾が過を復することあらん」と、翁の言無んば殆んど危うし、翁尊皇の志深きは皇学の力なりと、よって皇学に志して、益を得ること少なからず

ここには、その後の良一郎の学問・思想の基本的立場が端的に表明されている。すなわち、彼は文明開化の中でベンタムやミルの功利主義などの西欧近代思想も積極的に学んでいるのであるが、彼の思想の基軸をなしていたのは皇道主義である。そしてそれは、先述したような尊徳の「神州自力開闢」説に支えられていた。彼の著作にはこの説がしばしば引用されているのである。

慶応四年（一八六八）、掛川藩主太田氏が移封を命ぜられた際、仕法の中断を危惧した岡田佐平治らは、袋井宿通輿の五辻弾正大弼に移封の中止を訴願した。それは、藩がこれまで窮民撫育・農村復興に努めてきたことに対する「報恩」の論理に立つものであった。(15) 既述のように佐平治は王政復古自体は歓迎していたのであるが、藩行政の一環としての報徳仕法の責任者であった関係上、自藩の存続は図らねばならない立場にあったのである。しかし、この訴

願は却下されたため、朝廷に直接哀訴すべく良一郎らが総代となって京都にのぼり、数カ月滞在したものの、命を得ずして帰国のやむなきに至っている。

第二節　王政復古と「富国策」の建議

良一郎の自伝によると、掛川藩主太田氏の移封中止を朝廷に哀訴すべく上京した際、彼は「富国策」をしたためて新政府に建議したという。(16)　この「富国策」の所在は長らく不明であったが、一九六八年、加藤仁平氏が今市の報徳二宮神社でその控を発見され、『二宮尊徳全集補遺』に影印で収められた。(17)　これをみると、慶応四年（一八六八）孟秋（陰暦七月）に本文を執筆し、同年一二月に建白文を付して新政府に提出したことが知られる。この年の良一郎の「日誌」には新政府の職制と三月一四日の五榜の掲示全文が書き留められているので、おそらく、後者の第五札で「皇国之御為又ハ主家之為等存込建言イタシ候者ハ、言路ヲ開キ公正之心ヲ以其旨趣ヲ尽サセ、依願太政官代エモ可申出被仰出候事」と布告されたのに応じて、早速、建言に及んだものと思料される。時に数え三〇歳。

建言の主題は表題のとおり富国の方策についてであり、それを師・二宮尊徳の教えにもとづいて展開している。良一郎はまず、徴士井上氏（井上馨）の、「国家富強ノ本ハ四民業ヲ尽スニアリ」、よって「器械」を製造し民力を扶けることが今日の急務である、とする論策を取り上げ、「能其本ニ眼ヲ付タリ」と評価しつつも、「言未タ其本ノ由テ出ル所ノ本ニ不及モノアリ」として、「先師二宮尊徳ノ教ヲ述テ其欠ヲ補ハント欲ス」と前置きする。そして、富国の基本は「倹」であり、まず「倹」の道を教えて人々をして質朴・勤勉・強剛ならしむることが先決で、しかるのちに「器械」を授けるべきだ、と主張する。そのゆえんは、「器械ヲ授クルヲ以テ先」となせば、「民皆其力ヲ盗テ功ヲ器械ニ責メ、不耕シテ植エ、不糞シテ多ク粟ヲ得ント欲シ、怠惰ノ徒益怠惰ニ、文花ハ倍々文化ニ流レ、天下ノ人ヲシテ終ニ悉ク手ヲ拱シテ大利ヲ得ンコトヲ欲セシムルニ至ル」からである。

つまり、井上が機械化によって殖産産業を図ることが「国家富強ノ本」であると主張するのに対し、良一郎は、機械化の必要は認めながらも、まずその前提として、「倹」の実践によって人間としての強靭な主体性を養い、質朴・勤勉の気風を醸成しなければ、かえって弊害を生じ、国力を損ねるおそれのあることを、指摘するのである。換言すれば、富国の方策を構想するにあたり、機械化云々の前に、まず、それを担うべき人間の主体性、道徳性の問題を提起している、といえようか。

彼は、西欧諸国が製造している「奇械珍器」は「世ニ益アルカ如キトイヘトモ、ソレ終ニ永世ノ煩ヒヲ遺スト云ヘキモノ亦多カルヘシ」として、銃砲火器を例に挙げ、次のごとく断ずる。

銃砲火器ノ利、敵ヲ撃ニ甚タ便ナリトイヘトモ、我独リ其火器有ルトキハ至テ利アリ、我レ之有ルトキハ敵モ亦有之、是即チ双方皆銃砲無ニ斉シ、豈只斉シキノミナランヤ、人ヲ傷ヒ害スルコト揚テ算フヘカラス、互ニ多ク人ヲ殺シテ以テ勝負ヲ決ス、何ソ其ノ不仁ノ術ナルヤ

文明の利器は世を益する反面、それが武器に利用され、果てしなき軍拡競争に走ったならば、「永世ノ煩ヒヲ遺ス」元凶になることを、彼は鋭く予見していた。ゆえに、道徳を欠落させた文明化に対しては強い危惧の念を表明するのである。そして、文明が生み落とした鬼子ともいうべき銃砲の脅威を克服する方途として彼が提案したのは、神孫である天子が「仁徳」によって万国を統治するという、世界の徳化であった（これは後述する海外への推譲論とかかわっている）。すなわち、「神孫　今上聡明聖智ノ仁徳威武ヲ輝シ、海外万国ヲ一統包括シタマフコトアラハ、必普ク之ニ命シテ斉ク銃砲ノ利ヲ廃シ、之ヲシテ僅カニ禽獣ヲ防クニ足ルヘキヲ存センノミナルヘシ」と。

彼は、道徳に裏付けられないまま「器械ノ利ヲ極ムル」ことの危険性を、銃砲を例にとって説いているのだが、もちろん文明の利器一般を否定しているわけではない。例えば蒸気による自動織機のように、作製して害がなく、人力を扶ける「器械」は、「之ヲ行テ実ニ利アリ」としている。ただ、その場合でも、まず「天子ヨリ下芻蕘ニ至ル迄得テ」「倹」を行ない、「上下富優(裕)ニシテ、之ニ施スニ器械ヲ以テス」ることが肝要だと説く。

以上のように、良一郎は「倹」こそが「富国」の基本だとしているのであるが、報徳主義では、この「倹」は「分(ぶん)度(ど)」「推譲(すいじょう)」の規範と組み合わされ、「富国安民」の原理として定立されている。彼は、「天下ハ　天子ノ分也、封境諸候(侯)ノ分也、禄俸大夫士ノ分也、田圃農夫ノ分也」と、王政復古の結果成立した政治・社会体制のもとでの諸身分の「分」(収入基盤)を押さえたうえで、国家の頂点に立ち、天下を「分」とする天子が自ら「分度」を立て——収入に応じて支出に限度を設定して——、「度外」の収入を「万民撫恤、荒蕪開拓ノ資」に「推譲」しなければ、下の者も実践しないとして、天子に対し報徳の規範の実践を強く要求する。具体的には、天下の歳入八百万石のうち六百万石をもって「分度」とし、「度外」の二百万石を天下に施せ、というのである。そして、「天子既ニ之ヲ行ヒ、以テ諸候(侯)・大夫士・庶人ニ命」じれば、「天下ノ人各之ヲ行テ互ニ相譲ル」、しかれば「財宝水火ノ多キカ如ク置ヘキノ地ナシ、而シテ后器械ヲ製シテ山ヲ平ケ江ヲ埋メ河ニ橋シ海ニ航シ海外ヲ撫ス、何ノ難キコトカ之レアラン」と言う。

このように、良一郎は「富国安民」を実現する上で天子の責任を最も重視する。いや、それだけではない。世界の繁栄と平和の実現にも天子が積極的に努めるべきことを求めてもいる。

……朝廷ノ分外ヲ以テ施ス所ヲ計ルノミ、諸候(侯)以下庶人ニ至迄之ヲ行フトキハ、尊徳ノ言ノ如ク、トコノ何国迄モ開拓撫恤スヘキナリ、……〈中略〉……内国ヲ富シテ後ニ其余ヲ以テ推及ストキハ、功成ハ則以テ蛮貊ヲ統ルニ足ル先に紹介したように、良一郎は、天子が「仁徳」によって万国を統治することによって、戦争を根絶し、世界の平和を実現することができると構想していたのであるが、その「仁徳」の実証が海外への推譲なのである。

対外的緊張の中にあって、「富国強兵」ではなく、道徳にもとづいて「富国安民」を図り、海外へ武力侵略するのではなく、「徳」を推し広めることによって、日本の安全と世界の平和を実現すべきことを主張していた点は、注目に値しよう。[18] 良一郎もまた、この時代の他の人々と同様、強烈なナショナリスティックな精神の持ち主ではあったが、同時に人道主義にもとづくインターナショナルな意識も持ち合わせていたのである。ただ彼の世界平和の構想は、あくまで道義の国=日本を中心としたもので、外国人を「蛮貊」と呼んでいるように、日本人の方が徳性が高いという自負、日本型華夷意識を前提としており、それは日本は「神州」であるという意識に支えられていたことも、のちの彼の思想展開を考察していく上で留意しておかねばならない点である。

彼は、「国ヲ興シ民ヲ安ンスルノ道、分度ヲ立ルヲ以テ本根トスルハ　古神聖ノ　神州ヲ闢キ賜ヒシユエンニシテ、二宮尊徳ノ発明セシ所」の「神州ノ道」であり、「外国ノ法ヲ取テ　神州ニ施サンヨリハ　神州ノ道ヲ以冀クハ之ヲ外国ノ法トセ」よと主張する。彼にあっては、この「神州ノ道」とはとりもなおさず「報徳の道」であり、「今天下一新　皇運隆盛」という時機に際会し、王政を通じて報徳仕法を全国的規模で実施させることにより、日本の「富（興）国安民」、さらには世界の繁栄と平和を実現せんと志したのが、新政府への建議へと彼を駆りたてた動機であった。

第三節　文明開化と良一郎の言論

明治四年（一八七一）の廃藩置県によって中央集権的な国家体制が創出され、ここに文明開化が政府の主導のもとに統一的かつ全国的に推し進められることになったが、良一郎もこれに対応して、国家や民衆が直面していた様々な課題について活発な言論活動を展開している。政府の主導した文明開化はいうまでもなく欧米文明を範としたものであったが、良一郎は欧米文明を積極的に学びつつも、(19)自らの信奉する在来の報徳主義を思想的バックボーンとして、開化のあり方を模索し、日本の近代化を構想した。報徳主義は「富国安民」の実現を理念とする実践哲学であり、「言行一致」を信条とする。したがって彼は、言論活動と同時に、地域社会の指導者として地域の開化のために実践活動に挺身してもいる。

明治四年、良一郎は戸長となり、初めて小学校を居村に開いた。翌五年、国民教化の基本大綱「教則三条」について浜松県教導職幹事近重八潮彦より尋問されて答申（ⓐ「対問」）。六年二月浜松県第三大区副区長兼学区取締に任命され、三月にⓑ「事務管見」を草して浜松県令林厚徳に建議。この建議がきっかけとなって、四月一三日、浜松県に一三等出仕。最初は庶務課に配属され、任官するやただちに地方官会同出席のため林県令に随行して上京。上京中、ⓒ「官ニ任スルノ議」、ⓓ「府県日誌ヲ発スノ議」、ⓔ「建下院之建議」、ⓕ「停奢侈行勤倹建議」、ⓖ「勤倹論」、ⓗ「教学之議」を相次いで草している。帰国後、六月二三日には租税課へ移って勧業係担当となり、八月一四日、権少属に昇進した。

県の勧業行政を担当することになった良一郎は、八月、資産金貸付所の設立を建議し、一一月に開設をみた。翌七年には、士族授産のために浜松と掛川に産業所を起こし、また女子教育を目的に浜松に女子工場を設けた。この頃、ⓘ「草木耕種法ヲ刊行スルヲ請ノ建議」を行なっている。さらに明治八年五月にも勧業について林県令に建議ⓙしたが、父佐平治の病気のため直後に依願退官した。しかし、在野にあっても、遠江国報徳社の社長として（八年一一月設立、初代社長に佐平治が就任したが、間もなく良一郎が後任に就いた）、明治一〇年代にかけて地域社会の殖産興業に挺身している。

ところで、明治八年四月一四日、元老院・大審院・地方官会議を設け漸次立憲政体を樹立する旨の詔書が発せられたが、良一郎はこれを「聖誓ノ意ヲ拡充シ」、「民情ヲ通シ公益ヲ図リ、衆庶ト倶ニ其慶ニ頼（預）ント言ヲ求メテ不厭」ものと歓迎し、早速、元老院に対し建言ⓚに及んでいる。この建言では国家が当面していた諸課題を網羅的に論じており、この時期の良一郎の思想が体系的に示されている。[20]

以上に挙げた明治五〜八年の間の良一郎の諸言論の主題は多岐にわたっているが、集約すると、㈠国民教化論、㈡学校資金捻出論、㈢政体論、㈣税制論、㈤生財富国論――「勤倹」論、㈥国防論にまとめることができる。以下、各々の主題ごとに彼の主張を検討し、最後に良一郎の「開化論」の立場について述べたい。

㈠　国民教化論

明治五年（一八七二）三月、神祇省に代わって教部省が設置され、四月、新設の教導職に対し国民教化の基本大綱である「教則三条」が示された。すなわち、第一条「敬神愛国ノ旨ヲ体スヘキ事」、第二条「天理人道ヲ明ニスヘキ事」、第三条「皇上ヲ奉戴シ朝旨ヲ遵守セシムヘキ事」[21]――である。良一郎は、この「教則三条」について、浜松県教導職幹事近重八潮彦より意見を求められた。

これに答えて彼は、まず「人心ヲ感発」させたうえで三条の趣旨を説くのでなければ効果はない、「人心ヲ感発」させるためには敬神の念を国民に植えつけるのが最善の方法である、と言う。なぜなら、「人心ハ畏怖スル処ヨリ興」るのであるから、人々をして畏怖せしめるためには、超越的な「神」に対する崇敬ノ念を涵養することが必要なのである。幸い日本は「神州」であり、その「赫々タル神威」は「孩提ノ童モ其敬セサルヘカラサルヲ知ル」ところである。したがって「苟モ善ク是ノ良智ヲ誘テ人道ヲ明ニスルコトアラハ、誰カ敢テ　朝旨ニ戻ルモノ有ンヤ」と、彼は説く。ただ「神ノ神タルヲ説ハ人ニ在リ」、結局のところ、国民教化が実をあげうるか否かは教導職の人材いかんにかかっている、としている。

しかるうえで、「神ヲ敬スルハ善ヨリ大ナルハナシ」、「善ハ国ヲ愛スルヨリ大ナルハナシ」という論理でもって、「敬神」と「愛国」を結びつけ、さらに、「天理人道ヲ明ニスル」とは何が善であるかを明らかにすることであって、「皇上奉戴　朝旨遵守」こそが「善ノ験」であると、三条相互を関連づける。

先述したように、報徳主義にあっては、報徳道の実践は究極的には「天祖天照大神」の徳への報謝に帰せしめられていることからすれば、当然、「敬神」＝「愛国の善の実践」＝「報徳道の実践」となる。明治八年（一八七五）に設立された遠江国報徳社の規則においても、社員の規範として第一条で「神徳皇徳ニ報ユルニ己ノ徳業ヲ以テス」とうたわれ、入社を認めない条件の一つとして、第二条で「神祇ヲ誣亡シ朝政ヲ誹議スル者」が挙げられている。

ただ良一郎は、「敬神」とは単に「皇上奉戴　朝旨遵守」のみでなく、「鰥寡ヲ恤ミ小恵ヲ行フ、亦是即チ敬神ノ道ノミ」と主張している点に、留意しておく必要がある。窮民救済は報徳道の重要な実践課題であるが、それはとりもなおさず「敬神ノ道」とされているのである。遠江国報徳社規則の第一条でも、先の条規とならんで、「勤倹守分富栄ノ基ヲ建ツ」「済窮積善己ノ徳業ヲナス」と規定されている。

また注目すべきは、良一郎は、国民をして「敬神ノ道」を実践せしめる前提条件として、国家が国民の福利を図るべきことを要求している点である。それは、人心は「福禄ヲ受ルヨリ勧(進)ム」ものであって、「之ヲ守ルニ福禄ノ至ルナケレハ何ヲ以テカ道ニ勧(進)マン」という民衆認識にもとづいていた。「教則三条」が出された当初、その註釈本（教化本）の多くは、神国に生を享け、生活と安心立命が保障されているのは「神徳皇恩」のたまものであって、それに対する報謝の心が「敬神愛国」の実義だと説いていた。しかし、この「神徳皇恩」説は抽象的・観念的なものであり、「敬神愛国」に具体的な現世利益（福禄）を求める民衆の意識とは甚だしく乖離していた[22]。この点、良一郎は村落の指導者であっただけに、民衆の信仰や行動の根底にあるのは現世利益の欲求であることを、よく認識していた。それゆえ、観念的な論理として「恩徳」を説くだけでは説得力はなく、具体的に国家が安民策を施し、民衆に神国の「恩徳」を実感させることが、「敬神愛国」の念を育む前提であることを強調するのである[23]。それはまた、国家が安民策を施すことが富国の前提であるとする報徳主義の論理とも合致する。

ところで、良一郎は「対問」で、国民教化の実をあげるためには、「神ノ神タルヲ説」くことのできる者をしてその任にあたらせなければならないと主張していたのであるが、明治六年（一八七三）起草の「教学之議」では教師の資格について具体的に論じている。そこでは、教師たる者は「教学相兼ル」必要があることを力説している。「教」とは、「衆ヲ化」し、「天下ノ智愚挙テ以テ其教ヲ奉セシム」ことである。「学」とは、「智ヲ開ク」こと、つまり「修身斉家治国平天下ノ事ヨリシテ天地事物ノ理ニ至ル推窮、以テ人世ニ用タラシム」ことである。では、誰をもって「教学ノ任」にあたらせたらよいか。彼は、僧侶も洋学者も儒者も不可とし、「教学ハ祠官ノ専任タルヘシ」とする。そして、僧侶・洋学者・儒者を用いる場合は祠官としたうえでせよ、さすれば「彼レ既ニ祠官タレハ、神ニ事ルノ心ヲ以テ教ヲシク、仏者ト雖モ仏ヲ説クコトヲ不得、洋学ト雖モ邪蘇ヲ説コトヲ得ス、儒ト雖モ専堯舜ヲ説コトヲ得ス、都テ敬神愛国ノ教ニ服シテ、而我カ神州ノ道始テ復焉ニ立ツ」と言う。

こうした主張の根底には、「抑教法ノ仏ニ帰シ、文学ノ儒ニ帰シ、神官ノ虚器ヲ擁スル久シ、之ニ加ワルニ洋学ヲ以テス、神道殆ント将ニ絶ントス」という危機感があった。それゆえ、「我カ神州ノ道」の復活を求める彼の主張は、激しく、かつ徹底したものとなったのであり、朝廷に対し、この時機にあたり「万世超過ノ議ヲ以テ敬神愛国ノ教ヲ建ツ」ことを求める一方、「葬祭都テ祠官ニ帰シ、一教確立」せんことを主張してさえいる。まさに神道国教化論である。

しかし良一郎は、報徳の教義そのものを神道流に改めることには反対していた。尊徳の高弟の一人で平田神道の信奉者でもあった福住正兄（ふくずみまさえ）は、明治五年（一八七二）、報徳布教を教部省に献言して教導職に任命され、報徳教を神道の一派に位置づけて神道的な報徳教義をうたったが、良一郎は福住著の『富国捷径』初篇付録に対し、「先師ノ道ヲ局束シテ自家私学ノ範囲中ニ籠メントスルモノ」と批判を加え、「冀クハ反省シテ速ニ改彫セヨ」と福住に迫っている。その理由は、「神教」をもって「先師ノ道トナストキハ、即是レ亦神道ノ一派ニシテ、苟モ仏ヲ信シ邪蘇ヲ奉スルモノハ先師ノ道入ルヘカラサルカ如シ、……〈中略〉……天下何ヲ以テ偏ねク（遍）先師ノ道ニ由ラシムルヲ得ンヤ、夫レ先生、民ヲ救フノ志ハ観音経ニ於テ立チ、其国ヲ興スノ法ニ於テハ天祖葦原ヲ開クノ法ニ基ヒ（マヽ）シ、徳ヲ以テ徳ニ報ユルハ孔子ノ言ニ依ルニ非スヤ(24)」というものであった。

つまり、先師尊徳の立てた報徳の道はそもそも神道のみにもとづくものではなく(25)、それを神道の一派としたのでは、仏教・邪蘇教の信者を報徳道に帰依せしめることができなくなる、というわけである。良一郎は、宗教レベルでは神道を中心にすることを主張しつつも、報徳道自体はあらゆる宗教を超えた普遍的な道と措定することによって、信教の違いを超えて天下の人々をして帰依せしめんと考えたのである。

(二) 学校資金捻出論

明治五年（一八七二）八月、国民皆就学を意図して「学制」が制定されたが、学校の設立・運営の費用は受益者負担の原則がとられたため、その費用をどう捻出するかが、地域社会の指導者にとって大きな課題となった。明治六年（一八七三）二月、浜松県第三大区副区長兼学区取締となった良一郎は、三月に「事務管見」を草して浜松県令に建議しているが、その中で学校資金の捻出方法について献策している。彼の基本的な考えは次の言に端的に表白されている。

学校資金ヲ盛ニスルハ衆力ヲ竢ニ若カスト雖モ、不学無智ノ民ヲシテ悦服シテ力ヲ焉ニ尽サシムルハ、其自カラ為ニスルニ非レハ不行レ、其自カラ為ニスルノ財ヲ挙シテ学区ノ資ヲ起ス、其事両全

民衆というものは、自らの生活上の利益につながる方策でなければ協力しない。したがって、一方的に学校資金を取り立てる方法では駄目で、「学区ノ資ヲ起ス」と同時に、民衆の生活安定にも資するような方策でなければ衆力を結集しえない。こうした観点から、彼は次のような方策を提案する。

各戸ごとに「休日或ハ煙草休ノ暇」に縄をなわせ、その代金を一戸あたり年に金二朱ずつ一〇年間積み立てさせる。富民は「志次第多分ニ積立」てる。この積立金は役所が管理して年利一割二分で貸し付け、利金のうち七分は区内の学校入用に年々下げ渡し、残り五分は元金に加え、非常の節に積立人に元利金を返済する。

つまり公的な預金制度であり、これだと積立人は必要な時に利付きで返してもらえるため、住民の協力を得やすいというわけである。彼はこの方策を次のように自賛する。「是法也、一ハ以テ凶飢ノ予備タルヘク、一ハ以テ困民平常ノ助トナルヘク、一ハ以テ学区ノ資本トナルヘシ、一挙シテ三徳挙ク、是所謂積小為大ノ法ニシテ、亦以テ名ヲ成

スニ足ルヘシ」と。「日掛積縄ノ法」は尊徳仕法において資金捻出の方法として採用されていたものであり、「積小為大」の原理にもとづいていた。良一郎は尊徳考案の方法をもって「学区ノ資ヲ起ス」と同時に、「凶飢ノ予備」「困民平常ノ助」とせんとしたのである。それはまた、「天下人民ノ依ル処ヲ察スルニ、孜々利ヲ務メ、漂々奢侈ニ流レ、文明ノ開化ヲ誤リ、自カラ其至ル所ヲ不知者有ニ似タリ」という開化のもたらした弊害ヲ憂慮し、自らの勤労によって生活の安定と学校教育の隆盛を図らせることにより、風俗をも矯正せんと意図したものであった。

この方法が実際に行なわれたのかどうかは確認しえない。ただ、良一郎が、文明開化の弊害＝功利・奢侈の風を憂いつつも、人民に「開化ノ智識ヲ得」させることには非常な熱意を傾けていたことだけは確かで、報徳社を通じて社会教育に努める一方、明治一〇年（一八七七）には私塾「冀北学舎」を居村の倉真村に開設している。この私塾には漢・英二学科が置かれ、報徳学の大綱「立徳、開智、致富」を教育目標に掲げ、古今東西の書が講じられた(26)。明治一七年（一八八四）に閉校されるまで、入学者は三〇〇名にのぼり、東は南部・茨城より西は鹿児島に及んだという(27)。

(三) 政体論

明治七年（一八七四）一月の板垣退助らの民撰議院設立建白よりも早く、良一郎はすでに六年（一八七三）五月に「建下院之建議」を草して、民選の下院を設け国民を国政に参加せしむべきことを主張している。

民ヲシテ自由ヲ得セシムルモノ君民同治ヨリ善キハナシ、君民同治ハ宜シク下院ノ設有ルヘシ

彼の政体論の理念は「君民同治」にあり、それを実現する制度として下院の設置が主張される。彼がいちはやくこの建議書を草したのは、次のような危機感に発していた。

夫レ君主専治ノ弊タルヤ、民権ヲ抑制シテ下モ情ヲ陳ル不能、情陳ル不能ハ民悶々、上下情ヲ異ニシテ事乖離ス、

外患之ニ乗シテ人傍観ス、曰ク、国ハ乃チ天子ノ国タリ、其興亡ハ専ラ政府ニ関スレハ、国民ノ与ル所ニ非スト、国ニ災害アリ、人々其一分ヲ被ルノ心ナケレハ、政府ノ不亡モノ幾希也

すなわち、君主専治は上下の情の乖離、ひいては国家の興亡に対する国民の無関心を生み出し、帰するところ、「外患之ニ乗シテ」も国民は傍観し、国家滅亡の危機を招来する、というのである。それゆえ、外圧に抗して国家の独立を保ち、興国を図らんとすれば、国家と国民が禍福を共にし、「国必天下ト与ニ守リ、事必天下ト与ニ議ス、天下ノ民ヲシテ天下ヲ憂フルノ心ヲ存セシム」ことが必要である。一刻も早く下院を設けて「君民同治」の「文明ノ治」を実現せよ、と彼は力説する。

彼の「君民同治」論は後でみるように「天下ハ則君民共有」という理念にもとづいていた。つまり、「国ハ乃チ天子ノ国タリ」では、国家の独立と富強は期しえない、とするのである。彼は、「人民ノ智識未タ開ケス」の現状で国民を国政に参加させることは「梗塞多ク、恐クハ進歩ノ碍ヲ為スノ憂アラン」とする意見に対しては、次のように反論する。

天下開化ノ遅々タルユエンハ、政府独リ開化ノ善ヲ知テ国民与リ知ラサレハ也、且天下億万ノ人ヲ治ム僅カニ政府数百人ノ心ヲ以テス、民焉ソ自由ノ権アルヲ得ン、避(僻)陬辺民頑乎トシテ古株ヲ守ル、開化ヲ妨ル却テ大ナルヘシ、下院ノ設豈猶予スヘケンヤ

すなわち、政府専制こそが開化を遅らせている根因であり、国民に自由権を与えて「開化ノ善」を知らしむることが開化を促進させる条件である、と。そして自ら、下院の理念、下院議員の選出方法、役割、権限等について九カ条からなる条款を作って示している。それをまとめると次のようになる。

①正院が立案した政策は必ず下院の議に付し、その賛同を得たうえで施行する。もし下院の議を経ずに正院が施行

しようとした場合は、下院はこれを阻止する権を有す。

②政府の歳入・歳出、諸省の消費は詳らかに下院に示すべし。

③下院の定員は、二万戸にして一人を選出、全国七百万戸にして三五〇人とする。議員の任期は一年で、報酬はなし。

④「下員ノ議員ハ天下ノ代理ナレハ」、「天下人民共ニ天下ヲ保ツノ心」を失うべからず。もしその義を誤る者は、速やかに改選す。

以上は国の下院についての規定であるが、府県にも議院を置くべきことをうたい、最後に「右設立ノ法、其精良ニ至テハ君子宜シク外国ノ法ヲ斟酌シテ条款ヲ定ムヘシ」と述べている。

周知のように二宮尊徳は農民の立場から作為論を唱えたが、彼にあっては農民はあくまで生産面における作為主体であり、立法・政治の主体は武士であった。そして、武士の仁政と農民の自発的な生産活動が調和することによって、「富（興）国安民」が実現される、と説かれた。つまり、尊徳の作為論はあくまで幕藩制的な職分論の枠内にとどまるものであった。これに対し、新時代の幕開けに際会した良一郎は、人民の作為の領域を政治の分野にまで押し広げんとしたわけである。人民はもはや仁政を期待するだけの受動的な存在であってはならない。生産面だけでなく、政治の面でも君主とともに新しい国家の建設を主体的に担っていかねばならない。彼の建議にはそうした気概が発露している。

報徳主義はもともと行政を通じて報徳仕法を実施することを強く志向していただけに、身分制的な制約さえ撤廃されれば、人民をして政治主体へと飛躍させる契機は内在していた、と私は考える。そして、そうした飛躍を思想的にバックアップしたのは、良一郎にあっては、彼が耽読したミルの『自由之理』や『代議政体論』であったことは疑いない。実際、彼はのちに公選民会設立運動を起こして実現させ[28]、国会開設運動にも参加している。そして、国会が開設されるや、衆議院議員として国政の場に自ら乗り込んだ。それは、自ら国政を動かして報徳仕法を施行せんとの意図に発した行動であった。

だが、良一郎の政体論は、あくまで日本固有の「国体」の維持を大前提としたものであり、それを損なわない範囲での民権の容認であった点に留意せねばならない。それは明治八年（一八七五）の元老院宛「建言」に端的に表白されている。この「建言」の「制勢」の項で、彼は次のように言う。

天下ヲシテ永ク治安ナラシムルモノハ太政ノ制也、制ハ固ニ古ヨリ変ナキ不能、而シテ制ノ変易スル、必天下ノ大勢ニ因ルヘキ也、制勢ニ従ヘハ則制シ易ク、政其制ヲ得レハ則治安窮リナシ、何ヲカ勢ニ従フト云、天下人心ノ向フ処ニ従フ、是也、何ヲカ制ヲ得ルト云、国体ヲ不失、是也、雖然勢従フヘカラサルアリ、民権ヲ重シテ君臣ノ大義ヲ疎ニシ、文明ヲ貴テ天下侈靡ニ赴クカ如キ、是也、国体変更ナキ不能モノアリ、天下ノ治乱独リ皇室ノ安危ニ関スル、是也

すなわち、「君臣ノ大義ヲ疎ニシ」、「国体」を危うくするほどに民権が伸長することに対しては、警戒の念を抱いていたのである。

日本の「国体」を護持するためには皇室の安泰を制度的に保障しなくてはならない。しかるに現実は、「天下ノ治乱」がただちに「皇室ノ安危ニ関スル」という状態である。これは畢竟、「本朝従古天下ハ一人ノ天下ニシテ、天下ノ天下ニアラサレハ也、政府ハ即　皇室ノ政府ニシテ、天下ノ政府ニハアラサルカ如ク」だからだ、と彼は批判する。そして、天下乱れても矛先が皇室に向かわないよう、「皇室・政府ノ別ヲ立」てよ、と主張する。

彼は、皇室と天子について次のように説明している。「皇室ハ即チ天子ノ私家也、華士族・平民ノ其家アルカ如シ、

而シテ其富ヲ論スレハ天下ノ冠タリ、其人種ヲ論スレハ天神ノ孫、其統ヲ論スレハ万古一統、其恩沢ヲ論スレハ二千五百余年海内ニ充溢ス、智者智ヲ以テ得ヘカラス、仁者仁ヲ以テ求ムヘカラス、勇者勇ヲ以テ取ルヘカラス、其至尊至重ナル如此、要スルニ天下人民ノ長々之ヲ君トナス、君以テ天下太政ノ主タルヘシ」（こうした認識はもちろん、当時の天皇制イデオロギーの反映であるが、彼の皇道主義を基底において支えていたのは、先述したような尊徳の「神州自力開闢」説と、それにもとづく報徳論であった）。他方、政府については、太政官と諸省の総称であり、「国脈ヲ維持シ、君民各自保護ヲ受ル為ニ共立スル処ノ司庁」と位置づけている。官員の主は君主であるが、しかし決して皇室と政府を混同してはならない。では、どうすればよいか。

皇有地を定め、税も別立てとして、皇室の費用と政府の費用を区別せよ、と彼は言う。その場合、皇有地を別個に設定するのではなく、「人民所有ノ券状ニ就テ、其幾分ハ　皇有地、其幾分ハ民有地ト定メ、地券面ニ内訳スヘシ、而シテ　皇有地ハ万代不朽　皇室ノ私有トシ、政府ニ不関シテ其貢租ヲ人民ヨリ　皇室ヘ納ムヘシ」という形態をとるべきだとする点に、良一郎の主張の独自性がある。それは「政ハ則君民同治　天下ハ則君民共有、天下ノ治乱ハ専ラ　皇室ニ不関、而政府ノ仁暴ハ君民一般ノ苦楽ニ関ス」という考えに立っていた。

つまり、「天下ハ則君民共有」という理念から、土地所有における皇有地と民有地の混在が唱えられ、「君民同治」の政体論もそれに基礎づけられていたのである。ゆえに、いわゆる「王土論」に対しては、次のごとく批判を加えている。「天下ヲ以テ一人ノ有ト為ストキハ、人民ハ借地人タリ、天下人民悉ク借地人ナリトスルトキハ、天下ノ安危ヲ憂フルモノ幾人カアル、天下人民我カ地ヲ以テ我カ有トス故ニ愛国ノ情切ナリトス」（明治一六年「皇田論」[29]）。先にみたように、良一郎は、国家が「安民」に努めることが人民に愛国心を持たせる前提であることを力説していた。その「安民」の根本は、彼にあっては、人民の土地所有権の保障に求められていたわけである（ただ、後でみるように、彼の人民土地所有論はあくまで地主的土地所有を前提にしていた)。

以上のように、良一郎にあっては皇室を奉戴する「国体」の護持が至上命題とされていたのであるが、「国ハ乃チ天子ノ国タリ」「天下ハ一人ノ天下」とする論、および「王土論」は、一つには、それでは国民に愛国心を持たせることはできず、国家興亡に対する無関心を生み出すという理由で、いま一つは、皇室と政府が混同され、天下に乱が起きればその矛先は直接皇室に向けられて「国体」を危うくするという理由で、否定されている。しかして彼は、「国体」を損なわない範囲で国民に権利を付与し、政治的にも経済的にも君民を緊密な共同関係に置くことによって、国民をして君主とともに国家の独立を保ち、「富国安民」を実現する気概を持たせ、他方で政府と皇室を区別し、政府を「君民各自保護ヲ受ル為ニ共立スル処ノ司庁」と位置づけることにより、君主と国民の双方から政府の専制化を規制せんとしたのである。皇室と政府の区別を明確にしておけば、万一天下乱れて政府が倒れても皇室は安泰で、「国体」は保たれる。良一郎の主張を要約すれば、このようになろう。

彼の思想は皇道主義に貫かれてはいるが、しかし、「国ハ乃チ天子ノ国タリ」「天下ハ一人ノ天下」とする論、および「王土論」をしりぞけ、「天下ハ天下ノ天下」「天下ハ則君民共有」の理念にもとづいて「君民同治」論を唱えている点、当時政府の鼓吹していた天皇制イデオロギーの論理に相即的に迎合していたわけではないことも、押さえておかねばなるまい。それは彼の立脚点が報徳主義の「安民」論にあったからであり、それを論拠に、いわば天皇制を人民の立場からとらえ返していたわけである。

一方、良一郎は明治六年(一八七三)四月二三日に「官ニ任スルノ議」を草して、政府と県政の関係について論じている。彼は次のように主張する。政府が県の行政について細かいところまで指示したのでは、県官は自分の才能を発揮する余地がなくなり、とりわけ有徳の者を登用する必要もない。しかし、それでは県政は発展しない。県官に有徳の者を登用し、政府は県官に行政の大綱のみを示して、県官をしてその才能を充分に発揮させることが、真に県政の発展につながるのだ。そうした場合、「各県其治ヲ異ニスル」おそれが生じるが、それは、政府が巡察使を派遣して県政を監督し、「歳次会同」を開いてその治の当否を論じ、是正を図ればよい——と。

こうした主張は、良一郎が県官に登用されたばかりであり、自己の才能を存分に発揮したいと意気込んでいたことが、直接的な動機をなしていたと思われる。そして、先の「建下院之建議」での府県議院設置の要求と合わせ考えると、政府の中央集権的な専制政治を拒否し、府県政の自主的な運営＝自治を主張したものと解しえよう。

彼はまた翌日に「府県日誌ヲ発スノ議」を著し、府県政は自主的に運営されるべきだという主張を前提に、「各県自ラ治ヲ異ニスルノ憂ナキ」ようにするための方途として、「各府県細大ノ事務」について記した日誌を発行して「政府ニ達シ、府県ニ頒」ち、「販売ヲユルシテ民ニ偽リナキヲ示シ、亦広ク其得失ヲ観ル」ことを提案している。つまり、府県に自治を認めたうえで、政府と府県民がその当否をチェックするという案である。

(四)　税　制　論

明治八年（一八七五）・元老院宛「建言」の「貢賦」の項で、良一郎は、右のごとき政体構想に相応した税制論を展開している。その基本は、皇室と政府の区別に対応して税も別立てとすることにある。

皇室に納める税を「貢」という。彼の論では皇田は「天下ノ民有ト混」じており、「皇田経界ヲ為シ難キ故ニ」、「収穫ヲ計テ常ニ其幾分ヲ納ム」。「予メ均量ヲ執テ定額ヲナス」としているのは、皇室の財政基盤安定への配慮からであろう。他方、政府に納める税を「賦」といい、「皇室ノ禄ト士民ノ田ト天下ノ戸口ニ課シテ出サシム」。つまり君民共同負担とする。しかも「賦ハ定額ナシ、出ルヲ量テ入ヲ為ス」。これは、「故ニ政府財用ヲ濫リニスレハ、君民共ニ苦ム所タリ、政府財用ヲ節スレハ、君民共ニ楽ム所タリ、楽ミモ天下ト共ニシ、苦ミモ天下ト共ニス」と述べているように、君民が共立するところの政府に対し君民を共通の利害関係に置くことにより、君民両者をして政府の財政運用を規制せしめ、その適正化を図らんとする意図にもとづく。先にみたように、彼は「君民同治」の理念から民選の下院設立の建議書を草していたのであるが、そこで「政府ノ歳入・歳出、諸省ノ消費詳カニ下院ニ示スヘシ」というたい、政府の財政運用に民意を反映させんとしていた。

このほか、府県の費用については、その長次官の月給は天下に賦し、判任官以下の役人の月給その他一切の費用は所轄に賦す。堤防・橋梁・道路の修築費は、一等は天下に、二等は所轄に、三等以下はその地に賦す。海関税は天下に均分し、醸造諸税は府県の所轄に均分して、それぞれの賦を補う。以上のごとく建議しているが、税法に関する具体的な論議は「民会議院ノ設ヲ俟ツ」としている。つまり、税制は政府が一方的に決めるべきではなく、民意を反映させるべきだとするのである。

次に良一郎は、貢賦を課す基準について論じている。地価を基準とすることについては、こう批判を加える。土地の真価は村落の諸条件——例えば田園面積と戸数の比率など——、および土地生産力や農産物価格などによって決まるものであり、それゆえ、常に変動する性格のものである。それを無視して官が一方的に地価を確定し、地租徴収の基準としたのでは当を得ない——と。こう批判したうえで、「仰モ地価ハ末也、収穫ハ本也」、ゆえに収穫を基本とすべきだと彼は主張する。そして、土地の生産力を最もよく示す指標は小作入米金だとして、「其土地旧来ノ大法ニ従い「土地ノ難易ニ依テ小作入米金ヲ定」め、これをもって村高とし、貢賦を課す基準とすべし、と建議している。(30)

つまり、旧来あくまで私的なものにすぎなかった地主・小作慣行を、国家の土地制度と税制の基礎に据えよ、というのである。「貢賦台帳ヲ製シ、反別収穫・小作米ヲ記シ、地主・小作連印シテ出スヘシ、而シテ地主、小作ノ入米ヲ増サントスル、必官ノ許可ヲ得テ増スヘシ、小作、地主ノ入米ヲ減セント乞フモ、官ノ許可ヲ得サレハ減スルヲ得ス、苟モ私ニ増減スル、必有罰」。小作入米額が公的に確定されたならば、もはやそれを私的に増減することは許されない。そこでは地主の恣意は排除されるが、同時に小作人の恣意も排され、地主の小作料収取は公的に保障されることになるわけである。

既述のように、良一郎は「王土論」に対し、人民の土地所有論の立場から批判を加えていたのであるが、彼の人民土地所有論は、個々の小生産者の分割的土地所有論ではなく、現実の地主的土地所有を前提にし、その所有権と小作料収取権の公認を官に求める内容のものであったことが、右の主張に露呈している。その意味では、貧農・半プロ層の自由な分割的土地所有を希求する土地変革の願望とは一線を画する。

彼は、「厚税薄地ハ民貧ニシテ戸口減損ス、薄税良地ハ戸口増加ス」として、貢賦を合わせた税額が従前の額より増さないよう配慮すべきことを主張している[31]が、小作料を基準とした彼の税制論にあっては、結局のところ地主の取分の確保を意味する。

報徳社運動は地主層を主体とし、彼らが推譲した資金でもって貧民救済や地域産業振興事業を行ない、地域住民の共存共栄を図るとともに国家の富裕化に貢献せんとしたものであった。岡田家も運動の指導者として幕末以来多額の金品を推譲してきた。しかし、そうした推譲を行ない、地域の指導者・名望家としての地位を保ち、かつ殖産興業の主体たらんとするならば、地主としての収入の確保が前提条件とならざるをえない[32]。そのうえで、「貧富相和シ財宝生ズ」、すなわち富者の資本提供である「推譲」と貧者の「力耕精作」＝「勤労」とが相和することによって物産繁殖がもたらされる、という貧富の調和論が説かれることになる[33]。

そこでは、報徳主義は現実の階級矛盾を隠蔽するイデオロギーとして機能することになろう。だが、報徳社運動は経済と道徳の調和を理念とする地主的立場からのモラル・エコノミー運動である以上、同時に地主自身の利己的な利益追求も「公益」の規範によって規制されざるをえない点にも、留意しておく必要がある。良一郎いわく。「富ヲ為ス、而シテ人ヲ愛スルヲ知ラサルモノ、之ヲ貪富ト云、物ヲ得ルト雖トモ必ス人ヲ失フ故ナリ」と。[34]

もし地主高利貸資本が自己の利益の増大のみをあこぎに追い求め、地域住民の生活を破滅におとしいれたならば、貧民の大衆的な実力行使によって地域社会におけるモラル・エコノミーの回復が図られる、というのが近世以来の伝統であった。[35]報徳社運動は、こうした民衆の伝統的な規範を地主層が先取り的に体現することによって、地域社会における自らの支配的地位の維持を図る、という性格を強くもっていたのである。

(五) 生財富国論——「勤倹」論

尊徳言ルアリ、我カ神州ノ闢ケル、始メ資本ヲ外域ニ借ルニアラス、器械ヲ異域ヨリ伝ルニアラス、天祖自カラ農器ヲ製シ、其始一鍬ヨリシテ千万鍬ニ及ヒ、一歩ヨリシテ千百町歩ノ田ニ及ヒ、獲(穫)ル処ノ粟ハ其半ハヲ食ヒ、半ヲ余シテ開拓ノ資トナス、年々歳々不息不怠、而シテ終ニ葦原ヲ開テ安国ト為シ賜ヘリ、天祖国ヲ開クノ法ヲ以テ国ヲ開ク、何ノ国カ開クヘカラサラン、天祖国ヲ富スノ法ヲ以テ国ヲ富ス、何ノ貧国カ富スヘカラサラント、嗚乎勤倹二者寧ソ法ヲ以テ人民ヲ束縛スルモ、坐シテ怠奢衰斃(弊)ノ秘(秋)ヲ俟ニ孰レ

右は明治八年(一八七五)・元老院宛「建言」の「征韓ノ義務独リ之ヲ兵ニ委スヘカラサルヲ論ス」の項の一節である。神州は、外域から資本を借りたり、外来の器械を用いたりして闢かれたのではなく、「天祖」自ら農器を製して葦原を独力で開拓したことにより開闢し、「安国」「富国」となったのだという、尊徳の神州自力開闢説は、報徳主義の自主独立、自力興産の精神を根底において支えていた教説である。これが尊徳の農村復興事業を精神的に支えて

いたし、良一郎もまた尊徳のこの言をたびたび引用して、自力開闢の方法＝「勤倹」の実践によって「富国安民」を実現すべきことを力説している。(36) そして、それが「天祖の徳」に報いる道だとする。

安丸良夫氏が言われるように、近世中期以降、民衆は「勤倹」を基本とする禁欲的な生活態度を自覚的に確立することによって、社会経済の変動の中にあって自らの「家」を守らんと努めてきた。(37) 尊徳の提唱した報徳思想は、こうした民衆の通俗道徳を理論化し、「勤倹」を「分度」「推譲」の規範と組み合わせて、個々の「家」の成り立ちを基礎に社会・国家の福祉と繁栄＝「富国安民」を実現する原理として体系化したものであった。しかし、欧米資本主義文明を範とした「文明開化」は一面、欲望・放恣・浪費の体系であり、日本の民衆の伝統的な通俗道徳を破壊するものでもあった。(38) こうした「文明開化」によってもたらされた新たな社会風潮は、良一郎に深刻な危機感を生じさせた。彼は明治六年（一八七三）、「停奢侈行勤倹建議」を草するとともに「勤倹論」を報知新聞に投稿し、「勤倹」二者を欠くときは国家は滅亡する、と警鐘を鳴らしている。

前者で彼はまず、「方今天下ノ俗文明開化進歩駸々、雖然事或ハ奢侈ニモ属スル有リ、事或ハ私利ニ属スル有リ、是亦開化ノ一病」と文明開化がもたらした病弊面を指摘し、「奢侈」「私利」は決して「生財富国ノ道」ではなく、「百万ノ家破産」の危機におとしいれるものだ、と断じる。「智ヲ回ラシ才ヲ馳テ」私利を図り、たとえ「一朝百万ノ産ヲ突起スルモ」、それは決して「天下ノ財ヲ生スル」ものではない。なぜなら、それは「人ノ損失ヲ網羅シテ已レノ産ヲ起スモノ」であり、「天下終ニ利ヲ競フ、愚者ノ肉智者ノ食」むところとなるからである。

彼は、「夫レ政ノ貴フ所ハ、智愚賢不肖斉シク其保護ヲ被ルニ在リ」、そのためには「生財ノ道」を遍く施して広く行わしめなければならない、とする。では、「何ヲカ生財ノ道ト云」うのか。「勤倹」こそが「生財ノ道」である。なぜなら「勤倹シテ生スル所ノ財ハ人ヲ網羅スルニ非ル」からである。このように彼は弁じ、「外国ニ誇ルニ勤倹ヲ以テシテ侈靡ヲ以テセス、天下国家生財ノ道、夫レ之ヲ舎テ復何ノ求ル所アランヤ」と言い放つ。そして、「天下国用ノ不足ヲ補フ、大ニ外国ノ金ヲ借リテ利益ヲ興サント欲ス」という某氏の建議を、「鄙見ノ甚シキ、天下ヲ以テ一山奸商ニ傚ワント欲スルカ」と痛罵している。ここには彼の自力興産の立場が端的に表明されている。

「勤倹論」では、天下の人々をして「勤倹」を実践せしめるためには、まず法でもって強制する必要のあることを強調しているのが注目される。「人ハ云ヘ、学以テ自ラ倹ヲ知ラシメン、吾ハ云、法以テ倹ナラシメ、倹以テ学ヲ起シ、学以テ其然ルユエンヲ知ラシメン」と。事をなすにあたっては、まず法を立てて強制力を及ぼさねば成就し難いという考え方は、良一郎の思考様式の特徴の一つであり、それはすでに尊徳においても認められる。[39]

ただし、その法は「天下共ニ之ヲ守テ妨碍ナキモノニシテ、政府ト富民ト智者ト奇巧者ノミ独リ其幸福ヲ受ルニアラス、人民ト貧者ト愚者ト拙夫ト与ニ其幸福ヲ共ニスヘキ」ものでなくてはならない、としている点に留意する必要がある。資本主義はいうまでもなく「弱肉強食」「競争」「対立」を原理とする。これに対し報徳主義は、貧富・智愚にかかわらず共に幸福を享受することを理念とし、その原理として経済と道徳の調和、人間相互の融和が説かれる（この報徳主義の論理が現実の資本主義の発展の中でどのような機能を果たすか、また変容していくかは、今後の分析課題としたい）。良一郎はこうした報徳主義の立場から、道徳性を欠如した私利の追求を否定し、経済と道徳の調和を体現した「生財富国」の原理として「勤倹」を唱えているわけである。そして、「勤倹」を基礎とした殖産興業論を次のように述べる。

すなわち、政府と天子および国民がそれぞれの「分ニ従テ財用ノ度」（「分度」）を立て、「倹」を実践し、余剰を「推譲」して殖産興業の資本となし、「勤」によって「器械ヲ製シ、土地ヲ拓テ物産ヲ増殖ス、航海ヲ務メ貿易ヲ隆ニシテ八荒ヲ駆馳ス」「余財ノ才国益ヲ興ス」と。彼はここで器械ノ製造と貿易の隆盛を説いてはいるが、[40]「人ハ云ヘ、貿易ヲ盛ンニシテ其利ヲ得ント、吾ハ云、勤以テ物産ヲ起サン、人ハ云へ、器械ヲ以テ利ヲ起ス、吾ハ云、倹以テ器械ヲ製セン」と述べているように、その前提に「勤倹」を位置づけ、「勤倹」を抜きにして貿易・器械によってのみ利を図らんとすることは否定している点に、注意せねばならない。こうした立場は明治元年（一八六八）・建白の「富国策」にも一貫していたこと、先にみたとおりである。

また彼は、「国民ノ富ハ則政府ノ富ムユエンナレハ、称シテ天下ノ富ト云コトヲ得ヘシ、政府ノ富ハ国民ノ貧ナルユエンナレハ、称シテ天下ノ富ト云コトヲ不得」と言っている。つまり、国民の富こそが天下の富の基礎であるとしているのである。逆に政府が無理に増税をして富んだとしても、それは国民を貧窮させるもので、天下の富とはなりえない。明治八年（一八七五）・元老院宛「建言」の「征韓ノ義務独リ之ヲ兵ニ委スヘカラサルヲ論ス」の項でも、彼は「歛（斂）ヲ厚フセヌシテ府庫充チ、税ヲ増サスシテ国用足ル」方法として「倹ト勤」を論じ、これは「先ツ国用ヲ足シ、人民ヲシテ殷富ナラシムルノ方」である、と自賛している。

人民の生活安定、民富こそが富国の基礎であるとする考えは、尊徳の唱えた報徳思想の根本理念である。報徳主義では人民の主体的努力が強調されるが、いくら努力しても、国家が放漫財政によって増税したのでは人民の生活は成り立たない。国家が「分度」を確立してその枠内で財政を運用し、余剰でもって安民策を施すことを前提にして、人民の主体的努力が説かれている点に、留意せねばならない。つまり、官と民がともに報徳道を実践し、両者の努力が調和することによって、はじめて「富国安民」が実現される、というのが報徳主義の基本的考え方なのである。[41] ただ良一郎の「安民」論は、先にみたように地主・小作関係の体制化を前提にして唱えられている点、注意を要する。

(六) 国防論

先にみたように、良一郎は明治六年（一八七三）五月に「建下院之建議」を草し、君主専治は国家滅亡の危機を招来することを指摘し、国家の対外的独立を保持するためには、国家と国民が禍福を共にし、「天下ノ民ヲシテ天下ヲ憂フルノ心ヲ存セ」しめ、国を守る気概を持たしめることが肝要であるとして、「君民同治」を実現すべきことを力説していた。明治八年（一八七五）・元老院宛「建言」でも、列強の圧力に抗して、国家の自立をいかにしたら図れるかを建議している。「建言」の「廃平民為士」の項で彼は、「国ノ外侮ヲ受ルハ国自立ノ権ナキヲ以テ也、国自立ノ権無キハ人民ノ自立スル不能ヲ以テ也」と、人民の自立こそが国家自立の根本であるとし、しかるに人民が自立しえないのは「義気」がないからであり、「其義気ナキハ政府ノ抑制ヲ受レハ也、其抑制シ易キハ称シテ平民ト為ハ也」と断じる。そして次のごとく危機感を喚起している。「今敵国海外ニ森列シ睚眦必報ユルノ時ニ当リ、人民ノ義気ナキ如此ハ、何ヲ以テカ之ヲ防カン」と。

では、どうすればよいか。政府の人民抑制の手段となっている士族・平民の区別を廃し、平民もすべて「士」とし、「士民ヲ一ニシテ与ニ国家ノ義務ヲ担任」せしめ、「義気」を涵養せよ、と彼は主張する。近世においては軍事・政治面の義務は武士が担っていたのであるが、それを人民にも担わせ、軍事面では「海内皆兵」、政治面では既述のように「君民同治」とし、官吏も身分にかかわらず有能な者を登用せよ、と言うのである。また他方、「建言」の「士族授田」の項では、士族に田地を授けて徒手素餐の人間をなくし、彼らにも「貢賦」負担の義務を担わせるべきことを求めている。

こうした彼の主張は、身分によって天下国家に対する役割（「職分」）が固定されていた、近世の身分制の全き否定を意味する。彼は、「士ハ賢不肖トナク其禄ヲ世ニシ、平民智愚ヲ不論田野ニ負担スルニ至テハ……〈中略〉……彼ヲシテ概シテ不学無術ノ士タラシメ、之ヲシテ概シテ卑屈無機ノ民タラシム、流弊ノ如斯、豈済フ無ルヘケンヤ」（「廃平民為士」の項）と、近世の身分制の弊害を批判する一方、逆に中世の兵農未分離の状態を理想化し、自己の主張の正当性の根拠としている。

さて、士民に同等の義務を担わせる以上、当然、権利においても同等たるべし、と要求することになる。彼は「建言」の「責士道」の項で、王政復古以来平民の権利は伸長してきたが、「雖然平民ノ権利未夕士ニ不及」と指摘したうえで、この懸隔を、平民を「士」に上昇させることによって解消すべし、と建議している。士族を平民に下したのでは、平民の悦ぶところなくして、士族の抵抗も招くことになるからである。しかして天下の人民をしてすべて「士」となした以上、「士道」でもって国民を教化し、「義気」を涵養せよ、と彼は言う。その主張は、衣服、礼儀、言語、冠婚葬祭、学校教育などをすべて軍隊式に統一し、「家必銃砲兵器ヲ貯ヘテ、之ヲ春秋ノ猟ニ試ミ、伍保長アリ、以テ将校ニ属ス、丁壮ヲ択テ常備トシ、老少悉ク予備ニ充ツ」という徹底したもので、「天下ノ人民、兵ニアラサルナシ、天下ノ兵、士ニアラサルナシ、然則人民ノ義気前日ニ倍スル、万々外寇惧ル、無ルヘキ也」と言い切っている。

以上のように、良一郎は、平民を「士」に上昇させることによって身分差別を解消し、すべての国民を権利・義務において同等の立場に置き、しかるうえで武士道でもって自立の精神を涵養すべきことを主張する。ここでは、武士的精神は、国家・社会を主体的に担う自立的な個人の気概の源泉として注目され、その再生が唱えられているわけである。(42)

ところで、明治元年（一八六八）に新政府に建白した「富国策」では、銃砲でもって外国と争うことは「不仁ノ術」であると断じ、「勤倹」によって富国を図り、「推譲」の徳を外国に推し及ぼし、諸外国を天子の仁徳のもとに統治することにより、日本の独立と世界の平和を保つ、という構想を披瀝していた。それに比べこの段階では、「建言」の「征韓ノ義務独リ之ヲ兵ニ委スヘカラサルヲ諭ス」の項で、「夫レ兵ハ凶器、戦ハ危道、固ヨリ喜フヘキモノニ非ル也、雖然国脈ヲ維持シ独立ノ権ヲ立ルモノ、何ソ兵力ニ拠ラサルヲ得ン」と言明しているように、国家の独立を保持するためには兵力に依拠するもやむなし、という見解に変化しているのが注目される。

この変化は征韓論に触発されたようである。それは、右の言に続けて「征韓ノ挙タル、国家ノ義務近キヨリ遠キニ及ヒ、小ヨリ大ニ及フ、豈之ヲ大恥ヲ忘レテ小恥ヲ慍ルモノトセン、大固ヨリ忘ルヘカラス」と述べていること、そして何よりも項目の題名が端的に示している。彼は、「韓ノ可討久シ、而シテ政府ノ恕シテ今日ニ至ル、強ノ弱ヲ待ツ所以、宜シク斯ノ如クナルヘシ」と、政府のこれまでの対韓姿勢を批判し、「慰諭百端彼レ頑トシテ不省、益ス不敬ヲ重ヌ」韓を断固征討すべし、と主張する。そして、江華島事件談判のため黒田清隆が特命全権大使として朝鮮に派遣されたことについて、「彼ノ君臣ノ罪遂ニ免ルヘカラサルモノ、蓋シ遠キニ非ル也、皇国ノ臣民領ヲ延テ其捷聞ヲ俟」と記している。

このように彼は征韓を肯定したうえで、征韓の義務は独り兵のみに委すべきではない、兵を派遣しても「糧食ノ虞」なきよう、殖産興業に努め富国を図らねば大業を成就しえない、と力説する。明治元年の「富国策」では、富国によって生じた余剰は外国にも「推譲」すべしと主張していたのが、ここでは対外征討を支える条件として富国の必要性を説いているのである。

しかし、報徳主義の根本理念である「安民」を放棄しているわけではない。「国用ヲ足シ、人民ヲシテ殷富ナラシムル」ことこそが富国の基礎であることを、ここでも強調している。良一郎の思想は、国家の「富国強兵」路線への順応を示しつつも、基本において、国民生活の犠牲の上に富国強兵を図る国家の政策とは対立する側面を有していることを、看過してはならない。だが他方で、明治元年「富国策」にみられた、人道主義にもとづくインターナショナルな意識は薄れ、ナショナリズムの枠に深くとらわれるようになっていることにも、また留意せねばなるまい。すなわち、この段階での彼の「安民」論は日本国内に限定され、海外への「推譲」によって外国の民の生活安定をも図るという視点は欠落するに至っているのである。

征韓論に触発された、以上のような微妙な思想の変化の背景には、「皇国」意識を核とする日本型華夷意識が存在していたことは、これまでみてきた彼の言説、およびここで彼が韓の「不敬」を憤っていることから、容易に察しがつこう。

おわりに——良一郎の開化論の立場

最後に良一郎の「開化」論の立場と特徴について一言し、結びとしたい。

彼は、奢侈の風、私利の追求を「文明開化」が生み出した病弊であると批判しているのであるが、しかし決して文明開化そのものを否定しているわけではない。それは「文明ノ治」として「君民同治」の実現を建議していることからも知られるが、ここでは「勤倹論」の中の次の言に注目したい。

悪弊ヲ改メ風俗ヲ正シフシテ、天下ノ民ヲシテ大ニ開化ナラシムヘシ、抑我カ国俗自カラ窮理ヲ為ス不能シテ喜テ人ノ跡ヲ襲フ

彼が問題にしているのは、自ら理を窮めることなく他人に追随する「我カ国俗」であり、盲目的に欧米の風俗をま

ねることは、彼からみれば「開化」ではなく、まさに「未開」そのものの表れなのである。彼の言うところの「開化」とは、主体的に物事の理を窮めうる「智力」を開くことであり、故に彼は教育・教化にはことのほか力を注ぎ、明治一〇年（一八七七）に開設した私塾「冀北学舎」の教育目標にも「立徳」「致富」とともに「開智」を掲げている。そして、こうした精神態度から彼は、欧米の文化であれ、我が国の伝統文化であれ、理にかなっていると判断したものは積極的に採用したのである。

例えば、彼は佐藤信淵の農書を刊行して「文明ノ　聖世、人民開智、物産蕃殖ノ一助」とせんことを建議しているが、それは「蓋其人博聞強識、倭漢ヲ該ネ、洋学ニ通シ、究理経験至ラサルナシ」という評価にもとづいていた（「草木耕種法ヲ刊行スルヲ請ノ建議」）。また彼は、在来農法だけでなく、泰西農法をも積極的に試みて、学農社の津田仙に注目されてもいる。[43] さらに、彼が報徳主義を思想的バックボーンとしつつも、西欧の功利主義思想も積極的に学びとったことは周知の事実である。「冀北学舎」の教科書にも、既述のように古今東西の書物が採用されている。「勤倹」の主張も、まさにそれが理にかなっているとの確信からであった。そして、理にかなっているか否かの判断基準は、彼にあっては、それを実践して「富国安民」のために役立つか否かに置かれていた。

こうした良一郎の実学の精神は、尊徳のそれを受け継いだものであった。すなわち尊徳は、理論と実践の一致を重視する立場から、自らの体験や実験・観察にもとづいて事物の理を「自得」することを信条とし、それを踏まえて、現実に「富国安民」を実現しうる方法＝報徳仕法を考案した。そして、神道、儒教、仏教などの既存の思想も、実践に移して有用な「正味」のみを摂取するという、実学的立場から受容している。[44] つまり、良一郎の思想的ボックボーンをなしていた報徳主義そのものに、古今東西の制度・文物や技術を積極的に摂取させる契機がはらまれていたのである。

良一郎の唱える「開智」とは、尊徳が言うところの、真理を「自得」する智力を養うことにほかならない。彼の「開化」論は、単なる欧米文明の模倣・移植ではなく、「自得の精神」に支えられた、自律的・主体的な開化論であった、といえよう。そして、その目的は、「富国強兵」への傾斜を示しつつも、基本的には「富国安民」の実現にあった。

註

（1）拙稿「関東農村の荒廃と尊徳仕法」（『史料館研究紀要』第一四号、一九八二年。本書Ⅰ第二章所収）。

（2）良一郎の思想自体を考察の対象とした論稿としては、伝田功「国民主義と農本主義思想」（同『近代日本の経済思想』未来社、一九六二年）、芳賀登「報徳運動と自力更生」（同『明治国家と民衆』雄山閣、一九七四年）、中村雄二郎「岡田良一郎の報徳思想」（中村雄二郎・木村礎編『村落・報徳・地主制』東洋経済新報社、一九七六年）がある。なお、原口清『明治前期地方政治史研究』上（塙書房、一九七二年）第二篇第三章、渡辺隆喜「地租改正と遠州民会」（前掲『村落・報徳・地主制』）では民会での良一郎の活動を、海野福寿・加藤隆編『殖産興業と報徳運動』（東洋経済新報社、一九七八年）では良一郎の勧業事業を、それぞれ具体的に分析し、関連の思想についても言及している。

（3）その一部は「岡田良一郎言論関係文書の紹介（一）（二）」（『史料館研究紀要』第一四、一五号、一九八二、八三年）に紹介しておいた。なお、本稿では用いる史料は、特に断らない限りすべて岡田家文書である。

（4）海野福寿・沼田誠「岡田家の豪農経営」（前掲『殖産興業と報徳運動』）。

（5）岡田良一郎『岡田無息軒翁一代記』（『岡田淡山道人小伝』と合冊で一九七七年に大日本報徳社より再刊）3。

（6）遠州への報徳主義の伝播については、鷲山恭平『報徳開拓者安居院義道』（大日本報徳社、一九六三年）、原口清「報徳社の人々」（『日本人物史大系』第五巻、朝倉書店、一九六〇年）、海野福寿「遠州報徳主義の成立」（『駿台史学』第三七号、一九七五年）を参照。

（7）前掲『岡田無息軒翁一代記』9。

（8）前掲「遠州報徳主義の成立」。

(9) 鷲山・前掲書（註6）三一〜三二頁。

(10) 『二宮尊徳全集』第一巻、三二頁。

(11) 安居院庄七も、嘉永五年（一八五二）の遠州一円の報徳世話人大参会の席上、「今此難渋之場ェ差掛りハ（わ）さわひを幸に替る取計といふハ、真実太神宮様の御所業を奉察、其身則太神宮ニなり万事を取おこなふへし」（「二番報徳諸用留」。傍点、大藤。以下、同）と説いている。

(12) 海野福寿「報徳仕法の展開」（註2前掲『村落・報徳・地主制』）参照。

(13) 岡田家文書には、佐平治が自ら書写あるいは聞き書きした報徳書、および自身の考えをしたためた書が多く残っており、これらは彼の報徳教義についての貪欲な学習ぶりと、それを通じての精神変革の軌跡を物語っている。

(14) 以下、良一郎の自伝『岡田淡山道人小伝』2〜5による。

(15) 慶応四年の良一郎の「日誌」にその願書が書き留められている。

(16) 前掲『岡田淡山道人小伝』5。

(17) 報徳同志会刊、一九七一年。

(18) それは尊徳の考えを受け継いだものであることは良一郎自身も記しているが、尊徳の主張を斎藤高行が祖述した『報徳外記』（『二宮尊徳全集』第三六巻所収）の巻之下第廿五にも、やはり同様のことが述べられている。

(19) 良一郎は中村正直の直接間接の指導によって西欧思想に目を開いていっている。ことにJ・S・ミルの『自由之理』や『代議政体論』、ベンタムの著作を耽読し、功利主義思想の影響を強く受けたことは、諸先学の指摘されているところである。それは、功利主義の「最大多数の最大幸福」という理念に報徳主義の理念との共通性をみたからにほかならない。

なお、明治一五年（一八八二）に良一郎が成島柳北に面会に行った際の中村正直の紹介状が岡田家文書に残っており、両者の関係の親密さをうかがいうる。

(20) ⓑは前掲「岡田良一郎言論関係文書の紹介㈠」、ⓐとⓒ〜ⓚは同（二）に紹介。後者の諸文書は『敬斎議草』と題した未刊の文集に収録されているが、筆者が大日本報徳社を訪ねた時にはその原本は見当たらなかった。幸い明治大学教授渡辺隆喜氏がそれをコピーされていたので、借覧させていただいた。ご厚意に感謝したい。

なお、良一郎の履歴については、海野福寿編『岡田良一郎年譜』（大日本報徳社、一九七二年）を参照。

(21)『法令全書』第五巻ノ二。
(22)羽賀祥二「明治前期における愛国思想の形成」(飛鳥井雅道編『国民文化の形成』筑摩書房、一九八四年)参照。
(23)また、より直接的な「福禄」として、善行者を賞することも提案している。明治六年「事務管見」では、褒賞制度を「術」と呼び、教化が実をあげるためには、担当者は「教」と「術」を兼備し、言行一致をもって事にあたらねばならないことを強調している。言行一致、「教」(理論)と「術」(方策、「政」ともいう)の兼備は尊徳以来の報徳主義の特徴でもあるが、良一郎は尊徳の門弟のなかでもとりわけこの点を重視し、彼のあらゆる活動を支えた原理となっていた。
(24)明治一二年「福住正兄ニ質ス」(『敬斎議草』収録)。
(25)尊徳自身は、神・儒・仏の教義のうち「人界に切用なる」正味のみを摂取したと語っている。この言は、ほかならぬ福住が筆記した『二宮翁夜話』二三一に出てくる。
(26)教科書には、報徳関係の書物のほか、和漢書や欧米の歴史・法律・政治・経済に関する書物が用いられた(「私立学校設置之儀ニ付開申」)。
(27)前掲『岡田淡山道人小伝』12。
(28)明治九年(一八七六)に設置された浜松県民会は、選挙権を満一六歳以上の女性を含む戸主に、被選挙権は満二一歳以上の者に戸主・非戸主を問わず与えていた(原口・前掲書〈註2〉三五二頁参照)。これは、選挙権を戸主に限定していたとはいえ、財産によって制限せず、かつ低年齢層と女性にもそれを認めていた点、および戸主でない者にも被選挙権を与えていた点で、当時においては画期的であった。
(29)これは、松岡忠貫なる人物が「王土論」を著し、「天下ヲ以テ王土ニ復セン」ことを主張したことに対する反論として書いたものである。
(30)「自作地ハ最寄小作地ノ格ヲ以テ収穫米・小作米ヲ定メ」「畑地ハ其土地ノ田ニ比較シテ小作米ヲ定ム」「農ノ宅地ハ近傍ノ畑ニ比較シテ収穫ヲ定メ、小作入米高ヲ付ヘシ、町屋敷ハ借地料ヲ以テ小作入金米高ヲ付ス」としている。
(31)なお、実際の上納は「五ケ年平均相場ヲ以テ石代上納トスルモ妨ナシ」とする。
(32)岡田家は明治九年(一八七六)段階で、居村である倉真村およびその周辺の村々に計三七町四反の貸付地を、他に一町八反余の手作地を持っていた。しかも岡田家の全収入に占める小作料の割合は大きかった(海野・沼田前掲〈註4〉「岡田家の豪農経営」)。

(33) 明治一二年刊『活法経済論』上(『二宮尊徳全集』第三六巻、九二三頁)。
(34) 明治一四年刊『報徳富国論』上(冀北学舎蔵版)、五丁。
(35) 安丸良夫「困民党の意識過程」(『思想』第七二六号、一九八四年)。
(36) 報徳主義が日本の近代化過程にあって、農民や企業家、さらには北海道開拓民に広く受容されたのは、おそらくそこに内在している自主独立、自力興産の精神のゆえであったろう。そして、それが、農村復興、殖産興業、原野開拓を支える精神的バックボーンとして機能したものと思われる。なお、企業者精神と報徳主義との関係については、村松敬司氏が鈴木藤三郎と豊田佐吉を例にとって考察されている。「鈴木藤三郎にみる報徳的企業者精神」(『地方史静岡』第七号、一九七七年)、「豊田佐吉と報徳」(『浜松短期大学研究論集』第三〇号、一九八四年)。また、北海道開拓民の報徳主義受容については、榎本守恵『北海道開拓精神の形成』(雄山閣、一九七六年)を参照されたい。
(37) 安丸良夫『日本の近代化と民衆思想』(青木書店、一九八〇年)第一、二章。
(38) ひろた・まさき『文明開化と民衆意識』(青木書店、一九八〇年)二三頁。
(39) 尊徳も「政を立、刑法を定め、礼法を制し、やかましくうるさく、世話をやきて、漸く人道は立なり、然を天理自然の道と思ふは、大なる誤也」(『二宮翁夜話』六)と述べている。これは、「人道」は「作為の道」であり、外的規制力がなければ廃れる、という考えに立つ。
(40) 明治六年(一八七三)八月に良一郎は資産金貸付所の設立を浜松県令に建議しているが、その中で「米粟、製茶本邦これに富み、而して泰西諸国多くこれを欠く、有を以て無に移し、交互に補給す、農商の事、要するに資本如何に在るのみ」(前掲『岡田淡山道人小伝』9)と述べており、米雑穀、製茶を輸出品として重視していたことが知られる。この時期に彼は、佐藤信淵が著した農書を資産金でもって刊行することを浜松県令に建議する一方、明治八年(一八七五)五月には同県令に、製茶技術の改良によって製茶の品質を精良にし、通商の利を図るべきことを建議している。
(41) 尊徳の場合は、自作小経営の安定的展開を理想としていた。
(42) 武士的精神は、立場によってニュアンスの相違があるとはいえ、広く明治人一般の精神的バックボーンの一つとなっていたことは、松本三之介氏が指摘されているところである(『明治精神の構造』日本放送出版協会、一九八一年、二九~三二頁)。
(43) 伝田・前掲論文(註2)八九~九〇頁。

（44）　前掲拙稿（註1）参照。

〔付記〕

註（36）で企業者精神と報徳主義との関係について考察した村松敬司氏の論文をあげておいたが、その後、氏は研究を集大成されて『二宮尊徳に学ぶ経営の心　報徳一円』（日経ＢＰ社、一九九一年）を上梓されているので、参照されたい。

II　近世の村落社会と生活文化

第一章　夫婦喧嘩・離婚と村落社会
——駿河国駿東郡山之尻村の名主家の日記から——

はじめに

一九九四年一〇月末、茨城県つくば市で医師である夫が夫婦喧嘩の末に妻子を殺害するという事件が起き、世間の耳目を集めた。この家族は新たに移り住んだ土地で地域の人たちとの日常的な交流もなく暮らしていたという。当事件は、地域で孤立して生活を営んでいる現代の核家族が、その中心となる夫婦関係に危機が訪れたとき、いかに脆いものであるかを最も悲惨な形で露呈したものである。夫婦関係においてのみならず、近年、親子間の殺人事件、親子心中、独居老人の自殺、社会の繁栄の中での家族あるいは単身者の餓死等々、家族をめぐる問題がさまざまな形で噴出している。それらは地域における家族相互の交流や人々の生存を支えうるような地域社会づくりの必要性を改めて認識させ、社会科学の諸分野においても家族と地域社会の関係を問う論議が盛んになっている。たとえば、学際的学会である比較家族史学会は一九九三年六月の大会テーマに「家族と地域社会」を掲げてシンポジウムを行なっているし、歴史学においても、歴史科学協議会が一九八四年から八六年にかけて「歴史における家族と共同体」のテーマで大会を開催している(1)。

筆者も近世史学の立場から、家族と共同体なり地域社会なりとの関係に多角的にアプローチしてみたいと考えているが[2]、当面の問題関心は、家内部の人間関係にトラブルが生じたとき、村落社会にあってはどのような形で対処がなされたのか、その対処の論理はいかなるものであったのか、という点にある。この問題に関しては先に親子間紛争を事例に検討したことがあるが[3]、本稿では夫婦間のトラブルの場合について考究してみたい。

素材とするのは、既稿と同じく駿河国駿東郡御厨(みくりや)地方の山之尻(やまのしり)村（現、静岡県御殿場市山の尻）の名主を代々務めていた滝口家の当主または隠居が、安永二年（一七七三）から安政二年（一八五五）の約八〇年間にわたって書き継いだ日記[4]である。この日記には名主の職務に関わる事柄のほか、村内および近隣の村々でのさまざまな出来事に関してもかなり詳しく記録してあり、それには親子関係や夫婦関係をめぐるトラブルに関する記事も多くみられる。

第一節　山之尻村の概況

山之尻村の概況については既稿において少しく詳しく述べておいたので、ここでは要約的に記すにとどめる。

当村は富士山の東南に位置している。駿府藩領、幕府領を経て、寛永一〇年（一六三三）より小田原藩領となった。宝永四年（一七〇七）の富士山噴火により駿東郡御厨地方の村々は大被害を受けたため、翌年から幕府領となり、幕府の力で復興がはかられたが、延享四年（一七四七）には小田原藩領に復され、幕末に至っている。正保四年（一六四七）の小田原藩主稲葉氏の検地で確定された村高は三三二石六斗一升一合、反別四〇町三反六畝一八歩で、うち田方一七町六反二畝二三歩、畑方二二町七反三畝二五歩である。

延宝八年（一六八〇）の「村鑑(むらかがみ)」によると、当村には、「本村」（下合(しもや)）一二軒、「宇とう木村」（控木）七軒、「印野村」一一軒、「小麦山村」一二軒、「檜畑村」二軒、「原山村」（荆山(ばら)）二軒、「壱本木」三軒の七グループの「百姓家続」（集落）が存在していた。これらは今日「スジ」と呼ばれているが、「村鑑」では「壱本木」を除いて他はすべて「……村」と表記されているので、自然発生的なこれら集落がもともとは「村」と呼び慣らわされていたことが知られる。近世においては、これらの集落は行政単位としての「山之尻村」に政治的・社会的に統合されていたのである。

安政五年（一八五八）の「山之尻村切支丹宗門改帳」をみると、村内の家々は無田も含めて四軒から七軒をもって「組」を構成し、それが一二組存在している。いわゆる五人組である。現在でも、近世の五人組の系譜を引く「旧組」と呼ばれるグループが山の尻には存在し、「トブライ組」とも称し、葬式の際には協力し合い、祝言にも招き合っている。この旧組は「スジ」（集落）とは関係なく結ばれているが、それは近世においては各集落の戸数の差が大きく、同一集落内で五人組の編成が完結しえなかったことに由来していよう。なお、当地域では今日でも近隣の家々を「モヨリ」と称し、密接な共同関係を保っている。日記をみても、村内に何かもめごとが起きると、当事者の属する家の「近所」と「組内」の者が村役人とともに仲裁に入って解決に努めているのが通例である。

山之尻村の戸口は表48のように変遷している。寛保元年（一七四一）には、延宝八年（一六八〇）に比べ家数では一軒増えているが、人口は逆に五三人も減少している。これは宝永四年（一七〇七）の富士山噴火による砂降り被害の影響であろう。安政五年（一八五八）の「宗門改帳」には寺家は含まれていないものの、家数はかなり増加している。しかし、これは「無田」の増加によるものである。一方、人口の方は減少の一途をたどっており、一軒あたりの家族員数も縮小している。御厨地方は冷涼で雨が多く、もともと稲作の生育条件が悪かったうえに、宝永の砂降りで大きな被害を受け、その影響がのちのちまでつづいた。しかも、一八世紀半ば以降、天候不順による凶作・飢饉にたびたび見舞われたうえに、藩財政の窮迫を凌ぐための小田原藩の年貢・諸役増徴が重くのしかかった。それゆえ村々は慢性的な疲弊に陥っていたのであるが、それは山之尻村の人口の推移にも顕著に現れている。

図　山之尻村略図

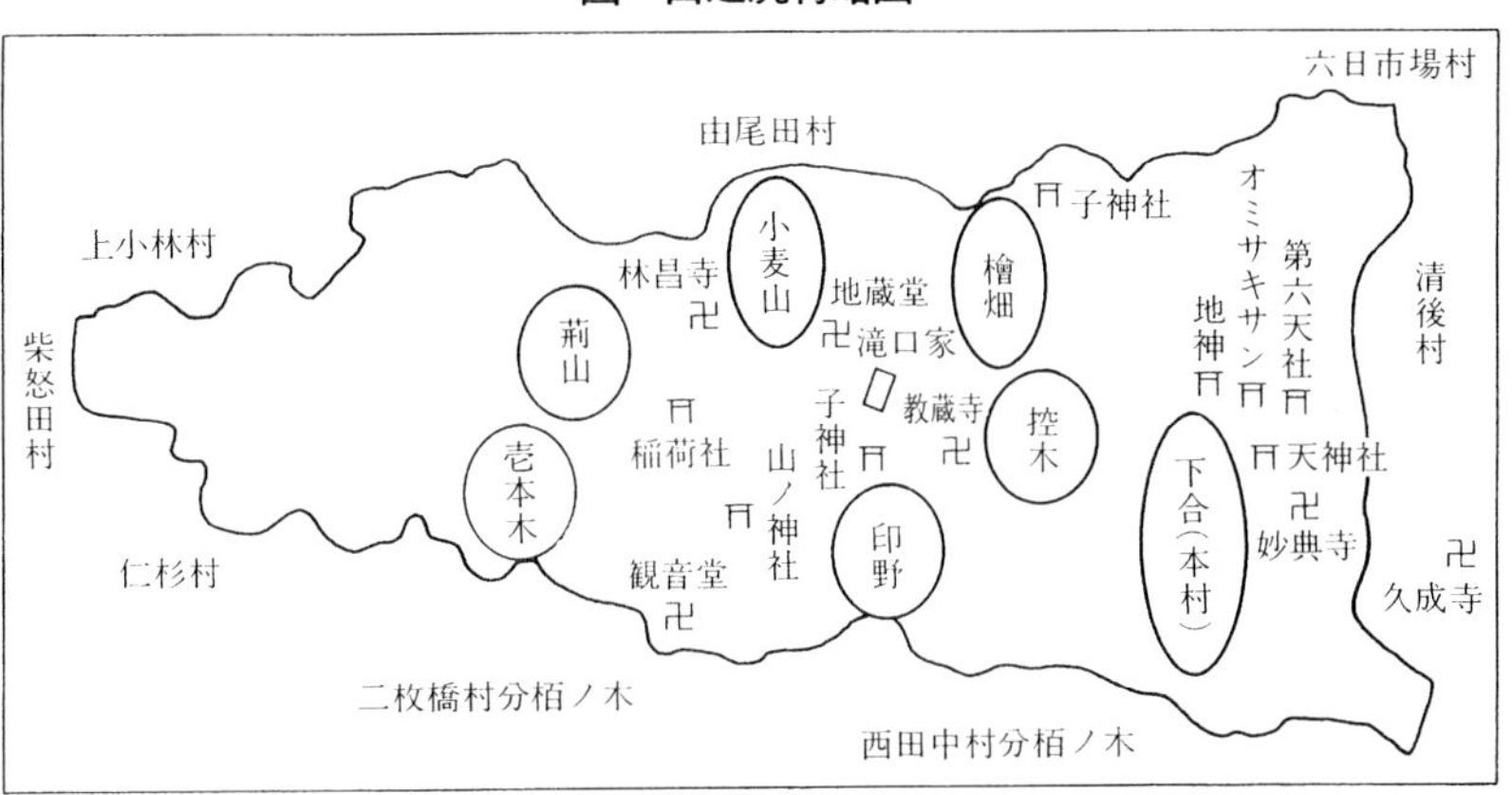

御殿場市史史料叢書２『山の尻村の「名主日記」』の付図を略図化

表48　山之尻村の戸口

年　次	惣家数	内　　訳	惣人数	内　　訳	1軒あたり人数
延宝8年(1680)	49軒	名主2、本百姓37、無田6、紺屋2、座頭1、道心1	364人	男187、女171、座頭1、出家4、道心1	7.4人
寛保元(1741)	50	百姓家41、地借6、寺方3	311	男158、女150、出家3	6.2
安政5(1858)	64	名主1、組頭4、組頭格2、小百姓36、無田20(うち1軒明屋敷)、医師1	299	男161、女138	4.7
万延2(1861)	64	名主1、組頭4、組頭格2、小百姓36(うち1軒明屋敷)、無田20(うち2軒明屋敷)、医師1	288	男150、女138	4.7

註・延宝8年「山之尻村村鑑」(『御殿場市史』第2巻、1975年)、寛保元年「山之尻村指出帳」(同前)、安政5年と万延2年の「山之尻村切支丹宗門改帳」(『御殿場市史』別巻II, 1980年)による。
・安政5年と万延2年の戸口には寺家・僧侶は入っていない。
・安政5年と万延2年の1軒あたり人数は明屋敷の軒数を除いて算出。

なお、今日の御殿場市と小山町および裾野市北部を含む地域は、平安時代末か鎌倉時代初めの頃に伊勢神宮の荘園である大沼鮎沢御厨が設定されたことにちなんで「御厨」と呼ばれるようになり、地名として長く生きつづけ、人々の心性に地域的な一体感を形づくっていた。本稿において登場する村々は、特に注記しない限り、すべて御厨地域に属する。

第二節　夫婦喧嘩とその仲裁

夫婦喧嘩は本来は家内の問題であり、外部の者がいちいち口をさしはさむべき性格のものではない。しかしながら、家内で事が収まらないときは、当事者をとりまく外部の関係者が仲裁に入る。名主家日記に記されている夫婦間のもめごとの事例は、名主まで介入せざるをえなかった場合のものである。まず、その事例を紹介しておこう。

（1）天明八年（一七八八）正月一七日、古沢村の神主越後守が山之尻村の名主宅へやって来て、お願いがあるとして次のように語った。山之尻村の医者誘泉の女房「かく」が何事か無調法をしでかし私方へ参ったが、「親類之事故、置候事不相成」と断った。しかし「かく」は、夫の誘泉に追い出され、何方にても置いてもらえないので、是非なく参った、と宿泊を懇願する。そういう事情なので、「かく」を一夜当方に泊めることを許可していただきたい。「夫故不縁ニ御座候ハバ、親元へ誘泉方より相渡し候様、御願奉頼上候」所存である、と。

それを聞いた名主は、誘泉夫婦の件については何も知らなかったので、さっそく「役人寄合」を持って相談し、誘泉を呼び出して吟味した。それに対して誘泉は次のように答えた。別に追い出したわけではない。山之尻村百姓専右衛門女房が去夏に夫と不縁にしたいとして親元に帰った件で、私の女房が尻押ししたので、専右衛門の恨みを買ってしまった。そこで、女房に、「専右衛門方へ参り候て成共尻押之訳ケ合相立候」「若訳難立候ハバ、其方も其分ニ不差置候」と申し渡した。それゆえ、てっきり専右衛門方へ行ったものと思っていた、と。それを聞いた村役人が、「其義ハ女人へ訳ケ合立候よりも、自身ニ訳ケ合可致所、不得其意ヲ」と叱ったところ、誘泉は「申訳ヶ無之」と謝り、自分を古沢村へ遣わしてもらいたい、と願い入れた。村役人もこれを了承したので、誘泉は古沢村の越後宅へ赴き、自分の女房であることを確認したうえで、専右衛門夫婦の出入が決着するまで越後方へ女房を預け置くことにした。

その後、専右衛門夫婦の出入(でいり)については、隣村清後(せいご)村の次郎右衛門と山之尻村の角兵衛、組頭伴蔵、妙典寺の住職、近所役らの仲裁で、不縁ということで決着した。誘泉夫婦の出入も清後村の次郎右衛門が「何事も双方貰イ下ゲニ被成被下候」と申し入れたので、「其故何事なしニ相済申候」こととなった。

(2) 文政八年(一八二五)六月、山之尻村うとう木の忠左衛門の娘「かく」が「風(ふ)と罷出」、近村東田中村の神主民部方へ「欠込」んだ。この女は今では同村下合の九右衛門倅忠助の女房となり、同村檜畑の久右衛門家を借家していたのが、「欠込」に及んだのである。日記には「忠助お(か)く弐人之者共、其義ハ段々六ツヶ敷事故」(( )内註記は大藤。以下、同)と記してあり、夫婦双方がそれぞれ自分の言い分を言い張って譲らず、事態はこじれ、収拾がつきがたくなってしまったことがうかがえる。そこで「組・近所之者六人衆中」が「引請人」となり、父親の忠左衛門に掛け合ったところ、娘を「東田中神主より引さげ、其上跡そうぞくニ致度」と返答した。

ところが忠左衛門はその約束を実行せず、「風と欠落(かけおち)」して行方知れずとなってしまった。捜索したものの居所がわからないので、やむなく、忠左衛門の女房を仲人の直右衛門と半助の両人が夫が見つかるまで預かり置き、

「かく」については「組・近所六人衆中」が神主より引き取って「何れそうぞく」させる心積もりで、山之尻村林昌寺上人を仲介にして神主に掛け合った。これに対し神主は、村役人奥印の請書を差し出してもらえれば「かく」を引き渡すと返答したが、山之尻村の側としては、村役人が奥印したのでは「表向筋」のこととなってしまうので、「(組・近所)六人之者役人代ニ付、六人奥印受書」ですませてもらいたい旨、申し入れた。

しかしながら神主は、村役人の奥印でなければ「かく」を引き渡すわけにはいかないと言い張って譲らないので、「無拠役人ニ而奥印仕、おかくヲ引取」った。そして、「おかく之義、村役人迄奥印ニ而は表筋故ニ付、村方差置申義ハ相成申間敷と組・近所へ右之由申付、外へ遣し置申候」こととした。一方、「忠左衛門尋之義ハ、相談之上益後迄差置」くことに決めたところ、相州大山辺りで「日雇ヲ取」っているのを小山村の者が見つけ、引き連れて来た。「甚々申訳ケ無、林昌寺様何事も仰も御貰被成」、それにより七月二二日晩に忠左衛門は自宅に帰ることが認められ、一件落着した。日記には「目出度相済申候」と結んである。

(3) 嘉永元年(一八四八)二月、山之尻村下合の新助と女房が不和で「家内納り不申」という事態となった。この女房は新柴(あらしば)村より嫁いで来た者であるが、「諸色品々皆出し」「子供迄連れ出し」たため、「大キ六ツ(ケ)敷」なった。二月一二日に「組・近所」の者三人が竹之下村へ掛け合いに赴いているので、家出した女房は同村所在の家に駆け込んだのであろう。翌一三日、「又々皆立合、新助殿ニも睨と咄し」「家内取定、其上女房之義も返し可申筈ニ而」話がついたので、皆々竹之下村より帰った。ところが女房の方は「彼是六ツケ敷」言い張って収まらない。そこで、一四日、山之尻村名主の助十郎、組・近所の者、新柴村の世話人(仲人であろう)、竹之下村の者(女房の駆け込み先の者であろう)らが相談をしたうえで、なんとか「帰縁」させようと新助と女房を説得した。しかしながら、新助は承知したものの、女房の方は聞き入れなかったため、やむなく「不縁」とし、子供は男なので新助が引き取ることとなった。

その後、中丸村の蓮静寺住職が名主に申し出て仲介に入り、その世話で三月晦日に復縁となったが、その際、新助は親類に対して今後は出入沙汰など致さないことを誓約させられている。そして、その保証のためであろうか、蓮静寺が新助の親類となっている。翌四月一日、新助と女房が復縁の礼に酒と紙をもって名主宅に参り、紙を返して一件落着となった。

(一)右の三件はいずれも、女房が家出して他家に駆け込んでいる。家出――他家への駆け込みという行為によって、夫婦喧嘩はもはや単なる家内のみの問題ではなくなり、村役人が仲裁に乗り出さざるをえない事態となったのである。ことにこの三件のように駆け込み先が他村ともなれば、それは村内限りの問題にもとどまらなくなる。日記をみると、家内あるいは家相互間に何かもめごとが発生し、当事者のみで解決しえない場合、まずその近所・五人組の者たちが仲裁に入り、それでも収まらなかったときは村役人に届け出、村役人の裁量をもってしても解決不能となれば村の最高審議・裁判機関である惣百姓寄合に上程する、というのが村内の紛争解決のシステムであったことが知られる。そして、村内部で解決しえなかった場合は、小田原藩の役所に訴え出ている。夫婦喧嘩は事の性格上、家内もしくはせいぜい近所・五人組のレベルで収まりのつくことが多かったであろうが、右の三件はもはやそのレベルを超えた問題へと発展したがゆえに名主家の日記にも記されたのである。

(二)女房の家出の原因は(2)と(3)については夫との不和としかわからないが、(1)にあっては、誘泉の女房が同じ山之尻村の専右衛門女房の離婚願望を後押しして親元に帰らせ、専右衛門の恨みを買ったため、誘泉が女房を叱り、それが因で家出に及んでいる。村内の女房どうしが身の上について相談することは多かったであろうし、時にはこの事例のように離婚の後押しをすることもあったのである。ただ村役人は、誘泉女房のそうした行為自体については何ら問題にしていない。逆に、女房の不埒をあげて釈明しようとした誘泉を叱りつけている。おそらくそれには、一家を治める責任を負う主人でありながら、女房の管理もろくにできず、たかが夫婦喧嘩で村役人まで引っ張り出されるような事態を引き起こしたことへの怒りがこめられていただろう。

（三）日記には、さまざまな理由で村内外の寺、神社や村役人クラスの有力者の家に保護を求めて駆け込んでいる事例が頻繁に登場する。これは当地方のみに特有の事象ではなく、近世社会において一般的にみられたものであることは、従来の研究で明らかにされているところである。(5) 駆け込まれると、本人に事情をただしたうえで、その者の所属する家や五人組・近所および村の役人などに連絡し、交渉する。その場合、交渉の主導権はかくまっている方が握っているのが常である。（2）でも、女に駆け込まれた東田中村の神主は山之尻村の役人に対し、村役人奥印の請書を差し出さない限り身柄を引き渡すわけにはいかないと強硬に主張して承諾させている。しかしながら（1）にあっては、家出した女に宿泊を懇願された古沢村の神主は「親類之事故、置候事不相成」と最初は断り、山之尻村の役人の承諾を得たうえでかくまっている。夫婦喧嘩のごとき身内どうしのいさかいで、親類筋の者がその一方に肩入れすることは、かえって憚られたのであろう。

（四）夫婦喧嘩の仲裁の仕方は、まず双方の言い分を聞いて仲直りするよう説得し、どうしてもそれが不可能と関係者が判断したときにはじめて離婚という措置がとられるのが、一般的なあり方であっただろう。（3）はその経緯を典型的に示している事例といえる。すなわち、夫婦の居住する山之尻村の名主と当事者の組・近所の者たち、および女房の出身地の新柴村の世話人、駆け込み先と思われる竹之下村の者らが相談したうえで、なんとか帰縁させようと夫婦双方の説得に努め、夫は承諾したものの、女房の方がどうしても聞き入れないので、やむなく不縁に処しているのである。ここでは、女房の頑強な意思に関係者が折れざるをえなかったわけである。家出――他村の家への駆け込みによって村方に迷惑をかけてしまった女房の行為そのものには、何らの制裁も加えられていない。それればかりか、その後、中丸村連静寺住職の世話で復縁となり、村方もそれを認めている。

ところが（2）では、他村の神主宅に駆け込んだ女房を山之尻村にいったん引き取ったうえで村追放に処している。この場合、引き取りにあたって村役人奥印の請書を差し出さざるをえなくなり、「表向筋」のこととなってしまったからである。この事例では、当初、女房の実父の責任で引き取らせようとし、実父が欠落してしまったのちは組・近所の者たちにその肩代わりをさせており、村役人が他村の者との交渉に表立って乗り出すことは避けようとした様子がうかがえる。駆け込み先の村の役人も登場していない。すなわち、村役人相互が直接交渉したのでは村と村との公の交渉事となってしまう。たかが夫婦喧嘩ごときでそこまでさせられたのではたまったものではない、そうした心意がそこには働いていたに相違ない。だが、駆け込み先の神主は、村役人奥印の請書でなければ女を引き渡せない、と頑強に主張して譲らない。さりとて他村に駆け込んだ者を放置しておくわけにもいかない。そこでやむなく村役人の責任において身柄を引き取ったうえで、村追放という制裁に処したのである。

（五）（1）の誘泉夫婦の出入については、隣村清後村の次郎右衛門なる者が「何事も双方貰イ下ゲニ被成被下候」と山之尻村の役人に申し入れ、役人もこれを了承して、「其故何事なしニ相済申候」次第となっている。（2）では、他村の家に駆け込んだ女房の実父が娘の身柄引き取りの約束を実行せずに欠落してしまった件で、山之尻村林昌寺住職が「何事も仰も御貰被成」、それにより山之尻村役人も実父の帰村を認めている。（3）でも、夫婦喧嘩がもつれていったん不縁となった男女を、中丸村蓮静寺住職が名主に仲介を申し出て世話をし、復縁させている。そして、以後出入を起こさせないことを保証するためであろうか、自らがその親類となっている。

村内の紛争を解決する責任主体は当事者の組・近所の者および村役人であるが、事態がこじれ周囲の者たちの感情も悪化したときには、以上の例のように、世俗の人間関係から超越した存在である寺の住職や同じく第三者の立場にある近村の村役人クラスの有力者が、一切の問題と周囲の者の憤りを貰い請け、事態の打開と村落社会における人間関係の修復に努める。これも在地における紛争解決と人間関係維持の一つの回路であったのである。

第三節　離　婚

(一)　離婚の成立要件

庶民の離婚は周知のように、夫から妻に宛てて離縁状を発給し、妻がそれを受理することを法的要件とした。この離縁状の授受があってはじめて双方ともに再婚が可能となるのであり、それなくして再婚すれば重婚罪に問われた。江戸時代の離婚については、かつては「夫専権離婚」という見解が通説化していたが、近年、高木 侃氏が多くの庶民の離婚事例を検討され、実態においては夫の恣意的な離婚権の発動は社会的に抑制され、多くは夫婦および夫婦をとりまく両家間の協議による熟談離婚であった、という見解を導かれている[(6)]。

家々の共同関係を基礎として成り立っていた村落社会にあっては何よりも、家相互の関係の情誼を損なわないことが思んじられる。この時代の婚姻関係は日常の生活圏内で取り結ばれるのが一般的であったので、離婚に際しても、婚家と実家の関係があとあと気まずくならないよう、夫婦および両家の合意が重視されたに相違ない。したがって、江戸時代の離婚の基本形態を熟談（協議）離婚とみる高木氏の見解は妥当性をもっていると思われる。現実には離婚をめぐるさまざまな形のトラブルも発生しているのだが、それは夫婦ないし両家の合意が成立せず、一方の意思・都合で離婚に持ち込もうとしたときに発生したものと位置づけることができよう。

さて、山之尻村名主家の日記をひもとくと、離婚に関する記事が頻繁に出てくる。その大部分は入嫁の離縁である。しかも、特にそれがこじれた場合に名主が調停に入った事例以外は、ただ離縁の事実のみを簡単に記しているにすぎないのが特徴である。おそらく、入嫁の離縁に関しては、それが夫婦および両家の合意のもとに成立しさえすれば名主はそれを事後承諾するのみで、いちいち介入はしなかったのであろう。

それにひきかえ養子の離縁については、名主が介入してそれを回避させようと努めた経緯が詳しく記録されており、関心度の差がうかがえる。それは、養子は家の継承者として迎え入れたものであり、その離縁は家の存続、ひいては村の存続に直接かかわるがゆえであろう。既稿で紹介したように、養親と養子の喧嘩に五人組・近所の者と村役人が仲裁に入り、養親の別居隠居という形で収拾した事例も存する。日記をみる限り、跡取りの養子の離縁や実子の勘当は村の承認がなければ成立しなかったのに対し、入嫁の離縁は夫婦および両家が合意さえすれば成立し、村はそれを事後承諾するのみであったのではないか、との感が強い。

もちろん、再婚が困難であれば入嫁の離縁といえども家の存続にかかわってくるので、村としてもそれを規制せざるをえなかったであろう。しかしながら、近世においては離婚の多さと表裏をなして再婚もまた多かったことは、すでに明らかにされているところである。キリスト教の影響で処女性の重視されるようになった明治以降と違い、江戸時代には離婚女性を疵物視する観念は強くはなかったと考えられ、再婚にイデオロギー的な障害はそれほどなかったであろう。また、離婚が多ければそれだけ、家存続の必要上、嫁の口も多くなるのである。

ただ、この時代の再婚については、当時の人生観との関係においてもその意味を考えておかねばならない。近世には小農民の家の形成が進み、それぞれの家が主体的に先祖を祭祀するようになった。そして、それを基盤にして、成人すれば結婚して男はやがて一家の主人、女は主婦の地位に就き、死後はその家の先祖として子々孫々に祀られるのが、正規の幸せな人生コースと考える人生観が広く成立するところとなった。

そのコースからはずれ成人後も未婚のまま生家に留まれば、生前はその家の厄介として、死後は無縁仏として扱われることになる。(7) それは御殿場地方においても同様であった。(8) 結婚しても離婚して生家に戻れば、再婚しない限り、やはり厄介→無縁仏という日陰の人生コースを歩むこととなる。したがって再婚は、実家から厄介払いをするとともに、本人を正規の人生コースに戻してやる意味がこめられていたのである。(9)

(二)　離婚の協議過程

さて、先述したように、協議によって成立したとみられる入嫁の離縁については、名主家日記には離縁の事実のみがごく簡単に記してあるにすぎないが、当の名主家から嫁いだ娘の離縁に関しては協議の経緯を詳しく記録しているので、まずそれを紹介しておこう。

(4)　山之尻村名主滝口源之丞の娘「きそ」は須走（すばしり）村小野大和方へ嫁いでいたが、小野家が困窮に陥り借金がかさんだため、天保三年（一八三二）四月、親元へ参り、その事情を話して聞かせた。そこで滝口家では、近所の者、林昌寺住職、それに世話人（くれ方の仲人であろう）の加左衛門、繁助（組内あるいは親類の者であろうか）らと相談して、小野家に「ひま」をとりたい旨、掛け合った。小野家では「ひま取度と申候得ば、致方も無御座」と返答したものの、その後四月九日、世話人（もらい方の仲人であろう）の須走村十太夫を通じて夏まで待ってくれるよう申し入れてきた。しかし滝口家はそれを拒み、すぐにも「ひま」をとりたいと主張したため、小野家もよんどころなくそれを了承し、一四日には滝口家より人足を遣わして娘の荷物をすべて引き取ることを取り決めた。

その日、加左衛門の付き添いで組頭四名、林昌寺の者三名、それに馬一匹を赴かせ、荷物を残らず引き取るとともに、結納を小野家に返し、「さる状」（去り状）を受け取った。「きそ」の女子「ふじ」は小野家に渡すことに決めたが、当分は乳を与えなくてはならないので、母とともに滝口家が預かった。ところが、同年七月四日、相州岸村の弥五右衛門と申す者（小野家の親類であろう）が滝口家に参り、借金については当方より米四〇俵ずつ送って返済させるので、復縁してもらいたい、と申し入れた。そこで滝口家に林昌寺住職、繁助、加左衛門を招いて相談したところ、「借用之義弥五右衛門殿御承知ニ御座候得ば、当人之勘弁次第」に任せようということになり、当の「きそ」に意向をただしてみると、「左様之訳ケニ御座候得ば、差返り可申」と答えたので、復縁に決した。そして、八月一六日、世話人の加左衛門が付き添って「きそ」を送り返した。

滝口家は、当地方有数の富農であるとともに山之尻村の名主を代々世襲しており、経済力も社会的地位もあった。したがって婚姻関係も、相応の格式と経済力を備えた家と取り結ばれる。右の一件は婚家の窮迫が原因で娘が親元に帰ったことが発端となっているが、裕福な家に育った娘にとって婚家での窮乏生活は耐えられなかったのであろう。そして親も、大きな借金を抱えた家などに娘を置いておくわけにはいかないと考えたのであろうか、離縁に決している。ただ、娘と親の話し合いのみでそれを決めたのではなく、結婚の際に滝口家の方で立てた仲人と思われる世話人、近所の者、組内あるいは親類の者とみられる人物、それに山之尻村林昌寺住職（ちなみに滝口家の菩提寺は隣村清後村の久成寺である）らと相談したうえで離縁ということにしている。

実際には娘と親の意向を追認したにすぎないであろうが、ともあれ外部の関係者と相談してその承認を得るという手続きを踏んで里方である滝口家の意思が正式に決定され、しかるのちに婚家の小野家に掛け合っているのである。一方の小野家も、自分の方で立てた仲人と思われる世話人を介して離縁の延期を滝口家に交渉しているが、それは拒絶され、離縁の承諾を余儀なくされている。そして、嫁の荷物の引き取り、結納の返却、離縁状の授受という段取りを経て、離縁が正式に成立したのである。その際、子供の帰属と当面の養育について取り決めている。

後日、小野家の親類とみられる人物が借金の肩代りを条件に復縁を求めてきた際にも、滝口家では関係者と相談し、最終的には娘本人の意思を聞いて復縁を承諾している。まさに離縁も復縁も金次第であったわけで、家格と経済力を重視した上層の家の婚姻関係にあってはこうしたことも起こりえたのである。日記の記述をみる限り肝腎の夫婦の仲がどうであるのかはまったく顧慮されていないし、娘の行動からも夫婦の愛情の絆など微塵も感じられない。

(三) 離婚出入

離婚話がこじれて出入ともなれば、村役人も調停に乗り出さざるをえなくなる。次にその事例をあげておこう。
(5) 山之尻村組頭忠右衛門の娘「きよ」は、安永三年(一七七四)春に隣村六日市場村善助のもとに嫁いだが、同年冬に夫の善助は「去ル状」を「きよ」に渡して「欠落」してしまった。そのため、「きよ」を実家の忠右衛門方に預け、「去ル状」は「仲人」の十左衛門と市左衛門が預かり置くことにした。ところが、のちに帰村した善助は早々に後妻との婚礼を安永四年二月二八日にあげることを決めてしまった。それを聞いて憤った「きよ」は、同月二四日、善助方へ「押込」んだ。仲人の両人は責任を感じたのであろうか、「欠落」してしまった。
六日市場村の役人衆は「きよ」を欠落した仲人の一人、十左衛門の「組之内」へ預け置くことにしたが、事態はこじれ、二月二八日に予定していた善助の婚礼も延期となった。三月一日、六日市場村と山之尻村双方の役人が山之尻村の林昌寺に寄り合って相談を開き、善助に対し、「きよ」を連れて忠右衛門方へ参り、「去状書」を渡して「隙」を出すよう申し付けることに決めた。善助もこれに従い、その日の晩に「きよ」を連れて忠右衛門方へ赴いたものの、忠右衛門は承知しない。そこで役人が説得にあたり、ようやくにして得心させることができた。その節、忠右衛門の近所の者と村の縁者も呼び出して訳を話して聞かせ、承諾をとっている。

翌三月二日、忠右衛門と伴蔵（近所の者か縁者であろう）は礼にまわり、六日市場村役人方よりも百姓二人が山之尻村役人衆への礼まわりに遣わされ、善助も名主方に礼にまわった。

（6）山之尻村太次右衛門の娘「ミつ」は享和二年（一八〇二）暮れに生土村治郎右衛門女房に縁付いたが、翌享和三年春、「無機嫌ニ而親本え」帰ってしまった、太次右衛門がたびたび生土村の婚家に人を遣わして「ひま取度」旨申し入れたものの、婚家の方は一向に応じない。そこで太次右衛門は山之尻村の役人方へ願い出で、これを受けて村役人が相談をし、三月二六日、使者を生土村名主方へ遣わして「何卒早速片付候様」申し入れた。三日後に先方より人が参り、「仕農ニ差懸り候得ば、兎角御気長ニ被成被下候」と交渉の延期を頼み込んだので、それを承諾したものの、農繁期を過ぎても何の連絡もない。そのため六月三日にまた使者を派遣して、早く解決するよう取り計らい方を願うとともに、もし婚家の方でぜひとも嫁を取り戻したいのであれば相談に応じるので、山之尻村の林昌寺に村役人が参るよう申し遣わした。先方もそれに応じ、林昌寺に山之尻村と生土村双方の役人が集まって相談をし、「ミつ」を婚家に戻すことに決め、婚家より生土村役人衆中奥印の一札までとった。しかしながら「ミつ」は得心せず、婚家に戻らなかった。

面目を失った山之尻村役人は、太次右衛門を呼び寄せ、以後は「ミつ」の件にはいっさい構わないことにする、と申し渡した。困った太次右衛門は隣村の西田中村と清後村それぞれの名主に調停を依頼した。それを受けて両名主が山之尻村と生土村各々の名主に掛け合うとともに、「ミつ」に意見した。そして再び林昌寺に山之尻村、生土村双方の名主が集まり、西田中村名主と清後村名主の立合のもとで相談した結果、「ミつ」を婚家に返すことに決した。日記には「目出度相済申候」と記してあるので、今度は「ミつ」もこの決定に従ったのであろう。なお、日記にはこの一件の入用の負担の仕方についても記録してある。それによると、最初の林昌寺での会合では山之尻村役人が生土村役人を呼び寄せながら、帰縁の決定に「ミつ」を従わせることができず迷惑をかけたゆえ、この時の入用はすべて山之尻村が負担し、林昌寺へは茶代として銭三〇〇文を進上している。二回目の会合の入用は、山之尻村、生土村それぞれの要した分は各々自己負担とし、林昌寺へは御礼として酒一升を献じている。山之尻村ではこの度の「ミつ」の一件と別件の嘉左衛門欠落一件で計一〇貫三〇〇文かかったので、役人相談のうえ、四貫六六文は村入用で賄い、六貫二三〇文は太次右衛門に負担させることにしている。

（7）天保一一年（一八四〇）六月、小羽根山村某が女房を不縁にしようとしたものの、山尾田（やまおだ）村の親元の方が納得せず、事態はこじれ「事外むつかしく」なった。そのため「良伯様并組・近所」の者が山之尻村、山尾田村両村の名主である滝口助十郎のもとに参って調停を依頼した（宝永の砂降り以降、隣村山尾田村は山之尻村の預かりとなり、山之尻村名主の管轄下に置かれていた）。それを受けて滝口家の隠居で前名主の源之丞と近隣の中丸村の名主太左衛門が山尾田村の親元へ「不縁相談之趣申入」れたが、一向に聞き入れられなかった。

そこで近隣の二枚橋村の名主又七にも依頼して調停に入ってもらったものの、婚家の方が無理やりに娘を追い出そうとしているのだから、親元としては承知できない、と拒絶されてしまった。そのためよんどころなく、七月に入って小羽根山村、山尾田村それぞれの領主の役所へ願い出で、山之尻村林昌寺を宿にして「惣方立合之上、漸和談」となった。

（一）（5）では夫は離縁状を妻に渡したうえで欠落したのち、帰村して再婚の祝言の日取りまで決めているので、夫としては離縁状を妻に渡した以上、それで離婚は成立したと考えていたのであろう。だが妻は、夫のもとへの押し込みという手段でもってそれに抵抗した。調停に乗り出した村役人も、妻とその親の承諾を得たうえでの離縁状の授受でなければ離婚が成立したとはみなせないという立場から、その手続きの履行を夫に求めている。

したがって、少なくとも一八世紀後半には、離婚は夫婦どちらが望むにしろ、夫婦双方および婚家と里方双方の合意がなければ成立しない、という社会通念が形成されていたことになろう。夫もそれを承知していながら、妻の同意が得られそうにもなかったので、非常手段に訴えて情を通じた女との結婚に持ち込もうとしたのであろう。夫の一方的な離縁状発給によって専権的に離婚が成立するのならば、何も欠落という行為に及ばなくてもよいのである。

（6）では実家に帰った娘の意向を聞いて実父が婚家に離縁を申し入れているが、このようにどちらか一方が離婚を希望したときには相手側に掛け合って同意を求めるのが、当時の一般的な手続きであったに相違ない。先の（4）でもやはりそうした手続きを踏んでいる。また、こうした離婚話には仲人や組・近所の者、親類なども関与しただろう。それは（4）にも示されているし、（7）では組・近所の者らが村役人に調停を依頼してきているので、その前に彼らが調停に当たっていたのだろう。

また（5）では、村役人が女房の実父に離縁の説得に当たった際、近所の者と村の縁者も呼び出して訳を話して聞かせ、承諾をとっている。この地方の民俗慣行の調査でも、離婚話など一家に問題が生じたときには本家・分家、実家の親、親分、仲人などを集めて「シンルイ相談」を開くのが通例であったと報告されている(10)。

（5）は離婚出入としては特殊なケースであったので村役人の方から調停に乗り出したようであるが、通常は（6）と（7）のように当事者あるいはその組・近所の者から依頼があってはじめて調停に当たったのではなかろうか。そのことは逆にみれば、入嫁の離婚話は当事者あるいはその関係者の間で話がつきさえすれば、村役人の関与するところではなかったことを物語っている。したがって、先述したように、名主家日記には特に名主が調停に乗り出した場合以外は、ただ入嫁の離婚の事実のみを事後承諾的に記すにとどまるのである。

なお、(5)(6)(7)ともに山之尻村の林昌寺で関係村役人らの会合が開かれているが、こうした事例は他にも多くみられ、寺が村落社会における集会所としての機能を果たしていたことが知られる。ことに出入の調停会談にあっては、村役人宅で開くよりも世俗から超越した聖なる空間である寺で開くほうが、そこでの決定の公正性を当事者に示しえたのかもしれない。

(二)さて、村役人が離婚出入の調停に当たることになった際の調停の仕方であるが、いずれの事例にあっても当事者双方を交えて調停するという方法はとられていない。村役人のみの会合でまず対策を協議し、その決定に従って当事者の一方を説得するのが通例となっている。注目されるのは、その場合、いずれの事例も離縁にしろ帰縁にしろ夫側の意向に沿って妻とその親を説得することによって解決をはかっていることである。

(5)では夫が理不尽な仕業で妻を離縁し他の女と結婚しようとしたにもかかわらず、村役人たちはそのこと自体には何ら制裁を加えておらず、妻とその親の同意を得たうえで離縁状を手渡すという正規の手続きの履行を求めているにすぎない。そして、妻の父親が離縁を承知しないとなると、村役人が説得に当たって得心させている。

(6)では妻とその親の方が離縁を希望し、婚家に掛け合ったものの応じてもらえないので自村の役人に調停を願い出たのであるが、婚家と里方の関係村役人たちの相談では実家に戻った妻を婚家に帰すことに決めている。そして、妻がその決定に従わないとなると、里方の村の役人は面目を失ったとして調停を放棄している。やむなく妻の父親は今度は隣村の役人に調停を依頼したのであるが、その立合のもとで開かれた婚家・里方双方の村の役人たちの相談でも帰縁に決し、今度は妻もそれに服さざるをえなくなっている。しかも、妻の里方の村では、この一件のみならず無関係の別件の入用をも含めてその過半を父親に負担させている。これは明らかに、村役人の決定に娘がなかなか従わず迷惑をこうむったことへの懲罰の意味がこめられていただろう。

（7）では夫側の方が離縁を希望したものの妻の親元が承知しなかったので、里方の村の役人に調停を依頼したのであるが、この場合も調停者たちは妻の親に離縁を説得することによって解決をはかっている。しかし近隣の村役人まで調停に入っても妻の親は離縁を承知しなかったので、領主役所への訴訟沙汰となった。結局、内済が成立したのであるが、たぶん離縁ということになったのであろう。

(四) 離婚出入調停の論理と仕方

以上のように、村役人の離婚出入の調停の仕方は、夫・婚家の意思を優先させ、嫁とその里方を説き伏せる形でなされている。こうした形が一般的なものであったのかどうかは他地方の事例も多く検討しなくては断定しえないが、もしそうだとすると、近世における離婚の基本形態とされる熟談（協議）離婚なるものも、その内実をある程度相対化して考える必要があろう。なぜなら、上記のような離婚出入の調停の仕方は、夫・婚家の方に離婚の意思があるか否かがまず重視され、たとえ嫁・里方が離婚を希望しても夫・婚家が同意しなければ諦めるほかない、逆に夫・婚家が離婚を希望すれば嫁・里方はそれに同意するのが筋だ、という論理に立っているが、それは当時の社会通念を踏まえたものではなかったかと思われるからである。

およそ出入の調停は、当時の社会通念に合致した形で行なわなければ正当性をもちえず、当事者やその関係者を納得させることは難しいだろう。調停がそうした形をとれば、仮に当事者がそれに服さなかったとしても、当事者の方が「我意」「我儘」として社会の誹りを受けることになるのである。

当時の社会通念がそのようなものであったとしたら、夫婦および婚家と里方の間で合意が成立し出入に及ばなかった離婚にあっても、実際は夫・婚家の意向に妻・里方が不承不承同意を与えざるをえなかったケースも少なくなかったのではなかろうか。近世の離婚の基本形態が熟談（協議）離婚であったことは確かであろうが、それをもってただちに妻の意思が十全に配慮されていたとみるのは危険であろう。（4）の事例では確かに妻・里方の離婚請求に婚家が渋々同意せざるをえなかったのであるが、このケースでは、里方は当地方有数の名家で社会的に力があり、しかも離婚請求の理由が婚家の窮迫であったのであるから、これを一般的事例とみなすことはできまい。

日記の離婚記事では、嫁入りして数カ月後には離縁となっている例が多いのも注目される。あるいはこれは、この地方の足入れ婚の習俗と関係しているのかもしれない。御殿場地域の民俗調査では、かつては「足入れ祝言」とか「仮祝言」と呼ばれる足入れ婚の慣習があったとされている。これはサケスマシ（婚約）から祝言までの期間が長くなるような場合、もらい方の人手不足を理由に行なわれることもあったが、大正期までは試し婚的な傾向もみられ、足入れした嫁が家風や夫の性格に合わない、あるいは子供ができないなどの理由で帰されることもあったという[11]。

足入れの習俗は日記でも確認できる。例えば嘉永元年（一八四八）二月一三日の条には、「一本木源兵衛女房竹ノ下村より祝言仕候、今十三日あし入仕候」（傍点、大藤）とみえる。足入れが地域の慣習となっていたのならば、それは嫁も里方も納得のうえで行なわれているのであるから、上記のような理由で離縁されたとしても承服せざるをえなかったであろうし、またそれが地域社会の合意にもとづく慣習である以上、周囲の者や村役人が干渉する筋合いもないのである。

(五) 妻の家出――駆け込み

ところで、近世には周知のように離縁を望む妻が婚家を飛び出して寺院、神社、地域の有力者の家などに駆け込み、その社会的威信を借りて自己の願望を夫や婚家に受け入れさせようとした事例が数多くみられるが、従来、それと熟談（協議）離婚原則との関係が必ずしも整合的には説明されていないきらいがある。しかし、離婚協議といっても、夫・婚家の離婚意思の有無を優先するのが筋だとする社会通念を前提としていたとするならば、妻が離婚を渇望しても夫・婚家の同意が得られる見込みがなかった場合、かかる非常手段に訴えざるをえなかったのも容易に理解しえよう。

先の夫婦喧嘩の事例としてあげた（1）（2）（3）のいずれも妻が家出して他村の家に駆け込んでいる。そのうち（2）（3）は離婚願望をもっての行動であったようで、関係者も結局それを容れる形で事態を収拾せざるをえなくなっている。これ以外にも、安永七年（一七七八）二月一五日、山之尻村仁右衛門女房が「欠落」して三島に「欠入」るという事件が起きている（三島大社に駆け入ったのであろう）。理由は「男きらい」のゆえであった。そこで近所の者が仲介して、夫の仁右衛門方へ親元より金子一両を差し出させて「不縁」にすることで内済を成立させ、その由、当人とともに名主に届け出ている。この事例は、かかる事件が発生しても近所レベルの仲介で内済が成立しさえすれば、それが離婚という形であっても名主は事後承諾するのみであったことを示している。つまり、入嫁の離縁は当事者およびその関係者の間で話がつきさえすれば、村役人の関与するところではなく、村として規制を及ぼすことはしなかった、という先の想定を裏付けているのである。

また、文化五年（一八〇八）一〇月一四日晩に山尾田村龍蔵女房が家出したので、一一月に至り龍蔵が「不縁」にした、という事例もみえる。簡単な記事なので家出の理由や離婚に至った経緯は不明であるが、あるいはこの場合も、女房の方に離婚願望があって家出に及び、夫もそれに同意を与えざるをえなくなったのかもしれない。それはともあれ、この事件も当事者とその関係者の間で離婚がまとまって決着し、名主がその調停に乗り出すまでには至らなかったので、名主家日記には届け出の結果のみを簡単に記すにとどまっているのであろう。

ところで高木 侃氏は、近世の離婚の多さの原因を妻の自発的な「飛び出し離婚」の多さに求め、そこに自己の気の赴くままに自由奔放に生きる庶民女性のたくましさをみられている。[12] 確かにそれはこの時代の嫁が必ずしも夫や舅・姑に忍従していたわけではないことの一つの証左ではあろうが、しかしながらその一方で、飛び出さざるをえなかった嫁の婚家における地位・処遇やこの時代の離婚協議のあり方をも問題にしなくては、一面的な評価になってしまうであろう。

山之尻村の属する北駿一帯では、昔は嫁の地位が低く、「冷飯と仕舞湯は嫁の勤め」「大根のシリガシラ（尻尾と頭）は嫁が食べるもの」「嫁は馬代わり手間代わり」などと言われてきたという。[13] これに類する伝承は他地方にも広く存在したことは民俗学で明らかにされているところである。高木氏にあっては、「家」とその意識なるものは明治時代の産物であって、近世の庶民は女性も含め個々人が自由に伸びやかに生きていたとイメージされているので、婚家における嫁の地位の低さについても、明治に入って「家」制度が国家の法制度として国民に強制されたことによって生まれた現象だと解釈されるであろう。しかしながら、近世には「家」の形成が庶民の間にも広く進んでいたことは紛れもない事実であり、個々人が自己の意思に従って自由に生きていたとイメージするのは妥当ではない。

確かに、江戸時代の離婚をめぐる出入関係文書には、妻の方が離婚を望むにしろ、あるいは夫側の離婚要求を拒むにしろ、自己の意思を押し通そうとしている事例が多くみられ、ことに近世後期にはそうした自己主張する女性が増えていること自体は注目してよい。だが、妻が自己の意思を押し通そうとして譲らなかったがゆえに離婚出入に及んだ事例は逆に、当時の離婚のあり方が妻にとって不利であったことをも物語っているのである。

離婚に関しては、それが出入に及ばない限り、その経緯が文書にしたためられることは少ない。したがって、そうした文書に登場する女性のみから当時の女性一般をただちにイメージするのは危険である。高木氏は、離縁状に付属する文書の分析から、「忍従する妻の方がむしろまれで、勝手気ままな、奔放な妻（女性）たちが江戸の実態であった」という見解を導かれている。(14) しかしながら、妻が忍従して離婚に及ばなければそもそも文書が作成されることはないし、夫側の離婚要求を不承不承のんで離縁状をおとなしく受理した場合も、その経緯を知りうるような付属文書は作成されないのが一般的なのであるから、やや性急にすぎる見解といわざるをえない。

(六)　婿養子の離縁

婿養子は家の後継者として迎え入れたのであるから、養親、婿養子、妻（家付き娘）のいずれが離縁を望むにしろ、当事者のみの合意があれば即それが実現するというわけではなく、近所・組の者や村役人も介入し、それを回避させようと仲裁に努めていることは、先に指摘しておいたところである。その事例については既稿で検討したが、日記には、家付き娘が婿養子を嫌ったためにやむなく離縁という措置をとらざるをえなかった例も二例みえる。

（8）文化元年（一八〇四）六月二二日、山尾田村岡右衛門の娘に「遺跡」（跡取り）として婿養子を迎え祝言をあげたものの、七月一九日には娘は古沢村の神主である丹後方へ「欠入」してしまった。そのため、同月三〇日、婿に「いとま金」として三〇両を与えて「ひま」を出した。

この事例では祝言から一カ月も経たないうちに家付き娘の妻が家出し、駆け入りに及んでいるので、婿と折り合いが悪かったのであろう。御殿場地方では、婿養子を次代の戸主として迎えても、家の中における実権は「遺跡娘」にあったとされている。(15) にもかかわらず家付き娘の方が家出――駆け入りしているのは、家の後継者として親の意向で迎えた婿であるため、娘が婿を嫌っても親が離縁を承知してくれそうになかったのと、婿養子の離縁には村としての規制も加えられていたためであろう。弘化四年（一八四七）正月一四日の条には次のような記事もみえる。

（9）山之尻村十郎左衛門の「遺跡」として用沢村より婿養子を迎えたものの、「女房亭主ヲきらい不納申ニ付、無拠不縁ニ相成」った。弘化四年正月一四日に婿を用沢村の実家に帰すにあたっては一〇両を持たせ、男子は養家に残して「跡遺跡」とすることにし、その旨「組・近所書付ニ出し」た。婿養子には「内借等」もあったが、「此儀も組・近所引取」り、「都合金子四・五両も相掛」かった。

入婿の離婚に際しても夫から妻に離縁状を発給することを成立要件とするが、家を出ていくのは右の二例のように夫の方であるのが通例で、そこには家の血統重視の原理が働いている。二例とも家付き娘の妻が婿を嫌ったためにやむなく離縁にせざるをえなかったのであるが、注目すべきは（8）では三〇両、（9）では一〇両という高額の慰謝料を支払っていることである。文化元年（一八〇四）二月には、前年暮れに養子が病気の養父母をほったらかして伊勢神宮に抜け参りに出かけてしまったことに養父母が立腹し、組・近所の者さらには近村の村役人まで乗り出してなだめたものの聞き入れなかったので、やむなく離縁を認めたという事件が発生しているが、この場合にも養子に一〇両が与えられている。おそらく、家付き娘や養親の意向で養子を離縁する場合には相当の慰謝料を支払うのが地域社会の慣例となっていて、これらはそれに則った措置であったに相違なかろう。してみると、高額の慰謝料の支払いを義務づけることで、家の後継者である養子をむやみに離縁することを規制しようとする地域社会の論理を、そこに見て取ることができよう。

のみならず、（9）では婿養子の少なからぬ借金まで組・近所が肩代わりしている。もし婿養子の離縁に際して養家の組・近所まで金銭的な連帯責任を負わされていたとしたら、婿養子の離縁には組・近所がとりわけ強い規制を及ぼさざるをえなくなる。[16]御殿場地方には明治年間まで男女の別にかかわらず長子に家を継がせる慣習が残っていたというから、婿入婚も多く行われていたことになるが、日記をみる限り、入嫁の離縁の多さに比べて婿養子のそれはきわめて少ない。おそらくそれは、後者の離縁には村および地域社会の規制が働いていた結果とみて大過あるまい。入嫁を夫・婚家の意向で離縁した事例については、日記では持参道具の返還にふれることはあっても慰謝料に関しては何ら記していない。先の離婚出入の事例としてあげた（5）は、夫が理不尽なやり方で妻を離縁し他の女と結婚しようとしたものであるにもかかわらず、慰謝料の支払いはその記事には出てこない。婿養子の離縁については必ず慰謝料の額を記録しているのであるから、おそらく、入嫁を夫・婚家の意向で離縁しても慰謝料を支払う慣例は当地域にはなかったのではなかろうか。もし婿養子の離縁のように高額の慰謝料を支払うのが慣例であったのならば、入嫁の離縁件数はもっと少なくなったはずである。

ところで、入嫁の離縁をめぐる出入ではすべて実家の父親が介入しているのに対し、入婿の離縁に際しては実家の者はまったく登場していないのも、興味をひく点である。これは、入嫁と入婿とでは実家との絆に強弱があったことを反映しているのであろうか。もしそうならば、それは「氏」の問題と関連しているのかもしれない。

明治三一年（一八九八）の明治民法で入嫁も夫と同じ氏を称することが規定され、氏の系譜と家の系譜とが一致させられたのであるが、それ以前においては氏は父子相承されるのが原則で父系血統を示すものであった。家の後継者として迎える婿については、家の系譜と氏の系譜を一致させる必要があり、それゆえ妻の父との間に養親子関係が取り結ばれて父系血縁に擬制され、実家の父方の氏の系譜からは解き放たれた。しかし入嫁の場合は、夫の父と養親子関係が結ばれることはなく、婚家に入ってのちも実家の父方の氏の系譜＝父系血統に繋がっていた[17]（したがって、他姓の嫁であれば夫婦別姓となる）。それが離縁に際しての実家の介入の有無ないし強弱に関連しているのであろうか。他地方の事例も広く検討したうえでないと断定はできないが、ここではとりあえず問題提起のみはしておきたい。

おわりに

最後に、以上の分析結果を要約しつつ水林 彪氏の所論[18]に若干の言及をして、結びとしたい。

（一）山之尻村名主家日記をみると、家内あるいは家相互間に何かもめごとが発生し、当事者のみで解決しえなかった場合、まずその近所・五人組の者たちが仲裁に入り、それでも収まらなかったときは村役人に届け出、村役人の裁量をもってしても解決不能となれば村の最高審議・裁判機関である惣百姓寄合に上程し、そこでの議決に当事者を服させる、というのが村内の紛争解決のシステムであったことが知られる。そして、村内部で解決しえない事態に立ち至った際には、小田原藩の役所に訴えている。

夫婦喧嘩は事の性格上、家内もしくはせいぜい近所・五人組のレベルで収まりのつくことが多かったであろうが、村役人の介入に至らなかったケースについては名主家の日記には記録されていない。日記に記されている夫婦喧嘩の事例はいずれも、女房が家出して他村の家に駆け込み、もはや単なる家内のみの問題ではなくなったばかりか、村内限りの問題にもとどまらなくなり、ために村役人が仲裁に乗り出さざるをえなくなったケースのものである。夫婦喧嘩の仲裁の仕方は、まず双方の言い分を聞いて仲直りするよう説得し、どうしてもそれが不能と関係者が判断したときにはじめて離婚という措置がとられるのが、一般的なあり方であったと想定されるが、それはここでの事例からもうかがえる。

村内の紛争を解決する責任主体は当事者の組・近所の者および村役人である。しかし、事態がこじれ周囲の者たちの感情も悪化したときには、世俗の人間関係から超越した存在である寺の住職や同じく第三者の立場にある近隣の村役人クラスの有力者が、一切の問題と周囲の者たちの憤りを貰い受け、事態の打開と人間関係の修復に努める。夫婦喧嘩の諸事例にあっても、いずれも最終的にはそうした方法で決着がつけられている。これも、村落社会における人間関係維持の一つの回路であったのである。

（二）家々の共同関係を基礎として成り立っていた近世の村落社会にあっては、何よりも家相互の関係の情誼を損なわないことが重んじられる。この時代の婚姻関係は日常の生活圏内で取り結ばれるのが一般的であったので、離婚に際しても婚家と実家の関係があとあと気まずくならないよう夫婦および両家の合意が重視されたに相違ない。したがって、近世の離婚の基本形態を熟談（協議）離婚とみる高木　侃氏の見解は妥当性をもっていると思われる。

山之尻村名主家の日記には離婚に関する記事が頻繁に出てくるが、その大部分は入嫁の離縁であり、しかも、特にそれがこじれた場合に名主が調停に入った事例以外は、ただ離縁の事実のみを簡単に記しているにすぎないのが特徴である。おそらく、入嫁の離縁に関しては、それが夫婦および婚家・実家の間の合意のもとに成立しさえすれば名主はそれを事後承諾するのみで、いちいち介入はしなかったのであろう。それにひきかえ養子の離縁については、名主が介入してそれを回避させようと努めた経緯が詳しく記録されており、関心度の差がうかがえる。それは、養子は家の後継者として迎え入れたものであり、その離縁は家の存続、ひいては村の存続に直接かかわるがゆえに相違ない。もちろん、再婚が困難であれば入嫁の離縁といえども家の存続にかかわってくるので、村としてもそれを規制せざるをえなかったであろうが、近世には離婚の多さと表裏をなして再婚も頻繁になされており、その必要にあまり迫られなかったのではなかろうか

日記には、家付き娘の妻が婿養子を嫌ったためにやむなく離縁という措置をとらざるをえなかった事例も二例みえるが、注目されるのは、いずれの場合も養子に対して高額の慰謝料が支払われていることである。養親の意向で養子

を離縁した事例にあってもやはり同様である。おそらく、家付き娘や養親の意向で養子を離縁する場合には相当の慰謝料を支払うのが、地域社会の慣例であったのであろう。そこには、それを義務づけることによって、家の後継者である養子をむやみに離縁することを規制しようとする地域社会の論理が働いていたものと解される。一方、入嫁を夫・婚家の意向で離縁した事例については、日記では持参道具の返還についてふれることはあっても慰謝料に関しては何ら記していない。

ところで水林氏は、幕藩制国家は庶民の離婚に対しても、家経営体の存続を目的とする経営体主義の観点から、〈役所―村（名主）―五人組―夫婦〉というライトゥルギー的義務団体のヒエラルヒッシュな秩序を利用する形で紀律化していた、という見解を示されている。だが、本稿で素材とした日記をみる限り、村は養子の離縁については規制・介入しても、入嫁の離縁については規制を及ぼさず、当事者どうしの協議に任せるのが原則であったことがうかがえる。離縁・離婚に村がどう対処するかはおそらく、それが家の存続、ひいては村の存続に及ぼす影響を斟酌して、村が主体的に判断していたのではなかろうか。したがって、本稿で試みたような村内部に立ち入った分析を広く進め、それを踏まえて近世における離縁・離婚と村および国家の関係を検討することが求められよう。(19)

(二)　入嫁の離縁であっても、それがこじれて出入に及んだ場合には村役人も調停に乗り出している。離婚をめぐるトラブルは、夫婦間ないし婚家・実家間に合意が成立せず、一方の意思・都合で離婚に持ち込もうとしたときに発生する。その際、村役人は、当事者あるいはその組・近所の者から依頼があってはじめて調停に乗り出すのが通例であった。そのことは逆にみれば、嫁の離婚話は当事者あるいは関係者の間で話がつきさえすれば、村役人の関与するところではなかったことを物語っている。

村役人の離婚出入の調停の仕方は、離婚にしろ帰縁にしろ夫・婚家側の意思を優先させ、それに沿って嫁とその里方を説き伏せる形でなされているのが注目される。つまり、夫・婚家の方に離婚の意思があるか否かがまず重視され、たとえ嫁・里方が離婚を希望しても夫・婚家が同意しなければ諦めるほかない、逆に夫・婚家が離婚を希望すれば嫁・里方はそれに同意するのが筋だ、という論理に立って調停がなされているのである。それは当時の社会通念を踏まえたものであったに相違ない。だとすると、夫婦および婚家と里方の間で合意が成立し出入に及ばなかった離婚にあっても、実際は夫・婚家の意向に妻・里方が不承不承同意を与えざるをえなかったケースも少なくなかったのではなかろうか。したがって、近世の離婚の基本形態が熟談（協議）離婚であったとしても、それをもってただちに妻の意思が十分に配慮されていたとみるのは危険であろう。

近世には熟談（協議）離婚が原則であったのであるならば、なぜ、離婚を望む妻が婚家を飛び出して寺院、神社、地域の有力者の家などに駆け込み、その社会的威信を借りて自己の願望を夫や婚家に受け入れさせようとした事例が多く発生したのか。従来、両者の関係が必ずしも整合的には説明されていないが、離婚協議といっても、夫・婚家の離婚意思の有無を優先するのが筋だとする社会通念を前提としていたとするならば、妻が離婚を渇望しても夫・婚家の同意が得られる見込みがなかった場合、かかる非常手段に訴えざるをえなかったのも容易に理解しえよう。

水林氏は、幕藩制時代の庶民にあっては、協議離婚、夫専権離婚、妻専権離婚（駆け込みによる離婚）、破綻主義裁判離婚等々、あらゆる類型の離婚が存在したとされている。しかし、さまざまな類型の離婚が併存していたとみるだけでは不十分であり、それらがどのような相互関連にあったのかが問われなくてはなるまい。私は、熟談（協議）離婚の形式を基本としながらも、それが先述のような特質を内実としていたがゆえに、実質的には夫の専権離婚であることも容易にありえたし、一方妻の飛び出し――駆け込み離婚も発生しやすかった。また当事者間の協議がととのわず村役人の調停も不調に終わった場合には公儀の裁判所に提訴することもあった、と理解しておきたい。

日記にはこのほか、村の決議により離婚させた事例も、文政九年（一八二六）と天保九年（一八三八）にそれぞれ一例ずつみえる。いずれも盗み・不法を働いた廉で夫を村払いに処したのに伴い女房を離縁にして里方に帰したもので、その際、組・近所より金子を与えている。

なお、入嫁の離縁をめぐる出入ではすべて実家の父親が介入しているのに対し、入婿の離縁に際しては実家の者はまったく登場していないのも興味を引く点であるが、本文ではそれについて「氏」の問題との関連で問題提起をしておいた。

（四）ところで水林氏は、西欧近代における婚姻関係が理性主義的・倫理主義的に紀律化されるのに対し、日本の幕藩制時代の夫婦関係ないし「家」的秩序は、情緒的和合の支配すべき関係（「気」による結合関係）として観念されていた、と指摘されている。氏は、〈団体〉を、構成員の諸関係の束としてのみ観念されている〈組合的団体〉と、構成員の諸関係の算術的総和を超えた実在的団体としての〈社団的団体〉の二つの理念型に大別し、日本近世の家族の存在形式である「家」とは明らかに〈社団的団体〉に属するものであった、とされる。

この「家」の団体としての性格規定自体は妥当であろう。だとすると、そうした「家」の中に存在する家族はもはや情緒的に結合する人間関係の束ではありえない。「家」の都合により外部の人間を構成員に取り込んだり、逆に「家」経営体にとって不要な者は追放する。婚姻・離婚もそうしたものとしてなされていたことは、水林氏自身も指摘されているところである。ならば、「家」に規定された夫婦関係を情緒的結合関係とみることは論理的に矛盾していることになる。「家」の原理は夫婦の情緒的結合に反しているがゆえに、イデオロギーとしては逆に情緒的和合の必要性が強調されるのであって、それを実態とみて日本近世の夫婦関係の特質を論じることは正鵠を得ていまい。

瀬川清子氏の研究[20]によると、中・下層農民の子女は若者組と娘仲間との集団交際を通じて結婚に至るのが伝統であったが、近世後朝になると、中・下層農民においても婚姻に家長の意向が強く働くようになり、若者組の機能は衰退していったという。安永二年（一七七三）～安政二年（一八五五）の山之尻村名主家日記には若者組に関する記事は頻繁に出てくるものの、若者組が婚姻に関与していたことを示す記事は見当たらない。この時期の婚姻形式が仲人を介して家長相互が取り決めるものに一般化していたであろうことは、婚姻や離婚に関する記事に仲人が登場する例が多いことや、家長に結婚を認められない男女が「欠落」あるいは心中した事件がそれぞれ八件、五件みえることから、うかがい知ることができる。

婚姻が男女の自由意思にもとづくものではなくなり、「家」の論理の支配するものとなっていったとき、そこでの夫婦関係はもはや水林氏のいうような情緒＝「気」による結合ではありえない。日記に結婚して数カ月後には離婚となっている例が多く出てくるのも、その点とかかわっていよう。本文で述べたように、この地域にはかつて嫁が家風や夫の性格に合うかどうかを試す足入れ婚の習俗が存在したのであるが、それはおそらく、婚姻が男女の「気」による結合ではなくなった段階でこそ必要となって生まれた習俗であったのではなかろうか。

註

（1）両大会の成果は、歴史科学協議会編『歴史における家族と共同体』（青木書店、一九九二年）、比較家族史学会監修（岩本由輝・大藤修編）『家族と地域社会』（早稲田大学出版部、一九九五年）にまとめられている。

（2）拙稿「近世農民層の葬祭・先祖祭祀と家・親族・村落」（『国立歴史民俗博物館研究報告』第四一集、一九九二年。拙著『近世農民と家・村・国家』吉川弘文館、一九九六年、再収）では、葬送・法事および先祖祭祀の面から家と地域社会との関係を考察してみた。

（3）拙稿「近世後期の親子間紛争と村落社会」（渡辺信夫編『近世日本の民衆文化と政治』河出書房新社、一九九二年。同前拙著再収)。
(4)　御殿場市史史料叢書二『山の尻村の「名主日記」』として刊行されている(一九七七年)。ただ、判読不能として処理してある箇所が多く、誤植・誤読も少なからずみられるので、本稿では原文と照合して補訂したうえで使用した。照合にあたっては、日記原本を収録したマイクロ・フィルムを敦賀女子短期大学教授多仁照廣氏より借覧した。御厚意に感謝の意を表したい。
(5)　近世社会における駆け込み慣行に関する個別論文は数多くあるが、まとまった業績としては阿部善雄『駈入り農民史』(至文堂、一九六五年)をまずあげねばならない。これは、陸奥守山藩の「郡方御用留帳」を素材に駆け入りを通して近世農民の生活と社会を生き生きと描いた古典的名著である。近年では高木 侃『三くだり半と縁切寺』(講談社現代新書、一九九二年)が各地の女性の駆け込み事例を豊富に紹介している。氏はこのほかにも、大著『縁切寺満徳寺の研究』(成文堂、一九九〇年)を著されている。
(6)　高木 侃『三くだり半』(平凡社、一九八七年)および同前書。なお、同様の見解は鎌田 浩氏によっても提示されている(「江戸時代離婚法の再検討」、『牧健二博士米寿記念・日本法制史論集』思文閣出版、一九八〇年)。
(7)　註(2)拙稿参照。
(8)　『御殿場市史』別巻1考古・民俗編(一九八二年)、二八七頁。
(9)　註(2)拙稿および拙稿「近世農民のライフサイクルと家・村・国家」(註2拙著所収)参照。
(10)　前掲『御殿場市史』別巻1、二三六頁。
(11)　同前書二五九〜二六〇頁。
(12)　高木・前掲諸書。
(13)　前掲『御殿場市史』別巻1、二三四頁。
(14)　高木 侃「家族の絆」(『週刊朝日百科日本の歴史・別冊 歴史の読み方6』朝日新聞社、一九八九年、五三頁)。
(15)　前掲『御殿場市史』別巻1、二三四頁。
(16)　同前書二三四頁。
(17)　註(2)拙稿および拙稿「近世における苗字と古代的姓氏」(比較家族史学会監修『家の名・族の名・人の名』三省堂、一九八八年。「近世の国家・社会と苗字・姓氏」と改題のうえ増補して註2拙著に再収)参照。
(18)　水林 彪「日本近世団体論」(『日本史研究』第三七九号、一九九四年)。

(19) 近代天皇制国家のもとではそれぞれの家の戸主を国民統治機構の末端機関として直接に定置し、戸主の地位と権限を国家の法制によって保証して、戸主を通じて家族を管理・紀律した。それに対し、幕藩制下にあっては村・町などの中間団体の請負的統治であり、家経営体の存続という点では領主の意図と村・町・家の目的は合致しても、家内の人間関係をめぐる問題への具体的な対処の仕方には村・町および親類・同族や家の独自の論理と主体的な判断が働く余地が大きく、必ずしも幕藩領主の定めた法や規範に則って処理したわけではない。

たとえば、幕藩の法制においては親の子に対する絶対的優位が保証されており、親子出入に際しても訴権は親のみに認められ、子が父母を訴えることは不孝罪に当たる犯罪として扱われていた(小早川欣吾『増補 近世民事訴訟制度の研究』名著普及会、一九八八年、六三八〜六五三頁)。しかし、村落社会における親子出入の処理の仕方を検証すると、父親が一家の長としてふさわしくないと村人から判断されたときには村の意思として当主の地位から強制的に退けられ、その子が当主に就けられている例も見出だせるのである(註3拙稿参照)。また、幕藩の法制上は主従の関係は絶対的なものであるが、商家の家訓には、主人が道に背く行為をするときは奉公人が「押込隠居」に処すべしとし、家の安泰のためには奉公人が主人に反逆することを認めている例もある(註2拙著八〇頁参照)。

幕藩制下では諸団体がライトゥルギー的に編成されていたという水林氏の見解は、日本近世の国制の原理的説明としては正しいだろう。しかし、ライトゥルギー的紀律化のシステムが社会の側の自発的応答によって支えられ、実効的に機能していたという断定にとどまっていたのでは、現実の社会に生きていた論理や規範を探求し、社会の側から国家との関係をとらえ直す学問的試みは放棄され、国家権力によって一元的に管理・紀律化された硬直した近世社会像しか結びえない。

(20) 瀬川清子『若者と娘をめぐる民俗』(未来社、一九七二年)。

第二章　村落の生活文化

――駿河国駿東郡御厨地域を場とした――

はじめに

本章では、富士山麓に位置する駿河国駿東郡御厨（みくりや）地域（今日の静岡県駿東郡小山（おやまちょう）町から御殿場市、裾野市北部にかけての地域。御厨地域の由来と概況については本書Ｉ第三章第一節参照）、なかでも現小山町域の村々およびその周辺の村々を場とする近世後期の生活文化の諸相を、当地域に伝存する文書および石碑などから描いてみたい。[2]

およそ生活文化というとき、さまざまな側面をもつ生活の営みの総体が含まれることになるが、そのすべてをここで扱うことは不可能である。そこで、第一節「天候不順・病と村人の対応」、第二節「旅の隆盛」、第三節「祭礼と芸能・花火」、第四節「寺子屋教育の隆盛と地域文人社会の形成」と対象を限定することにしたい。なお、本章は『小山町史』第七巻・近世通史編の大藤執筆になる第八章「村の生活文化」を基にしているが、本来同テーマに密接に関わる家・家族、生業、金融、村の自治、信仰と伝承、災害・紛争への対処等々の問題については、同書の他章の叙述に譲っている。併せて参照いただければ幸いである。

第一節　天候不順・病と村人の対応

(一)　天候不順への対応

1　日和見とその記録

農耕の営みは天候に左右されるため、農民たちはことのほか気象に敏感であった。文字が農民の間にも浸透した近世には農民の手になる日記も多く生まれているが、それには天候について恒常的に記録されているのが通例である。

現在は御殿場市に属しているが小山町域の村々とは近隣に位置する山之尻（やまのしり）村の名主を代々務めていた滝口家には、安永二年（一七七三）から安政二年（一八五五）に至る約八〇年間、同家の当主または隠居が四代にわたって書き継いだ日記が伝来している。(3) それにも例にもれず、晴れ具合、雨の降り具合、寒暑、風向きと強さ、雪の降りはじめた時期と降雪量など、年間の天候の推移をつぶさに観察して書き留めてある。そして、その年の気象状況が農作物に及ぼした影響と、その相場についても詳しく記録されている。品種による影響の差異に留意しているのは、地域の風土に適した品種の改良や作付け改善を進めていくうえでのデータにしようとしたのであろう。また農作物の相場にも関心を寄せている。一八世紀には農村にも商品貨幣経済が浸透し、販売者にとっても購入者にとってもその価格が生活を大きく左右したからである。

名主が天候と農作物に与える影響、およびその相場に多大の注意を払ったのは、単に自己の家の経営利害に立ってのことではなかった。名主は村人全体の生活を維持していく責任を負っている。日和見の能力（天候の観察・予知能力）(4)、および農業技術や市場経済についての知識・知見を備え、村人の農耕と経済活動を適切に指導しうることも、名主に求められた資質の一つであった。そして、天候不順によって農作物が被害を受けるおそれのあるとき、あるいは被害が現実のものとなったときには、村の責任者として対策にあたらねばならなかった。

天候・作柄・相場を一体的に観察し記録することは、名主に求められるそうした能力を経験的に高めてゆき、その責務を果たすうえで大きな意味をもっていたのである。また、山之尻村の滝口家のように名主の職を世襲している家にあっては、記録し子孫に伝える行為は、子孫がその職務を遂行していくうえでの参考に供することを目的ともしていた。滝口家の日記は名主および一家の当主としての活動の記録が基本をなしているが、そうした日記という形に記録されて管理された情報は、同家で代々保存管理されていた他の名主文書や家政文書とともに、名主の職務遂行と家の経営を支える情報資源をなしていたのである。

2　天候不順と祈禱

長雨、ひでり、大風雨、あるいは天候不順による虫付きなどの際には、危機回避のための対策が講じられる。天候は人間の力によってコントロールすることは不可能であり、神仏の力にすがるほかない。したがって、それは神仏への祈禱という形をとった。山之尻村名主家の日記にも天候不順に対して祈禱を行なった記事が頻繁に出てくる（以下、同日記による）。御厨地域は長雨に見舞われやすかったため、とりわけ日和り乞いの祈禱が多い。たとえば文政九年（一八二六）には長雨に際して次のような対応を示している。

この年九月上旬より雨が降りつづいたため、教蔵寺に村人たちが集まり題目を唱えたものの、天気にならなかった。

そこで若者どもの願いにより臨時に正月とし、教蔵寺で題目を唱えた。この臨時正月は、災厄の多い年に、年がかわれば平穏無事な世の中になるだろう、という「世直り」の願望をこめて行なった民俗行事である。しかしそれでも雨はやまなかったので、九月一六日、村方惣代にて十郎左衛門と半助が名主宅に参り、「雨天気ニ而難義仕候ニ付、今日村中男役ニ而罷出、たつら川ニ而こり(垢離)ヲ取、一同罷出教蔵寺ニ而題目ヲ唱、心信可申様村方へ触出し」てほしい、と申し入れた。名主もこれを聞き入れてさっそく実行したものの、翌一七日にはさらに大雨となった。そこで、また村方一同が久成寺の御本尊に願をかけたうえで教蔵寺にて大祈禱を行なったところ、信心のゆえかその夜には雨がやんだので、その御礼として村方より久成寺と教蔵寺に合わせて金一分・銭五〇〇文を差し出した。また、村方惣代が名主宅を訪れ、祈禱の御礼として名主家の御本尊に酒を供えた。

山之尻村では天候不順や病の際の祈禱は僧侶が執行しており、教蔵寺がその場所となっている例が多い。この教蔵寺は檀家は持っていないので、祈禱を専門とする寺だったのであろう。近世の村々には、檀家を持ち、その家の葬儀・法要を執行する寺のほかに、祈禱を専門として村人を守護する役割を担う寺も広く存在していた。また注目されるのは、村方惣代が祈禱の御礼として名主家の御本尊にも酒を供えていることである。名主は、先に述べたように、天候を観察・予知し、それに対処して村人の生産と生活の安寧に努める責務を負っていた。そのため、自己の家にも本尊を安置して、自ら村人のための祈禱を執行していたのだろう。天候の観察・予知能力と祈禱能力を備えておくことも名主に求められる資質の一つであったのである。また、垢離をとり天候回復の信心をするのは「男役」としているように、男性の役割であった点も、注目されるところである。(5)

世襲名主や輪番名主の場合はもちろん名主の職は特定家筋に固定されているし、一八世紀以降全国的に増えてくる村人の談合や入札による名主選出にしても、中世の地侍や草分百姓に出自するといった由緒を持ち、村の祭祀においても中心的な役割を担う長百姓などの特定身分階層から選ばれる傾向が強い(6)。それは、特定の由緒を持つ家筋には、単なる経済力では代替できない右のような能力、いいかえれば自然を統御し、村人の生産と生活を守護しうる神秘的な能力が継承されていると観念されていたことも、一因をなしていたのかもしれない。近世中期以降の新興地主が村政においても主導的地位を獲得しようとする際には、系譜の由緒づけに腐心しなくてはならなかったのも、由緒と神秘的な力を不可分のものとする、当時の人々の系譜観念との関わりにおいても考える必要があるように思われる。

ところで、先の事例は村として執行した祈禱であるが、天候不順がはなはだしく広範囲にわたる凶作の予想されるときには、郡中（御厨地域に相当）として大々的に祈禱を行なっている。天保七年（一九三六）は異常低温と日照不足による冷害に風水害が重なり全国的に大凶作となった年であるが、御厨地方でも五月に入ってから雨が降りつづき、山之尻村では村民一同が集って日和り乞いの祈禱を重ねた。そうした祈禱は他の村々でも当然行なっていただろう。だが雨天はますます悪化し、夏になっても寒気がはなはだしかった。そこで七月六日、郡中の村役人一同が相談し、須走村西の大日様に郡中のすべての家々から一軒につき薪三本ずつ持参させてかがり火をたき、他の寺社および村々においても朝夕、施餓鬼や祈禱をすることを取り決めている。つまり、郡中（御厨地域）あげて日和り乞いの祈禱をすることにしたのである。祈りが天に通じたのか、翌七日には久々に晴天となった。そこで山之尻村では、八日を臨時の正月休みとし、若者一同も出席して御礼の題目を唱えている。だが晴天も一時的なもので、七月下旬から再び雨が降りつづき、富士山の六、七合目くらいまで雪が降ったため、七月二三日には東田中村の山中のさぶ沢という所に大日如来と不動尊を勧請し、郡中一同休日として参詣している。

以上は村や郡中が自発的に祈禱を催した例であるが、藩の命令で執行する場合もあった。寛政一〇年（一七九八）は正月より三月までは日和りがよかったものの、三月晦日から雨天つづきとなり六月上旬に及んだ。そのため六月一二日、御厨上郷一統にて日和り乞いの信心をするよう小田原藩の奉行より命ぜられている。また藩主自らが祈禱を主宰することもあった。文政八年（一八二五）には、時候悪しきゆえ殿様が祈禱を執行して、領内に札を配付したという記事がみられる。(7)

領主は領民の生産と生活の安寧を保障する責務を負っていた。領民を危殆におとしいれることは自らの存立基盤を危うくすることでもあった。そのため、天候不順に際して領主が領内の主だった寺社に命じて祈禱を行なわせることは一般的にみられたし、現実に凶作となり、領民の生活が危機に瀕したときには、しかるべき行政的対策を施さねばならなかった。一方、村の責任者である村役人の方も、祈禱によっても天候が回復せず凶作が現実のものとなった際には、藩の役所にその状況を注進し、年貢減免や種籾・食料の拝借を願い出たり、地域の有志にはかって米金を困窮者に施したり、あるいは小作料の引き下げを取り決めて社会不穏の発生を予防するなどの、現実的対策に取り組んでいる（天保の飢饉時の御厨地域の対策については本書Ｉ 第三章第一節を参照されたい）。

(二) 流行病への対応

1 疫病除け

村人の生命を脅かしたものに、自然災害とならんで病がある。とりわけ流行病は脅威であった。小山町域を歩くと、今日でも江戸時代の村境や村内の集落の境に道祖神（どうそじん）が立っているのを目にする。道祖神は塞（さい）の神とも呼ばれ、疫病や虫害などの災厄をもたらす悪霊が侵入するのを防ぐために境界地点に安置して祀られた神で、各地にあまねく存在している。旧下小林村の若宮神社の近くにある道祖神は疱瘡（ほうそう）神を祀ったものでめずらしいが、疫神は逆に悪霊を退散させる呪力を秘めていると考えられたのであろう。疫神の侵入防御を目的に建てられた神社もある。旧藤曲村の落合にある金桜神社は、天保年間（一八三〇〜一八四四）に世上に疫病が流行した際、それを防ぐために静浦村（現、沼津市）より分霊して少彦名命（すくなひこなのみこと）を祭神として建立されたものである。

個々の家では疫神除けの呪符を掲げたりした。竹之下村で若狭屋の屋号で問屋を営んでいた鈴木家には、駿東郡御厨天然寺が版行した元治元年（一八六四）九月付けの「十五鬼神除札（よけふだ）」が残っている。(8) この札には曼陀羅と効験を説いた文章が印刷されている。それによると、世の中には一五の鬼神がおり、一五歳までの小児に害をなして種々の病を生じさせるが、この梅檀乾闥婆（せんだんけんげつば）明王（みょうおう）を信仰すれば一五鬼神を退治して無病延命をかなえてもらえるという。つまりこの札は小児を守護するものであり、父母や祖父母が子や孫の無事な成長を願って拝んだのであろう。この御札は版行されているから、広い需要があったことが知られる。

また、旧桑木村所在の小見山勘一家には、疫病神の詫証文という興味深い文書が二通残っている。(9) 一通は江戸本所五丁目の仁賀保金七郎宛、もう一通は金治郎宛で、いずれも疫病神が心得違いで御屋敷に入り込んだことを詫び、今後は仲間の者どもへも申し付け、「金七郎様」あるいは「金治郎様」の御名前の御屋敷にはいっさい立ち入らないことを誓約したものである。江戸時代には、疫病神との約束によって疫病の難を免れたという噂の立った人物の名前を掲げると、疫病神が退散すると信じられていた。特に旗本の仁賀保金七郎が有名であり、彼の名前をしたためた札を家の入口に張ることが流行した。その流行は御厨地域にも及んでいたのである。当地域は富士山の麓に位置し、江戸をはじめ各地から多くの人々が富士山への参詣登山に訪れていたので、勢い各地のさまざまな風習や情報も伝えられていたであろう。

2　流行病と祈禱・呪術

以上のように、村にあっても、村内部の各集落にあっても、また家にあっても、それぞれ疫病除けの呪力を用意していた。それでも疫神が入り込んで疫病を発生させたときには、疫神祓いの祈禱や呪術を行なった。

山之尻村名主家の日記には、山之尻村と宝永四年（一七〇七）の富士山噴火による砂降り以降当村の預かりとなっていた隣村の山尾田(やまおだ)村で発生した、伝染性の流行病に関する記事が多くみられる。表49はその一覧である。「痢病(りびょう)」「疱瘡」「はしか」「当病(あたりやまい)」と病名を特定している場合もあれば、「流行病(はやりやまい)」「流病」とそれが流行性の病であることを示しているだけの場合もある。「当病」は今日のどの病名に相当するか不明であるが、「痢病」は赤痢のことである。赤痢と疱瘡（痘瘡・天然痘）は奈良時代に、はしか（麻疹）も平安時代にすでに文献に登場しており、江戸時代にあっても代表的な急性伝染病であった。安政五年（一八五八）には新来のコレラが日本でも猛威をふるい、数万の死者を出している。この年、桑木村では「流行病ニ付」若者一統へ村役人衆中より信心を申し付けたものの、不心得の行為に及ぶの者が出、その当事者二名が詫入人を立てて名主に九月四日付けの詫証文を提出しているが[10]、この時の「流行病」はおそらくコレラだったであろう。

表49をみると疱瘡の発生度がもっとも高い。その罹患者は子供が多かった。注目されるのは、他の伝染病の発生に際しては村として祈禱や疫神送りなどを執行しているのに対し、疱瘡の場合は弘化四年（一八四七）一一月の大流行の時以外は村としての対応がいっさい記録されていないことである。そればかりか、安永八年（一七七九）七月から一二月にかけて山之尻村で疱瘡がはやり、三〇人が罹患し、うち三人が死亡したにもかかわらず、日記には「随分軽キ疱瘡ニ御座候」と記してある。寛政八年（一七九六）一一月に山之尻村と山尾田村で二二人が疱瘡を患い、四人が

表 49　山之尻村の名主日記にみえる流行病

年　　月	病名と罹患状況
安永 3(1774)年 3月	村内にて1人流行病患う
安永 5(1776)年 5月 ～翌年正月	5月よりはしかと痢病はやる。6月末に痢病はやんだが、はしかは翌年正月まではやり、村内と山尾田村にて158人罹患、うち9人死亡。日本国中はしかはやる
安永 6(1777)年 10月～11月	村内にて3家内流行病患う
安永 8(1779)年 7月～12月	村内疱瘡はやり、30人余罹患、3人死亡
天明 7(1787)年 4月	村内にて1家内3人流病患う
寛政 2(1790)年 3月	村内にて1家内流病患う
寛政 8(1796)年 6月	山尾田村にて2人流病患う
同年 11月	村内と山尾田村で22人疱瘡患い4人死亡
寛政 9(1797)年 7月	山尾田村にて1家内3人流行病患う
文政 2(1819)年 7月～ 8月	村内病気はやる
文政 3(1820)年 7月～ 8月	村内痢病はやる
文政 4(1821)年 7月	村内にて1家内2人当病患う
同年 秋中	上小林村に痢病はやり88人罹患
文政 5(1822)年 4月～ 5月	村内7人疱瘡患う
文政 12(1829)年 8月	村内にて1家内4,5人痢病患う
同年 9月	村内に病人増える
天保 2(1831)年暮～翌正月	村内に疱瘡はやる
天保 4(1833)年 11月	村内にて1人当病患う
天保 13(1842)年 3月	世間一統に疱瘡はやり、村内にても初めて1人罹患
天保 14(1843)年 6月	世上一同馬病はやる
弘化 4(1847)年 3月	深沢村にて疱瘡はじまる
同年 11月	村内に疱瘡はやる
同年 12月	山尾田村にて1人疱瘡患う
嘉永 3(1850)年 5月～ 9月	村内にて1家内当病患い、以後村内に病人増加す

・註　病名は日記の用語に従った。村内は山之尻村内を表す。

死亡した時も、ただその事実を何らの感情もこめずに記録しているだけである。三、四人の死亡くらいでは驚くにあたらない、むしろ軽い部類に入るほど、当時、疱瘡で命を落とす子供が多かったのであろう。

子供が疱瘡にかかった際に親類・知人・村人などから見舞いとして贈られた金品を記録した、江戸時代の帳簿が全国的に多く伝来しており、小山町域にもいくつか残っているが、[11]このことは、当時、子供が成長していくうえで疱瘡が大きな障害をなしていたことを物語っている。山之尻村では子供が疱瘡を患っても村として特に対策を講じていないのは、子供にとってそれは宿命であり、無事乗り切る生命力をもった者のみが将来一人前の村人となる資格を備える、と考えられていたのであろうか。

もっとも、天保二年（一八三一）暮より村内に疱瘡がはやり名主の倅も罹患した折には、「我等家之義ハ疱瘡不安ニ付、前々より心願ニ付、疱瘡神様神立可申と心願ヲ申」、天神様の社に宮を建立し、年々正月七日を祭礼祝日と定めている。その効験があってか、倅の疱瘡は「目出度（めでたく）相済」、「大キニ宜敷（よろしき）疱瘡」としたためている。おそらく他の家々においても、子供が疱瘡を患った際には個別の願掛けはしていたであろう。村としての対応は弘化四年（一八四七）一一月に村内に疱瘡がはやった節に初めてとられている。この時には、一一月七日を村方一同休みにし、名主宅に疱瘡神を勧請して一同お参りをしている。さらに同月二五日には、寺で村方一同の信心が催されている。子供の疫病にもようやく名主が村としての対策に乗り出すようになったのである。

疱瘡については、延宝元年（一七四四）に李仁山という中国人医師が長崎に来航して人痘種痘法を伝え、予防が進んだとされているが、[12]山之尻村名主家の日記には嘉永三年（一八五〇）以前には種痘実施の記事はみえない。現実に疱瘡の患者がたびたび発生しているのであるから、御厨地方では人痘種痘は行なわれていなかったのであろう。イギリスのジェンナーによって開発された牛痘種痘法の生ワクチンが長崎に輸入されたのは嘉永二年（一八四九）であるが、同日記にはその翌年六月四日の条に、当地方でも「植疱瘡」が始まり、当村では女子一人が御殿場の医師から接種を受けたことが記されており、このたびの「植疱瘡」は伊豆国韮山の幕府代官江川太郎左衛門が始めたとしている。

疱瘡以外の伝染病が発生した時には、疫神退散の信心・祈禱や疫神送りといった、宗教的・呪術的対応を村として行なうのが常である。疫神送りは「こし（輿）送り」「さんだわら（桟俵）送り」といった形をとっている。村としての執行は、患者の出た家の近所・組内の者が名主へ「神立」を願い出で、それを受けて村役人たちが相談・議決するという手続きを経るのが通例で、流行が著しい場合は村役人が率先して決めている。祈禱は僧侶が行ない、時に修験者も加わっており、村中一同が参加して題目を唱和している例が多い。祈禱の費用は、患者が一ないし二家内に限定されていても、山之尻村と山尾田村の全戸に分担させている。伝染性の病はたとえ患者が少数でも村全体を危機におとしいれる危険性をはらんでいる。したがって村の責任において対応にあたったのである。しかも近代のように患者を隔離するという措置もとっていない。その衛生上の良し悪しは別にして、伝染病患者は江戸時代の村落社会においては決して疎外されてはいなかったのである。

伝染病に対しては、疫神を村外へ追放するという形で対処するのが通例であるが、疫神の意向を伺い、そのお告げに従う場合もあった。文政三年（一八二〇）七月から八月にかけて山之尻村に痢病がはやった折には、村方一同の大祈禱を執行したほか、村内のうとう木集落では一同が「疫神之神様相談之上ニ而」教蔵寺に宮を建立している。一九世紀に入ると御厨地域でも医者が広く存在していたことが後述のように史料的に確認できるが、流行病対策に医者を動員した形跡は認められない。その対策にあたっていたのはもっぱら宗教者であったのである。天保一四年（一八四三）六月には馬の病がはやっているが、この時も馬持ち一同が寺に相会して祈禱を行なっている。

安政五年（一八五八）のコレラ流行の際には、用沢、一色（いしき）、上古城（かみふるしろ）、下小林、大胡田（おごだ）の五カ村は、唯一神道宗家の吉田家に京都吉田春日大明神を勧請することを願い出た。それは「天下泰平、五穀成就、疾病悪狐相除、村内安全長久守護」を目的としたものであった。幕末期には御厨地域も政治・社会・経済の激動の荒波に巻き込まれ、村人たちの生産・生活は大きく揺さぶられていた。[13] そうしたところにコレラの流行に襲われ、不安感を募らせた村人たちは、右のような切実な願望を、京都の高い社格を誇る神社の神威にすがってかなえてもらおうとしたのである。その対象が吉田神社であったのは、一八世紀以降、御厨地域の神職たちは京都吉田家の配下に入るようになり、村人たちの間にも神祇道信仰が高まっていたからである。五カ村共同で勧請・祭祀された吉田神社は、明治以降も信心を集め、「吉田さん」の祭りとして今日でも地域の人々の篤い信仰を受けつづけている。[14]

安政五年の吉田神社勧請の際の願い事の一つに「疾病悪狐相除」があるのは、コレラという当時の人々には得体の知れない疾病流行の原因が悪狐の仕業と考えられていたことを示している。長野県諏訪郡富士見町域の村々でも、この時のコレラ流行に際して「アメリカから三尾の狐が渡来したからだ」という噂が流れていたという。同地域でも怪病の原因を狐の仕業とみなし、一九世紀には京都の吉田家に狐退散の祈禱をたびたび願い出ている。[15]

在地の神職たちが京都の吉田家から神道裁許状等を受け、その配下に入るのは近世後期にあっては一般的な趨勢となっており、地域社会における自らの職分の保証を得るための身分確立・上昇志向として説明されてきたが、[16] 如上の事例に鑑みるとき、それはより高い神威にすがろうとする地域住民たちの希求を背景にしていたことが想定できるのではなかろうか。近世後期・幕末期の社会変動の中で高まった民衆の不安感は、天下泰平——村落生活の安穏への希求から、京都の天皇制的神威へと結びついていく動きを社会の深部において生み出していた、といえまいか。民衆が、コレラの流行をアメリカから渡来した狐の仕業と、民俗的世界の心性をベースとしてとらえていたことを想起すると き、開国に伴って彼らに降りかかってきたさまざまな難儀も、異国から侵入してきた悪霊のせいだと受けとめ、生活意識のレベルで素朴な排外意識を醸成していた可能性は高い。それはより大きな神威の加護を求める心性と密接に結びついていたに相違ない。

ところで、流行病で患者が多く発生した際には領主側に検分を求めることもあった。文政四年（一八二一）秋、上小林村では村中一同が痢病を患い、「甚々難儀」した。そこで組合村に願い出たところ、組合村では「一同相談之上」、小田原藩に検分を求めることに決し、上小林村近隣の塚原村の組頭常右衛門ならびに上小林村役人代として小百姓甚右衛門を検使の派遣願いに小田原に赴かせた。藩もこれに応じてさっそく検使を遣わしている。おそらく、組合村としては罹患者の多さから自らの手に負いかねると判断して、藩に救済措置を施してもらうために検分を求めたのであろうが、その結果、藩がどのような対策を講じたのかは日記には記されていない。また、嘉永三年（一八五〇）五月から九月にかけて山之尻村に「当病」が流行した節には、組合の中丸村の名主に検使派遣願いについて相談している。この時には、組合村の役人たちがまず視察し、小田原藩への検使派遣願いはしばらく様子をみてからにしようと見合わせている。

幕藩領主も仁政の一環として医薬・医療知識の普及に努め、幕末には種痘を実施しているが、近代のように村内部に入り込んで衛生管理を行なっていたわけではない。伝染病の流行に際しては村が主体的に対応するのが基本で、一村では手に余る場合に限って組合村、さらには領主に対策を求めたのである。村の対応は宗教的・呪術的なものであったとはいえ、そこでは病人との共存を前提にしていた。しかるに、明治に入ると、政府の警察行政によって村の衛生管理がなされるようになる。それは警察官よる隔離と消毒の強制で、およそ民衆の主体性とは無縁のものであった。(17)

(三) 医療の普及と在村医師

1 医療の普及

村人も日々の生活の中で経験的に、どのような病にはどのような草木が薬になるか、切傷や虫刺されなどにはどのような手当てをしたらよいか、といった知恵は蓄え、伝承していた。山之尻村名主家の日記のうち天保元年(一八三〇)一二月に始まる簿冊の表紙裏には、「風薬」として「くろまめ」「うはのみ」「みかんのかわ」「梅がけ」「しょうが」を列挙し、「〆五味、右之葉ニ而せんじ用候」としたためてある。自己の備忘のためだけでなく、滝口家の当主が代々書き継ぐ日記の表紙裏に記録しておくことにより子孫に伝えようという意図もこめられていただろう。一家の長たる当主は家族を扶養・保護する責務を負っており、医薬・医療の知識を身につけておくことも当主としての責務をまっとうするうえで必須の要件であった。この時代の農民の手になる家訓にはそうした知識を子孫に説いたものも多くみられる。

江戸時代には、医薬・医療知識の普及を目的に幕府・藩の命で編纂された医書や医学者が個人的に著述した医書も多く版行されていたし、また各地を遍歴する宗教者、医師、文人、行商人などによってもそうした知識は村々にもたらされた。旧湯船村所在の池谷晴信家には、天保一五年(一八四四)、弘化二年(一八四五)、慶応四年(一八六八)に池谷氏が自己の蓄えた医薬・医療知識を著述した、『良薬調法記』『医道日用調法記』『医法日用記』と題する手書き本が伝来している。慶応四年著のものには「家秘伝之者也」と記してあるので、子孫への伝授を目的に著したことが知られる。隆玄、龍斎と号しているので、あるいは医業を営んでいたのかもしれない。当家は代々湯船村の名主を世襲していたが、文字文化をいち早く受容し、またさまざまな知識・情報に接する機会に恵まれていた村落上層の家から在村の医師が出ている例は、一般的にみられたようである。[18] 天保九年（一八三八）四月に御厨地域所在の医師たちの仲間が制定した議定書[19]に名を連ねている者たちをみても（表50参照）、居住村の村役人層の家と同じ苗字を名乗っている者が多い。おそらく彼らは村役人の家ないしその一族の出身であったのであろう。

一八世紀中には村々にも専門の医師が存在するようになるのが全国的趨勢であったというが[20]、御厨地方でいつごろから医師が存在したのかは定かではない。山之尻村名主家日記に医者が初めて登場するのは天明二年（一七八二）で、この年四月、隣村清後村にある久成寺の本山の日勧尊師が眼病治療のために久成寺に逗留して、新橋村（現、御殿場市）の医者にかかっている。一九世紀に入ると御厨地方にも広く医者が存在していたことが、次項にみるように史料的に確認できる。

医療活動は、在村の医師のみならず、巡歴の医師によっても行なわれていた。文政六年（一八二三）一一月、北越（越中富山）からやって来た眼病施行医師の関根道伯なる人物が、生土村の本道医師室伏瑞翁の世話で文政六年（一八二三）一一月一一日より三〇日間、眼病療治施薬をすることにした際に配布した引札（宣伝チラシ）が、旧棚頭村所在の小野正信家に伝わっている。[21] 三〇日の間は薬礼は一銭も受け取らないとうたっているので、各地を渡り歩いて無料で治療施薬することにより越中富山の薬の効能を宣伝していたのだろう。

2　在村医師の仲間と村

在村の医師たちは地域的に結集して仲間をつくっていた。天保九年（一八三八）四月に医師仲間一統立合のうえ議定した事項を記した文書が残っている。[22] 内容は毎年二月と一〇月に開催する神農講に関する規定が中心をなし、「成丈療用指繰合候而」出席することを義務づけ、仲間の結束を固めることを主旨としている。神農講は農業と医薬の祖とされる中国の古伝説上の帝王「炎帝」を祀るものであるが、「講釈聴聞第一」としているので、医療技能の向上をはかる研修会でもあったことが知られる。また、療養難治の病人に対しては医師相互が相談して治療にあたるよう求めている。神農講は親睦を深める機会でもあった。「出会之節、未夕一統到来無之、其内待合候間、席書・詩歌・文章・墨画・連俳・活花等之楽可致候事」という規定もみえる。楽しみの内容からして医師仲間は多分に文人サークル的な性格も備えていたことがうかがえる。この時の議定書に名を連ねている医師は表50のとおりである。天保段階には御厨地域においてもかなりの村々に医師が存在していたことが知られる。山之尻村名主家日記をみると、この仲間のメンバー以外の御厨村々所在の医師にも名主家の家族が治療を受けているので、実数はさらに多いだろう。

医師仲間は村々に対して、医療費の支払いと自分たちの医療活動の保障を求めたりもした。年次は不明であるが、近年、世上一統の困窮により医療を続けがたくなったため、惣医師仲間が相談し議定したことの趣旨を村中へ周知させてくれるよう各村の役人中に依頼した、辰二月付けの文書が残っている(23)。要求内容は次のごとくである。

表50 天保九年四月の医師仲間議定書に名を連ねている医師

医師名	在村名
横山玄仲	萩原
勝亦駿達	阿多野
小野玄俊	棚頭
米山玄策	保土沢
薄庭敬碩	二枚橋
星合周輔	御殿場
坂上文葊	須走
池谷宗仙	六日市場
矢野道治	大堰
根上昇伯	杉名沢
瀬戸又斎	芝怒田
田代周甫	竹之下
佐藤敬助	杉名沢
滝口仲才	山之尻
米山玄預	須走
小林玄益	竈
矢野周之助	大堰
村上栄伯	萩原
江藤順庵	田中
勝俣恭順	上小林

第一に、一四、五年このかた薬種が高値となり、なかんずく去々年より騰貴が著しく、はなはだ難渋しているとして、謝礼は三月・七月・九月・一二月の四度にしてくれるよう求めている。以前の医療費の定期支払いの回数はこれより少なく、医療活動の資金繰りに窮していたの

だろう。

第二に、貧窮して今日の渡世も送りかねる者たちが大病した際にも仲間が相互に協力して救済するが、長病あるいは世上一般の疫病流行の節は自身では及びかねるので、近所・役人中と相談して療治にあたりたい、としている。これは貧窮者が長病や疫病を患った際には近所・村役人が扶助することを求めたもので、扶助の内容には看護と医療費の負担が含まれているだろう。それによって貧窮者の救済と同時に医療費支払いの保障を意図したのであろう。

第三に、医門に弟子入りしていない素人医や仲間外の医師、あるいは怪しい旅医に診療を受けて容体を悪化させても、そのあとの療治は引き受けない、と申し渡している。これは医師仲間による医療活動の独占を企図したものである。裏返せば、医師仲間以外にもさまざまな者が医療活動を行なっていたことを物語っている。山之尻村名主家日記には、弘化四年（一八四七）七月一七日の条に、名主が棚頭（たながしら）村の座頭に願って「むし痛」の治療を受けた記事がみえる。これもそうした一例である。

第四に、大病に至ってから療治を頼み込んできて、やむなく引き受けて療治を加えても、快方しないとなると、そのあと何の連絡もしない者もいるが、以後、そのようなことはしないように、と申し入れている。これは、診療を受ける医者を頻繁に替える者が多かったため、それを規制しようとしたものであろう。実際、山之尻村の名主の女房が長患いした節には、弘化四年（一八四七）の半年間だけでも六人もの医者にかかっている。患者の方はよりよい医者を求めているのであるが、医者の方からすれば、それは医療活動と収入の不安定要因となったのである。

のみならず、山之尻村の名主職を世襲していた滝口家の場合、頻繁に医者を替えているばかりか、僧侶にもたびたび祈禱をしてもらっている。近世後期には御厨地域にもかなりの専門医が存在し、山之尻村にも名主滝口家の一族と思われる滝口仲才なる医者がいた（表50参照）にもかかわらず、世襲名主家のような村落の生活文化の指導層ですら、いまだ医師に全幅の信頼を寄せてはいなかったのである。そして、伝染病発生の際は、幕末に至っても伝統的な祈禱と疫神送りの呪術によって対応し、なかには京都の吉田神社を勧請して、その神威にすがろうとする村々も現れた。危機救済への期待は医師よりも神仏に向けられていたのである。専門医による医療が普及しても、在来の宗教的・呪術的な病への対応手段は決して医術に取って代わられたわけではなく、両者が併存していたのが、おそらく民衆社会での一般的なあり方であっただろう。(24)

治療にしても、医療ばかりではなかった。灸や按摩という伝統的な治療法もあった。弘化四年(一八四七)三月、江戸の千ケ寺の僧が山之尻村の名主宅に一宿した折には、「此者諸病灸致し申候」ゆえ、名主家の家内と近所の者たち一〇人余が灸をしてもらっている。また同年八月一六日には、深沢村生まれの者が今は乞食をしているが按摩修業をしたことがあるというので、一夜留めて按摩を施させている。

第二節　旅の隆盛

江戸時代の農民は労働に明け暮れるばかりの生活を送っていたわけではない。生活の折々に娯楽も組み込んでいた。とりわけ大きな楽しみは旅と祭礼・芸能興行であった。また花火も近世後期には小山町域に伝わり、大御神(おおみか)で今日も五年に一度区民の手によって盛大に催されている花火大会の源となった。このほか、俳句や和歌を作ったり、生け花などを嗜むことも盛んになり、村人の楽しみの一つとなっていた。本節ではまず旅についてみておこう。

(一)　寺社参詣の旅

1　旅の大衆化

近世は旅が大衆化した時代である。中世においても庶民が社寺参詣の旅を行なうことは間々あったが、交通環境の劣悪だった当時にあっては、旅は相当な苦難を伴うものであり、命を落とすことも覚悟しなくてはならなかった。したがって、よほど熱心な信仰心に駆られるか、あるいは神仏に病気平癒を祈願したいといった切実な願望にせまられないかぎり、庶民が長途の旅に出かけることはまれであった。

近世に入ると、街道と宿泊施設の整備が進み、また旅人の荷物の運搬を請け負う飛脚も出現するなど、交通環境は飛躍的に好転した。また貨幣が広く流通するようになったことにより、路銀（旅費）さえあれば交通手段や宿泊施設をいつでも利用でき、かつ旅先での必要物資の調達も可能となり、旅装を身軽にした。一方、庶民の生活自体も一八世紀前後頃より著しく向上した。こうした諸条件があいまって、庶民の間でも旅が盛んになされるようになったのである。

この時代の庶民の旅は寺社参詣という形をとって行なわれるのが一般的であった。それは、神仏を参拝して御利益にあずかりたいという希求のみならず、いま一つの理由があった。庶民、ことに年貢を納める農民は幕藩領主にとって経済的基盤であったことから、彼らが物見遊山(ものみゆさん)の旅をすることは、耕作をおろそかにし、かつ金品を浪費して年貢を滞納する因となるとみなされ、抑制された。しかし、寺社参詣は建前上はあくまで宗教行為であるので、領主の方もむげにこれを禁止するわけにもゆかず、比較的大目にみられた。それゆえ、庶民の旅はおのずと寺社参詣の形をとるところとなり、参詣とは名ばかりで、行楽そのものを目的として旅に出ることも少なくなかった。

農民にとって旅は共同体と領主の支配下から脱却し、世間体を気にすることなく羽根をのばし、解放感にひたれる機会であり、彼らの旅への希求は強いものがあった。また、異郷での見聞は、社会的視野を広め、さまざまな知識や農業技術などを身につける機会ともなった。旅から帰れば家族や村人に見聞きしたことが披露され、知識・情報が共有された。農民の生活文化の向上にとって旅のもつ意義はきわめて大きいものがあったのである。

異郷の文化や情報は、村々を訪れる遍歴の宗教者、寺社参詣旅行者、旅芸人、文人、行商人などによってももたらされた。前近代においては、異郷からの旅人に宿や食事などを提供する、ホスピタリティーの慣行が広く形成されていた。それは御厨地域でも同様であったようで、村入用でもって旅人をもてなしていたことが知られる。[25] そうした異郷からの旅人たちが当地域の生活文化に及ぼした影響力も大きかったに相違ない。[26]

旅の盛行に伴い旅行案内用の書物や地図も多く刊行されるようになった。小山町域の家々にもその種のものがいくつか残っている。また、文化元年（一八〇四）に組織された浪花組（天保一二年〈一八四一〉に浪花講に改組）のような、「飲む、打つ、買う」の客をシャットアウトして、一人旅や女・子供連れの旅でも安心して泊まれることをキャッチフレーズにした指定旅館制度も生まれた。

旅が隆盛し、かつその期間も空間も拡大してくると、旅の途次に病を患ったり死亡したりする者も増加し、そうした事態に対処するシステムづくりが求められるようなった。行路病死人への幕府の制度的対応は、元禄元年（一六八八）に将軍綱吉の生類憐み政策の一環としてなされたのを端緒に順次整備されてゆき、明和四年（一七六七）に一応の完成をみる。それは次のようなものであった。①病人に対する医師の加療、在所への連絡、委細についての支配代官、地頭役所、道中奉行への届け出を義務づける。②療養の手当てもせずに宿・村継ぎ送りすることを厳禁する。③

死亡の場合は支配代官、地頭へ注進のうえ、国元の村人・親類縁者と相談のうえ、その地に埋葬しようが、国元に引き取ろうが、希望に任せる。④「道心者・廻国之類等」で、どこの国で死亡しようがその所で葬ってほしいと記された往来手形を所持している場合は、在所に知らせず、死亡地で埋葬処理してよい。⑤病人や死亡人の処置に要した費用は、病人や在所の出金がないときは「宿割・村割」で負担する。(27)

④の特例は享保二〇年（一七三五）令を踏襲したものである。江戸時代、「入鉄砲に出女」の取り締まりを課題とした関所は、女性に限り関所手形の携帯を義務づけたが、庶民の男の関所通行にもそれを求める場合もあった。関所手形には提出する関所名が記され、有効期間は二カ月であったが、旅の時空の広がりに伴い不特定多数の宛所をもつ往来手形が生まれ、行路病死人処理の制度化によって一般化した。(28) この往来手形は所属する村・町の役人あるいは檀那寺が発行した。次に小山町域に伝来したものの一例(29)を掲げておこう。

一　札

一此度我等駿州駿東郡御厨上古城村百姓午五郎と申者(者カ)ニ紛御座候(無脱カ)、此度我等信頼ニ付、諸国神社仏閣江参詣仕度罷出候間、諸国御関所并ニ海陸無間違御通被下候様頼上申候、若シ午五郎儀何国参病死等候節は、其国其村方御役人衆中御談事之上、国御左方(作法)ニ被成御捨置可被下候、国本江は御届ケに不及候様、右之段奉願上候、為後日一札如件

天保六年
亥ノ四月

駿州駿東郡御厨
上古城村

国々　先々
御関所様
御番衆中

国々名主衆中

名主　喜重郎

右の手形では、もし午五郎が旅行中に病死などしたときは、死亡場所の村方役人相談のうえ、その土地の作法に従って死体を処理してくれるよう依頼し、国元へは通知に及ばずと断っているが、これは往来手形の通例文言である。旅先から遠路飛脚によって国元に通知してもらうと、遺族は多額の費用を負担しなくてはならなくなるので、死体の処理を死亡地の村役人に任せたのである。このことは、当時、巡礼などで長途の旅に出ることはいったん家族や村人との縁が切れたことを意味していよう。「無縁」の存在となっての旅は、異郷の地で「無縁仏」となることも覚悟しなくてはならなかった。五島敏芳氏の言を借りれば、往来手形はいわば「あの世への送り状」としての意味をもっていたのである。(30)

2　巡礼の旅

小山町域を歩くとそこかしこに巡（順）礼供養塔が立っているのを目にする。これは、西国三三カ所、坂東（ばんどう）三三カ所、秩父三三カ所（実際は三四カ所）の観音霊場、四国八八カ所の弘法大師ゆかりの霊場などを巡礼したあと、信仰の証（あかし）として建立したものである。これらの霊場巡りの際には、参詣のしるしに木製あるいは金属製・紙製の札に住所、氏名、願文などを墨書して納めた。それゆえ、巡礼対象の霊場を札所と呼ぶ。

小山町域では、町史編纂のための石造物の悉皆調査で五八基の江戸時代の巡礼供養塔が確認されている（この時代のものと推定される三基を含む)。表51はその一覧である。「百番巡礼」は秩父・坂東・西国の計一〇〇カ所の札所巡礼である。「横道(横堂)」とあるのはミニチュアの札所巡りのコースで、遠路はるばる秩父・坂東・西国・四国に行かなくても札所巡礼が手軽にできるよう各地域に設定されていた。駿河国では駿河一国内および駿河・伊豆両国にまたがる霊場巡りのコースが存在した。よりミニチュアのコースも設けられており、御厨地域には、「御厨観音横道(三三カ所、番外一)」「御厨阿弥陀横道(四八カ所)」「御厨地蔵横道(二四カ所)」「御厨庚申横道(一三カ所)」「御厨薬師横道(二〇カ所)」「御厨八八カ所」があった。(31) 横道の霊場は村の小庵、つまり念仏堂、観音堂、地蔵堂、庚申堂など、村人の生活に密着した信仰施設が主流をなしているのが特徴である。

建立年代別・巡礼先別に供養塔を分類すると表52のようになる。小山町域に現存している巡礼供養塔の建立年次の上限は正徳五年(一七一五)であるが(表51―No.3)、安永三年(一七七四)までは横道巡礼がもっとも多く、次いで西国巡礼、秩父・坂東巡礼が多い。秩父・坂東・西国百番巡礼もこの時期に二件みえるが、いまだまれなケースに属する。一七七五年以降になると横道巡礼はまったく姿を消す。このことは、人々がもはやミニチュアの巡礼では飽き足らなくなり、遠路を厭わず本格的な巡礼の旅を欲するようになるに伴い、横道巡礼をしても供養塔を建立しなくなったのではなかろうか。

一八世紀における本格的な巡礼は秩父・坂東巡礼と西国巡礼であるが、前者は安永四年(一七七五)以降はみられなくなり、後者も一八世紀末より減少している。代わって主流になるのは秩父・坂東・西国巡礼と四国にまで足を延ばした巡礼である。秩父・坂東・西国に四国をプラスした巡礼の供養塔は文化七年(一八一〇)建立のものが最古である(表51―No.10)。また、秩父・坂東・西国の他に讃岐の金毘羅(こんぴら)(金刀比羅(ことひら))宮と出羽三山を参詣した供養塔も文化三年(一八〇六年)に建立されている(表51―No.11)。天保六年(一八三五)以降になると、西国・四国巡礼供養塔二基

表51　小山町内所在の巡礼供養塔(明治以降のものは除く)

No.	地区	所在地	銘文	建立年月	施主
1	生土	生土神社	西国三十三所順礼供養	元文 3(1738)年 3月	生土村小野小左衛門・同市兵衛
2	中島	勝福寺	三十三所横道供養	享保 17(1732)年 8月	
3	中島	勝福寺	駿豆横道三十三所巡礼供養	正徳 5(1715)年 10月	藤曲村半右衛門他
4	中島	山崎正弘宅前	百番観世音巡礼供養塔	寛政 10(1798)年 10月	山口新右衛門
5	柳島	柳島公民館前	四国西国礼拝供養塔	天保 14(1843)年 11月	高橋六右衛門
6	藤曲	大久保路傍	西国供養塔	文政 12(1829)年 10月	男子7人
7	菅沼		横道巡礼供養仏	享保 8(1723)年	菅沼村新屋男女10人
8	菅沼	穂見神社	秩父供養塔	寛政 11(1799)年 10月	
9	菅沼		秩父坂東巡礼供養塔		
10	菅沼	羽黒神社	秩父坂東四国西国供養塔	文化 7(1810)年 5月	菅沼村湯山五良右衛門
11	菅沼	日吉神社	金毘羅大権現 奉順拝百番供養塔 湯殿三山大権現	文化 3(1806)年 8月	菅沼村新谷岩田勘左衛門
12	菅沼	甘露寺	坂東秩父観世音菩薩順礼供養塔	元文 5(1740)年 9月	男子15人
13	竹之下	宝鏡寺	秩父坂東供養塔	明和 元(1764)年 11月	杉本
14	竹之下	宝鏡寺	奉順礼百番供養塔	文化 4(1807)年 11月	竹之下村藤曲要左衛門
15	竹之下	宝鏡寺	西国秩父坂東百番供養	文化 14(1817)年 11月	稲善左衛門・同内
16	竹之下	宝鏡寺	奉順礼坂東西国三十三所		嶽之下村藤曲九五衛門尉・同妻
17	竹之下	宝鏡寺	奉納西国供養	宝暦 11(1761)年 3月	男子6人
18	竹之下	鈴木稔宅地先	奉供養西国秩父坂東観世音菩薩	享保 18(1733)年 11月	嶽之下村藤曲徳左衛門・同喜左衛門・波多弥兵衛
19	竹之下	竹之下公民館下	秩父坂東礼所西国四国順拝供養塔	弘化 4(1847)年	鈴木新五郎
20	竹之下	有闘坂脇	奉納西国三十三所観世音菩薩順礼供養塔	享保 9(1724)年 4月	大胡田村・桑木村・竹之下村8人
21	竹之下	有闘坂脇	奉供養南無観世音菩薩	享保 16(1731)年 8月	横道巡礼同行竹之下村子女15人
22	竹之下	上の原山の神神社下	奉順礼坂東供養塔	安永 7(1778)年 2月	
23	竹之下	興雲寺門前	西国供養塔	安永 4(1775)年 2月	竹之下村・阿多野村・柳島村・藤曲村8人
24	所領	所領バス停横	奉順礼西国横堂観世音菩薩供養塔	寛延 4(1751)年	所領村・小倉野新田村・下古城村岩田権右衛門同行11人
25	所領	所領バス停横	……所願成就	元文 3(1738)年 8月	
26	所領		西国三十三所供養	享保 16(1731)年 9月	所領村岩田想右衛門
27	所領	東名高速道路脇	坂東秩父西国順礼供養	元文 5(1740)年 6月	所領村男子7人
28	新柴	円通寺	西国供養塔	寛延 3(1750)年 6月	新柴村岩田源右衛門・桑木村小見山七左衛門他5人
29	新柴	円通寺	奉供養秩父坂東観世音菩薩	享保 19(1734)年 7月	桑木村・嶽之下村・大胡田村男子8人
30	桑木	桑木公民館前	奉順礼西国四国秩父坂東供養塔	弘化 3(1846)年 5月	桑木村伊左衛門・女房しの

31	一　色	下一色地蔵堂	秩父坂東供養	宝暦　8(1758)年	3人
32	一　色	向西寺	聖観音横道順礼供養塔	宝暦　7(1757)年　8月	上古城村・吉久保村7人
33	一　色	向西寺	西国百番秩父坂東供養塔	寛政　6(1794)年11月	一色村田代良右衛門、寛政12年3月田代善太郎
34	一　色	勝俣昌則宅横	横道順礼供養塔	元文　3(1738)年　5月	
35	一　色	勝俣昌則宅横	横道順礼供養塔	元文　3(1738)年　1月	
36	一　色	正倉バス停脇	奉造立横道供養塔	享保13(1728)年　9月	長田五左衛門
37	一　色	正倉地先	奉造立横道供養	享保17(1732)年　7月	
38	阿多野	題目堂	秩父坂東順礼供養	享保10(1725)年　9月	7人(阿多野新田村4人、増田村・大胡田村・一色村各1人)
39	棚　頭	込野保地先	秩父坂東順拝供養塔		発願成就者込野林蔵
40	下古城	子神社	奉順礼横道供養塔	宝暦　7(1757)年　8月	女3名
41	上　野	薬師堂	西国供養塔	寛政11(1799)年12月	
42	上　野	薬師堂	奉巡礼西国供養塔	安永　6(1777)年	7人
43	中日向	大蔵寺	奉供養横堂三拾三所	享保　8(1723)年　8月	中日向村14人
44	中日向	大蔵寺	奉順礼秩父坂東観音供養塔	宝暦10(1760)年11月	
45	大御神	万昌寺前	四国西国秩父坂東供養塔	天保　6(1835)年	天野佐想次
46	大御神	万昌寺前	西国供養塔	安永　6(1777)年	大御神村天野伝右衛門他3人
47	吉久保	天徳寺	百番供養塔	文化14(1817)年　8月	吉久保村男女各1人、大御神村男子1人
48	吉久保	渡辺宏俊地先	西国三十三ヶ所順礼供養塔	延享　5(1748)年	吉久保他6ヵ村
49	吉久保	庚申堂	横堂供養塔	元文元(1736)年　7月	8人
50	吉久保	庚申堂	西国順礼供養塔	享保11(1726)年　7月	吉久保村4人、他4カ村7人
51	吉久保	庚申堂	駿豆両国三十三所	享保10(1725)年　7月	吉久保村11人
52	吉久保	庚申堂	奉順礼百番供養塔	享和　3(1803)年　5月	男子1人、女子3人
53	大胡田	字高あぜ	横道順礼供養	元文　4(1739)年　8月	
54	大胡田	字高あぜ	横道秩父供養塔	宝暦　6(1756)年　7月	
55	大胡田	字高あぜ	秩父坂東順礼供養塔	享保　9(1724)年　8月	3人
56	大胡田	富士公園線路傍	西国供養塔	寛延　2(1749)年	4カ村
57	大胡田	西光寺	四国西国供養塔	天保14(1843)年　3月	田代梅右衛門
58	大胡田	田代正和地先	西国三十三所順礼供養	享保　7(1722)年　7月	

・註　碑に同行人数のみ記され、性別の判明しない場合は人数のみ示した。

と秩父・坂東・西国・四国巡礼供養塔三基のみとなる。

以上のことから、一九世紀に入ると旅の範囲が拡大し、巡礼コースに四国も組み込むのが定型化していったことがうかがえる。単独の巡礼先では西国が一四件で一番多く、西国に他の巡礼コースを組み合わせた例も一六件にのぼる。西国単独および西国がらみの巡礼が多いのは、それが近世にもっとも人気を集めていた伊勢参りとセットにされていたからであろう。

次に供養塔に刻された施主（建立者）の人数に着目してみよう。施主の人数は旅をした人数でもあるからである。表53は施主の判明するものについて、その人数と巡礼先を対応させて整理したものである。計四五基のうち施主一人は一三基ですべて男性、二人施主の四基のうち三基は夫婦である。四国にまで足を延ばしている例は夫婦旅一件のほかはすべて男性の一人旅であるが、四国以外の霊場には三人以上で巡礼している例が多い。その代表は西国で、しかも六～九人の集団を組んで行っているのが特徴である。表51の施主欄をみると、同行者は一村内に限られていたわけではなく、複数の村々にわたっている例がめずらしくない。

三人以上同行の旅で女性が含まれているのが判明するのは、秩父・坂東・西国百番巡礼の二件と横道巡礼の三件のみである。遠路の前者二件（表51―№47、52）はいずれも男性に同行しているが、御厨地域内の後者では女性のみが一五人、三人で巡礼している例がみられる（表51―№21、40）。一般に近世には女性の一人旅はまれで、旅をするときは男性を伴うか女性でグループを組むかするのが普通であり、女性だけの旅人も道中の安全のために信頼できそうな男性たちを旅先で探して同行を頼んでいたという[32]。

高橋　敏氏が駿東郡および伊豆国田方郡に所在する二一三基の巡礼供養塔を調査されている[33]が、それにより判明した巡礼者総数は一〇二五人、うち男性が四四二人、女性が二九一人、性別不明二九二人である。女性巡礼者も決して

表52　建立年代別・巡礼先別供養塔の数

年代＼巡礼先	秩父	坂東	秩父・坂東	西国	西国・四国	坂東・西国	秩父・坂東・西国	西国・四国・秩父・坂東	金毘羅・出羽三山・秩父・坂東・西国	横道(横堂)	駿豆横道	秩父横道	西国横道	不明	計
1715～1734			3	4			1			6	2				16
1735～1754			1	4			1			4			1	1	12
1755～1774			3	1						2		1			7
1775～1794		1		3			1								5
1795～1814	1			1			3	1	1						7
1815～1834				1			2								3
1835～1854					2			3							5
不　明			2			1									3
計	1	1	9	14	2	1	8	4	1	12	2	1	1	1	58

表53　巡礼人数・巡礼先別供養塔の数(巡礼人数の判明する分について)

施主人数＼巡礼先	秩父・坂東	西国	西国・四国	坂東・西国	秩父・坂東・西国	西国・四国・秩父・坂東	金毘羅・出羽三山・秩父・坂東・西国	横道(横堂)	駿豆横道	西国横道	計
1人	2	1	2		3	3	1	1			13
2人		1		1(1)	1(1)	1(1)					4(3)
3～5人	2	1			3(2)			1(1)			7(3)
6～9人	2	6			1			2			11
10～15人	1	1						3(2)	1	1	7(2)
複数(人数不明)		2							1		3

・註　(　)は、そのうち女性巡礼者が明記されている供養塔の数。

少なくはないが、しかしそのうち二〇二人は横道巡礼であった。このことから、男性に比べ女性が長期間にわたって異国を旅する例は少なかったことがうかがえる。それは、女性の遠路の旅にはさまざまな困難が伴ったこともあろうが、一家の主婦は家事を切り盛りしなくてはならず、長期間家を留守にするには制約があったことが基本的な要因をなしていたと思われる。したがって、この時代の女性の寺社参詣の旅は、主婦の座を嫁に譲って隠居の身になってから[34]か、嫁入り前に修養のために行っている[35]例が一般的であった。表51―No.21の碑には「横道巡礼同行子女十五人駿州竹之下村」と刻されているので、娘たちのグループによる巡礼であったのだろう。

3 伊勢参り

近世にもっとも参詣者を集めたのは伊勢神宮である。伊勢神宮は外宮と内宮を中心に成り立っている。外宮は高倉山の麓に鎮座し、山田を門前町とする。等由気大神（豊受大神）を祭神とするところから豊受宮、度会の地に所在するところから度会宮などと呼ばれたが、正式名称は豊受大神宮である。内宮は外宮の東南六キロメートル、五十鈴川のほとりの神路山の麓に鎮座し、その門前に形成された町が宇治である。祭神は天照大神で、皇大神宮を正式名称とする。天照大神は記紀神話の神々の系譜には天皇の祖先神に位置づけられ、古代律令制のもとでは天皇の祀る国家神とされ、天皇とその代理の者以外が神宮に参詣することは堅く禁じられていた。しかし、中世には伊勢神宮の存在は庶民の間にも広く知られるようになり、広汎な人々の信仰を集め、参詣も許されたことから伊勢参りが盛んになる。

律令制下において財政を国家に全面的に依存していた伊勢神宮は、律令制国家の衰退とともに他の寺社や貴族と同様に御厨、御園という荘園を持ち、そこからの年貢・雑役に経済基盤をおくようになった。そして、その荘園には末社として神明宮が勧請されたため、伊勢神宮への信仰を在地社会に広めるところとなった。しかし、やがて武士の成長により荘園が押領され、収入が途絶えると、神宮の下級神官である御師たちは人々の要望に応じて祈禱を行ない、礼金をとったり、信者を伊勢参りに誘い、宇治や山田にある自らの屋敷に宿泊させて宿代を徴収するようになる。

また、農民の間にも信者を獲得する手段として御師たちは、内宮の天照大神は太陽神、外宮の豊受大神は食物の神、農業神で、ともに農耕を守護する神であることを強調したため、広く農民たちの崇拝を集めるようになった。そして、近世に入ると旅の大衆化に伴い、伊勢参りが隆盛するところとなったのである。それは物見遊山的な性格にいろどられたものとなったが、しかしその根底には、村の外にある聖地に参ると何がしかの力を獲得でき、以後の人生を支えるものになると信じられていたことも大きく作用していた。今日の小山町から御殿場市、裾野市北部にかけての地域には、平安時代の末か鎌倉時代初め頃に伊勢神宮の荘園である大沼鮎沢御厨が設定されていた。したがって、当地域では早くより伊勢信仰が根づいていたものと思われる。小山町域の近世の村々の村鑑をみても、神明宮や天照大神宮が相当数存在していたことが知られる(36)。

荘園制崩壊後も「御厨」の名は当地域の地名として長く生きつづけ、「御厨領」と呼ばれて、人々の心性に地域的な一体感を形づくっているが、それは伊勢信仰を紐帯としていたのかもしれない。近世においても御厨領の村々は「郡中」としての結束をみせている。

室町時代には畿内を中心に伊勢講、神明講という伊勢神宮の信者の組織が結ばれるようになったが、近世に入ると、それは各地に広まってゆき、伊勢参宮を支える社会的基盤となった。伊勢講、神明講では、講員が定期的に掛け金をして積み立てておき、毎年、講員の中から代表を選び、講の積立金より費用を出して伊勢参宮に赴かせた。代参者は御師の家に宿泊し、外宮・内宮その他に参詣し、講員のためにお祓いや暦などを持って帰村した。代参者の帰村に際しては、講員が村境に迎え、「サカムカエ」などと呼ばれる祝宴を催すのが例であった。

小山町域においても伊勢講関係の文書が残っている。その一つ、吉久保村講中の太郎作が記録した嘉永三年（一八五〇）正月一六日付けの「伊勢講掛銭控帳」[37]をみると、講員は男ばかり四一名で、うち吉久保村が二九名、残り一二名は近隣の八カ村にわたっている。この講は吉久保村の者たちが主宰していたとはいえ、他村の者の加入も認めていたのである。しかも、講員の所属村は吉久保村の属する北筋組合に限定されてはいない。

つまり、講集団は村や組合村を越えて形成されていたわけである。また、須走村の岩田清兵衛と米山久太夫が世話人となった伊勢講の、文政一〇年（一八二七）から天保三年（一八三二）にかけての掛金取立帳も残っている。[38]講員はやはり男性ばかりで二三名、毎年一人につき金一分ずつ取り立てている。講員の所属村は記載されていないが、三会目は上小林村で開かれているところからして、須走村以外の者も加わっていたのであろう。寺社参詣の同行者も一村内に限られていたわけではなく、複数の村々にわたっている例がめずらしくないことは先に指摘したところであり、伊勢講の例とあわせ、信仰と参詣の旅は村を越えた人々の交流を媒介する機能を果たしていたことがうかがえる。

伊勢講の代参という形をとらない、個人的な伊勢参りも多く行なわれていたと思われるが、その場合でも村人や知人が餞別（せんべつ）という形で旅費を援助していたようである。大胡田（おごだ）村の永原庄兵衛が文久三年（一八六三）正月に伊勢参りへの旅立ちにあたって諸方よりもらった餞別の記録が残っているが[39]、それをみると村内のみならず他村一〇カ村近くにもわたって計三八名より餞別を贈られている。銭と米が大部分を占めているのは道中の資金と飯米を援助するためであったろう。当時の人々は一生に一度は伊勢参りをしたいという希望を強く持っていた。それをかなえるために、伊勢講の他にも、このような餞別という形で援助する村を越えた地域的な慣行も形成されていたのではなかろうか。

この時代にはまた、路銀に乏しい旅人に食料や銭を施す慣行も広く存在していた。子が親に、妻が夫に、奉公人が主人に、それぞれ断りなく家を飛び出し伊勢参宮に出かける「抜け参り」も各地で頻繁に発生していたが、それは道中での施しに支えられていたのである。寺社参詣を支えるホスピタリティーの慣行は御厨地域においても形成されていたようである。例えば文久二年（一八六二）の「阿多田(あだの)新田村入用控帳」[40]には、同村名主の喜多長右衛門家にて旅人に宿や昼食を提供した費用も記されているが、それによると伊勢参り、金毘羅参り、千ケ寺参り、大社参りなどの寺社参詣旅行者の宿泊が一年間に実に九〇人余にものぼっている。抜け参りにあっては関所手形や往来手形は携えていなかったので、関所を避けて脇街道を通ったり、船を使って関所を回避したり、夜間に関所の柵をくぐり抜けたりしていたのだが、こうした関所抜けを助けることを商売とする者たちも関所周辺には存在していた。[41]

若者たちは異郷への旅に強い憧れをいだいていたようで、山之尻村は法華宗の門徒が多く、彼らは伊勢参りはしないのが慣例であったにもかかわらず、山之尻村名主家日記によると、天保一四年（一八四三）正月、若者四人がこの禁を破って上方見物をかねた伊勢参りに出かけ、名主を当惑させている。それより以前、享和三年（一八〇三）一二月には、同村又四郎の「遺跡」（跡取り養子）が病気の養父母を放って伊勢神宮へ抜け参りに出かけ、立腹した養父母は、組内・近所の者や村内外の役人たちの説得にも耳を貸さず、遺跡を離縁するという事件も起きている。嘉永五年（一八五二）正月には若者仲間一四、五人が伊勢参りと上方見物に出かけた。そのなかには前年に名主に就任したばかりの滝口栄助も含まれていたため事態はこじれ、滝口家の隠居で元名主の源之丞は、「伊勢参宮と申す義ハ是迄当村方ニ而ハ無御座候事ニ付き、不届キ之次第」と怒りをあらわに日記に書きつけている（この時の名主家の日記の筆者は源之丞）。名主自身が村の禁制を破って、仲間の若者たちと連れ立って親に無断で抜け参りをしているのである。既成の秩序の束縛から逃れて自由になりたいという青年期特有の強い希求が、異郷への憧憬とあいまって、彼らを抜け参りへと駆り立てたのであろう。

(二) 旅日記から

旅の隆盛に伴い、一八世紀以降、庶民の手になる旅日記も多く綴られるようになった。小山町域においても、大御神村の天野文左衛門が、天保一三年(一八四二)正月二二日より同年五月二七日にかけて西国と四国に寺社参詣、名所旧跡巡りの旅をした時にしたためた、「西国四国所々泊帳 参詣所并其外日記控帳」[42]と題する旅日記が残っている。帳簿の形態は、通常の半紙よりやや大判の和紙を横に折って重ね合わせ、それを半折りして綴じたものである(縦一四チセン、横一七チセン)。いわゆる横半帳と称する、携帯に便利なコンパクトな形態の帳簿で、これを懐中に入れて旅行をし、折々に記録したわけである。

天野家の当時の所持高は六石八斗余であるが、山間に位置し耕地の乏しい大御神村(村高一三二石余)にあっては最高である。このほか他村からも土地を集積して地主経営を行なっており、経済的にはかなり裕福であった。また政治的にも代々名主や組頭を務めており、当時の天野家の当主鉄治郎も組頭であった(この時は名主は置かれておらず、組頭が代行)。天保一三年(一八四二)三月作成の「宗門人別御改帳」[43]をみると、文左衛門は当主鉄治郎の長子で、二一歳である。すでに女房もいる。いずれは天野家の家督を継ぎ、また大御神村の役人ともなるべき立場にあったから、彼を四カ月にもわたる長旅に出した背景には、青年期に長途の一人旅をさせることにより、広く世間に目を見開かせ、かつ人間的にも鍛えようという教育的配慮も働いていたと思われる。文左衛門、のちの幸逸郎は、近世末から近代にかけて地域の名望家として活躍し、その名を今日に残すことになる。

日記には、日々の宿泊場所、宿賃、昼食場所、および参詣・見学した寺社と名所旧跡などの記録を骨子とし、そのほか船賃、食費、買物代、見物代、道中で施しを受けた金品、そして目をひかれた宝物・景観などについて記してい

月　日	参詣社寺・見学場所・入湯温泉
	山寺〈札打〉〔善通寺市〕、善通寺〈札打〉〔善通寺市〕
4月25日	金毘羅宮〔仲多度郡琴平町〕、金蔵寺（金倉寺）〈札打〉〔善通寺市〕、道隆寺〈札打〉〔仲多度郡多度津町〕、沙弥島大師〔坂出市〕
27日	備中国吉備津宮（吉備津神社）〔**岡山県**岡山市吉備津〕、備前国吉備津宮（吉備津彦神社）〔岡山市一宮〕
29日	書写山（円教寺）〈札打〉〔**兵庫県**姫路市〕、法華山（一乗寺）〈札打〉〔加西市〕
30日	清水寺〈札打〉〔加東郡社町〕
5月2日	元伊勢大神宮〔**京都府**加佐郡大江町〕
3日	太神宮（籠神社）〔宮津市〕、成相寺〈札打〉〔宮津市〕、切戸の文珠堂（智恩寺）〔宮津市〕、由良神社〔宮津市〕
4日	松尾寺〈札打〉〔舞鶴市〕
5日	国分寺〔**福井県**小浜市〕
6日	竹生島（宝厳寺）〔**滋賀県**東浅井郡びわ町〕
8日	谷汲寺〈札打〉〔**岐阜県**揖斐郡揖斐川町〕
9日	岩屋寺〔美濃加茂市〕
15日	浅間温泉〔**長野県**松本市〕入湯
18日	善光寺〔長野市〕
23日	岩谷観音〔**山梨県**韮崎市〕
24日	善光寺〔甲府市〕

る。これは当時の旅日記の一般的なスタイルであり、後日、家族・子孫や知人が同じ場所に旅する際の参考に供しようとしたのである。近世には旅行案内書も多く版行されていたが、実地に旅をして記録した旅日記はその親族・知人にとって親近感のある、より実用的な旅のガイド・ブックとなったであろうし、また旅に出なくても地理や寺社、名所旧跡などに関する知識を得ることのできる貴重な情報資源ともなったに相違ない。(44)

ちなみに、参詣寺社、見学場所、入湯場を順を追って一覧表に示すと表54のようになる。〈札打〉とあるのは、西国三三カ所および四国八八カ所の札所と呼ばれる霊場を巡り歩いた際、柱や壁などに祈願のために札を張ったことを示す。天野文左衛門は、伊勢神宮に詣でたあと、近畿地方の有名寺社と名所旧跡を巡り、さらに四国、山陽地方にまで足を延ばして金毘羅宮以下多くの寺社に参詣し、帰途、善光寺詣でをしている。桜井邦夫氏は、東国よりの伊勢参宮の行程を、①伊勢往復型（単に伊勢との間を往復するだけ）、②近畿周遊型（近畿地方の多くの寺社を巡る）、③デラックス型（近畿圏を脱し、讃岐の金毘羅や時には九州にまで足を延ばす）の三つの型に分類されているが、(45)これに従えば、文左衛門の旅は第三類型に属する。

月　日	参詣社寺・見学場所・入湯温泉
3月21日	白峯寺〈札打〉〔坂出市〕、足尾大権現〔高松市カ〕、根香寺〈札打〉〔高松市〕、やわた八幡宮〔高松市〕、一宮寺〔高松市〕
22日	仏生山(法然寺)〔高松市〕、屋島寺〈札打〉〔高松市〕、八栗寺〈札打〉〔木田郡牟礼町〕
23日	志度寺〈札打〉〔大川郡志度町〕、長屋寺〈札打〉〔大川郡長屋町〕、大久保寺〈札打〉〔長尾町〕
24日	白鳥大神宮〔大川郡白鳥町〕
25日	鳴門〔**徳島県**鳴門市〕見物、蓮花寺〔徳島市〕、霊山寺〈札打〉〔鳴門市〕、極楽寺〈札打〉〔鳴門市〕、金泉寺〈札打〉〔板野郡板野町〕
26日	大日寺(黒厳山遍照院)〈札打〉〔板野町〕、地蔵寺〈札打〉〔板野町〕、安楽寺〈札打〉〔板野郡上板町〕、十楽寺〈札打〉〈板野郡土成町〉、熊谷寺〈札打〉〔土成町〕、法輪寺〈札打〉〔土成町〕、切幡寺〈札打〉〔阿波郡市場町〕
27日	藤井寺〈札打〉〔麻植(おえ)郡鴨島町〕、柳水庵〔名西郡神山町〕、焼山寺〈札打〉〔神山町〕
28日	一宮寺〈札打〉〔徳島市〕、常楽寺〈札打〉〔徳島市〕、国分寺〈札打〉〔徳島市〕、観音寺〈札打〉〔徳島市〕、井戸寺(妙照寺)〈札打〉〔徳島市〕、恩山寺〈札打〉〔小松島市〕、立江寺〈札打〉〔小松島市〕
29日	鶴林寺〈札打〉〔勝浦郡勝浦町〕、太龍寺〈札打〉〔阿南市〕、平等寺〈札打〉〔阿南市〕
4月1日	薬王寺〈札打〉〔海部郡日和佐町〕
3日	東寺麓岩屋〔**高知県**室戸市〕、東寺(最御崎(ほつみさき)寺)〈札打〉〔室戸市〕、津寺(津照(しんしょう)寺)〈札打〉〔室戸市〕
4日	西寺(金剛頂寺)〈札打〉〔室戸市〕、神峯寺〈札打〉〔安芸郡安田町〕
5日	大日寺(法界山高照院)〈札打〉〔香美郡野市町〕、国分寺〈札打〉〔南国市〕
6日	一宮寺(善楽寺)〈札打〉〔高知市〕、五台山(竹林寺)〈札打〉〔高知市〕、禅師峯寺〈札打〉〔南国市〕、高福寺(雪蹊寺)〈札打〉〔高知市〕、種間寺〈札打〉〔吾川郡春野町〕
7日	清瀧寺〈札打〉〔土佐市〕、青龍寺〈札打〉〔土佐市〕
4月8日	五社山(岩本寺)〈札打〉〔高岡郡窪川町〕
9日	大師堂〔幡多郡十和村〕
11日	足摺山(金剛福寺)〈札打〉〔土佐清水市〕
12日	寺山院(延光寺)〈札打〉〔宿毛市〕
13日	観自在寺〈札打〉〔**愛媛県**宇和郡御荘町〕
14日	多福寺〔北宇和郡三間町〕、稲荷山(竜光寺)〈札打〉〔三間町〕、仏木(ぶつもく)寺〈札打〉〔三間町〕
15日	明石(めいせき)寺〈札打〉〔東宇和郡宇和町〕
17日	菅生(すごう)寺〈札打〉〔上浮穴郡久万(くま)町〕、岩屋寺〈札打〉〔上浮穴郡美川村〕、浄瑠璃寺〈札打〉〔松山市〕、八坂寺〈札打〉〔松山市〕
18日	西林寺〈札打〉〔松山市〕、浄土寺〈札打〉〔松山市〕、繁多寺〈札打〉〔松山市〕、石手寺〈札打〉〔松山市〕、義安寺〔松山市〕、道後温泉〔松山市〕入湯、太山寺〈札打〉〔松山市〕、円明寺〈札打〉〔松山市〕
19日	岩国錦帯橋〔**山口県**岩国市〕見物、宮島(厳島(いつくしま)神社)〔**広島県**佐伯郡宮島町〕
20日	延命寺〈札打〉〔**愛媛県**今治市〕、別官山(南光坊)〈札打〉〔今治市〕、泰山寺〈札打〉〔今治市〕、八幡宮(栄福寺)〈札打〉〔越智郡玉川町〕、佐礼山(仙遊寺)〈札打〉〔玉川町〕、国分寺〈札打〉〔今治市〕
21日	臼井御来光〔東予市〕、生木地蔵尊〔東予市〕、横峯寺〈札打〉〔周桑郡小松町〕、香園寺〈札打〉〔小松町〕
22日	一宮(宝寿寺)〈札打〉〔小松町〕、吉祥寺〈札打〉〔西条市〕、前神寺〈札打〉〔西条市〕、延命寺〔宇摩郡土井町〕
23日	三角寺〈札打〉〔川之江市〕、雲辺寺〈札打〉〔**徳島県**三好郡池田町〕
24日	小松尾寺(大興寺)〈札打〉〔**香川県**三豊郡山本町〕、琴弾八幡宮〈札打〉〔観音寺市〕、観音寺〈札打〉〔観音寺市〕、本山寺〈札打〉〔三豊郡豊中町〕、弥谷寺〈札打〉〔三豊郡三野町〕、曼荼羅寺〈札打〉〔善通寺市〕、出釈迦寺〈札打〉〔善通寺市〕、甲

表54　天野文左衛門の参詣・見学・入湯一覧

月　日	参詣社寺・見学場所・入湯温泉
1月24日	久能山(東照宮)〔**静岡県**静岡市〕
25日	三保大明神(御穂神社)〔清水市〕
28日	秋葉山(秋葉神社、秋葉寺)〔周智郡春野町〕
29日	鳳来寺〔**愛知県**南設楽郡鳳来町〕
2月　1日	池鯉鮒大明神(知立神社)〔知立市〕
2日	尾張城〔名古屋市〕、津島天王宮〔津島市〕
7日	伊勢神宮〔**三重県**伊勢市〕
10日	手引観音(千福寺)〔多気郡大台町〕
15日	熊野新宮(熊野速玉大社)〔**和歌山県**新宮市〕、那智山(那智十二所権現社、青岸渡寺他)〈札打〉〔東牟婁郡那智勝浦町〕
16日	妙法山(阿弥陀寺)〔那智勝浦町〕
17日	熊野本宮〔東牟婁郡本宮町〕、熊野本宮湯入湯
21日	道成寺〔日高郡川辺町〕
22日	紀三井寺〈札打〉〔和歌山市〕、和歌の浦名所見物
23日	根来寺〔那賀郡岩出町〕、粉河寺〈札打〉〔那賀郡粉河町〕
24日	高野山〔伊都郡高野山町〕
25日	槙尾山(施福寺)〈札打〉〔**大阪府**和泉市〕
26日	住吉大社〔大阪市〕、大坂名所見物
27日	大坂にて芝居見物
28日	天王寺〔大阪市〕、聖徳太子廟所(叡福寺)〔南河内郡太子町〕、葛井寺(藤井寺)〈札打〉〔藤井寺市〕、大黒天尊(大黒寺)〔羽曳野市〕
29日	壺坂山(壺坂寺)〈札打〉〔**奈良県**高市郡高取町〕、吉野山(金峯山寺蔵王堂、吉水院)〔吉野郡吉野町〕
30日	多武峯(多武峯寺)〔桜井市〕、岡寺〈札打〉〔高市郡明日香村〕、安倍文珠院〔桜井市〕、長谷寺〈札打〉〔桜井市〕
3月　1日	竜田大明神(竜田大社)〔生駒郡三郷町〕、法隆寺〔生駒郡斑鳩町〕
2日	南円堂〈札打〉〔奈良市〕、春日大明神(春日大社)〔奈良市〕
3日	平等院〔**京都府**宇治市〕、三室戸寺〈札打〉〔宇治市〕、万福寺〔宇治市〕、下醍醐寺〔京都市〕
4日	上醍醐寺〈札打〉〔京都市〕、岩間寺(正法寺)〈札打〉〔**滋賀県**大津市〕、石山寺〔大津市〕
5日	長命寺〈札打〉〔近江八幡市〕、常楽寺〔甲賀郡石部町〕、観音正寺〈札打〉〔蒲生郡安土町〕
6日	三井寺〈札打〉〔大津市〕、唐崎の松〔大津市〕見物、比叡山(延暦寺)〔大津市〕
7日	六角堂(頂法寺)〈札打〉〔**京都府**京都市〕、今熊野(観音寺)〈札打〉〔京都市〕、六波羅堂(六波羅密寺)〈札打〉〔京都市〕、革堂(行願寺)〈札打〉〔京都市〕、三十三間堂(蓮華王院)〔京都市〕、大仏(方広寺)〔京都市〕、祇園社〔京都市〕、知恩院〔京都市〕、誓願寺〔京都市〕、黒谷寺〔京都市〕、東本願寺〔京都市〕、内裏
8日	大徳寺〔京都市〕、金閣寺〔京都市〕、北野天満宮〔京都市〕、西本願寺〔京都市〕、御池八満宮〔京都市〕にて浄瑠璃見物
9日	御室御所(仁和寺)〔京都市〕、嵯峨の釈迦(清涼寺)〔京都市〕、二尊院〔京都市〕、愛宕山(愛宕大権現)〔京都市〕
10日	穴太寺〈札打〉〔亀岡市〕、善峯寺〈札打〉〔京都市〕
11日	総持寺〈札打〉〔**大阪府**茨木市〕、勝尾山(勝尾寺)〈札打〉〔箕面市〕
12日	中山寺〈札打〉〔**兵庫県**宝塚市〕
13日	摩耶山(忉利天上寺)〔神戸市〕、つきしま寺〔神戸市〕、須磨寺〔神戸市〕
14日	人丸大明神〔明石市〕、尾上社〔加古川市〕
15日	石の宝殿〔加古川市〕、曽根天満宮〔高砂市〕
18日	瑜伽山(瑜伽大権現)〔**岡山県**児島市〕
19日	金毘羅宮〔**香川県**仲多度郡琴平町〕
20日	道場寺〈札打〉〔綾歌郡宇多津町〕
21日	天皇寺〈札打〉〔坂出市〕、国分寺〈札打〉〔綾歌郡国分寺町〕、

近世における寺社参詣の旅は、できるだけ多くの寺社に詣で、また名所旧跡を見学するため、同じ道を通らない巡回の旅であったことを特徴とするが、それは天野文左衛門の旅にあっても同様であった。

まず正月二二日に東海道の沼津宿に出て一泊し、同街道を西へと向かう途次、久能山、三保大明神、秋葉山、鳳来寺、池鯉鮒(ちりゅう)大明神、津島天王宮などに参り、尾張城の見物もして、二月二日、津島（愛知県）に宿をとっている。それより伊勢をめざして船で桑名（三重県）に渡り、五日に伊勢神宮御師の太夫宅に到着、そこに三泊して七日に参宮をし、八日、宮川を渡り、銭屋弥兵衛に京都六角堂前縫物屋嘉兵衛方まで荷物を運んでくれるよう頼んでいる。同日条には「此よりきちん（木賃）はしめる」とある。江戸時代の庶民の宿には旅籠(はたご)屋と木賃宿とがあり、前者は食事を出す宿屋、後者は自炊宿である。木賃宿はその名のとおり食事を作るための薪代を払う宿の意味で、古くは米や糒(ほしいい)などを持って旅をし、宿では自炊するのが普通であった。しかし、旅が隆盛しはじめた元禄期（一六八八―一七〇四）以降は、賄い付きの旅籠屋が宿屋の中心形態となり、木賃宿にあっても米を売るようになった。同じ宿場では旅籠屋よりも木賃宿の方が安かった。天野文左衛門の日記をみると、東海道の旅籠屋の宿賃に比べ熊野参宮と西国巡礼の道中の木賃はそれほど安いとはいえない。してみると、西国の旅籠屋の宿賃は東海道のそれよりも高額だったがゆえに、それを避けて木賃宿を選んだのであろう。そうした情報はあらかじめ、旅行案内書や西国への旅行経験のある知人などから得ていたにちがいない。

さて文左衛門は、二月一五日に熊野新宮に詣でたのち、西国三三カ所の第一番札所の那智山青岸渡寺(なちさんせいがんとじ)に札打ちしたのを皮切りに西国の札所巡りに入り、その傍ら紀伊の熊野本宮、高野山や京・大坂・大和・近江の有名寺社にも参詣している。また、大坂では芝居を、京都の御池八幡宮では浄瑠璃を見物している。大坂の芝居見物は庶民が近畿地方に旅する際の大きな楽しみの一つであり、あらかじめ旅行スケジュールに組み込んでおくことが多かった。

難波信雄氏は、仙台藩領の農民の手になる旅日記（道中記）を分析して、寺社参詣の旅は民衆が日頃享受していた浄瑠璃や歌舞伎などの芸能の世界を追体験する旅でもあったことを指摘されている。[46] 御厨地域においても近世後期には、後述のようにそうした芸能興行は盛んになされていた。大胡田村の文久四年（一八六四）「祭礼役者名前帳」[47] は若者と思われる村人たちが自ら演じた芝居の演題と配役を記したものであるが、これをみると、「一ノ谷嫩軍記」「神霊矢口渡」「本朝二十四孝」などを三日間にわたって上演している。天野文左衛門の旅日記は参詣・見学した寺社や名所旧跡についてはその名前のみを記しているのが常であるが、一ノ谷合戦で若き命を散らした平敦盛、彼を討った熊谷次郎直実や、源義経、弁慶など源平合戦のヒーローゆかりの名所旧跡、遺品に関しては、その伝承を書き留めている。おそらく彼も、芸能や文芸書を通じて、かねてから源平合戦とその主人公たちに関心をいだいていたのであろう。

ところで文左衛門は、西国巡礼の途次、讃岐（香川県）の金毘羅参りに赴くべく三月一六日に室津（兵庫県）より船に乗ったものの、風悪しく引き返さざるをえなくなり、今度は備前（岡山県）下村にて乗船（一七日）、船中に一泊して一九日朝に丸亀（香川県）に上陸した。そして同日、さっそく金毘羅宮に参詣し、翌二〇日より四国八八カ所の霊場遍路を開始している。四国においては各地で食物や銭の「摂待」（施行）を受けたことが記されている。遍路沿いには接待講が結ばれており、それが巡礼を支える社会的基盤をなしていたのである。

四月一八日条には、道後温泉（愛媛県松山市）に入ったあと「松山城下近藤先生の処へまいる」とある。近藤先生というのはおそらく心学者の近藤名洲（平格）であろう。彼は、文政二年（一八一九）に松山城下の心学者田中一如に入門、同一〇年（一八二七）より一二年まで江戸の大島有隣について石門心学（石田梅岩が一八世紀初期に創唱した心学の門流）を学び、同一二年以降、松山藩の藩主・家中・町人・農民に道話（人として生きるべき道を説く話）を講じる一方、他国にも遊説に出かけている。文政一二年（一八二九）四月に御厨の御殿場村、菅沼村などにて七日間連続の講話をし、天保六年（一八三五）には御殿場村および付近の村々を約一ヵ月遊説、さらに翌七年七月にも須走村で道話を講じている。[48]天野家の者もこの時、彼の道話を聴きに行き、面識を通じていたのではなかろうか。天野家は心学にはきわめて熱心で、文政一一年（一八二八）正月二二日には心学者の菊池良貞を自宅に招いて道話をしてもらっている。[49]また、同家には心学道話を記録した文書もいくつか残っている。そういう由縁もあって、天野文左衛門は四国遍路の途次、近藤名洲のもとを訪ねたのであろう。

そのあと彼は船で本州側に渡り、四月一九日に岩国（山口県）の錦帯橋と宮島（広島県）を見物し、その夜に船で四国に戻って遍路を再開した。五月二五日、四国遍路を成就すると船で備中（岡山県）に赴き、備中・備前の両吉備津宮に参詣したのち、残した西国札所巡りを行ない、帰路は中山道を通って善光寺（長野市）に詣で、下諏訪（長野県）より甲州道中を経て五月二七日に無事帰宅している。彼の旅は四カ月間にもわたって東海・近畿・四国・中国・甲信の寺社を巡回参詣したもので、これほどの長途の旅は御厨地域においてもごく一部の富裕な家のものにしかできなかったであろう。旅の期間は旧暦の正月二二日から五月二七日までであるが、これは正月の諸行事が一段落し、田植えが始まるまでの期間に相当する。この例に限らず、農民が参詣・遊山の旅をするのは農閑期であるのが通例であった。

第三節　祭礼と芸能・花火

(一)　村の祭礼と子供仲間・若者仲間

1　村の遊び日

今日では休日は国家が定めているが、これはすぐれて近代の所産である。近世にはそれぞれの村や町が村民・町民の生業のリズムに合わせて休日を定めていた。農村にあっては、村としての休日規定は旧暦の正月から一〇月までの農作業を行なう時期を対象にしているのが通例である。その他の農閑期については、とりたてて村として休日を定める必要はなかったのである。農期に村が休日を指定したのは、裏返せば、それ以外の日は農作業に励むことを義務づけたものにほかならない。日取りはそれぞれの村の農業生産のあり方に応じて一様ではないが、日数については古川貞雄氏によれば、一七世紀半ばから一八世紀初めにかけて自立した小農民を主体とする村共同体が成立して以降、一八世紀半ばまでは年間概ね二〇日前後から三〇日未満程度というのが標準であったとされる。(50)村の定例の休日には村人は仕事を休んで祭礼などの村の催し事に参加することが求められ、違反して働けば制裁を受けた。

近世には休日は「遊日」（アソビビ、アソブヒ）と呼ばれていた。「遊日」の原義は「神遊びの日」、つまり神と遊ぶ日であったとされる。(51)日常の仕事を休止し、神事に参加して神とともに遊び楽しむのが「遊日」の本来の意義であったのである。神社の祭礼日はもとより、田植え明け休みや入会山の口明けの休みなども田の神、山の神を祭る神遊びの日であった。定例の休日のほかに、「願い遊び日」「不時休日」「流行(はやり)遊び日」などと呼ばれる臨時の休日があった。第一節でみた、災厄の多い年に世直りを祈念して行なった臨時の正月や、日和り乞いの祭り、雨乞いの祭りなどはそれに相当する。

2　子供仲間と天神祭礼

村の祭礼には、若者仲間が担うものと、子供仲間が担うものとがあった。民俗社会においては「七ツ前は神のうち」と呼ばれ、数え七歳未満の幼児はいまだ神の世界に属していると考えられていた。七歳になると幼児から子供へと移行し、人間の世界に組み入れられ、一人前となるための準備、仕事と行儀作法の両面でのしつけがそれぞれの家において開始された。将来一家の長となるとともに村の運営にも参加する男子については、村もその教育に関与しており、子供仲間（子供組）→若者仲間（若者組）での集団活動を通して村のしきたりと文化を身につけさせ、一人前の村人へと育て上げることが企図された。[52]

子供仲間には七歳から加入し、一五歳で若者仲間に移る所が多く、子供仲間への加入によって正式に村の一員として認められることになった。そして、村の年中行事において一定の役割を担い、それを通じて村の一人前の成員になるための社会的訓練を受けた。子供仲間が関与する行事には、自ら主宰するものと、祭礼の際に子供神輿(みこし)や山車(だし)ひきという形で付随的に参加するものとがあった。子供仲間主宰の行事は村によってさまざまであるが、代表的なものに天神社の祭りと道祖神の祭りがあり、それゆえ子供仲間を「天神講」「道祖神仲間(さいのかみ)」「塞(さい)の神講」などと呼ぶ所もあった。

天神は寺子屋教育の普及に伴い、庶民の間でも手習い学問の神として崇敬されていた。道祖神は塞の神とも呼ばれ、村境や集落の境にあって災厄をもたらす悪霊の侵入を防ぎ、共同体を守護する役割を担っていた。子供も神の世界と人間の世界の境界に位置する存在であるので、境界の神である道祖神の祭りを主宰したのであろう。

柳島区有文書と新芝（あらしば）区有文書には、明治期のものであるが天神講子供連中に関する帳簿がいくつか含まれている。子供連中関係の文書が区有文書として保存管理されてきたことは、それが任意の集団ではなく共同体の中で制度的に位置づけられた公的組織であったことを示している。子供仲間は男子のみで構成されているのが一般的であるが、両地区では女子も加わっている。子供連中には二〜四名の世話人が存在している。世話人になったのは最年長者であったと思われるが、ただし男子に限られている。子供仲間は本来、世話人の統率下に自治的に運営されていたのであるが、柳島、新芝ともに明治三〇年代の末以降は天神講のメンバーの名称が子供連中から生徒中に変わっており、この頃から小学校の管理下に置かれるようになったのではなかろうか。

山之尻村名主家日記からも、天神社の管理と祭祀を子供仲間が担っていたことが知られる。弘化四年（一八四七）二月二五日条には天神講の祭りに子供たちが屋台を引いて祝った記事がみえ、また同年六月二四日条には天神社に子供連中が参って掃除をしたと記されている。

3　若者仲間の構成と役割

村によって差異はあるが、一般的には数え一五歳の正月に男子は成人式の儀礼を経て子供から大人への仲間入りをした。成人式は若者仲間への加入という形式をとる所が多く、これをすませると、前髪をとり、褌（ふんどし）をしめ、名前を幼名から成人名に変えるなどのけじめをした。若者仲間は成人男子を成員とする年齢集団で、「若者組」「若衆組」「若勢組」「若連中」など地方によりさまざまな名称で呼ばれた。近世の村にはいくつかの集落＝村組から構成されてい

るものもあるが、その場合は村組ごとに若者仲間が組織され、そのうえで村単位に連合していた。(53)

用沢村の慶応四年（一八六八）正月の「若者人別控帳」(54)をみると、用沢、諏訪之前、中用沢、大塚、正間田（しょうげんだ）、坂本、久保、明胡田（みょうごだ）という「庭」と呼ばれる集落ごとに名前が記載され、各庭には一名の「庭世話人」が置かれ、その上に用沢村惣若者中の「大世話人」二名が位置している。この村でもやはり庭＝集落の若者中─村の惣若者中という二重構成をとり、大世話人─庭世話人という系列で統率していたことが知られる。なお、人別控帳の末尾に記されている庭世話人には、大世話人を出している庭の世話人名はみえない。おそらく、大世話人は自己の庭の世話人を兼ねていたのであろう。してみると、庭世話人の中から大世話人が選出されたのではなかろうか。

若者仲間を抜けるのは結婚を契機にしている場合が多いが、結婚後も加入しつづけている例もあり、地域によって一様ではない。文政六年（一八二三）正月、山之尻村の役人たちが若者仲間の取り締まりのために世話人に申し渡した一二カ条からなる若者条目の第九条には、嫁をとって三カ年たったならば若者仲間から除くべし、とある（「山之尻村名主家日記」）。この村では結婚後も若者仲間をなかなか抜けなかったので、村役人が強制的に期限を設定したのであろう。また同条には婿についても同様とある。してみると、他村から婿に来た者も若者仲間に加入していたことになる。これはこの村に限ったことではない。他村から来た婿や養子に対しては若者仲間への加入を義務づけ、これから同じ村人として生きていくための修練を積ませるのが一般的であった。なお、同条目の第一〇条では、判持ちの若者、つまり印判の使用権を持つ一家の当主となった若者については、五カ年たったら若者仲間から除くよう規定している。

若者仲間は村の共同生活を守り営んでいくうえでの実行部隊として位置づけられており、村の祭礼の執行、普請への労働奉仕の他、村内の警備、犯罪や災害が発生した際の出動など村を自衛する役割を担い、若者頭の指揮・統率のもとに活動していた。自然の中で生活を営んでいくためには、時として自然のもたらす脅威＝災害に対処しうる知恵・能力とともに、自然を司る神と対話しうる能力も身につけておかなくてはならない。若者は、若者仲間の右のような村での役割を通じてそうした知恵と能力を獲得し、一人前の村人へと育っていったのである。

若者仲間は口伝（くでん）あるいは成文化された独自の掟を持ち、違反者には制裁を加えて集団の秩序と結束を維持していた。山之尻村の名主家日記にも、若者仲間の掟に背いた者を「八分」（仲間はずれ）に処した記事がしばしば出てくる。こうした若者仲間の体質は、若者に集団の秩序に服従する心性を植えつけるとともに、将来村の自治を担うのに必要な能力を培わせるうえで、大きな役割を果たしていた。村が若者仲間に期待していたところもそこにあり、自治・自律性を認めたうえで村における先のような公的役割を与え、それを通じて一人前の村人に育てようとしたのである。

成人男子については、このように村の公的制度として若者仲間が組織されていたのに対し、娘たちを村が制度的に組織することはなかった。娘たちの仲間はあくまで気の合う者どうしが任意に形成した私的な集団にすぎない。したがって、村の中で公的な役割を担うこともなく、その活動が文書として残ることはない。この点は、若者仲間に関する文書、とりわけ祭礼の執行に関わるものが小山町域にも多く伝来しているのと対蹠的である。将来一家の主人として家を代表して村の運営に参加することになる男子については、村としてその教育にあたっても、村の公的領域から除外されていた女子の教育には村は関与しなかったのである。

4　若者仲間の新規祭礼の強要

若者仲間は男子についての村の教育システムの一環に位置づけられていたのであるが、しかし近世後期になると、若者仲間の自律性は村共同体の秩序を脅かし、村役人と対立するようになる。村役人が若者仲間にもっとも頭を悩ませたのは、彼らの新たな祭日＝遊休日の要求である。祭りにはもともと遊興的要素が伴っていたのであるが、一八世紀後期以降、村の祭礼の担い手である若者たちは祭礼の賑わいを欲して遊興を肥大化させ、村さらには領域をも越えた若者たちの交歓遊興の場としていった。そして、新規の祭礼興行を集団示威行動によって強要するようになり、年間遊休日数は著しく増大していった。祭礼興行の適正な規模と日数を超えた拡大は、農業労働を基盤とする村共同体を揺るがすところとなり、その開催をめぐって若者仲間と村役人はしばしば対立した。それは一般的な趨勢であった(55)が、御厨地域においても同様な事態が進行していたことは、当地域に残る文書からうかがうことができる。

安永二年（一七七三）から安政二年（一八五五）にわたる山之尻村名主家日記にも、若者たちの祭礼興行の強要に関する記事が頻繁に登場する。その対策に苦慮した村役人たちは、文政六年（一八二三）正月二六日、百姓代宅にて村役人・組親（五人組頭）全員と「相人」（立会人）三名列席のうえ、若者共の世話人に一二カ条からなる若者条目を申し渡している。これは、前年一一月から一二月にかけて、山之尻村の若者共の祭礼興行の強要をめぐって組合村々を巻き込んだ騒動が発生したのを機にしている。若者条目の中心をなすのは祭礼と狂言に関する規定である。

第四条、世話人もなく若者が勝手に祭礼を企ててはならない。第五条、村役人ならびに世話人に願い出ずして、狂言師匠に指導を乞うてはならない。第六条、一〇カ年たたないうちは決して祭礼を願い出てはならない。第七条、一〇カ年は月見・日待ちなどと称して狂言をしてはならない。第一〇条、隣村に狂言興行のある節、五人以上それに関与してはならない。

祭礼とならんで狂言が取り締まりの主対象になっているのは、近世後期には若者たちが狂言や芝居を自ら演ずるようになっており、新規祭礼の強要もその上演機会を得ることを主たる目的としていたからである。このほか、第二条では博奕その他の諸勝負がましきことをしてはならない、と規定している。一八世紀半ばころから農村部にも博奕が流行し、それが秩序・治安を乱す要因の一つとなっていたのだが、若者条目で博奕・諸勝負を禁じているのは、彼らの間にもそれに手を染める者が多かったことを物語っている。また第三条では、市町へ出て喧嘩口論を決して致してはならない、としている。若者たちは繁華に憧れて御殿場などの町場に出かけることが多く、そこで血気にはやって喧嘩口論沙汰にもたびたび及んでいたのであろう。

この若者条目の第一条では、公儀（幕府）の法度、国法（小田原藩の法）、および村方の掟をきっと守るべきことを要求し、最後の条で、もし若者条目に違反する者がいたならば、その「筋」（集落）の若者より取締人へ申し出ることを求め、そのうえで厳しく処罰する、としている。そして、この条目を毎年正月一四日の日待ちの節、「取締之者」より心得のために読み聞かせることをうたっている。若者仲間の掟は本来は自主的に定めていたのであるが、一九世紀になると、この山之尻村の例のように、公儀の法度と村の掟の遵守を強調する若者条目が村役人の主導で他律的に定められるようになる。それは若者仲間の自律性が村共同体の秩序から逸脱しないように枠をはめたものであるが、しかし実際に若者仲間の行動規範をなしていたのは若者たちの間で口伝されてきた掟の方であり、その実効性については疑問視されている。(56)

幕府が文政一〇年（一八二七）に関東地方の治安取り締まりを目的に着手した改革でも、無宿（むしゅく）、悪党、浪人、博徒とならんで若者仲間を幕藩制支配秩序を根底から揺るがしかねない存在として認識しており、翌年四月にはその廃絶を命じている。関東およびその周辺の諸領主も若者仲間の禁止に乗り出したが、しかし村内では依然として若者仲間は存続し、公然と活動をつづけていた。(57)

山之尻村名主家日記をひもとくと、若者仲間は、自村の役人に祭礼開催を要求して聞き入れられないと、近隣の村の役人に仲介を依頼するのが通例であったことが知られる。例えば、文政一三年（一八三〇）一〇月頃より山之尻村の若者共が祭礼開催を願い出てきたので、村役人たちは相談をし、当年は格別陽気もよろしくないのでという理由をつけて祭礼の年延べを申し渡したところ、若者共は今度は近隣村々の役人たちに取り持ちを依頼している。これを受けて交渉にやって来た近隣村々の役人中に対し、山之尻村役人中は年延べにしたい旨話したものの、聞き入れられず、やむをえず三番(さんば)・操り(あやつ)のみを許可し、組合村々へ伝えた。ところが「若者共大キ増長致し、芝居ニ相成」った。山之尻村の役人中もこれを抑えることはできず、見逃さざるをえなかった。

この例に限らず、他村の若者たちから仲介を依頼された近隣村の役人たちは、当該の村の役人に祭礼開催を認めるように説得するのが常である。山之尻村の役人も、村内の若者たちの祭礼開催要求にはこれを拒否する態度をとりながら、他村の若者たちの依頼を受けると、その意向に沿ってその村の役人に交渉している。組合村々の役人たちが結束して若者たちを抑えるようなことはしていないのである。

若者たちは近隣の村の祭礼にも参加しているので、他村で祭礼興行をしてくれれば自村の若者たちにとっても欲求のはけ口となる。それに、お上にとがめられても、他村であれば責任を免れる。また、祭礼の際に若者たちが地芝居を興行すると、後述のように、その村や役人に費用を強要されたりした。こうした理由から、村役人たちは、新規の祭礼興行はなるべく他村に押しつけようとしたのではなかろうか。裏返せば、結束して集団的示威行動で祭礼興行をせまる若者たちを、村役人たちが抑えることは難しかったことを物語っている。また、祭礼興行は若者たちに限らず地域住民全体にとって娯楽の機会であり、若者たちのその開催要求の背景には地域住民の広い支持もあったと思われ、それゆえ村役人たちもむげにこれを抑止することはできなかったのではなかろうか。

こうした事態に、小田原藩は強権を発動して若者仲間の取り締まりに乗り出した。同藩領では天保二年（一八三一）に地方取り締まり体制が強化されたが、その一環として若者仲間を禁止する方針が打ち出されている。(58)翌年正月、御厨地域で小山(おやま)村、用沢村、六日市場村、中畑村、新橋(にいはし)村をはじめ祭礼が数多催されたのに対し、小田原藩は取り調べのため廻り小奉行を派遣した。小奉行は、御殿場村名主宅にて祭礼を行なった村々の役人と若者共の世話人を呼び出して吟味し、祭礼開催村々の若者頭取両三人を村預けに処すことを申し渡した。だが、処分はそれのみにとどまらなかった。小奉行が小田原に帰ったのち、再び村々役人と若者世話人惣代が召喚され、若者頭取を手鎖(てぐさり)に処し、その他の若者共についてはそれぞれの村の惣代が仕置をするよう申しつけられた。その後、またまた呼び出しがあり、今度は村役人は押込に、村預けの若者は手鎖に処すことを申し渡されている。

この一件は山之尻村名主家日記に詳しく書き留められているが、同日記によるとその後も若者仲間は存続しており、村内外の祭礼興行に関わる若者たちの活動に関する記事が頻繁に出てくる。それがお上に知れたときは処罰されているものの、領主の強権をもってしても若者仲間を禁圧することはついにできなかった。

(二)　芸能・相撲興行と花火大会

1　芝居・狂言・操りの興行

山之尻村名主家日記には、当村および近隣村々での芝居・狂言・操り・相撲（角力）などの興行や、村を訪れる芸能民に関する記事が多くみられる。表55はその一覧である。「買芝居」とあるのは専門の芸能集団を雇っての興行である。買芝居であることが明記されているのは、文政五年（一八二二）正月の御殿場村と嘉永四年（一八五一）九月の阿多野(あだの)新田村の興行のみであり、芝居・操り・狂言興行のほとんどは若者たちが自ら演じたものである。さまざまなルートを通じて村落に流入する都市文化の影響を受けて地芝居が隆盛したのは近世後期の一般的趨勢であり、その興行は演じる方も、観劇する方も都市の風俗を実感できる機会であった(59)。

定例の祭礼での芸能興行のほか、若者たちは臨時の興行を企てた。それには自村の役人の許可が必要であったが、それが得られないと、近隣の村々の役人や若者共に取り持ちを依頼した。たとえば、安永一〇年（一七八一）春、上小林村にて新規の春祭礼が開かれ操りが催されたが、これは前年一一月、上小林村若衆が同村の役人方に新規春祭礼開催を願い入れたものの拒否され、山之尻村・塚原村・芝怒田(しばんた)村の各名主に取り持ちを依頼して実現したものであった。また、中丸村ではもともと「若衆芝居」はなかったが、文政一〇年（一八二七）二月初午(はつうま)の一二日と一三日に、隣村の若衆と役人・寺院の取り持ちで若者共の芝居が開催されている。芝居、操り、狂言などを若者たちが習得すれば、その上演の機会を欲するようになるのは自然の勢いであった。幕府は、寛政一一年（一七九九）、在方での芝居興行が農民をして遊興に走らせ、農耕をおろそかにする要因になっているとして、幕府領、大名領、寺社領を問わず全領に対しその禁止を発令したが(60)、芸能を通して自己を表現し、共に楽しもうとする若者をはじめとする民衆のエネルギーの前に、この禁令は有名無実と化した(61)。

祭礼や芝居などの興行には他村の者たちも見物に馳せ参じ、地域の人々の交歓遊興の場となった。弘化四年（一八四七）七月二六日、甲州郡内山中村で芝居興行がなされた折には、山之尻村の若者共も皆々参った、と日記にはある。天保二年（一八三一）正月の山之尻村祭礼の節、若者たちが芝居を興行したが、それを催した四日間のうちには他村の若者たちもやって来て、名主家では彼らに食事を振る舞っている。また、嘉永三年（一八五〇）二月一四日から一八日まで一色(いしき)村にて開催された若者共の芝居興行には、山之尻村の名主家の者たちも見物に行き、「大ぜい人出申候」と記している。他村の芝居興行の仕事そのものに参画している例もある。嘉永四年（一八五一）一〇月六日～八日に大胡田(おごだ)村で祭礼芝居が催された節には、山之尻村よりも三人が参加し、下方の下座、化粧、振り付けをそれぞれ担当

表 55 山之尻村名主日記の芸能関係記事

年 月 日	内 容
安永 4(1775)年8月下旬	山之尻村にて勧進角力興行
安永 5(1776)年7月下旬	竹之下村にて角力興行
安永 7(1778)年5月26,27日	小田原藩の殿様御前にて領分の角力取りを集めて角力興行
安永 10(1781)年春	上小林村にて新規春祭礼の節、若者共操り興行
寛政 元(1789)7月下旬	仁杉村にて操り興行
寛政 2(1790)年正月上旬	山之尻村にて4日間祭礼の節、狂言興行
文化 2(1805)年正月5～7日	山之尻村にて祭礼の節、狂言興行
文政 5(1822)年正月上旬	御殿場村にて買芝居興行
文政 8(1825)年7月29日	清後村にて若者共芝居興行
同年 8月15,16日	東田中村にて若者共操り興行
文政 10(1827)年2月12,13日	中丸村にて若衆芝居興行
文政 13(1830)年12月上旬	山之尻村にて祭礼の節、若者共操りと芝居興行
天保 2(1831)年正月	山之尻村にて4日間祭礼の節、若者共芝居興行
天保 6(1835)年7月	山之尻村にて祭礼の節、若者共芝居興行
弘化 2(1845)年2月25日	山之尻村天神講祝いの日、万歳参る
同年 2月26日	山之尻村にまた万歳2組参る
弘化 4(1847)7月26日	天気上々よし、山之尻村若者共角力取る
同年 7月16日	山之尻村若者共盆踊りと称し、村中を踊り廻る
同年 7月26日	甲州郡内山中村の芝居興行に山之尻村若者共皆々参る
同年 8月2日	天気上々よし、六日市場村にて陽気角力あり
同年 8月10日	用沢村にて若者共芝居興行
嘉永 元(1848)年2月25日	万歳2組参る
嘉永3(1850)年2月14～18日	一色村にて若者共芝居興行、見物人大勢集まる
同年 2月18日	山之尻村に万歳2組参る
同年 3月3日	古沢村に髪結い浄瑠璃語り参る
同年 5月中旬	山之尻村にて乞食芝居仕る
同年 6月11日	六日市場村観音堂にて乞食芝居あり
同年 7月17日	天気よし、山之尻村の若者共陽気角力取る。近村の若者共参る
嘉永 4(1851)年9月初旬	山之尻村七郎左衛門と申す者角力好きにて、桑木村にて花角力取り、同村若者共より新まわし贈られる
同年 9月初旬	清後村若者共芝居興行を企てたが、差し止められる
同年 9月	阿多野新田村にて買芝居興行
同年10月6～8日	大胡田村にて祭礼芝居興行あり、山之尻村よりも3人参加す
同年10月9～13日	御殿場村にて買角力興行
同年11月	用沢村芝居興行につき若者2人手鎖に処される

している。

村落社会においても芝居などの興行が頻繁に催され、若者たち自らがそれを演じ、また村内外の多くの人々が観劇して、芸能の世界を実感するようになったことは、村人たちの歴史意識や世界観、人生観、生活観、風俗などにも大きな影響を及ぼしたに相違ない。その具体的な解明は今後の課題としたいが、それが先述したように芸能世界の追体験としての旅への憧憬をふくらませたことは疑いなかろう。

ところで、祭礼や芝居などの興行は当該の村のみならず広く地域の人々の娯楽と交流の機会でもあったため[62]、その折には他村の者たちからも「花」とか「樽代」「酒代」などと呼ばれる祝儀が寄せられた。例えば、用沢村の惣若者中・世話人中が記録した寛政三年（一七九一）正月付けの「祭礼花万帳」[63]をみると、用沢村の他に御厨地域に属する一七カ村もの村々の惣若者中や名主をはじめとする有力者から、酒樽あるいは銭を祝儀として贈られている。そのなかには御殿場村の豪商、日野屋兵右衛門の名もみえる。若者中どうしの祝儀のやりとりは彼らが村を越えた付き合いを展開していたことを示しているが、地域の有力者も祝儀を寄せているのは、祭礼興行を経済的に支援し、地域の人々に娯楽と交流の機会を提供するのも、彼らに期待されていた公共的な役割の一つであったからであろう。祭礼・芸能興行は、富裕な農商民のもとに蓄積された富を地域社会に還元する機会ともなっていたのである。

もっとも、そこには若者連中からの強要も多分に働いていたかもしれない。天保二年（一八三一）正月、山之尻村の祭礼で若者たちが芝居を興行し、その費用が合計四八両もかかった。諸道具と払い物すべてを売り払っても三六、七両の不足となった。そこで、若者たちが担当した役者に応じて費用を割り掛け、残額を村方にて支弁するよう名主にねだっている。名主家ではすでに祭礼の準備段階で舞台材料を強要されて「から松」一本を伐って提供しており、また当家でも男二人、女一人が芝居の役者を演じていたので「役金」を計一両二分遣わしたが、若者仲間の世話人は金四両を祝いとしてもらいたいとねだり、収拾がつかなくなった。結局、この件は、名主家からは役金の他に金一分を与えることで落着している。この他、祭礼芝居興行期間中、他村からやって来た若者たちにも名主家では食事を振る舞っており、祭礼や芝居を興行すると、その村の役人はかなりの出費を強いられたことがうかがえる(64)。また、村を訪れる万歳や浄瑠璃語り、乞食芝居などの芸能民をもてなし、その活動を保障するのも、彼らの責務であった。

2　在方相撲取りの出現と相撲興行

相撲（角力）興行も盛んであった。安永四年（一七七五）八月一七日、山之尻村の相撲取りの幸左衛門と柏木用七の両人に頼まれ、利兵衛と源八が村役人方へ勧進(かんじん)相撲を請け申したいと願い入れた。そこで同日夜、役人たちが寄り合い相談し、これを許可することにした。ただ往来筋で行なうことはできないので、忠右衛門持ち分のあら草野を借りて土俵をこしらえ、当村の者には銭をとらずに見物させている。

この事例から、村の中にも専門的に相撲を取る者が出現し、相撲興行を主催していたことが知られる。この山之尻村相撲取りの幸左衛門は、安永七年（一七七八）五月二六、二七の両日、小田原藩の殿様御前にて領分の相撲取りを集めて相撲興行が催された際にも召し出され、好成績をあげたため褒美として金二両を下賜されている。領分限りで御前相撲を興行できるほど、小田原藩領内には相撲取りが多く存在していたわけである。

在方の相撲取りの出現は、若者たちの相撲の受容が社会的基盤となっていた。彼らは天気がよいと「陽気角力」を取っており、若者たちの間に相撲が浸透していたことがうかがえる。嘉永三年（一八五〇）七月一七日、山之尻村の若者たちが「陽気角力」を取った際には、近隣の村の若者たちも参加している。また、翌四年九月初旬、山之尻村の七郎左衛門と申す相撲好きの者が桑木村にて「花角力」を取っているが、これには桑木村の若者共が関わっており、彼らより七郎左衛門に新まわしを贈っている。若者たちの間に相撲が受容され、その中から力自慢の者が相撲を渡世とするようになったのである。

相撲興行には、プロの相撲渡世集団による興行と素人（しろうと）相撲の興行とがあった。幕府公認のプロの相撲渡世集団が成立したのは一八世紀半ばで、「本朝相撲司御行司（つかさおんぎょうじ）」を称する吉田善左衛門を頂点に組織されており、江戸では「相撲年寄」、それ以外の地では「相撲頭取」が力士を弟子として抱え、興行していた。[65] 在方の相撲好きの力自慢の若者は、地方興行を請け負う博徒の親分などの地域の顔利きの推薦で年寄・頭取に入門し、在方での興行にも関わっていた。[66]嘉永四年（一八五一）一〇月九日〜一三日、御殿場村にてプロの相撲渡世集団を雇っての「買角力」が興行された際にも、その請元となっていたのは御殿場村の相撲取りと大坂屋惣兵衛と申す者で、他に世話人として中老と若者も参画していた。相撲興行の隆盛は見物人の目もかなり肥えさせたらしい。山之尻村名主家日記には、「中位之男力（角カ）ニ相見申候、左様宜敷（よろしき）も無之候」と記してある。それは芝居についても同様で、嘉永四年九月に阿多田新田村で催された買芝居についても、「格別宜敷芝居ニも無之候」と酷評している。

3　花火術の受容と花火大会

日本に花火が伝わったのは、天文一二年（一五四三）の鉄砲伝来とともに火薬の配合法が伝えられたのをきっかけとする。以後、江戸時代には人々の生活の中に定着し、日本人の美意識と結びついて特有の花火文化がつくりあげられた。

小山町大御神（おおみか）区では今日でも五年に一度区民の手によって盛大な花火大会が催されているが、江戸時代に大御神村の役人を代々務めていた天野家に伝来する花火関係の文書[67]によると、花火が当村に伝わったのは一九世紀初期のことである。文化九年（一八一二）九月付けの「花火方立控」と題する、花火の種類ごとに原料の配合法を記した帳簿には、表紙に「大御神村持主　天野伝右衛門」、裏表紙に「此方立駿東郡印野村彦右衛門殿方より写し取り候、以上」とある。したがって、御厨地域の他村にはそれ以前に花火の製法が伝わり、天野氏もそれに関心を寄せて習得に努めていたことが知られる。文政元年（一八一八）一〇月には、駿東郡御厨下小林村居住の日吉豊次郎富昌より花火製造の秘法を伝授され、「秘法花火伝授控」[68]と題する帳簿に書き留めている。そして、文政五年（一八二二）八月には天野佐三次が、同年九月には天野伝右衛門が、それぞれ喜葉軒士好なる人物より荻野流花火術の免許を受けている。[69]この免許状には尾州愛知郡沓掛郷大久保村の中野吉兵衛好教という人物が証明を与えているので、士好は好教の弟子であったのであろう。

花火術の免許を受けた天野氏は、さらにそれを他人に伝授した。天野氏から花火術を伝授された吉久保村の文左衛門・庄三郎・伊右衛門・牧蔵が、その内容をたとえ親子兄弟たりとも他見しないことを誓約した、嘉永元年（一八四八）八月付けの神文[70]が残っている。その文面によると、花火は当時、「国家安全為五穀成就無二之神教」とされていたことが知られる。天野氏が花火術を受容した一九世紀初期は、関東・東海地方の農村の荒廃化が進行し、対外的には異国船が日本の近海に出没して国家的な危機意識が高まっていた時期である。この時期、後述のように御厨地域の指導者たちは家と村の立て直しの手段として心学を受容していたが、天野家の者たちも心学を熱心に学んでいたことは先に紹介したところである（第二節(二)参照）。おそらく花火の導入もそれと軌を一にするもので、家の永続、村の復興、国家安全への切実な願いがそこにはこめられていたのであろう。

花火大会で打ち上げの役割を担っていたのは若者仲間であった。花火大会での打ち上げの順番を記録した万延元年（一八六〇）九月七日付けの「花火番付控」の裏表紙には、大御神村若者世話人の名前二一名が記されている。一九世紀に入ると御厨地域では各地で花火大会が開催されるようになり、多くの見物人を集めていたらしいことは、山之尻村名主家日記からもうかがえる。文化一四年（一八一七）八月一六日夜に「大脇村」（菅沼村の大脇であろう）で花火が催され、「大キニ見物御座候」とあり、また文政七年（一八二四）八月二八日夜には南筋組合一同にて風祭として花火を挙行し、見物人が押し掛けたという。夜空を華やかにいろどる花火は人々のかっこうの娯楽であったが、そこには、不安な世情にあって、五穀成就と世の泰平を願う切実な心情もこめられていたことを忘れてはならない。

明治に入ると、神社の祭典の他、さまざまな式典において花火が打ち上げられるようになった。天野家には、大御神村社祭典、古沢所在の郷社一幣司浅間神社祭典、須走村所在の県社浅間神社大祭、六合村尋常成美小学校再築開校式、北郷村日露戦役殉職者招魂祭などにおける花火打ち上げの番付（順番表）が残っている。

第四節　寺子屋教育の隆盛と地域文人社会の形成

(一)　文字教育の普及

1　読み書き計算と文書保存の必要性

近世は文字文化が庶民の間にも広く浸透した時代である。この時代、支配の仕組みの面からも、また社会生活の面からも、村に暮らす人々も読み書き計算能力を身につけることが求められた[71]。近世の幕藩制社会は兵農分離を原理に成り立っており、支配階級である武士は城下町に集住し、農民は村に居住した。空間的に隔たって暮らしていた両者の間の意思の相互伝達は文書によってなされた。すなわち、領主の命令は触（ふれ）・達（たっし）などと呼ばれる文書で村役人を通して村人に下達され、年々の年貢もその負担額を記した年貢割付状でもって村単位に課された。一方、農民の側の領主に対する願いごとや訴えごとも願書・訴状などの文書にしたためて、村役人を通して上申した。いわば、近世は文書によって支配が行なわれていた時代だったのである。

こうした文書による支配は、村役人が読み書き計算能力を備えていることが不可欠の条件となる。中世後期の室町・戦国時代には村落の上層民もそうした能力を獲得していたことが、これまでの研究で明らかにされている。[(72)] それが、兵農分離を原理とした幕藩制社会の成立と幕藩領主の文書による支配を可能にした、歴史的な前提条件となっていたのである。御厨地域の村々にあっても、中世の土豪百姓の系譜を引く農民が近世に入り名主となっている例が多いが、彼らは村落における政治的・経済的有力者であったのみならず、読み書き計算能力を身につけた知識人でもあったと思われる。

名主の職を世襲していた家にあっては、子弟の教育にはことのほか熱心であったようである。山之尻村の名主を代々務めていた滝口家の日記をひもとくと、子弟を近隣の有識者のもとに読み書き算盤（そろばん）の手習いに通わせたり、巡歴の僧侶を四、五日泊めて家内および近所の子供たちに本読みを教えてもらっている記事が散見される。

一般の農家の子弟にあっても、読み書き計算能力を身につけておくことは必要であった。領主が村に課した年貢・諸役や村の費用は個々の百姓の持高に応じて割り付けられるので、読み書き計算ができないと過分に負担させられてもわからない。[(73)] また、家業と社会生活を営むうえでも、そうした能力は要請された。一八世紀に入ると農村にも商品貨幣経済が浸透し、農作物が商品として売買されるようになり、金銭の貸借、土地の質入れ・売買も盛んになった。その際には証文が取り交わされた。小作契約や奉公契約も証文によってなされるようになった。こうしてあらゆる社会的・経済的行為に文書が介在してくると、読み書き計算ができないと不利益をこうむり、自己の利益・権利を守れなくなる。例えば証文に不利益なことを書かれても、それを読めなければ、あとで気づいても泣き寝入りせざるをえないわけである。

文書による支配と社会への文書主義の浸透のもとでは、村政を運営するうえでも、家業と社会生活を営むうえでも、また村と家の権利を守るためにも、文書を保存することが不可欠となる。小山町域にも家と共同体を基盤として近世の文書が大量に伝存しているが、それは如上のような必要性から、また家と村の由緒・歴史を語る文化遺産[74]として代々大切に保存管理されてきたものである。

例えば、富士山への登山口の一つである須走口（東口）に近接する須走（すばしり）村には、富士山参詣者を対象に宿泊業を営む家が多く存在したが、宿帳の作成と保存は個々の家の宿泊業経営にとって不可欠であったばかりか、宿泊客の獲得をめぐる争論の際には、宿帳が個別の宿泊業者の利害を超えて、村全体あるいは村内の経営者グループの利益の確保と秩序維持にも重要な機能を発揮していたことが、青柳周一氏によって明らかにされている[75]。

名主の職が特定の家筋に世襲されていた段階では村政文書はその家に保存されていたが、名主を組頭が輪番で務めたり、あるいは惣百姓の談合や入札で選出するようになると、村の重要文書の引き継ぎがなされるようになり、やがてその目録も作成されて組頭・百姓代・組親（五人組頭）立ち会いのもとで引き継ぎなされるなど、村政文書の管理と引き継ぎの体制が整備されていった。現小山町域の村々では一八世紀半ば頃から村政文書の引き継ぎ目録が作られるようになっている[76]。引き継ぎの対象となった、御条目、水帳（検地帳）、名寄帳、村鑑帳、村絵図、宗門改帳、年貢割付状、年貢皆済目録、年貢勘定帳、相論の裁許状、村証文等々は今日、近世の村に由来する区の共有財産として、神社、公民館、文書蔵、区長宅などに保存されている例が多い。それは、村政の基本文書や村人の権利の裏付けとなる文書は村人に共有化されるに至っていたことを示している。

今日に伝わる近世の村方文書の大半は領主支配に関わる文書であるが、それをもって領主支配が貫徹していたことの証（あかし）とみるだけでは一面的である。支配関係の文書であっても、それが村の側に保存されると、村人の生産・生活を守るための根拠ともなる点を見落としてはならない。文書による支配は、権力側も文書に明示した自らの意思に規制されざるをえないのである。例えば、近世の領主は、百姓が年貢を皆済しさえすれば御慈悲を施してその成り立ちを保障してやるという論理でもって、農業出精と年貢皆済を奨励するのが常であるが、それは同時に農民たちが百姓身分としての役儀を果たす以上、その生産と生活を保障せねばならない責務を自らに課し、もしその責務に背いて農民たちの生活を危殆におとしいれたならば、指弾されてもよんどころない根拠を与えたことにもなるのである。

承応三年（一六五四）に小田原藩主稲葉氏が領中に発した「掟」(77)には、「郡（こおり）奉行・代官其外役人之面々依怙（えこ）贔屓（ひいき）有之而及非分之沙汰ハ急度（きっと）申出へし、遂穿鑿可申付之」という箇条がみえる。これが地方（じかた）役人―村人の関係においてどのような機能を果たすことになるかは説明を要しまい。

近世領主は年貢の額を年貢割付状に記して村単位に賦課し、納入の連帯責任を負わせたが、それは一方で自ら明示した額以上に取り立てることを不可能にする。そして、年々の年貢割付状が系統的に村の側に保存されれば、過去の年貢負担の実績を証明するものとなり、領主が不法に年貢を増徴しようとするとき、その非分を指弾し、抵抗するための根拠となる。同文書はまた、検地帳とともに年貢村請の主体たる一村立ちの村であることの公証ともなった(78)。それゆえ、年貢を皆済し領主から年貢皆済目録を交付してもらい、村請年貢の徴収業務のうえでは非現用となったのちも保存されたのである。年貢割付状は一般的に村方文書の中でももっとも系統的に伝存しているものであるが、それは小山町域においても同様である。下古城（しもふるしろ）村では、年貢割付状と宗門改帳はそれぞれ専用の箱に入れて、それと判る

ように保存管理していた。(79)

災害時に領主から「御救（おすくい）」として米金を施与ないし貸与された時の関係文書も、まとまって保存されている。これも、将来同様の災害に見舞われた際に「御救」を要求するための根拠とすることを意図していたようである。

享保一七年（一七三二）正月、猛火が須走村の導者宿（どうじゃ）（富士山参詣者を対象とした宿）の立ち並ぶ町並みを襲い、家々を焼き尽くした。ために同村の御師（おし）と名主・惣百姓たちは、幕府代官の伊奈半左衛門に夫食（ぶじき）と家作金の拝借を願い出た。伊奈が家来を遣わして調査させたところ、申し立て通りの惨状であったので、夫食と家作金を施与してくれるよう勘定所へ伺いを立てたが、家作金の貸与は拒否され、夫食米も減ずるよう指示された。そこで伊奈が、置籾の内から籾三六石八斗四升を「御救夫食」として渡したい旨、再度伺いを立てたところ、勘定所の奉行以下の役人たちは老中に伺ったうえで付札（つけふだ）（伊奈の伺書の上部に貼った付箋）でもって許可を与えた。

この伊奈の伺書と勘定所の付札による下知（げち）を須走村役人が伊奈の配下の役人より借り受けて筆写し、それにつづけてこの度の措置と去る宝永四年（一七〇七）の富士山噴火による砂降り被害の節の、先代伊奈半左衛門の御救の功績について記した文書が伝存している。(80)それには、かかる記録を作成して残す意図を次のように書きつけてある。「両度之分ケ委細天下之御帳面ニ記留リ、別而御代官伊奈半左衛門様御帳面ニ留リ有之候、此上御料・私領ニ罷成候而も、右之儀共強ク可申立事第一ニ御座候、自今以後此所之心得のため如斯記置申候」と。すなわち、将来災害に見舞われた際にかつての代官伊奈半左衛門のように救済に尽力するよう求めるため、その証拠を残そうとしたのである。

村からの支配役所への書き上げ類においても、自分たちに有利になるよう作為をこらした痕跡がみられる。代官伊奈半左衛門支配から駿府代官支配への管轄替えに伴い菅沼村が元文五年（一七四〇）に提出した、「村差出シ帳」(81)の下書をみると、田畑の等級別反当たり収穫量は最初に記した額を抹消して、それより少ない額に書き改めている。いうまでもなく、年貢負担量を減じようとしたものである。その一方では、年貢米を当村より沼津河岸（かし）まで運送する際に「御公儀様より被下置候」駄賃については、「壱俵ニ付銭百十弐文」を「百四拾八文」と増額して書き直している。

文書による支配のもとにあって村人たちは、自らの生産と生活を守るために、いろいろと知恵を働かせていたのである。そして、領主の苛政に命懸けで闘って犠牲となった者については、領主に知られぬよう秘かに義民として祭り顕彰して、その功績を伝承した。小田原藩主稲葉氏支配下の時代、寛永一二年（一六三五）の検地で古沢村の村高は二三〇石余から一挙に五〇〇石余と二倍以上に打ち出され、村人の年貢負担は倍増して一村破滅に追い込まれた。それに対し六名の惣代が小田原藩に訴訟したものの聞き入れられず、やむなく強訴（ごうそ）に及び、死罪となった。この六名の命と引き換えに村高は減じられ、村人の生活は守られた。村人たちは六名の墓碑を建てて菩提（ぼだい）を弔いつづけ、安永四年（一七七五）には六名の子孫たちが六祖大権現という神社を建立し、その功績を石碑に刻んだ。(82) 古沢村が領主に提出した村鑑（むらかがみ）帳と村絵図には他の神社は記載されているものの、この六祖大権現のみはみえない。

兵農分離の体制下で近世領主は文書と絵図によって村の情報を提供させたが、しかしそこには村人に不利にならないように作為が加えられ、知られると不都合な情報は秘匿されていたのである。

2　寺子屋教育の隆盛

以上のように支配の仕組みの面からも、社会生活の面からも、人々は読み書き計算能力を身につけることが要請されるところとなったのであるが、ことに家の財産の管理と家業経営に責任を負い、また村の運営にも参画する一家の長たる者は、その必要性が高かった。

近世前期の村落においては、そこに定住するようになった僧侶や神職たちが手習いの指導を行なっていたようであり、それが寺子屋教育の原初形態であったらしい[83]が、一八世紀に入ると、寺子屋（手習塾）が全国的に普及しはじめ、ことに一八世紀後半より急増している。このことは明治一六、七年（一八八三、四）頃の調査資料の統計的分析によって指摘されてきたところである[84]が、近年の寺子屋関係文書の発掘や筆子塚（筆子＝寺子屋の門弟たちが師匠の学恩に報い菩提を弔うために建立した石碑）の調査から、近世中・後期の村落には我々の予想を超える多くの寺子屋が開設されていたことが明らかになっている。筆子もしだいに全階層に広まってゆき、男子に比べれば少ないものの女子の筆子もみられた。それは、読み書き計算ができないと、一人前の人間として家業や社会生活を営めないような社会状況となり、子女にその能力を身につけさせることは親としての責務だという自覚が広く生まれていたことを、物語っている。入退学の年齢は近代の学校とは違い一律ではないが、七歳以上一五歳未満の子供が寺子屋での教育対象であった。

御厨地域においても高橋 敏氏の調査により一八世紀末以降の筆子塚が多く確認されており[85]、近世後期には当地域にあっても寺子屋教育が盛んであったことが知られる。ちなみに、これまで確認された小山町域所在の筆子塚を一覧表にすると表56のようになる。寺子屋師匠のほとんどは名主・農民であるが、名主以外の農民であっても彼らは村落の指導者層に属し、御厨地域の代表的な文人でもあった[86]。御厨地域で寺子屋教育が隆盛した時期は農村荒廃が進行していた時期と重なる。おそらく、村落の指導者たちは村の荒廃化に危機感をつのらせ、村を復興させるためには将来の村の担い手である子供たちに実用の学問を施すことが必要だと考えて、その教育に乗り出したのではなかろうか。また、それは、読み書き計算能力を要請されるようになった社会状況の中にあって、一般農民の間でも子弟にその手習いを施すことへの要望が高まっていたことに、村落指導者たちが応えたものでもあっただろう[87]。

菅沼村大脇の湯山文右衛門が文化七年（一八一〇）より弘化三年（一八四六）まで隣村の吉久保村で営んだ寺子屋

の入学帳を分析された高橋 敏氏の研究によると[88]、筆子は村内の富農層にとどまらず各層に平均して分布しており、とりわけ下層農民が三分の一余を占めている。このことは、農民一般に教育熱が高まっていたことを物語っていよう。小山町域の家々には、『庭訓往来』『百姓往来』『商売往来』『江戸往来』『消息往来』『女消息往来』『女大学』『女今川』『実語教』『童子教』『早算手引書』等々の、読み書き算術の手習用教科書が数多く伝わっており、当時の人々の学習熱をしのばせてくれる。女性用の読本もみられるので、女性も文字学習をしていたことが知られる。なかには御宿村の湯山いゑのように、幕末維新期の激動期にあって中央の政局と御厨地域の社会・経済状況を自ら記録に留めた者もいる[89]。

文政七年（一八二四）三月に菅沼村の湯山与右衛門が筆写した『童蒙教訓書全』[90]は、

> 出や此世に生れ来て、物書業を知らざるは、諸芸に暗く知恵浅く、人に交り恥多し、実に口惜き事ぞかし、童幼稚之時よりも手習学文稽古せば、常に心を緩くすな、片時の懈怠をしるときは一期の懈怠と兼而しれ、一字不学は一生の不学となると思ふべし、寸の暇を寸の金の如く惜むべし

と書き出し、つづけて日常の生活を営むうえでいかに学文が必要かを具体的に述べて、「文字希有の物としれ」と文字の貴さを説いている。

山之尻村名主家日記の嘉永三年（一八五〇）八月一六日条には、豆州北条村の僧が所々を巡回して子供に本読みを教えている記事がみえる。その背景に、子供に対する学文教育熱の社会的な高まりがあったことは疑いないだろう。とはいえ、江戸時代の村落における学文教育は、近代の教育のように生活から遊離して知識を注入するものではなく、あくまで生活に密着したものであり、その目的も将来家や村・地域社会を担っていける人材を育成するところにあった。また寺子屋教育の隆盛は子供たちの交流圏を広げさせもした。先述の子供仲間は村内限りの集団であったが、寺

表56　小山町域所在の筆子塚

No.	師匠名(身分)	没　年	建 立 年	所在地区
1	湯山　市蔵(農民)		文化4(1807)年	菅沼
2	勝又　与茂七(農民)	天保4(1833)年		上野
3	湯山文右衛門(農民)	弘化3(1846)年		菅沼
4	湯山七左衛門(農民)	弘化3年		菅沼
5	湯山権左衛門(名主)	嘉永2(1849)年		竹之下
6	原　喜作(農民)		嘉永3(1850)年	一色
7	田代　七兵衛(名主)	嘉永3(1850)年		大胡田
8	込山八右衛門(農民)	嘉永3年		一色
9	鈴木九郎右衛門(名主)	万延元(1860)年		竹之下
10	伊東　陽斉(武士)	万延2(1861)年	慶応元(1865)年	所領
11	城　久(座頭)	元治元(1864)年		吉久保
12	湯山　治兵衛(農民)	慶応2(1866)年		菅沼
13	渡辺　喜三郎(農民)	明治元(1868)年		菅沼
14	小野　彦十郎(名主)	明治19(1866)年		用沢
15	湯山幾右衛門(農民)	明治19年		菅沼
16	興雲寺22世和尚	明治21(1888)年		竹之下
17	湯山庄右衛門(名主)	明治22(1889)年		菅沼
18	滝沢本性老師(僧侶)	明治23(1890)年		上野
19	勝又　久三郎(農民)	明治25(1892)年		上野
20	雪　博応(僧侶)	明治25年		大胡田
21	林　義行(農民)	明治25年		一色
22	一雲斎　一茎(僧侶)	明治42(1909)年		竹之下

・註　高橋敏『日本民衆教育史研究』第4章第1表「駿東郡地区の筆子塚」より小山町域所在のものを抜粋し(所在地区を訂正したものもある)、新たに発見したものを加えた。

子屋には複数の村々から子供たちが通ってくる。そして、共に学んだ機縁で結ばれた筆子中という新たな集団も形成された。子供の世界にも村を越えた交流と集団形成が始まったのである。それは成人後の人間関係の広がりにもつながったに相違ない。

ところで、寺子屋を開設した御厨地域の村落指導者の多くは、天保八年(一八三七)春に二宮尊徳が飢饉対策のために駿東郡村々を巡回したのを機に報徳主義を受容し、報徳運動の推進者となった。尊徳は、自らの自然観察と生活体験にもとづき自然界と人間世界の理を「自得」する精神を重んじ、学者のように書物を読めば真理を発見できるというものではなく、日々の勤労生活においてこそ真理を体得しうるのだ、ということを力説した。尊徳自身は多くの書物を読んでいるが、しかし彼の学文受容の仕方は、実践して役に立った教えのみを真理として受け入れる、というものであった。こうした尊徳の思想が、御厨地域における民衆教育の普及と徹底を支え、また村落指導者による寺子屋教育は報徳思想の根幹をなす「推譲」の実践として意識されるところともなったのである(91)。

近世後期に御厨地域に数多く誕生した寺子屋も、明治に入ると大半は学制小学校に吸収されたが、なかにはこれと対抗し、小学校設立の障害となる場合もあった(92)。小山町域においても、表56から知られるように寺子屋は明治末までその命脈を保っている。明治以降の学校教育の目的は国家にとって有用な人材を育成するところにあり、学齢期の児童を学校に囲い込んで、知識・技能やイデオロギーを注入せんとした。子供といえども農家にとっては貴重な労働力であり、それを学校に奪われることには相当な反発もあったはずである。これに対し江戸時代以来の寺子屋教育は、農閑期に通って、家や村・地域で生産と生活を営むうえで必要な事柄を学ぶものであった。明治期にあっては、寺子屋教育はいまだ完全には国家の学校教育に吸収されてはおらず、それと対抗する側面をもちながら地域の人々に支えられて存続していたのである。

(二) 文化的交遊の進展

1 地域文人社会の成立

江戸時代後期の村役人層は、村人の間の利害を調整して村政を円滑に運営していく行政能力、村の経済振興を指導しうる能力のほかに、村の子供たちに読み書き算盤（そろばん）の手ほどきをし、また村人の知的欲求にも応じうるような教養も求められた。文字文化が一般農民の間にも広く浸透するに伴い、村落指導者たちは学文面でも高い素養を備えていなければ、もはや村人たちから名望を集められなくなったのである。それはまた、村落指導者相互の学問・文芸を通じた交際のためにも必要であった。

小山町域の旧村役人宅には、寺子屋教科書の他にも、儒学書、医学書、神道書、歴史書、軍記物語、地誌、漢詩・和歌・俳諧関係書など、さまざまな分野にわたる江戸時代の書物や地図類が数多く所蔵されており、かつての村役人層が幅広い知識・教養を身につけていたことがしのばれる。その大部分は一八世紀以降に版行されたものであるが、一七世紀版行の書物も三家に計七冊伝来しており、寛永期のものも二冊見出だされる。横田冬彦氏は、兵農分離過程の特質から近世の村落社会はその初発より旧土豪の系譜を引く知識人を内包しており、彼らとその子孫を基盤に一七世紀半ば頃から知的読書階層が形成されていったことを指摘されている(93)。横田氏が研究対象とされた大坂周辺村落・在郷町ほどではなくても、当地域においても村役人層にあっては早くよりある程度書物の知を受容していたようである。

幕末期になると世界地図や外国事情の紹介書も入手しており、対外関係の切迫に伴い、当地域の村落指導者たちも海外へ関心を向けはじめていたことがうかがえる。蔵書には刊本のみならず筆写されたものも多く含まれているので、互いに貸し借りして知識の獲得に努めていたのだろう。[94]一九世紀初期の文化・文政期には全国的に草深い村々にも文人が輩出し、支配領域を越えて文化的交遊を活発に展開していた。いわゆる地域文人社会なるものが形成され、また地域外の文人たちとの広域にわたるネットワークも結ばれ、それが化政文化の広い裾野をなしていた。[95]

御厨地域にあってもこの時期には多くの文人が誕生し、国学や和歌・俳諧などを通して地域内外の人々と交遊していた。国学は、伊豆国田方郡熊坂村の名主で、寛政七年（一七九五）に本居宣長の門人となった竹村茂雄を介して、駿河国駿東郡の村々にも伝わっていた。竹村茂雄は、宣長の思想の普及をはかるために彼の著作の出版事業を行なうなどして、地方国学者としての名声を博していた人物で、その門人は伊豆、駿河、相模、甲斐、江戸、越中、越後の広範囲にわたって分布していた。駿東郡にも判明するだけでも一五カ村にわたり二〇名近い門人が存在しており、小山町域でも中日向（なかひなた）村・須走（すばしり）村・下小林村の者が門人録や門人の和歌集に名をつらねている。[96]

和歌を嗜んだのは上層民に限られていたが、俳諧は広く民衆の間に定着していた文芸で、御厨地域においても一九世紀前後頃より多くの農民俳諧師が誕生した。それが寺子屋教育の隆盛による識字層の拡大を基盤としていたことは疑いない。嘉永五年（一八五二）に編まれた『御厨八景集』は御厨八景にちなんだ俳句集であるが、これには御厨内外の俳人二七三名の作品が収められている。小山町域に残る筆子塚にはたいてい辞世の俳句が刻まれており、この地の寺子屋師匠の多くが俳人でもあったことが知られる。俳句を集団で詠み合う句会もたびたび催されていた。例えば、安政三年（一八五六）正月に柳島村の勝又氏が座主となって開かれた句会の記録である「月並句合」[97]をみると、一五〇人を超える俳人たちが集い、実に一七〇〇余句をも詠んでいる。しかもこの句合は月並とあるので、毎月定期的に催されていたことになる。『御厨八景集』や句合にみえる俳人の多さは、俳諧が村落上層民のみならず一般農民の間にも広く浸透していたことを物語っている。また、「ちよ女」「葉女」といった女性俳人もみえる。[98]

俳句集には俗名は記されず、全員、俳号で登場する。おそらく句会は、村落社会における地位や男女にかかわらず、俳人として平等な立場で交遊する世俗を超越した場であったに相違ない。そこでの評価基準は、世俗での地位ではなく、あくまで俳人としての能力であったであろうことは、想像に難くない。文芸の広まりは村落社会においても、伝統的な共同体的人間関係とは異質な、個人の自由意志で取り結ぶ結社的人間関係を胚胎させていたのである。

2 さまざまな嗜みと交遊

漢詩、和歌、俳諧の他にも謡曲、長唄、浄瑠璃、書画、囲碁、生け花、料理、弓術等々、さまざまな嗜みが小山町域の村人の間にも受容されていたことが、当地域の旧家に伝来する江戸時代の文書や書籍などからうかがえる。

ちなみに生け花についてみると、生け花は今日ではもっぱら花嫁修業の一つとして女性の間に広まっているが、江戸時代には主として紳士たる者の嗜みとして受容されていた。須走村の宿坊大申学（だいしんがく）の主人が享保九年（一八二四）四月付けで洛陽（京都）六角堂の池之坊より授けられた、「五拾ケ条之伝授」が須走の米山豊彦家に伝来しているので、一八世紀初期には当地にも伝わっていたことが知られる。須走にはこの他にも山口喜美雄家と高相家に「活花口伝書」が残っており、当地は生け花が盛んであったようである。また、棚頭（たながしら）村の小野金蔵と同永助が文政五年（一八二二）三月に池之坊花道に入門した際の誓約状、[99]および池之坊門弟の小山（おやま）村の松操軒豊秀が嘉永七年（一八五四）三月に池之坊流花道の縁起を記した文書も伝わっている。[100]

御厨地域の上層民たちが都で生まれた文化である花道を受容し、都の家元を頂点とする社中組織の末端に連なったのは、村落指導者としての自らを文化的にも権威づけようとしたのかもしれない。特に須走村の御師（おし）たちがそれに熱心であったのは、彼らが京都の吉田家の権威を求めていったのと同一の志向に沿っていたのではなかろうか。

普段の食事は衣服作りとともに主婦が担うものであったが、一家の主人たる者も料理法を心得、冠婚葬祭やその他の来客の節の献立・調理を指導しうることが求められていた。江戸時代の料理指南書は男性に向けて書かれたものであり、小山町域にもその写本がいくつか残っている。また、他所からわざわざ料理名人を招いて伝授を受けてもいる。大御神(おおみか)村の天野氏は、天保五年（一八三四）三月、信州伊那郡から花畑左門なる人物を招いて料理法を習い、このほか生け花などについての伝授も受けている。(101)

さまざまな芸を集団で楽しむ会合も開かれていた。年次は不明であるが、江戸時代末ないし明治時代初期のものと思われる「書画詩歌俳諧弓術囲碁瓶華并浄瑠璃長唄合会」開催の案内状が、大御神の天野憲一家に残っている。この会合は菅沼村の喜月庵琴岱が会主となり自庵にて正月二七、二八の両日開催予定で、案内状に記されたメンバーは書一一名、画一一名、詩五名、歌三名、俳諧二四名、弓八名、碁五名、花瓶九名、浄瑠璃五名、長唄一一名、このほか補助として四六名、後見として二名、世話方として儀兵衛、兵三郎、中老衆、若者中が名をつらねている。開催場所が「於駿東郡御厨菅沼村自庵」と菅沼村に「駿東郡御厨」を冠して表記されている点、メンバーの数、そしてこの案内状が大御神村天野家に伝わっている点からして、この会合参加者は広範囲にわたっていたことがうかがえる。個別の文芸・技芸ごとの会合も開かれていたであろうが、このような諸芸を網羅した総合的な一大文化的会合も催されるに至っていたことは注目すべきものがある。しかもこのイベントを中老衆、若者中という村落の年齢集団も支えていたのであり、村落文化の裾野の広さと深さを物語っていよう。また在村医師仲間にあっても、医療の研修会の折に席書、文章、墨画、俳句、生け花などを共に楽しんでおり、文化サークル的な性格も備えていたこと、先に述べたとおりである（第一節㈢の2参照）。

(三) 心学と報徳主義の受容と実践

近世後期には御厨地域の農民たちもさまざまな学問・文芸・技芸を受容し、自ら創作活動も行なって自己形成をするとともに、それを娯楽の一つともしていたのだが、現実の切実な課題から受容した思想もあった。一八世紀半ば以降、関東およびその周辺の農民たちが直面していたのは、農村の荒廃化の進行、いいかえれば農民の生産・生活の基盤である家と村の崩壊の危機であった。それは御厨地域にあっても同様であった(I 第三章参照)。家と村を立て直すためには、何よりも農民自身が禁欲的な生活態度を身につけ、厳しく自己を規律して自らの主体性を確立しなくてはならない[102]。そうした生活課題に思想的な裏付けを与えてくれるものとして、御厨地域の村落指導者たちがまず受容したのは、人々が直面している矛盾・困難に即して、それを解決し家の存続と社会秩序の安定を実現するための生活倫理をわかりやすく説く石門心学であった。

石門心学は一八世紀初期に京都において石田梅岩が町人を対象に説いたのが始まりであるが、その後、彼の門人たちの活発な教化活動によって、地域的にも階層的にもきわめて広範囲の人々に受容された。御厨地域の村落指導者たちが心学を受け入れたのは、一八二〇年代の末頃からである。その中心人物は現在は御殿場市に属する竈(かまど)新田(しんでん)村の小林平兵衛である。平兵衛は、文政一〇年(一八二七)正月から二月にかけて、遠州掛川の心学講舎「止敬舎」をおこした菊池良貞を御厨に招き、村々を巡回して一一日間に延べ一七回の心学道話をしてもらっている。良貞の死後は「止敬舎」を継いだ近藤平格が招かれ、文政一二年(一八二九)から天保七年(一八三六)にかけて三回、御厨地域を巡回して道話を行なっている。菊池良貞と近藤平格の教諭活動により心学は御厨地域に浸透し、寺子屋教育にも影響を及ぼした[103]。

だが、天保の大凶作・飢饉により農村の疲弊がきわまるとともに、心学にもとづく精神主義的な教化運動の限界を人々は自覚せざるをえなくなった。天保の飢饉を機に心学運動に取って代わって、精神面の教化と具体的な復興策を組み合わせて組織化、体系化した二宮尊徳考案の報徳仕法が広まったが、それは御厨地域においても同様であった。天保八年（一八三七）春、二宮尊徳が小田原藩から飢民救済の命を受けて駿東郡の村々を巡回し、飢民救済の手だてを講じるとともに報徳の教えを説いたのを機に、当地域の村落指導者の多くが報徳主義の熱心な信奉者となり、心学運動から転じて報徳仕法の推進者となっていった（I第三章参照）。そして報徳主義は、先述のように、民衆教育の普及と徹底を支える原理ともなった。報徳思想と仕法についてはI「荒村から生まれた知恵・思想と報徳」で詳論したところであるが、心学および報徳思想・仕法は近世末期の御厨地域の生活文化に大きな重みをもつものであり、近代以降も当地域の人々の精神や生活態度に少なからぬ影響を及ぼしつづけたのである。

また、近世末期の不安な世情にあって、当地域の人々も「天下泰平　村内安全」への切実な願いから神仏への帰依を強めてもいた。近世末の御厨地域における神祇道信仰の高まりについては先述したところであるが（第一節㈡の2参照）、唯念の布教した念仏信仰も当地域の人々の精神生活に大きな影響を与えた。遊行僧の唯念が小山町域の上野村奥の沢での修業に入ったのは、天保元年（一八三〇）、四〇歳の時である。以後、明治一三年（一八八〇）に入滅するまでの五〇年間、その名声は御厨地域はもちろん、伊豆、相模や江戸にまで広まり、多くの信者を獲得した。[104]御厨地域には、唯念その人や念仏への帰依の証として建立された名号塔が多く存在する。その塔には独特の書体の「南無阿弥陀仏」の名号に加えて、「天下泰平　村内安全」「天下泰平　村々安全　災不起」「天下泰平　国土安穏」「天下和順　邑内安全」といった祈願文言も刻まれている例が多く、近世末から明治初期にかけての激動期に生きた人々の切実な願いを今日に伝えている。施主となっていたのは念仏講中や地域の有力者である。

近世末期に御厨地域に広まった花火もまた、先に述べたように、家の永続、村の復興、国家安全への切実な願いから、それを実現する無二の神教として受容したものであった（第三節(二)の3参照）。やがて、夜空を華麗にいろどる花火に「世直り」への祈願をこめて、人々は近代の幕開けを迎えることになる。

註

（1）小山町域の村々の概況については『小山町史』第三巻・近世資料編II—村絵図・村鑑集—（一九九四年）の各村の解説、同村々の近世における歴史展開については『小山町史』第七巻・近世通史編（一九九八年）を参照されたい。同町史については、以下、『町史』と略記。

（2）近世村落の生活文化については、それに関わる個別テーマの論文を含めればかなりの研究蓄積をみているが、以下には諸事象をある程度包括的に考究した主要な著書を掲げておく。木村礎他編著『体系日本史叢書16　生活史II』（山川出版社、一九六五年）、木村礎編著『村落生活の史的研究』（八木書店、一九九四年）、高橋敏『日本民衆教育史研究』（未来社、一九七八年）、高橋敏『近世村落生活文化史序説』（未来社、一九九〇年）、『日本村落史講座7　生活II・近世』（雄山閣、一九九〇年）、塚本学編著『日本の近世8　村の生活文化』（中央公論社、一九九二年）、渡辺尚志『江戸時代の村人たち』（山川出版社、一九九七年）、定兼学『近世の生活文化史』（清文堂、一九九九年）、成松佐恵子『庄屋日記にみる江戸の世相と暮らし』（ミネルヴァ書房、二〇〇〇年）。

（3）御殿場市史史料叢書二『山の尻村の「名主日記」』として同編さん委員会より刊行（一九七七年）。

（4）宮田登氏は、天候を観察して作柄を判断し、遊び日を設定する、いわゆる村の暦を支配する名主の職能に着目し、その意味を古代以来の王権論の文脈の中で論じられている（宮田登『日和見』平凡社、一九九二年）。王権との関わりについてはさておき、近世の名主の社会的機能について論じる際には、行政的・文化的機能のみならず、天候を観察・予知し、呪術的な儀礼の執行によって自然に対処し、村人の生産・生活を守護する機能を担っていた点にも、意を払わなくてはならないことは確かであろう。名主が日常生活に密着した諸事件を仲裁・調整する際にも、天候観察・作柄判断に対するのと同様の感覚を働かせていたという指摘も（同前書二二六頁）、示唆深いものがある。

（5）　富士山麓地域には、女人登山は悪天候をもたらすという観念から、それを禁制とする慣行が近世には存在していたが（青柳周一「近世後期富士山麓における地域社会像―女人登山禁制をめぐって―」『日本歴史』第六〇一号、一九九八年）、それは天候回復の信心を「男役」とする慣行と表裏一体の関係をなしていただろう。

（6）　小山町域の村々では近世初期には名主役は世襲であったが、一七世紀半ば以降、名主家の家運の衰退に伴い、組頭たちが集団で村政を担ったり、組頭のうちから輪番で名主を立てたり、あるいは談合・入札で名主・組頭を選出したりする例も増えている。しかし、名主・組頭・百姓代の役を「長百姓」といわれる家格を持つ家筋が担うという原則は一貫していた。それも、長百姓たちは経済的困難から村役人への就任を拒んでいたにもかかわらず、村中からそれを押しつけられていたのである。なかには、旧名主家が別段勢力を盛り返したわけでもないのに、その家筋を見込まれて村中の相談によって再度名主役を依頼されている例もある（『町史』第七巻第一〇章第二節「村役人と村政の変化」〈辻まゆみ氏執筆〉）。近世の村落社会において家筋のもつ意味がいかに大きかったかが知られよう。

（7）　天保八年（一八三七）の飢饉時に小田原藩主が下賜した御仁恵金を村役人・小前一同が「御守同様に少々宛頂戴」したという事例もある（本書Ⅰ第三章第一節㈢参照）。これは、領民が領主を呪力を備えた存在とみなし、その下賜金には領民を守護する呪力が秘められていると観念していたことを示していよう。藩主が祈禱を執行して領内に配った札も同様なものとして領民に受けとめられたに相違ない。

近世領主の領民保護機能（撫民）については、かつては百姓経営が危機に瀕した際の年貢・諸役の軽減や夫食・種籾の貸与などの行政的「御救」措置に着目して論じられていた（深谷克己『増補改訂版　百姓一揆の歴史的構造』校倉書房、一九八六年、同『百姓成立』塙書房、一九九三年、所収の諸論文）。これに対し近年では、領主の呪術・祭祀による領民保護機能と心意統治や、医薬・医療知識の普及による保護策にも目が向けられ、近世領主の性格・機能をめぐる議論が新たな段階を迎えつつある。前者では落合延孝『猫絵の殿様』（吉川弘文館、一九九六年）、高野信治『近世大名家臣団と領主制』（吉川弘文館、一九九七年）、後者では大石　学『享保改革期の薬草政策』（同『享保改革の地域政策』吉川弘文館、一九九六年）、笠谷和比古「徳川吉宗の享保改革と本草」（山田慶児編『東アジアの本草と博物学の世界』国際日本文化研究センター、一九九五年）、塚本　学「民俗の変化と権力」（同『近世再考』日本エディタースクール出版部、一九八六年）、同「江戸時代人の生命維持のための情報」（『歴史学研究』第六五一号、一九九三年）、同「民衆知と文字文化」（同『都会と田舎』平凡社、一九九一年）、青木歳幸「領主的医療の展開」（同『在村蘭学の研究』思文閣出版、一九九八年)、岩下哲典『権力者と江戸のくすり』(北樹出版、一九九八年)等。

なお、安丸良夫氏は、近世社会の中枢部は制度も社会関係もイデオロギーも非宗教的此岸的な合理性が顕著で、他方、民俗信仰を中心とする民俗的なものは近世社会の周縁にあって、権力支配の直接には届かない活力に満ちた独自の世界を形成していた、と説かれている(「『近代化』の思想と民俗」『日本民俗文化体系1　風土と文化』小学館、一九八六年。同『近代天皇像の形成』岩波書店、一九九二年、第三章)。この見解は民俗を近世社会の中に初めて明快に位置づけたものであるだけに、無批判に踏襲されている傾向にあるが、しかし、近世領主は自身が呪術的機能を発揮したり、あるいは呪術的祈禱を職能とする宗教者を権力内部に抱えて領内の安穏と領民の保護を図り、領民もそれに帰依する姿勢をみせていた点を、看過してはなるまい。そもそも、非合理的・呪術的要素を多分に含み込んだ民俗的世界に生きる民衆を、合理性のみでは統治しえないことは自明の理ではあるまいか。

しかるに近代においては、自らの体内に呪術的機能を包蔵せず、合理的な近代文明を体現する官僚機構によって民衆統治を遂行するのを基本とする。それを可能にするためには、まず民衆の生活世界から非合理的・呪術的要素を払拭し、思考と生活様式を合理的・文明的なものに改めることが前提条件となる。明治初期の全社会的規模での文明開化の推進は、そうしたものとしても歴史的に位置づける必要があるのではなかろうか。もちろん、それによって民衆の生活世界から非合理的・呪術的要素が一洗されたわけではないし、一方、国家自体も呪術的機能を体系化して管理してもいた。そのシステムが天皇とその統制下に置かれた神社祭祀である。近代天皇制国家の特質は、合理的官僚機構を肥大化し、天皇を立憲君主としてその頂点に位置づけ、西欧的近代文明の体現者として造形する一方、非合理的要素をも天皇に収斂して体系化していたところに求められよう。後者の要素はイデオロギー的には、「神国」観念、天壌無窮の「国体」観念という形をとって現れる。

(8) 御殿場市御殿場　鈴木光明氏所蔵。

(9) 『町史』第二巻・近世資料編Ⅰ(一九九一年)、№二五八、二五九。

(10) 同前№二五六。

(11) 同前№二五四にその一例を紹介している。

(12) 山脇悌二郎『近世日本の医薬文化』(平凡社、一九九五年)七六頁。

(13) 『町史』第七巻第一三章「近づく近代の足音」(大藤執筆)。

(14) 同前書第九章第二節「神社をとりまく人々」(高埜利彦氏執筆)。

(15) 渡辺尚志『江戸時代の村人たち』(註2) 一二一～一三二頁。コレラの流行を異国から渡来した狐の仕業とする風聞は当時一般的に流布していた。阿部安成氏はその現象を、「いずれの風聞においても、狐を媒介として外圧と疫病とを相互に関連付けて認識する心性が立ちあらわれている。あるいは、〈外圧＝疫病〉の災厄が狐のフォークロアに表現されているといってもよい」と意味づけられている(「病へのフォークロアと秩序」『新しい近世史5 民衆世界と正統』新人物往来社、一九九六年、四〇八頁)。

(16) 例えば、高埜利彦「移動する身分―神職と百姓の間」(『日本の近世7 身分と格式』中央公論社、一九九二年)。

(17) 塚本 学『都会と田舎』(註7) 二七八頁。なお塚本 学氏は、近世の村は災いの元を見出だした場合、その排撃に努める場面もあり、「近代の村でも結核患者もった家は苛酷な目にさらされることが多かった」とされる(「生きるための知恵」、註2『日本の近世8 村の生活文化』三〇八頁)。村が災いの元を排撃する体質をもっていることは確かであるが、伝染病患者を出した家が白眼視されるようになるのは、近代に入り警察行政によって患者の隔離策がとられ、公衆衛生観念が注入された結果ではなかろうか。少なくとも山之尻村の名主家日記をみる限り、近世おいては伝染病患者とその家族が村落社会で疎外されていた形跡はうかがえない。長野県諏訪郡富士見町域の村々を対象とする渡辺尚志氏の前掲書(註2)においても、次のように述べられている。

「疫病が流行したときには、病人の出た家へは兄弟親類のほかは訪れないことにしていたが、薬の手当や耕作については、親類や隣家の者が支障のないように面倒をみることになっていた。親類のいない者が病気になったときは、村役人が相談して、村中で世話をすることになっていた。村中とはいっても、実際には隣家の者が看病したのであろう。このように、疫病流行に対して、村では相互扶助の体制ができていたのである」(一二〇頁)と。

しかるに、明治に入り、公衆衛生政策が施行されるようになると、衛生環境の改善の一方、まさにその近代的合理性が挺子となって、伝染病患者とその家族に対する差別が生み出されるところとなる。

(18) 塚本 学『都会と田舎』(註7) 二六〇頁、青木歳幸『在村蘭学の研究』(註7) 第四章。なお、大坂周辺農村の医師について検討された横田冬彦氏の「近世村落社会における〈知〉の問題」(『ヒストリア』第一五九号、一九九八年)によれば、同地域では近世前期の在村医師は武士出身ないし牢人であったが、元禄期には村内部からも医師が生まれるようになり、在村医師が急増している。

(19) 『町史』第二巻、№二五五。

(20) 塚本 学『都市と田舎』(註7) 二五六頁。

(21)『町史』第二巻、№二五三。

(22) 註(19)と同。

(23)『町史』第二巻、№二五七。近世後期には他地域においても医師仲間の結成がみられた。塚本学『都会と田舎』(註7)二七〇～二七二頁、同「生きるための知恵」(註2『日本の近世8　村の生活文化』三二四頁)に、その事例が紹介されている。

(24) 渡辺尚志氏の考察された信州諏訪郡の村々、川鍋定男氏の考察された甲州都留郡の村々でも同様の状況にあったことが明らかにされている(渡辺尚志『江戸時代の村人たち』〈註2〉七〇頁および一一八～一三二頁。川鍋定男「江戸時代、甲州における医者と医療意識」『山梨県史研究』第七号、一九九九年)。

なお、大坂周辺農村を対象に村落社会における〈医学的な知〉(医学書ないし文明的な医療)の普及を考察した横田冬彦氏の「近世村落社会における〈知〉の問題」(註18)は、元禄期頃から庄屋層は文明的な医療の普及を推し進め、祈禱や呪術的・民俗的な民間医療を担ってきた山伏や呪術的「賤民」たちを合理的な村落生活を破壊する社会的犯罪者ないしその潜在可能性をもつ者として厳しく断罪し、その社会的排除を意図するようになったことを指摘している。医療環境には当然地域差があったであろうが、畿内村落においては一般民衆レベルにおいても、祈禱や呪術的・民俗的民間医療が医学書にもとづく氏の言うところの「文明的」な医療に取って代わられたのか、検討を要しよう。一般民衆にあってはなお前者への依存の度合も大きかったとすれば、庄屋層もそれをむげに排除することはできなかったのではなかろうか。

横田氏は、本格的な医療政策を展開した将軍吉宗の享保改革を文明知の頂点に将軍が位置していることのイデオロギー的確認をめざしたもので、それは在地村落社会での如上のような庄屋層の戦略に対応していたがゆえに現実化しえた、とされる。しかし、庄屋層はともあれ、一般民衆にあってはそもそも、書籍にもとづく知識を「文明知」として価値づける意識などはたしてあったのであろうか。おそらく、文字を介して獲得した知識・知恵と生活体験の中から会得したそれとの間に価値の差異などさして意識することなしに、実生活において役立つか否かという見地から混用していたのが、一般民衆レベルでの知のあり方だったのではないだろうか。

したがって、合理的文明知のヒエラルヒーの頂点に位置する将軍による全人民保護というイデオロギーが、村落社会において文明知を体現することによって自らを権威づけ、ヘゲモニーを保障しようとする庄屋層を介して現実化したとする横田氏の所論は、疑問とせざるをえない。非合理的・呪術的要素を多分に含み込む民俗世界に生活する民衆を合理性のみで統治することはそもそも不可能であり、領主権力自体も呪術による人民保護機能も発揮していたことは註（7）で述べたところである。のみならず、コレラ流行の際には疫病神退散のためコレラ送りの民俗の執行を権力が要請してもいる（註15の阿部安成論文四〇九〜四一〇頁）。ましてや庄屋層は自らも民俗世界に属しているのであるから、合理的文明知の体現と普及による民俗知や呪術への対抗・圧伏という単線的な戦略で村落社会におけるヘゲモニーを保障しえたとは、とうてい考えられない。彼らは一方で、民俗知の集約と呪術の動員によっても村人の生産・生活を守護する機能も求められていたに相違なかろう。

塚本 学氏は、民間での医療行為の現実にあっては医学書の説く療法よりも経験的に獲得した医薬・医療知識の方に効力を認めて実用する場合もあり、在村の医師も医学書のみに依存していたわけではなく、医薬・医療に関する民衆知の摂取にも努めていたこと、さらに幕藩権力さえそうした民衆知の集約者としての側面ももっていたことを指摘されている（註7の諸論稿）。これに対し横田氏は、塚本氏が民衆知を「文字化されない民俗的な知」に収斂させているのは疑問である、とされる（前掲論文一七頁）。しかし塚本氏にあっては、近世民衆の生活および幕藩権力との関係における文字知と非文字知の相互関係を医薬・医療の問題を例にとって多面的に考究されているのであり、むしろ横田氏の所論の方が、文字知にもとづく文明的な医療の普及による呪術的・民俗的な伝統医療への対抗・圧伏といういささか単純化した図式でもって、氏のテーマとする「近世村落社会における〈知〉の問題」を文字知に一元的に収斂させて論じているとの感を禁じえない。

横田氏は、近世の在村医について先駆的な業績をあげられている青木歳幸氏や塚本 学氏の研究を中後進地帯の事例にもとづくものとし、対して自らの研究を畿内先進地帯を対象としたものとして位置づけられている。日本列島上の諸地域を「先進」「中進」「後進」と類型区分することは戦後歴史学において普遍化したものであるが、もはや克服すべき負の遺産である。そうした地域の序列化は、それぞれの地域に暮らす人々にいわれなき優越意識や劣等意識を植え付けるイデオロギー的機能を果たすばかりか、各地域の歴史像および日本全体の歴史像を歪めるものである。かかる悪しき枠組みから脱却すべきことは、近年、新たな歴史学を模索するなかで力説されるようになっているところである（例えば朝尾直弘「時代区分論」『岩波講座　日本通史』別巻一、岩波書店、一九九五年）。にもかかわらず横田氏がいまだに旧態依然たる枠組みに固執されているのは、まったく理解に苦しむ。

また横田氏は医学書にもとづく医療を「文明的」と形容されているので、呪術的・民俗的な民間医療は「未開」のものと対置されているのであろう。しかしそもそも、多様な要素が混在している前近代の民衆の生活世界や民衆知を、先進―後進や文明―未開という多分にイデオロギー性を帯びた、否、イデオロギーそのものともいうべき枠組みを通して考察しても、それぞれの地域におけるその内実と意味をとらえられまい。横田氏が、近世村落社会における知を民俗レベル、あるいは村請制にもとづく識字計数能力のレベルで考えるのではなく、兵農分離過程の特質から必然的により高い知的能力が村落社会に構造的に内包されることになったとみなし、そのことと近世国家の特質との関係を問われている点は、筆者も斬新な視角として高く評価するものである。しかしながら、いささか合理的な文明知に収斂しすぎた議論になっているのではなかろうか。

横田氏のシェーマを敷衍していけば、つまるところ、氏の言うところの合理的文明なるものの普及度を尺度に各地域の文化が先進―中進―後進と序列づけられ、それぞれの独自性は無視されるばかりか、地域差別を助長しかねない。畿内の文化はあくまで地域的特性を帯びた一つの文化類型にすぎない。にもかかわらず、畿内文化を先進と位置づけ、それを基準に他地域の文化的発展度を測るがごとき畿内中心史観からは、もはや脱却すべきである。筆者は、固有の歴史と風土を備えた、それぞれの地域での生活の営みの中から育まれた文化の特質と意味を考究しようとする立場に与するものである。地方史研究協議会の主導してきた地域文化史論はそうした立場に立っているし、個人の著作でも例えば註2前掲の木村 礎氏、高橋 敏氏、定兼 学氏らの著書は同様な立場からする優れた具体的研究成果である。なお、地域の視点から近世の文化について総論的に論じた近年の論考としては、青木美智男「地域文化の生成」(『岩波講座 日本通史』第一五巻、岩波書店、一九九五年)が示唆に富む。

(25) 『町史』第七巻第九章第三節「訪れる宗教者と人々の伝承」(高埜利彦氏執筆)、同前書第一〇章第二節「村役人と村政の変化」(辻まゆみ氏執筆)七三二、七五〇頁参照。なお、近世の村の来訪者への対応に関する近年の論考に、白井哲哉「村への来訪者と村人の対応」(『神奈川県地域史研究』第一〇号、一九九一年)、石井 修「来訪者と村」(註2『村落生活の史的研究』第五編二―4―(2))、深井甚三『江戸の旅人たち』(吉川弘文館、一九九七年)等がある。

村はすべての来訪者にホスピタリティーを発揮したわけではない。村に難儀を及ぼす来訪者に対しては排除の姿勢を示した。近世後期には御厨地域にも浪人たちが徘徊して金銭・食事や止宿を強要し、村人たちを苦しめていた。それに対する防衛策の一つとして村がとったのは浪人グループの頭取との仕切契約であり、毎年一定額の仕切料を村が支払う代わりに、頭取に浪人たちが村に立ち入らないよう取り締まりを依頼するというものであった(『町史』第二巻所収№五四八・五四九文書。『町史』第七巻第一三章第一節「幕末期の政治・社会状況と治安・物価対策」〈大藤執筆〉参照)。また尺八を吹いて金銭の施しを求めた虚無僧も、時として金銭や宿泊を強要した。小山町域には、村が虚無僧の元締めの寺院に仕切料を支払って取り締まり契約をした文書も残っている(『町史』第二巻所収№三三七文書。『町史』第七巻第九章第三節「訪れる宗教者と人々の伝承」六九一〜六九二頁参照)。

なお、無宿浪人の横行がとりわけはなはだしかった下野国の村々では浪人とこうした仕切契約を多く結んでおり、川田純之氏がその契約状を精力的に調査・分析されている（「下野における浪人と村の契約」『地方史研究』第二四八号、一九九四年。「徘徊する浪人の実態とその社会」『栃木県文書館研究紀要』第一号、一九九七年）。

（26）富士山麓に位置する御厨地域には他の諸地域から富士山参詣者が多く押しかけ、登山口の村々や参詣者の通行する街道沿いの村々は彼らを対象とする宿泊・接待業や交通労働に生計を依存する度合が大きかったために、彼らが当地域の社会構造や生活文化に及ぼす影響にはとりわけ大きいものがあった。例えば、註（5）で述べたように、富士山麓地域には女人登山は悪天候をもたらすという観念から、それを禁制とする慣習が存在していたが、近世後期には江戸近辺の文化的状況の一つとして富士講内部における女性の地位向上や月経などにまつわる女性不浄観克服の動きが生まれ、女性たちの富士登山への希求も高まった。これに応じて、富士山麓の信仰登山集落も参詣者誘致のために女性参詣者も受け入れるようになり、周辺村々との対立を招きながらも次第に地域慣習から遊離してゆき、女人登山禁制が有名無実化していっている（註5の青柳論文）。

なお、富士山参詣者が御厨地域の村内部および村々の間の社会関係の変化に及ぼした影響については、青柳周一氏の以下の論稿で考究されている。「須走御師宿帳の研究―御師宿泊業経営の実態とその文書機能について―」（『小山町の歴史』第九号、一九九六年）、「富士山御師と宿泊業―在地宗教者と村社会―」（『歴史』第八八輯、一九九七年）、「参詣の道・生計の道―小田原藩地域政策と富士山参詣者―」（『地方史研究』第二六八号、一九九七年）、「登山道と地域社会―近世後期須山口富士登山道復興過程のスケッチ―」（『文化』第六一巻第三・四号、一九九八年）。

（27）高橋　敏「家族が旅さきで死んだばあい」（同『家族と子供の江戸時代』朝日新聞社、一九九七年）、五島敏芳「往来手形考」（『史料館研究紀要』第二九号、一九九八年）。

（28）五島敏芳・同前論文。

（29）『町史』第二巻、№二七九。

（30）註（27）の五島論文一八八頁。なお五島氏は、天保一四年（一八四三）の幕府の人返し令を機に、往来手形は移動する人々を権力が人身把握する手段ともなったことを指摘している。

（31）『小山町文化財のしおり』第三集（静岡県小山町教育委員会、一九七五年）。

（32）深井甚三「女性旅・女性抜け参りの展開とその具体相」（同『近世女性旅と街道交通』桂書房、一九九五年）。近世の女性旅に関する論考にはこの他、藪田貫「旅する女たち」(同『女性史としての近世』校倉書房、一九九六年)、柴桂子『近世おんな旅日記』(吉川弘文館、一九九七年)等がある。

(33) 高橋敏「民衆の旅」(註2『日本民衆教育史研究』)。

(34) 長島淳子「幕末農村女性の行動の自由と家事労働」(近世女性史研究会編『論集　近世女性史』吉川弘文館、一九八六年)、太田富康「名主家日記にみる女性の外出」(『交通史研究』第二七号、一九九一年)。

(35) 一八世紀以降、男子は一四、五歳前後に成人儀礼として伊勢へ抜け参りするのが慣行化したが、女子についても上層の家では嫁入り前に通過儀礼として伊勢や近くの霊場に参詣の旅に出すようになったという(新城常三『庶民と旅の歴史』日本放送出版協会、一九七一年。註32の深井論文)。

(36) 『町史』第三巻・近世資料編―村絵図・村鑑集―所収。

(37) 小山町下古城　富川主計氏所蔵。

(38) 小山町須走　米山豊彦氏所蔵。

(39) 『町史』第二巻、No.二八二。

(40) 同前No.一〇九。この村入用帳については『町史』第七巻の第九章第三節「村を訪れる宗教者と人々の伝承」で高埜利彦氏が分析されている。

(41) 深井甚三・前掲論文(註32)。

(42) 大藤修「史料紹介　農民の旅日記」(『小山町の歴史』第三号、一九八九年)、『町史』第二巻No.二八〇に全文紹介している。

(43) 小山町大御神　天野憲一氏所蔵。

(44) 難波信雄氏は、近世の民衆が版行の道中記からの情報を手がかりとして、さらにその地域や対象を広げ、より詳細な内容をもつ私製の道中記を作り出すようになったことを、民衆の文化創造と知的な世界の拡大として評価されている(「道中記にみる近世奥州民衆の芸能知識と伝承」『東北学院大学　東北文化研究所紀要』第二六号、一九九四年)。

(45) 桜井邦夫「近世における東北地方からの旅」(『駒沢史学』第三四号、一九八六年)。

(46) 難波信雄・前掲論文(註44)。

(47) 『町史』第二巻、No.三七七。

(48) 石川 謙『石門心学史の研究』(岩波書店、一九三八年。一九七五年復刊)一〇一四頁。
(49) 高橋 敏『日本民衆教育史研究』(註2)一六二頁。
(50) 古川貞雄『村の遊び日』(平凡社、一九八六年)四二頁。
(51) 宮田 登『日和見』(註4)二一五〜二二一頁。
(52) 村の教育システムについて詳しくは拙稿「近世農民のライフサイクルと家・村・国家」(拙著『近世農民と家・村・国家』吉川弘文館、一九九六年)を参照されたい。
(53) 多仁照廣『若者仲間の歴史』(日本青年館、一九八四年)三六頁。
(54) 小山町用沢区有八幡神社文書。
(55) 氏家幹人「近世解体期における在方風俗の逸脱と統制」(『地方史研究』第一七一号、一九八一年)、古川貞雄『村の遊び日』(註50)第二章。
(56) 高橋 敏「幕藩体制社会と若者組」(註2『日本民衆教育史研究』)。
(57) 古川貞雄『村の遊び日』(註50)第三章。
(58) 馬場弘臣「小田原藩における近世後期の改革と中間支配機構」(『おだわら—歴史と文化—』第八号、一九九五年)。
(59) 守屋 毅『村芝居』(平凡社、一九八八年)。
(60) 『御触書天保集成』(岩波書店、一九五八年)五五三六号。
(61) 川越藩の場合は、安政二年(一八五五)に至り、幕府の禁令に背いても地芝居を黙許するほうが「人気和し、外悪事薄く相成、専村為ニ相成」、ひいては「御郡中穏ニ相治リ、詰リ上下之御為」になるとして、幕府権力の体現する「公」を藩権力の「公」の優先によって実質的に無効化する方針を打ち出している(註55の氏家論文六三〜六四頁)。
(62) 村芝居の興行は村落共同体の相互扶助機能を代替して貧民を救済する役割も果たしており、興行の禁圧はかえって地域社会の秩序を破壊する危険性もあったため、それを排除することは不可能であった、という指摘もなされている(氏家幹人「近世後期における在方興行の社会的要因」『芸能史研究』第六七号、一九七九年。小林文雄「通り者の世界と地域社会」、註15『新しい近世史5 民衆世界と正統』)。
(63) 小山町用沢区有。

(64) 氏家幹人氏も若者仲間が芝居興行の費用負担を村落上層民に強要している事例を紹介され、「上層に蓄積された富の一部をハレ行事にともなう共同体的規制のもとに吐き出させる場としても、村芝居の催しは作用したのである」と意義づけられている（註55前掲論文五四頁）。

(65) 高埜利彦「近世国家における家職と権威」（同『近世日本の国家権力と宗教』東京大学出版会、一九八九年）。

(66) 小林文雄・前掲論文（註62）二五〇頁。なお、安永二年（一七七三年）、幕府が全国に触を発して、祭礼相撲などを含めて木戸銭をとる相撲を興行できるのは幕府公認の相撲渡世集団かその許可を受けた者に限るとしたのを機に、御厨地域の相撲興行も彼らが取り仕切るようになったようである。例えば、古沢村の一幣司浅間神社は社殿などの建立・修復費用を調達するために祭礼の際に臨時の相撲興行を催していたが、安永二年の幕府触を境に同神社の自主的な相撲興行は「相撲之頭」を称する中畑村の人物とその手下の者たちによって阻止されている（『町史』第七巻第九章第二節「神社をとりまく人々」〈高埜利彦氏執筆〉六六二頁）。

(67) 小山町大御神　天野憲一氏所蔵。

(68) 『町史』第二巻、№二八三。

(69) 同前№二八四。

(70) 同前№二八五。

(71) この点については筆者も近世文書論の一環として論じたことがあるので、詳しくは拙稿を参照されたい（「近世文書論序説（上）」『史料館研究紀要』第二二号、一九九一年）。

(72) 網野善彦「日本の文字社会の特質をめぐって」（『列島の文化史』第五号、日本エディタースクール出版部、一九八八年）。

(73) 横田冬彦氏は、庄屋層は惣村的秩序すなわち古老や宮座の老層に保持される民俗的・経験的な知のシステムに対抗してヘゲモニーを握るために、一般百姓層を文字知のシステムに巻き込み、それを主導しようとした、とされる（註18「近世村落社会における知の問題」一八～一九頁）。しかし、一般百姓層が識字能力を身につける必要性は、年貢・諸役や村入用の割り付けと徴収に関わる庄屋層の不正をチェックし、自分たちが不利益をこうむらないためにも求められ、村政文書の公開を通じて村政の民主化を進めていった点を見落としてはならないだろう。

(74) 近世後期には周知のように自己の属する家や村・地域の歴史への関心が高まり、全国各地で家記・家伝や村・地域の歴史書・地誌が編纂されたが、その際には家と村に伝存する文書も用いられた。すなわち、家と村に保存管理される文書は時の経過とともに歴史的文化的財産としての価値も帯びるようになり、そうしたものとしても活用されたのである。

(75)　青柳周一「須走御師宿帳の研究―御師宿泊業経営の実態と文書機能についての考察―」(註26)。

(76)　須田　肇「資料紹介　小山町域にみられる『村方文書管理史料』(一)(二)」(『小山町の歴史』第七、九号、一九九三、九六年)、『町史』第七巻第一〇章第二節「村役人と村政の変化」(辻まゆみ氏執筆)参照。

なお、かつて安藤正人氏と筆者が文書記録史料の整理論および史料論の一環として文書記録の保存管理史研究の必要性を提唱したことがあるが(安藤正人「近世・近代地方文書研究と整理論の課題」、大藤　修・安藤正人共著『史料保存と文書館学』吉川弘文館、一九八六年所収。拙稿「史料と記録史料学」『記録と史料』第一号、一九九〇年)、これを受けて近年、その具体的な事例研究が積み重ねられつつある。近世の村方文書の保存管理形態に関する主な研究成果には以下の論考がある。冨善一敏「近世村落における文書整理・管理について」(『歴史科学と教育』第一二号、一九九三年)、同「近世村落における文書引継争論と文書引継・管理規定について」(『記録と史料』第二号、一九九一年)、同「検地帳所持・引継争論と近世村落」(『関東近世史研究』第三八号、一九九五年)、保坂裕興「村方騒動と文書の作成・管理システム」(『学習院大学史料館研究紀要』第六号、一九九一年)、同「近世五郎兵衛新田の文書管理と村政」(同前第七号、一九九三年)、同「近世日本の記録・史料の管理」(『歴史学研究』第七〇三号、一九九七年)、大友一雄「近世社会における文書管理と文書認識」(『史料館研究紀要』第二三号、一九九二年)、吉本一雄「近世地方文書の作成と管理」(『山口県文書館紀要』第一九号、一九九二年)、田中康雄「近世名主文書の保管引継形態について」(西垣晴次先生退官記念『宗教史・地方史論纂』刀水書房、一九九四年)、渡辺尚志「藤乗家の文書整理・目録編成と村落社会」(『千葉県地域史料現状記録調査報告書』第二集、千葉県、一九九六年)。

(77)　『町史』第二巻、No.一〇。

(78)　小山町域の須走村では宝永四年(一七〇七)の富士山噴火による砂降りの混乱の最中、名主は自宅に保管していた村文書のうち検地帳と年貢割付状を持ち出して守りぬいた。この事例からも、近世の村にとって両文書がいかに重要なものであったかが知られよう。また、菅沼村では名主を二名にして村を分かった際、一方には二〇年分の年貢割付状を、もう一方には検地帳を渡している。両文書が村の存立に関わるものであったがゆえに、分村に際してかかる象徴的行為がなされたのであろう(以上、『町史』第七巻第一〇章第二節「村役人と村政の変化」〈辻まゆみ氏執筆〉七三五頁参照)。

なお、冨善一敏氏は、検地帳と年貢割付状の所持は他村や領主に対し独立の村たることを明示するメルクマールであったとともに、村役人を務める家や旧家にとって古い時期のそれを所持することは自家の由緒の裏付けとも意識され、それゆえ両文書は村方文書を「村中の文書」化しようとする小前百姓の論理と「家の文書」とみなす村役人層の論理とのせめぎあいのなかで、村方文書の所持・引継をめぐる争論の焦点となりやすかったことを、指摘している（註76の「近世村落における文書引継争論と文書引継・管理規定について」、「検地帳所持・引継争論と近世村落」）。

(79)『町史』第七巻第一〇章第二節「村役人と村政の変化」七三九頁。

(80)『町史』第二巻、№二六〇。

(81)『町史』第三巻、№一五。

(82)六祖大権現については、『町史』第七巻第九章第三節「訪れる宗教者と人々の伝承」で高埜利彦氏が解説されている（六九七～七〇〇頁）。

(83)青木美智男「近世の文字社会と村落での文字教育をめぐって」（『信濃』第四二巻第二号、一九九〇年、八六頁）。

(84)石川　謙『日本庶民教育史』（玉川大学出版部、一九七二年復刻）二五七～二七七頁。

(85)高橋　敏『日本民衆教育史研究』（註2）一七八～一七九頁掲載の第四章第一表参照。

(86)同前書第三、四章参照。

(87)教育史家は近代的な教育の萌芽を近世に探るという問題意識から、農村のブルジョア的発展→村落共同体からの家族の自立→寺子屋などでの個別的教育の進展→子供組と若者組を通しての村の共同体的教育機能の衰退、という図式を提示しているのが一般的である。例えば『講座　日本教育史』第二巻（第一法規出版、一九八四年）所収の田島一「近世社会の家族と教育」も、そうした見解を典型的に示している。
　ことに近年の教育史の分野での産育・教育に関する研究は、アリエスの『〈子供〉の誕生』（日本語訳はみすず書房より一九八〇年刊行）の影響を強く受けている。すなわち、アリエスが西欧社会を対象に提示した、中世においては「小さな大人」として家族を超えて濃密な共同の場に属していた子供が、近代家族の成立に伴い独自の存在として「発見」されたというシェーマを、日本の近世村落社会に当てはめて論じる傾向が顕著である。前掲の田島氏の論考もその一例である。高橋　敏氏も、かつて駿河国駿東郡を対象に江戸時代の民衆教育を研究された際には、寺子屋教育を村落共同体を前提とした公教育の萌芽と意義づけられていたのが（註2『日本民衆教育史研究』二〇七頁）、その後の上野国勢多郡原之郷村の手習塾についての論考では、次のような評価に変化している。

「手習塾の惹起した社会変動の波は、これらの（若者組など村落の―大藤註）社会組織から小農家族を自立させ、子どもを分離させて文字文化の影響下におこうとするものであった。かつては村落共同体の内部に埋め込まれていた子どもを小農家族の掌中におさめ、文字文化の担い手にしようとするものであった」（註2『近世村落生活文化史序説』二〇八頁）と。

明示はされていないが、右の見解には明らかにアリエスの影響がうかがえる。筆者は、村が手習師匠を雇い入れて村内の子弟の教育に当たらせていた事例も見出だされていること、および寺子屋には村役人の経営になるものが多く、それは筆子からの報酬は期待せず、村民一統への社会奉仕としてなされていた点などから、寺子屋教育は文字教育の必要性の増大に応じた村の新たな教育機能の発現形態としての性格を多分に備えていた、と考えている。したがって、寺子屋教育の普及をもって、村落共同体からの家族の自立を背景とした教育の個別化の進展とする評価には賛同しない（詳しくは拙稿「近世農民のライフサイクルと家・村・国家」、註52拙著『近世農民と家・村・国家』一三七〜一四〇頁を参照されたい）。

(88)　高橋　敏「江戸時代の民衆教育とその思想」（註2『日本民衆教育史研究』）。

(89)　湯山いゑ「嘉永五年よりいろいろことかわり候事ひかゑ覚書」（『裾野市史』第三巻・資料編、一九九六年、№五五三）。近世には男性は漢字主体文、女性は平仮名主体文と文章表現における性差が確立したが（ただし、男性が女性に宛てて書状を書く場合は、女性に読めるよう平仮名主体文とする）、湯山いゑの覚書もやはり平仮名主体文である。ただ通常の女性の文章に比べると、漢字もかなり多用されており、庶民でも上層の家の女性は漢字も相当習得していたことがうかがえる。

藪田　貫氏は「近世は女性にとっても文字社会であった」とされる（「文字と女性」『岩波講座　日本通史』第一五巻、岩波書店、一九九五年、二二七頁）。たしかに、近世は武家女性のみならず、庶民女性の間にもある程度文字文化が浸透した時代であった。とはいえ、藪田氏も同論文で海原　徹『近世の学校と教育』（思文閣出版、一九八八年）に依拠して言及されているように（二四八頁）、女子の寺子屋入門者は男子に比べてはるかに少なかったことが教育史研究で明らかにされている（女子の寺子屋就学における対男子比の全国平均は二〇％）。御厨地域にあっても、高橋　敏氏が分析された湯山文右衛門塾入門の吉久保村の筆子は下層民にも及んでいるものの、すべて男子である（註88に同）。このことの意味も考えなくてはなるまい。

近世の家長は、家業経営はもとより家政全般について責任を負い、家内の者たちを適切に指導して事に当たりうるだけの知識・技能を身につけておくことが求められた（拙著『近世農民と家・村・国家』七九頁）。この時代の家政学関係の書物および子育てや看病・介護に関する書物は、家長となるべき男性に向けて書かれているところに特徴がある（小泉和子「家事の近世」『日本の近世15　女性の近世』中央公論社、一九九三年。柳谷慶子「近世社会における介護役割と介護思想」『総合女性史研究』第一〇号、一九九三年。同前拙著一一一頁）。その根底には、女は理にくらいゆえ、男がそうした知識を備えて指導しなくてはならないとする、女性を劣等視する観念が横たわっていた。したがって、将来一家の主人となり、また家を代表して村の運営にも参加することになる男子については、学文教育の必要性を親も強く自覚したに相違ない。それに対し、この時代の主婦固有の役割は家長の家政管理のもとで食料と衣料の調製・管理を担うことに限定され（同前拙著八二頁）、しかも女性は村政からも排除されていたために、女子については親も学文を身につけさせる必要性をそれほど感じなかったのではなかろうか。

しかるに、明治に入ると、国家にとって有為な人材を育てるためには賢明な母親の養成が必須だとして、女子も教育の対象とされた。しかし、しばらくは女子の小学校就学率は全国的に低く、それは小山町域においても同様であった（『町史』第八巻・近現代通史編、一九九八年、第二章第二節「学校教育の発足」〈永原和子氏執筆〉）。明治三二年（一八九九）、高等女学校令が公布されたのを機に公立の高等女学校の設立が進み、女子中等教育が制度的に確立すると、そこでの教育理念として「良妻賢母」の育成が掲げられ、小学校にも及んでいく（小山静子『良妻賢母という規範』勁草書房、一九九一年）。そして、家政関係の教科はもっぱら女子の学ぶところとなり、男は外で働き、女は家庭にあって家事・育児を担うという近代的な性別役割分担のイデオロギーが社会通念化していった。

(90)　小山町菅沼　湯山英夫氏所蔵。

(91)　高橋　敏「江戸時代の民衆教育とその思想」（註2『日本民衆教育史研究』）。

(92)　同前論文二一二〜二一三頁。

(93)　横田冬彦「近世村落社会における〈知〉の問題」（註18）。

(94)　小林文雄氏は、近世後期の武州村落における豪農の家に書籍や写本という形で蓄積された情報が地域に開放され、蔵書の家が地域社会において文化的な公共機能を果たしていたことを、明らかにされている（「近世後期における『蔵書』の家の社会的機能について」『歴史』第七六輯、一九九一年）。御厨地域においても村落指導層の家の蔵書が小前百姓層にまで貸し出されていたのかどうかは史料的に確認しえない。

(95)　塚本　学『地方文人』（教育社、一九七七年）、杉　仁「化政期の社会と文化」（『講座　日本近世史』第六巻、有斐閣、一九八一年)、青木美智男『文化文政期の民衆と文化』(文化書房博文社、一九八五年)、同「地域文化の生成」(註24)。

(96) 高橋　敏「江戸時代地方文化と社会的基盤」(註2『日本民衆教育史研究』)。

(97) 小山町柳島区有。

(98) 寛政四年七月二九日「宗祇翁三百遠忌手向吟」(『裾野市史』第三巻、No.二四二)。

(99) 『町史』第二巻、No.三七五。

(100) 小山町小山　室伏　覚氏所蔵。

(101) 『町史』第二巻、No.二〇七。

(102) 安丸良夫『日本の近代化と民衆思想』(青木書店、一九七四年)第一、二章。

(103) 高橋　敏『日本民衆教育史研究』(註2)一六二〜一六四頁、一九五〜一九六頁。

(104) 唯念の活動については、高橋　敏「民衆の反文字思想—唯念名号碑—」(同前書)、小山町歴史を学ぶ会編『唯念行者と唯念寺』(小山町教育委員会、一九八八年)、『町史』第七巻第九章第三節「訪れる宗教者と人々の伝承」(高埜利彦氏執筆)六九四〜六九七頁を参照されたい。

あとがき

わたしが両手をひろげても、
お空はちっともとべないが、
とべる小鳥はわたしのように、
地面(じべた)をはやくは走れない。

わたしがからだをゆすっても、
きれいな音はでないけど、
あの鳴るすずはわたしのように、
たくさんなうたは知らないよ。

すずと、小鳥と、それからわたし、
みんなちがって、みんないい。

「わたしと小鳥とすずと」と題するこの詩は、私と同郷の現山口県長門市に生まれ、大正・昭和初期に童謡詩人として活躍した、金子みすゞの作になるものである。

この詩に接したとき、私はすぐに、二宮尊徳の唱えた報徳思想を思い起こした。彼は、天地およびその間に生成する人間をはじめとする万物には、それぞれ固有の「徳」（長所）が備わっている、と認識していた。己の「徳」を発揮し、また他者の「徳」を引き出して、人間社会のために役立て、万民の幸福と社会・国家の繁栄に貢献するのが、尊徳の説くところの「報徳の道」であった。例えば、次のように言っている。「人糞、馬糞、惣て人の悪む不浄之肥しを引受、人の好む清浄之米麦雑穀にかへ」、「荒地を引受開発致し、無尽之余徳を以入用ニ替、耕田となし」（「駿州駿東郡藤曲村難村取直相続手段帳」）と。

人糞、馬糞、荒地などの人の忌み嫌うものであっても、それぞれ固有の「徳」を秘めているのであり、その「徳」を人間の勤労と創意工夫によって引き出し、役立てることが肝要なのである。人間もまた同様にそれぞれ独自の「徳」を備えているのであるから、それをお互いに尊重して生かし合い、また自身の「徳」を発揮するよう努めなくてはならない。尊徳は、こう主張する。

金子みすゞの右の詩もまた、自己と小鳥と鈴を例にとって、あらゆる物にはそれぞれ固有の長所があることを表現したものであり、「みんなちがって、みんないい」と彼女は言い切る。その根底に流れている思想は尊徳と同じである。

尊徳の思想は、本書のⅠ第二章で述べたように、自然のなかで営む農民としての生活の過程で、自然界および人間世界の「理」を「自得」することによって形成されたものである。荒村下にあって、家と村の復興に奮闘した篤農・老農たちの思想形成と農業技術の改良、そして農家の経営改善を支えていたのも、やはりこの「自得」の精神であった。金子みすゞの自然観・人間観や思想も、海と山に恵まれた郷里の豊かな自然環境のなかでの生活の過程で形成されたものであろう。

生活者たる民衆の知恵や思想は、自らの生活体験を通しておのずと育まれるのが、おそらくは普遍的なあり方であったに相違ない。尊徳や老農たちは、それを「自得」と自覚的に表現した。

固有の歴史と風土を備えた、それぞれの地域での生活の営みのなかで民衆が「自得」した知恵や思想、そして彼らが育んできた生活文化を掘り起こし、その特質と意味を問う作業を、これからもつづけていきたいと思っている。

ところで、人にはそれぞれ固有の「徳」（長所）があり、それを引き出して社会に役立てるのが「報徳」だとする尊徳の思想は、教育論にも通じるものがある。私は、八年前より東北大学の文学部と大学院文学研究科の教師として教育に従事しているが、はたして学生各々の長所を見抜き引き伸ばしてやっているのだろうか、と自問するとき、まことに内心、忸怩たる思いを禁じえない。学生の指導で思い悩み、歴代の諸先生の肖像写真が掲げられている日本史研究室に夜中に一人たたずんで、先生方ならどう対処されるだろう、と考えこむこともしばしばである。

私自身は、大学・大学院を通じて、よき先生方に巡り会えた。しかし、日本史の御指導をいただいた諸先生のうち、茨城大学時代の宮田俊彦・佐々木銀弥両先生、東北大学大学院時代の豊田　武・石井　孝・関　晃の三先生はすでに鬼籍に入られている。

昨年三月二九日に豊田先生没後二〇年にあたり偲ぶ会が催されたが、席上での奥様のお話しによると、先生は晩年、一日長生きすれば、それだけ多くの仕事ができることを喜びとされながら、学問に打ち込まれていたという。そして、書斎で机に向かわれながら人生を終えられた。また佐々木銀弥先生は、癌に冒されながら当時の勤務先の中央大学で学生の指導をつづけられ、演習の最中に倒れられて息を引き取られたという。両先生には、研究者、教育者としての生き方を身をもって教えられた思いである。

幸い、日本近世史の研究の手ほどきを受けた大学時代の瀬谷義彦先生、大学院時代の渡辺信夫先生にあられては、御健勝で、今なお衰えることのない学問への情熱を示されている。私にとっては何よりの励みであり、精神的な支えとなっている。

これまでの仕事に何とか一区切りをつけることのできたのを機に、両先生、および八十路に入ろうとしている両親、そして人生のパートナーであり、共に学究と教育の道を歩む同志でもある中村直美さんに、感謝の意を表したい。

本書の刊行にあたり、直接出版費の一部として日本学術振興会平成十二年度科学研究費補助金「研究成果公開促進費」の交付を受けた。前著『近世農民と家・村・国家』につづき本書の出版をお引き受けいただいた吉川弘文館には、心より御礼申し上げる次第である。

二〇〇一年一月

大藤　修

索　引

・索引語の配列は原則として50音順としたが，適宜一括した索引語がある．

あ　行

青木村仕法　52, 60
安居院庄七　25, 305～307, 338
足入れ婚　364, 375
足入れ祝言　364
遊び日　100, 417, 421, 447, 456
当病　385, 386, 390
雨乞い　417
天照大神　49, 250, 306, 316, 405, 406
操り　424, 426
有り合わせ売渡し慣行　299
アリエス　459, 460
荒地開(再)発　12, 17, 18, 20, 41, 44, 54, 129, 132, 134, 136, 142, 146, 149, 155, 159, 163～165, 196, 199, 203, 208, 209, 255, 265, 272, 308
荒地は荒地の力をもって起こし返す　18, 142, 209
安藤昌益　42
按摩　395

い　行

「家」意識　101, 190
家筋　381, 382, 433, 448
家付き娘　367, 371, 372
家出　351, 367, 370
「家」の団体としての性格　374
医学書　441, 451, 452
遺訓　8, 17, 108, 111, 112, 128, 188
池之坊流花道　443
活花(生け花)　393, 395, 443, 444
囲碁　443, 444
医師　387, 391～393, 395, 397, 450, 452
石田梅岩　113, 114, 191, 195, 414, 445
医師仲間　392～394, 444, 451
医者　348, 388, 392, 394, 451
慰謝料　367, 369, 371, 372
医書　391
伊勢講　406, 407
伊勢参り(伊勢参宮)　403, 406～408, 410
一円空　121, 122
一円仁　122
一円融合　290
一木喜徳郎　26
一人前の村人　387, 417, 420
一家を廃して万家を興す　18, 121
伊奈半左衛門　435
井上馨　310
医薬・医療知識　390, 391, 448, 452
入百姓　120, 165
入婿の離縁　368, 369
医療　392～395, 448, 451, 452
入嫁の離縁　355, 356, 362, 365, 369, 371, 372, 374
入札　154, 156, 157, 160, 239, 252, 254～256, 271～274, 276, 381, 433, 448
隠居　27, 230, 232, 255, 345, 355, 360, 379, 405, 408
隠居僧　215

う　行

『宇下人言』　101, 186
鵜沢作右衛門　218, 222, 229, 232, 236, 238, 240, 294
氏　369, 374
馬の病　388

え　行

衛生管理　390
江川太郎左衛門　388
疫神送り　385, 388, 395
疫神祓い　385
疫神除けの呪符　384
疫病神退散　452

疫病除け　295, 385
『江戸往来』　439
遠州地方における報徳主義の受容　304
遠州の報徳運動　306
遠州の報徳仕法　25, 307
遠州報徳主義　52, 206, 338

お　行

王土論　324, 325, 328, 340
往来手形　398, 398, 408, 455
大久保忠真　21, 67, 210, 211, 218, 219, 221, 300
大島有隣　414
大島勇輔　134, 154
大原幽学　8, 39, 112, 190, 193, 195, 197, 204
岡田佐平治(無息軒)　304, 305, 307〜309, 315, 338
岡田良一郎(淡山)　11, 18, 26, 49, 303, 304, 308〜314, 316〜320, 323〜328, 331, 333, 336〜338, 340
岡田良平　26
御師(おし)　413, 435, 443, 454
押込　358, 360
押込隠居　377
御救粥　153
御救小屋　153
小田原人足　162
小田原藩仕法　21, 23, 51, 55, 57, 68, 179, 202, 205, 212, 235, 236, 238, 240, 241, 256, 257, 269, 287, 295
夫専権離婚　354, 373
男役　381, 448
長百姓　382, 448
小貫万右衛門　190
御師(おんし)　406
女　10, 23, 155, 255, 256, 273, 285, 288, 340, 349, 352, 353, 356, 361, 362, 366, 367, 369, 397, 398, 403, 405, 418, 427, 437, 443, 448, 454, 455, 460, 461
『女今川』　439
『女消息往来』　439
『女大学』　439
女当主　234
女名前　273

か　行

海外への推譲　18, 208, 311, 313, 335, 336
介護　461
買芝居　424, 425, 429
買角力　425, 429
開智　27, 317, 320, 337, 338
貝原益軒　190
貝原楽軒　103
開闢原始の道(大道)　49, 250, 306
家記・家伝　9, 457
家訓　8, 17, 108, 111, 112, 128, 188, 377, 391
駈け入り(欠入)　365, 367, 376
欠落　71, 92, 93, 95, 107, 188, 349, 353, 358, 360, 361, 365, 375
駆け込み(欠込)　349, 351〜353, 364, 370, 373, 376
駆け込み離婚　373
家族と地域社会　295, 344, 375
形に由る心　113, 191
『活法経済論』　341
花道　444
金井嶋村仕法　51, 58
歌舞伎　415
竃新田村仕法　68, 243, 297, 298
神谷与平治　305, 307
烏山藩仕法　51, 55, 179, 205
看護　394
漢詩　441, 443
勘当　355
神主　348〜350, 352, 353, 367
看病　450, 461

き　行

飢饉対策　20, 45, 143, 146, 150, 158, 159, 179, 202, 219, 440
菊池良貞　242, 415, 445
岸右衛門　131, 132, 134, 162, 200
木賃宿　413
狐退散　389
狐憑き　295
狐の仕業　389, 450
祈禱　215, 216, 380〜383, 385, 388, 389, 394,

395, 406, 448, 449, 451
冀北学舎　320, 367, 341
飢民救急仕法　20～22, 68, 211, 212, 229, 236, 243
飢民救済　21, 22, 211, 212, 221, 233, 234, 236, 242, 245～247, 262, 278, 446
灸　395
弓術　443, 444
窮民救済　146, 153, 202, 255, 308, 309
窮民撫育　22, 149, 175, 212, 218, 224, 230, 231, 239, 294
救民撫育　44, 54, 129, 134, 136, 142, 146, 154, 179, 198, 199, 209, 211
協議離婚　354, 373
狂言　421, 424, 425, 426
行商人　391, 397
教則三条　314, 315, 317
教と術の兼備　340
勤倹論　314, 330, 331, 336
近所　346, 349, 350～353, 355～357, 359～361, 367, 370, 372, 374, 394, 395, 408, 431
近代天皇制国家の特質　449

く　行

草分百姓　381
熊谷次郎直実　415
熊沢蕃山　183
組　216, 346, 349, 350, 352, 353, 360, 361, 367, 370, 372, 374
組合　22, 222, 223, 226, 230～235, 407, 431
組合団体　374
組合村　217, 230, 278, 390, 407, 421, 423
組内(組之内)　346, 356～358, 408
暮方取直日掛縄索手段帳　244, 248, 251, 255, 263, 272, 278
倉真村下組報徳社　305
黒鍬　162, 299
黒田清隆　335
郡中　214, 216, 218, 229, 230, 233, 245, 265, 382, 406, 456
君民共有　321, 324, 325
君民同治　320, 321, 324, 325, 327, 333, 336

け　行

経済(活動)と道徳の一致　17, 111, 198, 208
『敬斎議草』　339, 340
経済と道徳の調和　329, 331
敬神愛国　315, 317, 318
芸能　7, 378, 395, 414, 426, 427, 455
系譜観念　382
結核　450
結社的人間結合(関係)　9, 443
言行一致　118, 314, 340
源平合戦　414
元老院宛建言　315, 323, 326, 329, 332, 333
元禄郷帳　76

こ　行

興(富)国安民　11, 17, 19, 20, 26, 35, 39, 45, 55, 61, 62, 65, 128, 129, 175, 177, 178, 199, 207～209, 235, 237, 241, 250, 286, 287, 302, 307, 312～314, 322, 325, 330, 332, 337, 338
公衆衛生　450
甲州騒動　217
皇田論　324
皇道主義　49, 309, 324, 325
功利主義　309
功利主義思想　337, 339
行路病死人　397, 398
国学　8, 112, 442
国体明徴運動　24, 291
国民教育　291
国民教化　11, 314～317, 334
心を尽し性を知る　113
こし送り　388
乞食　395
乞食芝居　425, 428
子育て　460
小谷三志　57, 67, 195
国会開設運動　323
御殿場村仕法　51, 58, 243, 297, 298
子供　10, 228, 255, 295, 350, 358, 364, 384, 385, 387, 397, 418, 432, 439, 440, 454
子供仲間(子供組)　417, 418, 439, 459
『〈子供〉の誕生』　459

五人組　228, 346, 351, 352, 355, 370, 421
小林平兵衛　230～232, 238, 239, 242, 279, 296, 299, 445
虚無僧　453
コレラ　385, 388, 389, 450
コレラ送り　452
近藤平格(名州)　242, 415, 445
金毘羅参り　400, 408, 410, 414

さ　行

西国三三カ所　399
再婚　355, 356, 360, 371
在村の医師　9
斎藤高行　192, 292, 339
賽の神　383
在来農法　337
祭礼　378, 395, 416, 417, 419～421, 423～428
サカムカエ　405
作為　16, 41, 42, 46, 47, 123～125, 322, 341
桜町仕法　21, 50, 54, 64～68, 120, 121, 162, 193, 211, 218, 238, 298, 300
桜町人足　162
サケスマシ　364
座頭　394
佐藤信淵　337, 341
さとしぐさ　170, 204
去り状　357, 358
『三才報徳金毛録』　121, 195～197, 306
『三才報徳現量鏡』　254, 256～258, 261, 262, 266, 268, 270, 272, 275, 280, 283
産児制限　223, 234
三新田仕法　237, 248
さんだわら送り　388
三幣又左衛門　218

し　行

詩歌　444
仕切契約　453, 454
四国八八カ所　399
四国遍路　414, 415
資産金貸付所　314, 341
持参道具の返還　369, 372
地芝居　9, 424, 456, 457
寺社参詣　396, 397, 405, 407, 408, 413, 414
自譲　12, 128, 208
自然的秩序観　16, 41, 123
士族授産　315
実学の精神　337
実家との絆　369
『実語教』　439
質地請戻し慣行　299
質地田畑取戻　167
自得　14, 15, 26, 39, 45, 109, 112, 114, 119, 177, 190, 195, 200, 337, 338, 440, 465, 466
自得農法　109
芝居　413, 414, 421, 423～428
仕法帳箱　265
事務管見　314, 319, 340
下石田報徳社　305
下館藩仕法　51, 53, 59, 68, 185, 186, 192, 199
宗教者　388, 391, 397, 449, 453, 457, 459, 462
住職　289, 349, 353～357, 370
『自由之理』　322, 339
熟談(協議)離婚　354, 363～365, 371, 373
修験者　388
呪術　385, 388, 390, 395, 447, 448, 449, 451, 452
呪術的・民俗的民間医療　451, 452
出精人表彰　154, 262, 265
出生人養育金　165
種痘　387, 390
主婦　356, 405, 444, 461
呪力　229, 384, 385, 448
巡礼　400
巡(順)礼供養塔　399, 400, 403
『消息往来』　439
積小致(為)大　119, 193, 252, 319, 320
小児の病　384
小児養育手当　167
小児養育手当支給制度　165, 171, 205
『商売往来』　439
情報　7, 9, 57, 384, 397, 413, 448, 461
生類憐れみ政策　397
浄瑠璃　413, 414, 443, 444
浄瑠璃語り　425, 428

書画　443, 444
職分　19, 103, 104, 114, 118, 123, 129, 178, 199, 210, 322, 333, 389
私欲を抑え公益をはかる　19, 209
女子教育　315, 420, 461
女子工場　315
女子の小学校就学率　461
女子の寺子屋就学　460
女性参詣者　454
女性巡礼者　403, 404
女性旅　403, 405
女性の文章　460
女性の文字学習　439
女性俳人　443
女性不浄観　454
女性用の読本　439
女性を劣等視する観念　461
自力興産　49, 329, 331, 341
心学　8, 112, 113, 116, 118, 190〜192, 232, 242, 243, 296, 414, 415, 430, 446, 456
心学運動　10, 13, 72, 113, 116, 117, 242
神祇道信仰　389
神国開国の大道　49, 306
神社　352, 364, 373, 383, 398, 431, 436, 449, 457
心中　375
神州自力開闢(説)　49, 309, 324, 329
神儒仏正味一粒丸　194
神職　389, 436, 450
新田開発　74, 76, 80〜82, 183
心田の開発　12, 17, 128, 196, 208
人道　16, 17, 41, 42, 44, 46, 47, 67, 123〜125, 128, 129, 177, 180, 186, 196, 197, 248, 251, 316, 341
神道国教化　318
神道裁許状　389
神道的な報徳教義　318
神農講　392, 393
新百姓取り立て　165
神明宮　405, 406
親類　348, 351, 352, 356〜358, 361, 377, 387, 398, 450
シンルイ相談　361

す　行

推譲　12, 15, 17〜20, 22, 23, 41, 42, 44, 55, 59, 127〜129, 131, 136, 146, 150, 152, 167, 177, 198, 203, 208, 209, 230, 232, 233, 243, 245, 248, 251, 252, 254, 255, 271, 273, 287, 288, 291, 308, 312, 328, 330, 331, 335, 440
スジ(筋)　346, 422
鈴木藤三郎　341
鈴木武助　103
相撲(角力)　424, 425, 428, 429, 457
相撲渡世集団　429, 457

せ　行

生活意識　107, 389
生活思想　111
生活文化　2〜12, 26, 27, 72, 394, 397, 446, 447, 450, 451
生活倫理思想　176
『斉家論』　192
征韓　329, 335, 336
成人儀礼　455
成人式の儀礼　418
性別役割分担のイデオロギー　461
施餓鬼　382
関所手形　398
関所抜け　408
世間師　25, 305
『世事見聞録』　183, 184
接待講　414
善光寺詣で　415
善種　132, 251, 252
先祖株仕法　8

そ　行

蔵書　442, 461
惣百姓寄合　351, 370
相馬藩仕法　52, 68
僧侶　381, 388, 394, 395, 432, 436, 437, 439
曽比村仕法　68, 239, 243
村政文書の公開　457
村政文書の引き継ぎ　433

村内の紛争解決のシステム　351, 370
村落指導者　22, 188, 192, 213, 242, 243, 437, 440, 441, 443, 445, 446
村落指導層　461

た　行

『代議政体論』　322, 339
泰西農法　337
大日本報徳社　26, 303, 339
平敦盛　414
竹松村仕法　239, 243
竹村茂雄　442
他譲　12, 128, 208
堕胎　92, 165, 170
旅　378, 395, 397, 427
旅芸人　397
旅日記　410, 414
田村吉茂　108～110, 119, 189～200
単身者　344

ち　行

地域社会における公利公益　17, 208
地域社会の指導者　314, 319
地域社会のリーダー　24, 303
地域の扶助　235
地域の扶養　295
地域文化史　453
地域文人社会　378, 442
秩父三三カ所　399
地方改良運動　11, 210
中老　429
中老衆　444

つ　行

通俗道徳　43, 181, 330
辻七郎左衛門　221, 240
津田仙　337
妻専権離婚　373
妻の飛び出し離婚　366

て　行

『庭訓往来』　439
手習塾　438, 459, 460
手習用教科書　439
寺　215～217, 349, 351～354, 356～359, 362, 364, 370, 373, 380, 381, 388, 462
寺子屋　9, 22, 108, 188, 243, 378, 417, 437, 440～442, 445, 460
天候の観察・予知　380, 381, 447
天神講　417, 418, 425
伝染病　385, 390, 395, 450
天祖(天照大神)の徳　49, 250, 306, 330
田地受戻証　267
天地人三才の徳　16, 119, 124, 127
天道(理)　14, 16, 17, 41, 42, 44, 46, 47, 100, 101, 104, 105, 120, 123～125, 177, 180, 186, 195～197, 316, 341
田徳　122
田畑(地)請け戻し　23, 237, 245, 247, 253, 255, 257, 258, 260, 264～267, 269, 272, 281, 285, 286, 288, 297
天分　17, 198, 249
天保郷帳　76, 79

と　行

道教　8, 112
『童子教』　439
同族　377
道祖神　383, 417
道中記　414, 455
『童蒙教訓書』　439
遠江国報徳社　26, 303, 307, 315, 316,
『土芥寇讎記』　81
徳〔長所〕　249, 465, 466
独身(者)　256, 273, 276
徳富蘇峰　248
篤農　8, 13, 14, 108, 112, 207, 465
『都鄙問答』　191
トブライ組　346
富田高慶　192, 289
豊田佐吉　341
豊田正作　222

な　行

内済　363, 365
長唄　443, 444
中沢道二　118
長島尉信　116, 192
中村勧農衛(元順)　78, 80, 81, 90, 131, 134, 135, 137, 138, 141, 146, 152, 162, 166, 169, 170, 171, 174, 200
中村正直　339
仲人　349, 356〜358, 361, 375
ナショナリズム　336
浪花講(組)　397
成島柳北　339
難村取直相続手段帳　237, 248, 250, 251〜253, 255, 265,

に　行

日光神領仕法　52, 53, 66, 68, 241, 289
『二宮翁夜話』　14, 17, 45, 190, 193, 194, 196〜198, 200, 201, 340, 341
『二宮先生語録』　192, 198, 199
日本型華夷意識　313, 336
女人登山禁制　448, 454
庭〔集落〕　419
人別増加策　8, 142, 146, 209

ぬ　行

抜け参り　367, 407, 408, 454, 455

ね　行

鼠除け　295
念仏講中　446

の　行

『農家肝要記』　110
農家経営の改善　13, 110
『農家捷径抄』　190
農業技術の改良　13, 110, 306, 465
『農業根元記』　110
『農業自得』　109, 189
『農業自得付録』　110
『農業全書』　103
農事改良　13
農書　8, 50, 108, 109, 187〜189, 297, 298, 337, 341
農民教諭　165
農民教諭書　98, 102, 127, 170, 186
『農喩』　103, 104, 187

は　行

俳諧　441〜444
排外意識　389
俳句　395, 444
博奕　126, 127, 210
博奕・諸勝負　99, 100, 107, 421, 422
幕府領仕法　52
はしか　385, 386
旅籠屋　413
破綻主義裁判離婚　373
八分〔仲間はずれ〕　420
花火　9, 27, 378, 395, 430, 431, 447
破畑　299
『早算手引書』　439
流行病　103
万国公法　1, 4
坂東三三カ所　399
『万物発言集草稿』　195, 197

ひ　行

日掛け銭　225
日掛積縄ノ法　320
日掛縄索制度　167
日掛縄索手段帳　237
日掛縄ないの法　251, 252
日野屋惣兵衛　222, 230〜232
日野屋兵右衛門　232, 247, 427
百種百草の歌　251
『百姓身持教訓』　103, 104
病人　245, 256, 273, 276, 390, 393, 397, 450
『百姓往来』　439
日和り乞い　215, 216, 380, 382, 383, 417
日和見　380, 447, 456

貧富の調和論　328

ふ　行

夫婦喧嘩の仲裁の仕方　352
夫婦別姓　369
福住正兄　190, 318, 340
富国安民→興(富)国安民
富国策　310, 332, 334, 336
『富国捷径』　318
不二孝　8, 112, 195
富士講　454
不二孝仲間　57, 68
富士山参詣　384, 454
武士的精神　334, 341
藤曲村仕法　20, 68, 212, 243, 262, 266, 288
筆子中　440
筆子塚　437, 442
文化サークル　444
文化的交遊　442
文芸サークル　9
文人　378, 391, 397, 442
文人サークル　393
分度　12, 15, 17～20, 22, 23, 40～42, 44, 54, 59, 61, 62, 65, 111, 118, 127～130, 133, 134, 136～138, 140～142, 146, 163, 164, 169, 174～179, 198～200, 204～206, 208, 209, 211, 212, 237, 239, 245, 248, 249, 251, 263, 287, 288, 293, 312, 313, 330～332
文明開化　1, 25, 26, 303, 309, 314, 320, 330, 336, 341, 449

へ　行

弁慶　414
ベンタム　309, 339
疱瘡　385～387
疱瘡神　383, 387

ほ　行

『報徳外記』　292, 339
報徳加入金　23, 222, 247, 253, 254, 258, 259, 261, 262, 288
報徳加入金制度　261
報徳元恕金　279
『報徳記』　56, 164, 192, 193
報徳金運用の論理　55
報徳金貸付　58, 220, 239, 246, 261, 263
報徳金の運用方法　65, 204
報徳金融　50, 64, 65, 279, 298
報徳金融資　260
報徳金融方式　64
『報徳訓』　121, 196, 199
報徳講　245, 252
報徳思想の淵源　119
報徳思想の成立　54, 193
報徳仕法の原理　15, 127, 208, 204
報徳仕法の実施地　117
報徳仕法の論理　19, 21, 45, 66, 209
報徳社　10, 25, 72, 320, 338
報徳社運動　11, 18, 24, 26, 38, 39, 43, 117, 196, 199, 201, 206, 303, 304, 307, 328, 329
報徳善種金　167, 254, 255, 307
報徳的企業者精神　341
報徳道　16, 22, 124, 127, 177, 179, 316, 332
報徳の道　213, 232, 236, 247～249, 271, 313, 318, 465
『報徳富国論』　341
報徳米金融通制度　228
報徳米の貸付　229
報徳冥加金　23, 203, 253, 254, 258, 259, 262～264, 279, 288
報徳冥加米金　279
報徳連中　22, 25, 240, 305～307
ホスピタリティー　397, 408, 453
北海道開拓民の報徳主義受容　341
ポリティカル・エコノミー　292
本家・分家　361

ま　行

松下良左衛門　236
松平定信　101
間引　92, 99, 100, 101, 127, 165, 170
万歳　425, 428

み　行

三くだり半　376

御厨地域(地方)　22, 26, 215, 229, 232, 242, 243, 247, 267, 278, 297, 346, 348, 378, 382〜384, 387〜389, 392〜394, 397, 408, 414, 415, 424, 430, 432, 437, 439, 440, 442, 444, 445〜447, 454, 457, 461
『御厨八景集』　442
御厨領　22, 214, 216, 230, 233, 406
源義経　414
名主の職能　447
ミル　309, 322, 339
民会　303, 323, 327, 338
民衆史　3
民衆思想史　2〜4, 43, 45
民衆生活史　2
民衆文化史　2
民俗行事　216, 381
民俗信仰　449
民俗知　452

む　行

無縁仏　356, 398
婿入婚　369
婿養子の離縁　367, 369
無宿　218, 423, 455
無尽蔵　18, 142, 143, 146, 161, 163, 164, 169, 172, 178, 209, 237, 287
娘仲間　374
村・地域の歴史書・地誌の編纂　9, 457
村請(制)　90, 95, 434, 453
村追放(村払い)　353, 374
村の教育システム　456
村の最高審議・裁判機関　351, 370
村役人　22, 23, 188, 216〜218, 229, 239, 256, 267, 288〜291, 298, 305, 346, 349, 350〜355, 358, 359, 361〜365, 367, 370, 372, 382, 385, 388, 392, 394, 398, 419〜423, 428, 432, 435, 441, 448, 450, 453, 458, 460
無利息金貸付　65, 143, 255, 273, 274, 279, 280, 281, 284
無利息金貸付制度　167, 203

も　行

文字知　452
文字文化　391, 431, 441, 448, 460
本居宣長　442
モラル・エコノミー　292, 329
文書記録の保存管理　458
文書の保存　433

や　行

疫病神の詫証文　384
谷田部藩仕法　12, 51, 62, 174, 211
厄介　356
厄介払い　356
病　201, 378, 381, 383, 384, 397, 398
山之尻村名主家日記　215, 230, 233, 345, 355, 370, 371, 375, 379, 380, 387, 392〜394, 408, 421, 422, 424, 429, 431, 439, 450

ゆ　行

由緒　381, 382, 433, 459
唯念　446, 462
結納の返却　358

よ　行

陽気角力　425, 428
謡曲　443
養子の離縁　355, 371, 372
横沢雄蔵　218, 219
吉田家　389, 444
吉田神社　389, 395
『吉茂遺訓』　107, 108, 111, 189, 190
世直り　216, 381, 417, 447
嫁の地位　366

り　行

離縁状　354, 358, 360, 361, 367
離婚出入の調停の仕方　363, 372
離婚をめぐる出入関係文書　366
痢病　385, 386, 390
良妻賢母　461
領主の呪術・祭祀による領民保護機能　448
領主の呪術的機能　295

領主の領民保護機能　448
料理　443
料理指南書　444
旅行案内書　397, 410, 413
理論と実践の一致　13, 337
臨時正月　216, 217, 381, 382, 417

ろ　行

老育金　276
老後の扶養　101
老人　10, 256, 273
老人当主　276
老人の扶養　295
浪(牢)人　422, 450, 453, 454
老農　8, 13, 14, 45, 112, 180, 200, 465, 466
六祖大権現　436

わ　行

和歌　395, 441～443
若衆芝居　426
若者　10, 216, 254, 261, 273, 377, 381, 382, 385, 408, 414, 419～421, 423～429
若者条目　419, 421, 422
若者中　444
若者仲間(若者組)　374, 375, 408, 417, 419～424, 427, 430, 456, 459, 460
若者仲間の掟　420

著者略歴

一九四八年　山口県生まれ
一九七一年　茨城大学人文学部卒
一九七五年　東北大学大学院文学研究科博士過程中退
　　　　　　国文学研究資料館史料館助手、同助教授を経て
現　　在　東北大学大学院文学研究科教授　博士（文学）

〔主要著書〕

『史料保存と文書館学』（共著、吉川弘文館、一九八六年）
『史料の整理と管理』（共著、岩波書店、一九八八年）
『日本家族史』（共著、梓出版、一九八九年）
『近世農民と家・村・国家』（吉川弘文館、一九九六年）
『みやぎの女性史』（共著、河北新報社、一九九九年）

近世の村と生活文化
—村落から生まれた知恵と報徳仕法—

二〇〇一年（平成十三）二月二十日　第一刷発行

著　者　大藤（おおとう）修（おさむ）

発行者　林　英男

発行所　株式会社　吉川弘文館
郵便番号一一三—〇〇三三
東京都文京区本郷七丁目二番八号
電話〇三—三八一三—九一五一〈代〉
振替口座〇〇一〇〇—五—二四四番

印刷＝三秀舎・製本＝誠製本

（装幀＝山崎　豊）

近世の村と生活文化（オンデマンド版）
—村落から生まれた知恵と報徳仕法—

Digital Publishing

2018年10月1日　発行

著　者　大藤　修（おおとう おさむ）

発行者　吉川道郎

発行所　株式会社 吉川弘文館
〒113-0033　東京都文京区本郷7丁目2番8号
TEL　03(3813)9151(代表)
URL　http://www.yoshikawa-k.co.jp/

印刷・製本　株式会社 デジタルパブリッシングサービス
URL　http://www.d-pub.co.jp/

大藤　修（1948〜）
ISBN978-4-642-73366-3